A PÓS-GRADUAÇÃO NO BRASIL: FORMAÇÃO E TRABALHO DE MESTRES E DOUTORES NO PAÍS

VOLUME 1

ADMINISTRAÇÃO, AGRONOMIA, BIOQUÍMICA, CLÍNICA MÉDICA, ENGENHARIA CIVIL, ENGENHARIA ELÉTRICA, FÍSICA, QUÍMICA E SOCIOLOGIA

CB063215

FUNDAÇÃO UNIVERSIDADE
DE BRASÍLIA

Reitor
Lauro Morhy

Vice-Reitor
Timothy Martin Mulholland

EDITORA
UnB

Diretor
Alexandre Lima

Conselho Editorial
Presidente
Henryk Siewierski

Alexandre Lima, Clarimar Almeida Valle,
Dione Oliveira Moura, Jader Soares Marinho Filho,
Ricardo Silveira Bernardes, Suzete Venturelli

A PÓS-GRADUAÇÃO NO BRASIL: FORMAÇÃO E TRABALHO DE MESTRES E DOUTORES NO PAÍS

VOLUME 1
2ª edição

ADMINISTRAÇÃO, AGRONOMIA,
BIOQUÍMICA, CLÍNICA MÉDICA,
ENGENHARIA CIVIL, ENGENHARIA ELÉTRICA,
FÍSICA, QUÍMICA E SOCIOLOGIA

JACQUES VELLOSO (ORGANIZADOR)
ANETE BRITO LEAL IVO
ARABELA CAMPOS OLIVEN
BRÁULIO PORTO DE MATOS
CARLOS BENEDITO MARTINS
CLARISSA ECKERT BAETA NEVES
ELISABETH BALBACHEVSKY
GLAUCIA VILLAS BÔAS
HELENA SAMPAIO
INAIÁ M. MOREIRA DE CARVALHO
MARIA DAS GRAÇAS CORRÊA DE OLIVEIRA
MARIA LIGIA DE OLIVEIRA BARBOSA
MAURO MENDES BRAGA
SÉRGIO DE AZEVEDO
SILKE WEBER
YVONNE MAGGIE

EDITORA
UnB

CAPES
BIBLIOTECA
ANISIO TEIXEIRA
SÉRIE
ESTUDOS

UNESCO

Equipe editorial
Supervisão editorial – Rejane de Meneses
Projeto gráfico e capa – Homem de Melo & Tróia Design
Editoração eletrônica – Fernando Luís

Copyright © 2005 by Jacques Velloso (Organizador)

Impresso no Brasil

Direitos exclusivos para esta edição:
Editora Universidade de Brasília
SCS Q.2 - Bloco C - nº 78 - Ed. OK - 2º andar
CEP 70300-500 – Brasília-DF
Tel: (0xx61) 3035 4200 – Fax: (0xx61) 225 5611
E-mail: direcao@editora.unb.br   –   http://www.livrariauniversidade.unb.br

Capes – Coordenação de Aperfeiçoamento de Pessoal de Nível Superior
Ministério da Educação – Anexos I e II - 2º andar
Caixa Postal 365
CEP 70047-900 – Brasília-DF
Telefone (0xx61) 410-8860
E-mail: ccd@capes.gov.br

Unesco – Organização das Nações Unidas para a Educação, a Ciência e a Cultura
Representação no Brasil
SAS, Quadra 05, Bloco H, Lote 6, Ed. CNPq/IBICT/UNESCO, 9º andar
CEP 70070-914 – Brasília-DF – Brasil
Tel: (55 61) 321-3525 – Fax: (55 61) 322-4261

Todos os direitos reservados. Nenhuma parte desta publicação poderá ser armazenada ou reproduzida por qualquer meio sem a autorização por escrito da Editora.

Ficha catalográfica elaborada pela
Biblioteca Central da Universidade de Brasília

P855	A pós-graduação no Brasil: formação e trabalho de mestres e doutores no país / Anete Brito Leal Ivo... [et.al.]; Jacques Velloso (Organizador). 2.ed. – Brasília : Editora Universidade de Brasília, 2005. 452p. il.; 24 cm. Co-edição com a Capes – Coordenação de Aperfeiçoamento de Pessoal de Nível Superior e Unesco – Organização das Nações Unidas para a Educação, a Ciência e a Cultura. ISBN – 85-230-0813-6 1. Política de Ensino Superior-Brasil. 2. Pós-graduação-Brasil. I. Ivo, Anete Brito Leal. II. Velloso, Jacques, coord. CDU 378.22(81)

Apresentação da 2ª edição

A primeira edição deste volume, publicado em 2002, teve grande procura. No corrente ano de 2004, quando se elabora um plano nacional para a pós-graduação brasileira, a primeira edição está praticamente esgotada. A Universidade de Brasília, ciente de que os resultados da pesquisa aqui relatada podem subsidiar a discussão do novo plano, decidiu publicar uma segunda edição da obra, cujos originais da maioria dos capítulos foram cuidadosamente revistos por seus autores e, em alguns aspectos, ampliados.

O estudo abordou questões sobre as quais freqüentemente se interrogam estudiosos do assunto, assim como agências de fomento. Quais são as trajetórias de formação de mestres e doutores, desde a graduação? Onde atuavam os titulados quando se inscreveram na pós-graduação e o que os motivou a continuar seus estudos? Qual é sua inserção no mundo do trabalho, depois da obtenção do título – em universidades e instituições de pesquisa, ou vêm sendo cada vez mais recrutados por outros setores que também demandam quadros qualificados, como governos e empresas? Como percebem sua formação em termos das atividades profissionais que desempenham –, quanto à pesquisa, por exemplo? Que impactos teve a pós-graduação em sua experiência de trabalho, na universidade ou fora dos muros da academia? Respostas a essas questões são relevantes para compreender as trajetórias de formação e sobretudo o destino profissional de mestres e doutores, assim como a relação entre ambos.

Essas questões, e outras mais, constaram do estudo que entrevistou cerca de 3.600 mestres e 1.800 doutores que se formaram no país nos anos 1990 em diversas áreas, incluídas em quase todas as oito grandes áreas do conhecimento: Administração, Agronomia, Bioquímica, Clínica Médica, Engenharia Civil, Engenharia Elétrica, Física, Química e Sociologia. Considerando a evolução da pós-graduação brasileira nos últimos anos, e do contexto no qual atuam os egressos, atualmente os dados da pesquisa ainda constituem importante referência para orientar a expansão e o aprimoramento da pós-graduação brasileira.

A Universidade de Brasília contribuiu de diversas formas para a pesquisa, que foi apoiada pela Capes em convênio com a Unesco. A pesquisa foi coordenada pelo prof. Jacques Velloso, da UnB, a partir do Núcleo de Estudos sobre Ensino Superior (Nesub), integrante do Centro de Estudos Avançados Multidisciplinares (Ceam), da nossa universidade. O Nesub era dirigido pelo prof. Carlos Benedito Martins, que também atuou como pesquisador e inicialmente convidou pesquisadores de outras instituições interessados na temática; mais tarde, já sob a coordenação do responsável pelo estudo, a rede seria ampliada com novos integrantes e sob a forma de grupos de pesquisa. A UnB forneceu constante apoio de infra-estrutura e de pessoal básico ao Nesub, como o faz para todos os núcleos que integram o Ceam, assim estimulando pesquisas interdisciplinares.

A Universidade de Brasília, por intermédio de sua Editora, com esta segunda edição do livro amplia a divulgação de uma obra cuja consulta é indispensável para a compreensão da trajetória, da formação e do destino profissional de nossos mestres e doutores, certa de que o volume irá contribuir para o aperfeiçoamento da pós-graduação brasileira.

Lauro Morhy
Reitor da UnB

Apresentação

A pós-graduação nacional adquiriu uma dimensão significativa no conjunto do sistema de ensino superior do país e não seria incorreto afirmar que ela constitui atualmente o melhor capítulo da política de ensino superior nas últimas décadas. A Capes tem desempenhado um papel central na elaboração e condução dos rumos da pós-graduação nacional. Entre as várias atividades desenvolvidas pela Capes, as quais têm lhe permitido imprimir uma direção exitosa à pós-graduação – como a sua política de fomento aos programas de mestrado e doutorado, as concessões de bolsas no país e no exterior, o seu sistema de avaliação sistemática dos programas de pós-graduação existentes, a sua política de cooperação internacional, entre outras –, deve-se destacar também a sua constante preocupação em rever de forma contínua os resultados de suas ações.

O presente livro insere-se no incessante esforço de reflexão conduzido pela Capes no sentido de (re)pensar o processo de desenvolvimento da pós-graduação nacional. Nesse sentido, com o apoio da Capes, em convênio com a Unesco, vem se desenvolvendo desde fins de 1998 um conjunto de investigações sobre a relação entre a formação acadêmica obtida nos programas de pós-graduação nacional e o trabalho realizado pelos seus egressos. Onde atuam nossos mestres e doutores formados no país? Qual a relevância da formação que receberam? Como a formação acadêmica relaciona-se com as diferentes atividades profissionais que os titulados desenvolvem no mercado de trabalho? Questões como essas, e outras, são respondidas pela pesquisa relatada neste livro, na qual foram entrevistados cerca de 3600 mestres e 1800 doutores formados no país, a partir de 1990.

Esse conjunto de investigações foi desenvolvido em três etapas. As duas primeiras abrangeram nove áreas do conhecimento: Administração, Agronomia, Bioquímica, Clínica Médica, Engenharia Civil, Engenharia Elétrica, Física, Química e Sociologia. Os resultados dessas duas primeiras etapas estão discutidos no presente livro. Os dados para a terceira etapa, na qual foram entrevistados mais 3300 egressos, constarão de um segundo volume abrangendo titulados em mestrados e doutorados no país em Direito, Economia, Engenharia Mecânica, Geociências, Odontologia e Psicologia.

Para a realização do conjunto desses trabalhos, formou-se uma rede nacional de pesquisadores que envolveu uma coordenação, situada no Núcleo de Estudos sobre Ensino Superior da Universidade de Brasília (Nesub/Ceam/UnB), e seis grupos de pesquisa sediados em cinco universidades federais e uma estadual: UFBA, UFMG, UFPE, UFRGS, UFRJ e USP, além da UnB.

A Capes tem a expectativa que a divulgação deste trabalho possa contribuir para um amplo debate com a comunidade acadêmica nacional sobre o atual formato da formação pós-graduada realizada no país e a sua relação com as diversas demandas do mercado de trabalho, visando o constante aperfeiçoamento dos rumos do sistema nacional de pós-graduação no Brasil e da atuação dessa agência nesse processo.

Abílio Baeta Neves
Presidente da Capes

Apresentação

Os mestrados e doutorados, no país, que vêm se expandindo desde os anos setenta, passaram por notável crescimento na década passada. As avaliações coordenadas pela Capes têm orientado e acompanhado essa expansão, assegurando que uma parte significativa dos programas atingisse padrão internacional de qualidade. Todavia, pouco se conhecia sobre o destino profissional de mestres e doutores formados no Brasil. Desde a época do último estudo sobre pós-graduados, em meados dos anos oitenta, ocorreram mudanças importantes nas políticas de pós-graduação, no mercado de trabalho universitário e, ainda mais, no mercado de empregos, no âmbito dos setores empresariais e na administração pública.

Em face dessas mudanças, tornava-se necessário obter um conhecimento mais preciso sobre o destino dos egressos dos programas de mestrado e doutorado. Para preencher essa lacuna, a Capes, em convênio com a Unesco, decidiu pela realização de uma pesquisa nacional, com o objetivo, entre outros, de oferecer subsídios para o aperfeiçoamento da pós-graduação brasileira.

O projeto foi concebido e orientado para dar resposta a algumas questões relevantes para o fim proposto: Quem são os mestres e doutores titulados no país? O que faziam quando se inscreveram para o curso e que atividades profissionais desenvolvem hoje? Após a titulação, atuam na docência e pesquisa universitárias ou foram absorvidos por empresas, pela administração e serviços públicos? Que contribuições o curso aportou para as atividades profissionais, em termos de formação teórica e de experiência em pesquisa, por exemplo? Como se comparam as experiências de trabalho, antes e depois do mestrado e do doutorado?

A coordenação da pesquisa foi confiada a Jacques Velloso, um pesquisador experiente da área educacional, que reuniu, em torno do Núcleo de Estudos sobre Ensino Superior da Universidade de Brasília (NESUB/Ceam/UnB), credenciados grupos de pesquisa sobre a educação superior, sediados em várias universidades. A pesquisa abrangeu uma ampla diversidade de áreas de conhecimento. Nas duas primeiras etapas, cujos resultados são discutidos neste livro, foram entrevistados cerca de 5,4 mil mestres e doutores formados no país, a partir de 1990, em Administração, Agronomia, Bioquímica, Clínica Médica, Engenharia Civil, Engenharia Elétrica, Física, Química e Sociologia. Na terceira etapa, que será objeto de outro livro, as entrevistas compreenderam mais de 3 mil mestres e doutores em Direito, Economia, Engenharia Mecânica, Geociências, Odontologia e Psicologia.

Os dados obtidos pela pesquisa compõem, nas áreas analisadas, um quadro bastante representativo do cenário nacional e, com certeza, servirão de subsídios valiosos às futuras políticas de pós-graduação. A discussão sobre a formação de mestres e doutores e suas trajetórias profissionais deve interessar a todos os que se preocupam com a educação superior no Brasil. Os resultados das análises feitas sugerem novas referências para pensar a pós-graduação, sobretudo no que diz respeito às relações entre a formação e as atividades profissionais dos titulados. Mais ainda: induzem interrogações sobre o efetivo aproveitamento de mestres e doutores no contexto das políticas voltadas para o desenvolvimento auto-sustentado.

Jorge Werthein
Diretor da UNESCO no Brasil

Abstract

The study reported in this book addresses questions pertaining to the training and jobs of professionals who obtained graduate degrees from Brazilian universities. It focuses on academic and professional occupations, and on relations between training and work.

Little systematic information is available on graduates from master and doctoral programs in Brazil. What do these graduates do? What is the relevance of graduate training to their professional activities? The national agency in charge of supervising graduate education in Brazil, Capes, periodically conducts program evaluations, which enjoy academic legitimacy, and are relevant for the improvement of quality standards. But these evaluations are based on information about students, faculties and institutions, and do not – nor are they intended to – supply data on graduates. This survey intends to fill a few of these gaps.

Some of the questions addressed in the study are as follows. What are the training paths pursued, since undergraduate education? What were graduates doing when they enrolled in master or doctoral programs, and which were their motivations, when they sought a graduate degree? Where do graduates work now: in universities and research centers? Alternatively, have they been increasingly hired by private firms, recruited by the public sector or by non-governmental organizations, due to the growing demand for highly skilled professionals in the non-teaching sector of the labor market? How do they appraise some aspects of their graduate education in view of their current activities – as far as research training is concerned, for instance? Did graduate training bring about changes in their work experience – enlarging job opportunities or improving work quality, from the academic or professional standpoint?

The survey was conducted in three steps, by a network involving seven research groups, and was supported by Capes, by means of an agreement with Unesco. It interviewed about 9,000 masters and PhDs who graduated since 1990, from 15 large institutions, mostly public universities.

The results for the first two phases, which are reported here, include graduates in Business and Public Administration, Agronomy, Biochemistry, Chemistry, Civil Engineering, Electrical Engineering, Internal Medicine, Physics and Sociology. The results for the last stage, which will shortly appear in a second volume, encompass graduates in Earth Sciences, Economics, Dentistry, Law, Mechanical Engineering and Psychology. These fifteen fields of knowledge are among those with the largest graduate enrollment in Brazil. The research drew heavily on professionals trained in public universities because these institutions concentrate most of the graduate education and research capabilities in the country. While subjects interviewed were not sampled from the populations of graduates, due to budget constraints, the wide variety of the institutions involved, as well as the diversity of their geographical locations, suggest that the results are fairly illustrative of the overall picture, in each field, in the period studied.

In any attempt to summarize the findings of the study, very often diversity is the keyword, in view of the varied paradigms prevailing in nine fields of knowledge and of the differentiated labor market conditions for the professions. Accordingly, in this book, as well as in the forthcoming second volume, results are presented separately for each field of knowledge. The last chapters present comparisions across professions, addressing some relevant questions. In spite of this diversity, a couple of illustrative findings may be mentioned.

Graduate training in Brazil typically follow a two-tier model, in which a doctoral degree is preceded by a master diploma. No wonder why, by international standards, it takes quite a while to obtain a PhD diploma in Brazil. Data obtained indicate that a typical PhD graduate enrolls in doctoral program 9 years after the completion of his or her undergraduate education. Although this average time span varies greatly, from 6 years in Physics to 13 in Administration, all are well above those prevailing in scientific central nations, suggesting challenges to be overcome.

Another illustration of the results obtained has to do with the appraisal of the relevance of training, *vis-à-vis* what graduates do in their jobs. Do graduates who teach in universities have identical perceptions as those who work elsewhere? PhD graduates, usually on university faculties, typically are quite content with the relevance of their previous education. Among masters, who in general, likewise, have very positive perceptions on their training, a few differences emerge. In some fields, perceptions about the relevance of research training would suggest that this aspect of their education is not so well attuned with the world of work, and that curricula might benefit from additional aproaches; but in this regard opinions differ among authors of this volume.

Lastly, the authors expect that data obtained and analyses presented in this and in the forthcoming volume will provide a new basis for the debate on graduate education in Brazil, allowing novel perspectives for further improving its standards.

Jacques Velloso

Autores

ANETE BRITO LEAL IVO é professora do Programa de Pós-Graduação de Ciências Sociais da Universidade Federal da Bahia, pesquisadora do Centro de Recursos Humanos da UFBA e pesquisadora associada ao CREDAL/CNRS. Foi professora titular da *Chaire Simon Bolivar*, na Universidade de Paris III (2000) e assessora acadêmica da UFBA (1973/1979), participando de comissões acadêmicas junto à UFBA e junto à então Diretoria de Ensino Superior do MEC. Suas publicações recentes, no país e no exterior, em livros e artigos, tratam de temas como democracia, transformações do Estado e políticas públicas.

ARABELA CAMPOS OLIVEN é professora do Programa de Pós-Graduação em Sociologia e do Programa de Pós-Graduação em Educação da Universidade Federal do Rio Grande do Sul. Tem realizado pesquisas e publicado, principalmente, sobre temáticas relacionadas à universidade.

BRÁULIO PORTO DE MATOS é professor da Faculdade de Educação da Universidade de Brasília, onde leciona Sociologia, Métodos de Pesquisa e Análise de Políticas Públicas aplicadas à Educação. Vinculado ao Núcleo de Estudos sobre Ensino Superior (Nesub/Ceam) e ao Programa de Mestrado em Educação, ambos da UnB, tem realizado pesquisas sobre escola, socialização e o mundo do trabalho.

CARLOS BENEDITO MARTINS é professor do Departamento de Sociologia da Universidade de Brasília e ex-professor da Pontifícia Universidade Católica de São Paulo. Foi pesquisador-visitante do Centro de Sociologia Européia, vinculado a École des Hautes Études en Sciences Sociales. Foi diretor da Anpocs e também coordenou o seu GT Educação e Sociedade. Atualmente, é diretor-científico do Nesub (Núcleo de Estudos sobre Ensino Superior da Universidade de Brasília). Suas publicações versam sobre as transformações contemporâneas do sistema de ensino superior brasileiro.

CLARISSA ECKERT BAETA NEVES é professora do Departamento de Sociologia e do Programa de Pós-Graduação em Sociologia da UFRGS. Atualmente, coordena esse programa (2001-2002) e o Grupo de Estudos sobre Universidade – GEU/UFRGS. É pesquisadora I-C do CNPq. Foi coordenadora do GT Educação e Sociedade da Anpocs. É membro do Conselho Editorial do BIB/ Anpocs, da *Revista Sociologias* e do *Anuário de Educação Tempo Brasileiro*. Suas publicações recentes, em livros e artigos, tratam de temas como ensino superior, formação acadêmico-profissional e mercado de trabalho de cientistas sociais, teoria e metodologia de pesquisa, e Sociologia da Educação.

ELIZABETH BALBACHEVSKY é professora do Departamento de Ciência Política da Universidade de São Paulo, pesquisadora do Núcleo de Pesquisas sobre Ensino Superior da USP (Nupes/USP) e atualmente dirige um *survey* nacional sobre a profissão acadêmica no Brasil. Entre suas publicações recentes estão o livro *A profissão acadêmica no Brasil: as múltiplas facetas do nosso ensino superior*, Funadesp, Brasília, 2.000, e o artigo "From encirclement to globalization: evolving patterns of higher education in Brazil", no livro *Emerging markets and higher education* organizado por McMullen *et alii.*, Routledge & Falmer, New York, 2001.

GLAUCIA VILLAS BÔAS é professora do Departamento de Sociologia do Instituto de Filosofia e Ciências Sociais da Universidade Federal do Rio de Janeiro. Dedica-se à pesquisa no campo da Sociologia da Cultura, com publicações nas áreas de pensamento social brasileiro, teoria sociológica e história das Ciências Sociais. Sobre o ensino superior brasileiro, organizou, com Elina Pessanha, o livro *Ciências Sociais: ensino e pesquisa na graduação* (1995) e publicou, recentemente, o artigo "Seleção e partilha. Excelência e desigualdades sociais na universidade" na *Revista Teoria e Sociedade* (2001).

HELENA SAMPAIO é pesquisadora na área de ensino superior. Esteve vinculada ao Núcleo de Pesquisas sobre Ensino Superior da Universidade de São Paulo (1990-2000) e, atualmente, além de integrar redes de pesquisas acadêmicas, presta consultoria ao Inep/MEC, ao Programa Comunidade Solidária, a outras instituições educacionais e do terceiro setor. Suas publicações resultam de pesquisas sobre ensino superior no Brasil, destacando-se o livro *O ensino superior no Brasil - o setor privado*, publicado em 2000 pela Fapesp/ Hucitec e o artigo, com F. Limongi e H. Torres, "Eqüidade e heterogeneidade no ensino superior brasileiro", publicado pelo Inep também em 2000.

INAIÁ M. MOREIRA DE CARVALHO é professora do Programa de Pós-Graduação em Ciências Sociais da Universidade Federal da Bahia e pesquisadora I-B do CNPq, vinculada ao Centro de Recursos Humanos. Participa de diversas sociedades científicas, tendo integrado diretorias da Anpocs e da SBPC, e comitês editoriais de várias revistas científicas. Entre 1995-1998 foi coordenadora de pesquisa da Pró-Reitoria de Pesquisa e Pós-Graduação da UFBA. Suas publicações, em livros e artigos, têm versado sobre temas como políticas sociais, reestruturação produtiva e transformações urbanas.

JACQUES VELLOSO é professor titular de Economia da Educação da Universidade de Brasília, pesquisador do Núcleo de Estudos sobre Ensino Superior (Nesub/Ceam) da UnB e docente da Faculdade de Educação. Foi professor-visitante da Universidade de Stanford, presidente e vice-presidente da Anped, e conselheiro da SBPC. Suas publicações incluem artigos no país e no exterior, principalmente sobre questões da universidade, da pós-graduação e do financiamento do ensino, bem como vários livros, como organizador ou co-autor. Seu último livro, *Mestrandos e doutorandos no país: trajetórias de formação*, com Léa Velho, foi publicado pela Capes em 2001.

MARIA DAS GRAÇAS CORRÊA DE OLIVEIRA é mestre em Educação pela Universidade Federal de Pernambuco e integra o Centro Paulo Freire de Estudos e Pesquisas. Dedica-se à análise de políticas públicas educacionais, com ênfase no financiamento da Educação. Possui experiência em planejamento regional e em planejamento e gestão de políticas educacionais em nível estadual.

MARIA LIGIA DE OLIVEIRA BARBOSA é professora do Programa de Pós-Graduação em Sociologia e Antropologia, do Instituto de Filosofia e Ciências Sociais, e da Pós-Graduação em Educação, ambos da Universidade Federal do Rio de Janeiro. As relações entre as desigualdades sociais e a educação constituem a sua principal linha de pesquisa, incluindo tanto a avaliação educacional quanto o estudo das profissões. Suas publicações, tanto no país quanto no exterior, refletem esse trabalho.

MAURO MENDES BRAGA é doutor em Química e professor do Departamento de Química da UFMG, desde 1973. Foi pró-reitor de Graduação, presidente da Comissão Permanente de Pessoal Docente e atualmente é vice-diretor de unidade acadêmica. Conduziu pesquisas sobre temas da área de Química – Cinética Química –, com diversos artigos publicados. Há cerca de cinco anos desenvolve projetos sobre ensino superior – acesso, evasão, egressos –, com publicações regulares. Seu artigo mais recente, "Tendências da demanda pelo ensino superior: estudo de caso da UFMG", com M. C. L. Peixoto e T. Bogutchi, foi publicado em *Cadernos de Pesquisa* (Fundação Carlos Chagas), julho de 2001.

SÉRGIO DE AZEVEDO é atualmente professor titular da Universidade Estadual do Norte Fluminense. Desempenhou, entre outras, as seguintes funções: diretor do Centro de Ciências do Homem da UENF; diretor da Anpocs e coordenador de dois GTs; professor do Mestrado em Ciências Sociais da PUC-MG; professor titular e coordenador do Doutorado em Sociologia e Política da UFMG; pesquisador-visitante no Programa de Estudos Latino-americano da Universidade de Stanford; pesquisador do CNPq e consultor de inúmeras agências públicas; publicou inúmeros trabalhos na área de políticas públicas e reforma do Estado, em livros e revistas nacionais e estrangeiros.

SILKE WEBER é professora da Universidade Federal de Pernambuco, com atuação no Departamento de Psicologia e no Programa de Pós-Graduação em Sociologia, onde coordena o Grupo de Pesquisa Educação e Sociedade. Tem-se dedicado a estudos sobre educação brasileira, especialmente no que concerne ao professor universitário e, mais recentemente, aos docentes da Educação Básica. Seu artigo mais recente, "Como e onde formar professores: espaços em confronto", foi publicado em *Educação e Sociedade*, março de 2000.

YVONNE MAGGIE é titular de Antropologia do Departamento de Antropologia Cultural do Instituto de Filosofia e Ciências e Sociais da Universidade Federal do Rio de Janeiro e coordenadora do Núcleo da Cor do Laboratório de Pesquisa Social do IFCS; participa do Núcleo Interdisciplinar de Estudos da Desigualdade (Nied), coordenado por Elisa Reis no mesmo IFCS. Seu artigo mais recente, "Os novos bacharéis", foi publicado na revista *Novos Estudos Cebrap*, em março de 2001.

Sumário

Introdução 35
    Jacques Velloso

Contexto e objetivos 39
    Jacques Velloso

Abrangência, entrevistados e variáveis 45
    Jacques Velloso

Formação acadêmica e mercado de trabalho: os destinos
profissionais de mestres e doutores em Administração 61
    Bráulio Porto de Matos
    Elisabeth Balbachevsky
    Helena Sampaio
    Jacques Velloso

Mestres e doutores em Agronomia: um estudo sobre egressos .. 101
    Maria das Graças Corrêa de Oliveira
    Silke Weber

Mestres e doutores em Bioquímica 125
    Mauro Mendes Braga
    Sérgio de Azevedo

Mestres e doutores em Clínica Médica 177
    Arabela Campos Oliven
    Clarissa Eckert Baeta Neves

Mestres e doutores em Engenharia Civil: da empresa à academia? ... 203
    Helena Sampaio
    Jacques Velloso

Caminhos cruzados: entre mercado e academia.
Trajetória de mestres e doutores em Engenharia Elétrica 257
    Anete Brito Leal Ivo
    Inaiá M. Moreira de Carvalho

Mestres e doutores em Física 283
    Arabela Campos Oliven
    Clarissa Eckert Baeta Neves
    Glaucia Villas Bôas
    Maria Ligia de Oliveira Barbosa
    Yvonne Maggie

Mestres e doutores em Química 305
    Mauro Mendes Braga
    Sérgio de Azevedo

Mestres e doutores em Sociologia 343
    Carlos Benedito Martins
    Glaucia Villas Bôas
    Maria Ligia de Oliveira Barbosa
    Yvonne Maggie

Mestres e doutores formados no país em nove áreas:
características dos titulados e aspectos da trajetória acadêmica 373
    Mauro Mendes Braga

Motivações para a realização do mestrado 393
    Inaiá M. Moreira de Carvalho

Mestres titulados no período 1990-1998:
estudo e situação de trabalho 399
    Silke Weber

A pós-graduação, a academia e as trajetórias profissionais. 409
    Glaucia Villas Bôas
    Maria Ligia de Oliveira Barbosa
    Yvonne Maggie

Formação de mestres (e doutores): contribuições para as
atividades profissionais 419
    Helena Sampaio
    Jacques Velloso

Referências bibliográficas 439

Siglas 449

Índice de gráficos

Gráfico 4.1a
Mestres em Administração: idades na trajetória da
graduação à titulação, por ano de conclusão (médias anuais) 66

Gráfico 4.1b
Doutores em Administração: idades na trajetória da graduação
à titulação, por ano de conclusão (médias anuais) 68

Gráfico 4.2
Mestres e doutores em Administração: duração do curso por
ano de conclusão (médias anuais) 68

Gráficos 4.3
Mestres e doutores em Administração: tempo entre a graduação
e o início do curso por ano de conclusão (médias anuais) 68

Gráfico 4.4
Mestres e doutores em Administração: médias das classes de renda
por principais tipos de trabalho (em reais) 87

Gráfico 4.5a
Mestres em Administração: contribuições do curso para os
principais tipos de trabalho (% de "contribuiu muito") 89

Gráfico 4.5b
Doutores em Administração: contribuições do curso para os
principais tipos de trabalho (% de "contribuiu muito") 91

Gráfico 4.6a
Mestres em Administração: aumento da competitividade
profissional/acadêmica por principais tipos de trabalho
(% de "dentro/acima do esperado") 92

Gráfico 4.6b
Doutores em Administração: aumento da competitividade
profissional/acadêmica por principais tipos de trabalho
(% de "dentro/acima do esperado") 93

Gráfico 5.1
Mestres e doutores em Agronomia: tempo entre a graduação
e o início do curso por ano de conclusão (médias anuais) 103

Índice de Gráficos

Gráfico 5.2a
Mestres em Agronomia: idades na trajetória da graduação
à titulação por ano de conclusão (médias anuais) 104

Gráfico 5.2b
Doutores em Agronomia: idades na trajetória da graduação
à titulação por ano de conclusão (médias anuais) 104

Gráfico 5.3
Mestres e doutores em Agronomia: duração do curso por ano
de conclusão (médias anuais) 106

Gráfico 5.3.1
Mestres e doutores em Agronomia: duração do curso por
escolaridade do pai (médias em anos) 106

Gráfico 5.3.2
Mestres e doutores em Agronomia: tempo entre a graduação
e o início do curso por escolaridade do pai (médias em anos) 107

Gráfico 5.4
Mestres e doutores em Agronomia: médias das classes de
renda por principais tipos de trabalho (em reais) 117

Gráfico 5.5a
Mestres em Agronomia: contribuições do curso para os
principais tipos de trabalho (% de "contribuiu muito") 118

Gráfico 5.5b
Doutores em Agronomia: contribuições do curso para os principais
tipos de trabalho (% de "contribuiu muito") 119

Gráfico 5.6a
Mestres em Agronomia: experiência profissional após a titulação
por principais tipos de trabalho (% de "melhorou/aumentou muito") 120

Gráfico 5.6b
Doutores em Agronomia: experiência profissional após a titulação
por principais tipos de trabalho (% de "melhorou/aumentou muito") 122

Gráfico 6.1a
Mestres em Bioquímica: idades na trajetória da graduação à titulação
por ano de conclusão (médias anuais) 132

Gráfico 6.1b
Doutores em Bioquímica: idades na trajetória da graduação à titulação
por ano de conclusão (médias anuais) 133

Gráfico 6.2
Mestres e doutores em Bioquímica: tempo entre a graduação e o
início do curso por ano de conclusão (médias anuais) 135

Gráfico 6.2.1
Mestres e doutores em Bioquímica: tempo entre a graduação
e o início do curso por escolaridade do pai (médias em anos) 135

Gráfico 6.3
Mestres e doutores em Bioquímica: duração do curso por ano
de conclusão (médias anuais) 139

Gráfico 6.3.1
Mestres e doutores em Bioquímica: duração do curso por
escolaridade do pai (médias em anos) 139

Gráfico 6.4
Mestres e doutores em Bioquímica: médias das classes de renda
por principais tipos de trabalho (em reais) 161

Gráfico 6.5a
Mestres em Bioquímica: contribuições do curso para os principais
tipos de trabalho (% de "contribuiu muito") 164

Gráfico 6.5b
Doutores em Bioquímica: contribuições do curso para os principais
tipos de trabalho (% de "contribuiu muito") 166

Gráfico 6.6a
Mestres em Bioquímica: experiência profissional após a titulação
por principais tipos de trabalho (% de "melhorou/aumentou muito") 168

Gráfico 6.6b
Doutores em Bioquímica: experiência profissional após a titulação
por principais tipos de trabalho (% de "melhorou/aumentou muito") 169

Gráfico 7.1a
Mestres em Clínica Médica: idades na trajetória da graduação
à titulação por ano de conclusão (médias anuais) 179

Gráfico 7.1b
Doutores em Clínica Médica: idades na trajetória da graduação
à titulação por ano de conclusão (médias anuais) 180

Gráfico 7.2
Mestres e doutores em Clínica Médica: duração do curso por ano
de conclusão (médias anuais) 182

Gráfico 7.2.1
Mestres e doutores em Clínica Médica: duração do curso por
escolaridade do pai (médias em anos) 182

Gráfico 7.3
Mestres e doutores em Clínica Médica: tempo entre a graduação
e o início do curso por ano de conclusão (médias anuais) 183

Gráfico 7.3.1
Mestres e doutores em Clínica Médica: tempo entre a graduação
e o início do curso por escolaridade do pai (médias em anos) 183

Gráfico 7.4
Mestres e doutores em Clínica Médica: médias das classes de
renda por principais tipos de trabalho (em reais) 194

Gráfico 7.5a
Mestres em Clínica Médica: contribuições do curso para os
principais tipos de trabalho (% de "contribuiu muito") 195

Gráfico 7.5b
Doutores em Clínica Médica: contribuições do curso para os
principais tipos de trabalho (% de "contribuiu muito") 196

Gráfico 7.6a
Mestres em Clínica Médica: experiência profissional após a titulação
por principais tipos de trabalho (% de "melhorou/aumentou muito") 198

Gráfico 7.6b
Doutores em Clínica Médica: experiência profissional após a titulação
por principais tipos de trabalho (% de "melhorou/aumentou muito") 198

Gráfico 8.1a
Mestres em Engenharia Civil: idades na trajetória da graduação
à titulação, por ano de conclusão (médias anuais) 211

Gráfico 8.1b
Doutores em Engenharia Civil: idades na trajetória da graduação
à titulação por ano de conclusão (médias anuais) 213

Gráfico 8.2
Mestres e doutores em Engenharia Civil: duração do curso por ano
de conclusão (médias anuais) 213

Gráfico 8.3
Mestres e doutores em Engenharia Civil: tempo entre a graduação
e o início do curso por ano de conclusão (médias anuais) 214

Gráfico 8.3.1
Mestres e doutores em Engenharia Civil: duração do curso por
escolaridade do pai (médias em anos) 216

Gráfico 8.3.2
Mestres e doutores em Engenharia Civil: tempo entre a graduação
e o início do curso por escolaridade do pai (médias em anos) 217

Gráfico 8.4
Mestres e doutores em Engenharia Civil: médias das classes de
renda por principais tipos de trabalho (em reais) 234

Gráfico 8.5a
Mestres em Engenharia Civil: contribuições do curso para os
principais tipos de trabalho (% de "contribuiu muito") 237

Gráfico 8.5b
Doutores em Engenharia Civil: contribuições do curso para os
principais tipos de trabalho (% de "contribuiu muito") 238

Gráfico 8.6a
Mestres em Engenharia Civil: experiência profissional após a titulação
por principais tipos de trabalho (% de "melhorou/aumentou muito") 240

Gráfico 8.6b
Doutores em Engenharia Civil: experiência profissional após a titulação
por principais tipos de trabalho (% de "melhorou/aumentou muito") 241

Gráfico 9.1a
Mestres em Engenharia Elétrica: idades na trajetória da graduação
à titulação por ano de conclusão (médias anuais) 264

Gráfico 9.1b
Doutores em Engenharia Elétrica: idades na trajetória da graduação
à titulação por ano de titulação (médias anuais) 265

Gráfico 9.2
Mestres e doutores em Engenharia Elétrica: duração do curso por ano
de conclusão (médias anuais) 266

Gráfico 9.3
Mestres e doutores em Engenharia Elétrica: tempo entre a graduação
e o início do curso por ano de conclusão (médias anuais) 267

Gráfico 9.4
Mestres e doutores em Engenharia Elétrica: médias das classes de
renda por principais tipos de trabalho (em reais) 275

Gráfico 9.5a
Mestres em Engenharia Elétrica: contribuições do curso para os principais
tipos de trabalho (% de "contribuiu muito") 277

Gráfico 9.5b
Doutores em Engenharia Elétrica: contribuições do curso para os
principais tipos de trabalho (% de "contribuiu muito") 278

Gráfico 9.6a
Mestres em Engenharia Elétrica: aumento da competitividade
profissional/acadêmica por principais tipos de trabalho
(% de "dentro/acima do esperado") 278

Gráfico 9.6b
Doutores em Engenharia Elétrica: aumento da competitividade
profissional/acadêmica por principais tipos de trabalho
(% de "dentro/acima do esperado") 279

Gráfico 10.1a
Mestres em Física: idades na trajetória da graduação à titulação
por ano de conclusão (médias anuais) 289

Gráfico 10.1b
Doutores em Física: idades na trajetória da graduação à titulação
por ano de conclusão (médias anuais) 289

Gráfico 10.2
Mestres e doutores em Física: duração do curso por ano de conclusão
(médias anuais) 290

Gráfico 10.3
Mestres e doutores em Física: tempo entre a graduação e o início
do curso por ano de conclusão (médias anuais) 290

Gráfico 10.4
Mestres e doutores em Física: médias das classes de renda por
principais tipos de trabalho (em reais) 300

Gráfico 10.5a
Mestres em Física: contribuições do curso para os principais tipos
de trabalho (% de "contribuiu muito") 301

Gráfico 10.5b
Doutores em Física: contribuições do curso para os principais tipos
de trabalho (% de "contribuiu muito") 302

Gráfico 10.6a
Mestres em Física: aumento da competitividade profissional/acadêmica
por principais tipos de trabalho (% de "dentro/acima do esperado") 303

Gráfico 10.6b
Doutores em Física: aumento da competitividade profissional/acadêmica
por principais tipos de trabalho (% de "dentro/acima do esperado") 303

Gráfico 11.1a
Mestres em Química: idades na trajetória da graduação à titulação
por ano de conclusão (médias anuais) 313

Gráfico 11.1b
Doutores em Química: idades na trajetória da graduação à titulação
por ano de conclusão (médias anuais) 314

Gráfico 11.2
Mestres e doutores em Química: tempo entre a graduação e o início do
curso por ano de conclusão (médias anuais) 315

Gráfico 11.3
Mestres e doutores em Química: duração do curso por ano
de conclusão (médias anuais) 317

Gráfico 11.4
Mestres e doutores em Química: médias das classes de renda
por principais tipos de trabalho (em reais) 332

Gráfico 11.5a
Mestres em Química: contribuições do curso para os principais
tipos de trabalho (% de "contribuiu muito") 335

Gráfico 11.5b
Doutores em Química: contribuições do curso para os principais
tipos de trabalho (% de "contribuiu muito") 335

Gráfico 11.6a
Mestres em Química: aumento da competitividade profissional/acadêmica
por principais tipos de trabalho (% de "dentro do esperado"
e de "acima do esperado") 337

Gráfico 11.6b
Doutores em Química: aumento da competitividade profissional/acadêmica
por principais tipos de trabalho (% de "dentro do esperado"
e de "acima do esperado") 337

Gráfico 12.1a
Mestres em Sociologia: idades na trajetória da graduação à titulação
por ano de conclusão (médias anuais) 350

Gráfico 12.1b
Doutores em Sociologia: idades na trajetória da graduação à titulação,
por ano de conclusão (médias anuais) 352

Gráfico 12.2
Mestres e doutores em Sociologia: duração do curso por ano de
conclusão (médias anuais). 352

Gráfico 12.2.1
Mestres e doutores em Sociologia: duração do curso por escolaridade
do pai (médias em anos) 353

Gráfico 12.3
Mestres e doutores em Sociologia: tempo entre graduação e início do
curso por ano de conclusão (médias anuais) 353

Gráfico 12.3.1
Mestres e doutores em Sociologia: tempo entre graduação
e início do curso, por escolaridade do pai (médias em anos) 354

Gráfico 12.4
Mestres e doutores em Sociologia: médias das classes de renda
por principais tipos de trabalho (em reais) 358

Gráfico 12.5a
Mestres em Sociologia: contribuições do curso para os principais
tipos de trabalho (% de "contribuiu muito") 365

Gráfico 12.5b
Doutores em Sociologia: contribuições do curso para os principais
tipos de trabalho (% de "contribuiu muito") 365

Gráfico 12.6a
Mestres em Sociologia: experiência profissional após a titulação
por principais tipos de trabalho (% de "melhorou/aumentou muito") 367

Grácico 12.6b
Doutores em Sociologia: experiência profissional após a titulação
por principais tipos de trabalho (% de "melhorou/aumentou muito") 368

Gráfico A-12.1
Profissionais docentes em IES (%) 371

Gráfico A-12.2
Dependência administrativa da IES dos docentes (%) 371

Gráfico 13.1
Mestres: tempo médio entre a conclusão da graduação e o ingresso
no mestrado, por grupos de coortes e área 376

Gráfico 13.2
Mestres e doutores: comparando as trajetórias graduação/mestrado
e mestrado/doutorado 379

Gráfico 13.3a
Mestres: idades de ingresso, por grupos de coortes e área 380

Gráfico 13.3b
Doutores: idades de ingresso, por grupos de coortes e área 380

Gráfico 13.4a
Mestres: duração do curso, por grupos de coortes e área 382

Gráfico 13.4b
Doutores: duração do curso, por grupos de coortes e área 383

Gráfico 13.5a
Mestres: idade de titulação, por grupos de coortes e área 386

Gráfico 13.5b
Doutores: idade de titulação, por grupos de coortes e área 386

Gráfico 13.6
Mestres e doutores: idade de conclusão do mestrado 389

Gráfico 14.1
Motivações para o mestrado, por área – mercado de trabalho
(% de "pesou muito") 394

Gráfico 14.2
Motivações para o mestrado, por área – docência e pesquisa
(% de "pesou muito") 395

Gráfico 14.3
Motivações para mestrado, por área – outros (% "pesou muito") 396

Gráfico 15.1
Mestres que seguem doutorado no país (%) 402

Gráfico 15.2
Mestres que atuam no ensino superior e mestres cuja atividade
envolve pesquisa (%) 407

Gráfico 16.1
Mestres: trabalho na época da entrevista e trabalho futuro
na academia (%) 410

Gráfico 16.2
Mestres: origens dos que atuam na academia ou fazem doutorado
(% de situação na inscrição) 412

Gráfico 16.3
Mestres: origens dos que não atuam na academia
(% de situação na inscrição) 413

Gráfico 17.1
Mestres: experiência em pesquisa contribuiu muito para o trabalho (%) 422

Gráfico 17.1 (cont.)
Mestres: experiência em pesquisa contribuiu muito para o trabalho (%) 423

Gráfico 17.2
Mestres: formação teórica contribuiu muito para o trabalho (%) 425

Gráfico 17.2 (cont.)
Mestres: formação teórica contribuiu muito para o trabalho (%) 425

Gráfico 17.3
Mestres: curso aumentou muito a competitividade em termos
acadêmicos/profissionais (%) 429

Gráfico 17.4
Mestres: trabalho após titulação é muito melhor em termos
acadêmicos/profissionais (%) 430

Gráfico 17.5
Mestres: curso contribuiu muito para maiores oportunidades
de trabalho (%) 431

Índice de tabelas

Tabela 3.1
Mestres: universos, amostras e questionários aplicados, por área 50

Tabela 3.2
Doutores: universos, amostras e questionários aplicados, por área 50

Tabela 4.1
Administração: indicadores da Capes para a pós-graduação
no Brasil, 1996-2000 (base 1996 = 100) 64

Tabela 4.2
Mestres e doutores em Administração: área da graduação e da
pós-graduação; sexo por instituição (%) 65

Tabela 4.3
Mestres e doutores em Administração: idade de titulação
em grupos etários, por instituição (%) 69

Tabela 4.4a
Mestres em Administração: situação de trabalho na inscrição,
por instituição (%) 71

Tabela 4.4b
Doutores em Administração: situação de trabalho na inscrição,
por instituição (%) 73

Tabela 4.5
Mestres e doutores em Administração: motivações para o mestrado
e o doutorado por principais tipos de trabalho na inscrição (%) 74

Tabela 4.6a
Mestres em Administração: situação de estudo e trabalho por
instituição (%) 77

Tabela 4.6b
Doutores em Administração: situação de estudo e trabalho por
instituição (%) 81

Tabela 4.7
Mestres e doutores em Administração: mercado, Estado e
academia – trajetória da inscrição à situação de trabalho atual (% em
relação ao total e marginais) 85

Tabela 5.1
Mestres e doutores em Agronomia: área da graduação e da
pós-graduação; sexo por universidade (%) 103

Tabela 5.2
Mestres e doutores em Agronomia: idade de titulação em grupos
etários por universidade (%) 105

Tabela 5.3a
Mestres em Agronomia: situação de estudo e trabalho na inscrição
por universidade (%) 108

Tabela 5.3b
Doutores em Agronomia: situação de estudo e trabalho na inscrição
por universidade (%) 109

Tabela 5.4
Mestres e doutores em Agronomia: motivações para o mestrado
e o doutorado por principais tipos de trabalho na inscrição (%) 111

Tabela 5.5a
Mestres em Agronomia: situação de estudo e trabalho
por universidade (%) 113

Tabela 5.5b
Doutores em Agronomia: situação de estudo e trabalho
por universidade (%) 114

Tabela 5.6
Mestres e doutores em Agronomia: mercado, Estado e academia
– trajetória da inscrição à situação atual (% em relação ao total
e marginais) 116

Tabela 6.1
Mestres e doutores em Bioquímica: evolução de alguns indicadores
da pós-graduação em Bioquímica no país; médias anuais 129

Tabela 6.2
Mestres e doutores em Bioquímica: área da graduação e da
pós-graduação; sexo por universidade (%) 131

Tabela 6.3
Mestres e doutores em Bioquímica: idade de titulação em grupos
etários por universidade (%) 142

Tabela 6.4a
Mestres em Bioquímica: situação de estudo e trabalho na inscrição
por universidade (%) 145

Tabela 6.4b
Doutores em Bioquímica: situação de estudo e trabalho na inscrição
por universidade (%) 146

Tabela 6.5
Mestres e doutores em Bioquímica: motivações para o mestrado
e o doutorado por principais tipos de trabalho na inscrição (%) 151

Índice de Tabelas

Tabela 6.6a
Mestres em Bioquímica: situação de estudo e trabalho
por universidade (%) 154

Tabela 6.6b
Doutores em Bioquímica: situação de estudo e trabalho por
universidade (%) 156

Tabela 6.7
Mestres e doutores em Bioquímica: mercado, Estado e academia
– trajetória da inscrição à situação de trabalho atual
(% em relação ao total e marginais) 158

Tabela 7.1
Mestrado e doutorado em Clínica Médica: ano de início e conceitos
nas avaliações 177

Tabela 7.2
Mestres e doutores em Clínica Médica: área da graduação e da
pós-graduação; sexo por universidade (%) 179

Tabela 7.3
Mestres e doutores em Clínica Médica: idade de titulação em
grupos etários, por universidade (%) 181

Tabela 7.4a
Mestres em Clínica Médica: situação de estudo e trabalho na inscrição
por universidade (%) 185

Tabela 7.4b
Doutores em Clínica Médica: situação de estudo e trabalho na inscrição,
por universidade (%) 186

Tabela 7.5
Mestres e doutores em Clínica Médica: motivações para o mestrado
e o doutorado por principais tipos de trabalho na inscrição (%) 188

Tabela 7.6a
Mestres em Clínica Médica: situação de estudo e trabalho
por universidade (%) 189

Tabela 7.6b
Doutores em Clínica Médica: situação de estudo e trabalho
por universidade (%) 191

Tabela 7.7
Mestres e doutores em Clínica Médica: mercado, Estado e academia
– trajetória da inscrição à situação de trabalho atual (% em relação
ao total e marginais) 193

Tabela 8.1
Engenharia Civil: indicadores da Capes para a pós-graduação
no Brasil, 1996-2000 (base 1996 = 100) 205

Tabela 8.2
Mestres e doutores em Engenharia Civil: área da graduação e da
pós-graduação; sexo por universidade (%) 209

Tabela 8.3
Mestres e doutores em Engenharia Civil: idade de titulação em
grupos etários, por universidade (%) 212

Tabela 8.4a
Mestres em Engenharia Civil: situação de estudo e trabalho na
inscrição por universidade (%) 218

Tabela 8.4b
Doutores em Engenharia Civil: situação de estudo e trabalho na
inscrição por universidade (%) 219

Tabela 8.5
Mestres e doutores em Engenharia Civil: motivações para o mestrado
e o doutorado por principais tipos de trabalho na inscrição (%) 222

Tabela 8.6a
Mestres em Engenharia Civil: situação de estudo e trabalho
por universidade (%) 225

Tabela 8.6b
Doutores em Engenharia Civil: situação de estudo e trabalho
por universidade (%) 226

Tabela 8.7
Mestres e doutores em Engenharia Civil: mercado, Estado e academia
– trajetória da inscrição à situação de trabalho atual (% em relação
ao total e marginais) 233

Tabela 9.1
Engenharia Elétrica: indicadores da Capes para a pós-graduação
no Brasil, 1996-2000 (base 1996 = 100) 261

Tabela 9.2
Mestres e doutores em Engenharia Elétrica: área da graduação
e da pós-graduação; sexo por universidade (%) 263

Tabela 9.3
Mestres e doutores em Engenharia Elétrica: idade de titulação
em grupos etários por universidade (%) 264

Tabela 9.4a
Mestres em Engenharia Elétrica: situação de trabalho na inscrição
por universidade (%) 268

Tabela 9.4b
Doutores em Engenharia Elétrica: situação de trabalho na inscrição
por universidade (%) 269

Índice de Tabelas

Tabela 9.5
Mestres e doutores em Engenharia Elétrica: motivações para o mestrado
e o doutorado por principais tipos de trabalho na inscrição (%) 271

Tabela 9.6a
Mestres em Engenharia Elétrica: situação de estudo e trabalho
por universidade (%) 272

Tabela 9.6b
Doutores em Engenharia Elétrica: situação de estudo e trabalho
por universidade (%) 273

Tabela 9.7
Mestres e doutores em Engenharia Elétrica: mercado, Estado e academia
– trajetória da inscrição à situação de trabalho atual (% em relação ao
total e marginais) 274

Tabela 10.1
Distribuição dos físicos brasileiros, segundo área de pesquisa (%) 284

Tabela 10.2
Física: indicadores da Capes para a pós-graduação na área no país,
1996 - 2000 286

Tabela 10.3
Mestres e doutores em Física: área da graduação e da pós-graduação;
sexo por universidade (%) 287

Tabela 10.4
Mestres e doutores em Física: idade de titulação em grupos etários
por universidade (%) 288

Tabela 10.5a
Mestres em Física: situação de trabalho na inscrição por universidade (%) 292

Tabela 10.5b
Doutores em Física: situação de trabalho na inscrição por universidade (%) 293

Tabela 10.6
Mestres e doutores em Física: motivações para o mestrado e o
doutorado por principais tipos de trabalho na inscrição (%) 295

Tabela 10.7a
Mestres em Física: situação de estudo e trabalho por universidade (%) 296

Tabela 10.7b
Doutores em Física: situação de estudo e trabalho por universidade (%) 297

Tabela 10.8
Mestres e doutores em Física: mercado, Estado e academia – trajetória da
inscrição à situação de trabalho atual (% em relação ao total e marginais) 298

Tabela 11.1
Química: comparação de alguns indicadores referentes a três
avaliações da Capes para a pós-graduação da área no país 310

Tabela 11.2
Mestres e doutores em Química: área da graduação e da
pós-graduação; sexo por universidade (%) 312

Tabela 11.3
Mestres e doutores em Química: idade de titulação em grupos
etários por universidade (%) 318

Tabela 11.4a
Mestres em Química: situação de trabalho na inscrição
por universidade (%) 321

Tabela 11.4b
Doutores em Química: situação de trabalho na inscrição
por universidade (%) 322

Tabela 11.5
Mestres e doutores em Química: motivações para o mestrado e o
doutorado por principais tipos de trabalho na inscrição (%) 324

Tabela 11.6a
Mestres em Química: situação de estudo e trabalho
por universidade (%) 326

Tabela 11.6b
Doutores em Química: situação de estudo e situação de trabalho
por universidade (%) 327

Tabela 11.7
Mestres e doutores em Química: mercado, Estado e academia
– trajetória da inscrição à situação de trabalho atual (% em relação
ao total e marginais) 330

Tabela 12.1
Programas de pós-graduação em Sociologia por ano de início
e instituição 345

Tabela 12.2
Evolução da pós-graduação em Sociologia segundo algumas
características, 1987-1997 346

Tabela 12.3
Mestres e doutores em Sociologia: área da graduação e da
pós-graduação; sexo por universidade (%) 349

Tabela 12.4
Mestres e doutores em Sociologia: idade de titulação em grupos
etários por universidade (%) 351

Tabela 12.5a
Mestres em Sociologia: situação de estudo e trabalho na inscrição
por universidade (%) 355

Índice de Tabelas

Tabela 12.5b
Doutores em Sociologia: situação de estudo e trabalho na inscrição
por universidade (%) 357

Tabela 12.6
Mestres e doutores em Sociologia: motivações para o mestrado
e o doutorado por principais tipos de trabalho na inscrição (%) 359

Tabela 12.7a
Mestres em Sociologia: situação de estudo e trabalho
por universidade (%) 361

Tabela 12.7b
Doutores em Sociologia: situação de estudo e trabalho
por universidade (%) 362

Tabela 12.8
Mestres e doutores em Sociologia: mercado, Estado e academia
– trajetória da inscrição à situação atual (% em relação ao total
e marginais) 364

Tabela 13.1
Mestres e doutores: área da graduação e da pós-graduação; sexo (%) 374

Tabela 13.2
Doutores: comparando idades de titulação verificadas
com aquelas projetadas para os próximos anos; valores em anos 388

Tabela 15.1
Mestres: tipo de pós-graduação que estão seguindo por área (%) 401

Tabela 15.2
Mestres: situação de trabalho por área (%) 404

Tabela 15.3
Mestres: principal atividade remunerada por área (%) 405

Tabela 15.4
Mestres: tipo de trabalho por área (%) 406

Tabela 15.5
Mestres: envolvimento com pesquisa na principal atividade
por área (%) 408

Tabela 16.1
Mestres: trajetória da inscrição à situação na entrevista por área
(% do total e marginais) 415

Tabela 16.2
Doutores: trajetória da inscrição à situação na entrevista por área
(% do total e marginais) 417

Introdução

JACQUES VELLOSO

A pós-graduação brasileira, formalmente instituída em meados dos anos 60, quando foi regulamentada, na época contava com 38 cursos no país, sendo onze de doutorado e a maioria de mestrado. Os primeiros cursos de doutorado, instalados antes da regulamentação, concentravam-se na Biologia, Física, Matemática e Química, enquanto no mestrado distribuíam-se de modo mais disperso pelas áreas do conhecimento, incluindo também as Ciências Humanas, as Ciências Sociais Aplicadas, além das Ciências Agrárias e das Engenharias. Ao longo das décadas seguintes a pós-graduação no país passou por notável expansão e consolidação, particularmente na década de 90, além de ampliar muito sua abrangência quanto a áreas do conhecimento. No ano 2000, os estudantes vinculados aos programas de mestrado e doutorado no país estavam chegando na casa dos 80 mil, com mais de 15 mil titulados no ano. Perto de 40% do alunado estava em áreas das Humanidades e das Artes, nas quais se formavam cerca de 1/3 dos alunos, sugerindo um índice de titulação algo mais elevado nas chamadas ciências duras (Sampaio, 2000).

O modelo seqüencial de pós-graduação brasileiro, no qual o mestrado habitualmente precede o doutorado, foi originalmente concebido tendo em vista, naquele nível, o aperfeiçoamento de quadros para o ensino superior e, neste, também a formação do pesquisador cientificamente independente. Levantamento realizado na primeira metade dos anos oitenta indicava que a universidade era o principal destino profissional dos mestres e doutores que atuavam no país (Spagnolo e Gunther, 1986). A partir daquela época, informações esparsas que vêm sendo recolhidas sugerem que o trabalho na academia continua absorvendo expressivas parcelas de egressos da pós-graduação e, também, que a demanda por quadros altamente qualificados cresce noutros setores da vida social, como nas empresas e na administração e serviços públicos. Mas essas informações esparsas não permitem que se desenhe um cenário da inserção profissional de nossos mestres e doutores. A pesquisa relatada neste livro, apoiada pela Capes, em convênio com a Unesco, teve por finalidade preencher essa lacuna, identificando onde atuam mestres e doutores egressos da pós-graduação brasileira, além de analisar aspectos de sua trajetória profissional e, especialmente, discutir relações entre a formação recebida e o trabalho dos titulados.

O estudo, que foi desenvolvido em três etapas, nas duas primeiras abrangeu nove áreas do conhecimento, compreendendo mais de cinco mil entrevistados, mestres e doutores formados no país, a partir de 1990, em Administração, Agronomia, Bioquímica, Clínica Médica, Engenharia Civil, Engenharia Elétrica, Física, Química e Sociologia.[1] Os resultados para essas duas primeiras etapas estão discutidos neste livro e os dados para a terceira etapa constarão de um segundo volume, abrangendo titulados em Direito, Economia, Engenharia Mecânica, Geociências, Odontologia e Psicologia.

O livro está dividido em dezesseis capítulos, além desta Introdução. Os próximos dois capítulos tratam, respectivamente, do contexto e objetivos do estudo e de questões metodológicas. Cada um dos nove capítulos seguintes aborda uma das áreas do conhecimento, descrevendo o perfil acadêmico e profissional dos mestres e doutores e discutindo sua trajetória de formação, sua situação de trabalho quando da inscrição para o curso e na época das entrevistas, suas percepções quanto a contribuições do curso para as atividades profissionais e quanto a impactos da pós-graduação em experiências de trabalho. Os cinco últimos capítulos, de variada extensão e tratando sobretudo dos mestres, comparam as nove áreas do conhecimento com respeito a questões estudadas, como duração do curso e outros aspectos da trajetória acadêmica, motivações para o mestrado, continuidade da formação e situação de trabalho, destino profissional, contribuições do curso para o trabalho que os titulados desenvolviam na época das entrevistas.

Concluindo esta breve Introdução, agradecemos a dirigentes e funcionários da Capes que contribuíram de diversas formas para o êxito da pesquisa, a dirigentes e funcionários da Unesco e das instituições abrangidas, e especialmente aos mestres e doutores entrevistados. Agradecemos ainda aos entrevistadores, muito numerosos para que possam ser citados nominalmente, e a assistentes e estagiários nos sete grupos de pesquisa que realizaram o estudo: Alessandro Muniz, Andréa Abdalla, Ângela Cristina C. Fernandes, Carmem Sophia C. Melo, Flávio Henrique de S. Gonçalves, Geni Chaves, Juliana B. Faria, Ligia Madeira, Maria Auxiliadora S. Alencar, Paulo Marcello F. Marques, Tânia F. Bogutchi e Vânia S. Melo.

Notas

[1] O estudo foi coordenado pelo autor deste capítulo e organizador da obra, contando com a participação de sete grupos de pesquisa (veja capítulo 3).

Contexto e objetivos

JACQUES VELLOSO

A última investigação sobre o destino profissional de mestres e doutores no país data dos anos oitenta (Spagnolo e Gunther, 1986). A pesquisa, realizada entre 1981 e 1984, colheu dados nos locais de trabalho de mais de doze mil titulados das diversas áreas do conhecimento,[1] formados no país e no exterior e que atuavam no Brasil (67% de mestres e 35% de doutores). Naquela época, os mestres começavam o curso com 30 anos de idade, em média, e os doutores com 35, bastante tempo depois de concluírem a graduação. A maioria dos egressos buscou a pós-graduação com interesse em pesquisa, estava geralmente satisfeita com o seu trabalho e tinha uma avaliação positiva quanto à sua formação. Antes de fazer o curso, menos da metade dos mestres trabalhava em instituições de ensino superior, em geral públicas, porém depois da titulação 70% dos egressos tiveram esse destino profissional. Entre os doutores, antes de começarem curso, cerca de 60% atuavam no ensino superior, também quase sempre público, proporção que crescia para 3/4 após a obtenção do título.

Naquela época, na primeira metade dos anos 80, quando a pós-graduação no país já experimentava expressivas taxas de crescimento – embora bem menores do que as observadas na década de noventa –, cerca de 40% dos doutores que atuavam no país haviam se formado no exterior. Hoje a proporção dos titulados fora do Brasil é bem menor, como sugerem os resultados do Diretório de Grupos de Pesquisa do CNPq. Entre os pesquisadores cadastrados nesse diretório, e que se titularam no período 1986-1995, apenas 30% havia feito sua formação no exterior; o declínio continuou nos anos seguintes, em larga medida como conseqüência da consolidação da pós-graduação no país: entre os que se formaram na segunda metade dos anos 90, menos de 20% fez o doutorado fora do Brasil.[2]

Com efeito, desde a época daquele estudo sobre mestres e doutores, alteraram-se as políticas de pós-graduação traçadas pelas agências de fomento, mudou muito o mercado de trabalho universitário e mais ainda o mercado de empregos *extramuros*. Cabia então perguntar, ao final dos anos noventa: como se situa a relevância da formação dos mestres e doutores face a este novo cenário? O que motiva a procura por programas de mestrado e doutorado? As políticas desenvolvidas por aquelas agências estão induzindo modificações no perfil da formação pós-graduada, nas direções pretendidas? Respostas a perguntas como essas, tratadas na presente pesquisa, que abrangeu mestres e doutores formados no país na década de noventa, podem contribuir para o aperfeiçoamento das políticas de pós-graduação.

A investigação que adiante se relata pautou-se pelas questões enunciadas a seguir.

Quem são os mestres e doutores? De que áreas provêm e qual o sexo predominante? Quanto tempo despenderam desde a graduação até o início da formação pós-graduada e quanto tempo gastaram para concluir o curso? Esses prazos sofreram alterações ao longo da década de noventa?

Por que fizeram o curso? (a) Qual a motivação para fazer o curso: seguir ou aprimorar carreira docente ou de pesquisador, melhorar a competitividade no mercado de trabalho, ampliar as oportunidades de emprego, obter trabalho qualitativamente melhor, aumentar a renda, corrigir deficiências de formação anterior, aproveitar o incentivo da bolsa? (b) Que importância tiveram estas motivações, segundo o tipo de trabalho que desenvolviam, na época em que se inscreveram no curso?

Trajetória: de onde vieram e para onde foram os mestres e doutores? O que faziam quando se inscreveram no curso? O que fazem hoje? Algum tipo de pós-graduação – doutorado, para os mestres? Onde trabalhavam e onde hoje trabalham – no setor público ou privado, em empresas ou na administração pública? São docentes no ensino superior, fazem pesquisa? A titulação alterou a inserção profissional?

Quanto ganham os mestres e doutores? Qual é o rendimento mensal dos titulados, segundo o tipo de trabalho que desenvolvem?

Para que serviu o curso? (a) Quais as contribuições que o curso aportou para o trabalho, segundo as percepções dos titulados: quanto à formação teórica, experiência em pesquisa, atualização de conhecimentos e contatos acadêmicos ou profissionais? Qual é a importância desses aspectos, conforme o tipo de trabalho que mestres e doutores realizam? (b) Como se comparam as experiências de trabalho antes e depois do curso, quanto ao aumento da competitividade profissional ou acadêmica, a maiores e melhores oportunidades de trabalho, ao nível de renda e à participação em eventos e em associações científicas e profissionais? Se houve alterações, foram elas expressivas, conforme o tipo de trabalho dos titulados?

Além de responder às perguntas acima, a pesquisa relatada neste livro permite também tratar de outra questão quanto ao destino profissional dos pós-graduados. As políticas para o ensino superior na segunda metade dos anos noventa induziram um forte crescimento da matrícula, porém sob parâmetros bem diversos dos que vigiam até então. Vários aspectos dessas políticas teriam propiciado uma expansão do mercado de trabalho universitário para mestres e doutores, ao passo que um deles teria atuado em sentido inverso.

O marco legal das políticas para o ensino superior, a nova lei de Diretrizes e Bases da Educação, promulgada no final de 1996, estabeleceu que as universidades devem ter um mínimo de 1/3 de mestres ou doutores no seu corpo docente a fim de que possam ser credenciadas, isto é, obter ou manter o seu status de universidade. Determinou ainda que as universidades, em contraste com as demais instituições de ensino superior, caracterizam-se pela pesquisa institucionalizada.[3] Os níveis de titulação que foram fixados, assim como o requisito da investigação institucionalizada, geralmente estão presentes nas grandes universidades públicas e na maioria das universidades federais, mas não costumam ser encontrados nas instituições particulares. Embora a regulamentação da lei tenha concedido um prazo de oito anos a fim de que as exigências fossem atendidas, as instituições privadas que nos últimos anos pleitearam transformar-se em universidades – e dezenas delas dirigiram tal pleito ao Conselho Nacional de Educação – de algum modo teriam buscado se adequar ao novo diploma legal.

No marco das referidas políticas foi criada a figura do centro universitário, instituição de ensino superior que se situa num patamar intermediário entre uma faculdade e uma universidade.[4] Um centro universitário tem prerrogativas de autonomia semelhantes às da universidade, como a da criação de novos cursos, mas dele não se exige institucionalização da pesquisa. Várias dezenas de faculdades privadas pleitearam sua transformação em centro universitário junto ao Conselho Nacional de Educação, a partir de 1997. Embora não tivesse sido fixado um patamar mínimo para a titulação do corpo docente de centros universitários, na prática as exigências foram mais elevadas do que as aplicadas aos pedidos de novos cursos em faculdades, o que teria provocado um aumento da demanda por pós-graduados. Além disso, a autonomia concedida aos centros universitários acelerou o ritmo da criação de novos cursos superiores no país, alargando o mercado para docentes no ensino superior.

Outra inovação da mencionada lei, o reconhecimento periódico de cursos, também teria contribuído para elevar o perfil da demanda por mestres e doutores no mercado de trabalho de ensino superior. O reconhecimento de cursos, exigência para a validade dos diplomas concedidos, passou a ser efetivamente periódico nas políticas que vieram a ser conduzidas, sendo realizado a cada cinco anos e dependente de certos requisitos que antes inexistiam. Um destes é a avaliação das condições de oferta dos cursos, instituída na segunda metade da década de noventa, tendo a titulação do corpo docente como um dos elementos que a integra. Ademais, os novos cursos superiores passaram a submeter-se a processo de reconhecimento no prazo máximo de dois ou três anos após sua criação,[5] no qual vieram a ser considerados os resultados da avaliação da titulação do corpo docente. O Exame Nacional de Cursos – o conhecido provão –, criado mais ou menos na mesma época, também pode ter contribuído para a mencionada mudança no perfil da demanda, pois o reconhecimento passou a ser afetado por resultados deficientes no exame. É provável que diversos cursos e instituições tenham buscado elevar a titulação de seus professores, seja na tentativa de conquistar melhores resultados no provão, seja para alcançar seu reconhecimento ou para renová-lo.

No cenário das políticas para o ensino superior, uma alteração, também ocorrida na segunda metade dos anos noventa, atuou sobre a demanda de titulados em sentido contrário ao que vem sendo discutido. Nas instituições federais de ensino, foi restringida a contratação de professores para preencher as vagas abertas por aposentadoria ou outros motivos. Esse virtual congelamento do número de vagas gerou, no setor público federal, uma forte queda no ritmo da procura por mestres e doutores em todas as áreas e certamente reorientou parte da oferta para o setor privado.

Há evidências empíricas esparsas e assistemáticas sobre um aumento da procura de pós-graduados por parte de muitas instituições privadas de ensino superior. Mas não se dispõe de quadro abrangente quanto ao efeito líquido desses processos, a maior parte deles induzindo um aumento da procura de titulados no mercado de trabalho do setor privado do ensino superior, e um deles diminuindo a demanda no setor público. Os resultados da pesquisa, que incluem a caracterização dos tipos de trabalho que desenvolvem mestres e doutores em nove áreas do conhecimento, egressos de instituições situadas em sete unidades da federação, do Sul ao Nordeste do país, podem fornecer alguma evidência empírica – parcial mas sólida – quanto ao efeito dos processos discutidos.

Notas

[1] Ciências Agro-industriais, Economia e Física, na primeira etapa do estudo; a segunda abrangeu Antropologia, Ciência Política, Enfermagem, Engenharias, Farmácia, Medicina, Odontologia e Sociologia; a terceira compreendeu Administração, Ciências Biológicas, Educação, Educação Física, Geociências, Informática, Química, Psicologia.
[2] Dados do Diretório de Grupos de Pesquisa do CNPq em memorando de Reynaldo Guimarães para o autor.
[3] Artigo 52 da Lei 9.394, de 20 de dezembro de 1996,
[4] Decreto 2.306, de 1997.
[5] Para os cursos com duração mínima de quatro e cinco ou seis anos, respectivamente.

Abrangência, entrevistados e variáveis

JACQUES VELLOSO

Introdução

Em toda pesquisa com dados empíricos, uma das primeiras perguntas que se faz o leitor diante do relatório é: qual foi a abrangência do estudo e como foram escolhidos os sujeitos? Para responder a essas perguntas, o presente capítulo trata dos universos abrangidos pela pesquisa, dos critérios de seleção das áreas e dos programas de pós-graduação. Discute também como o estudo foi conduzido e como foram definidas as variáveis da pesquisa.

Discussões de cunho metodológico como as que seguem, embora possam ser úteis para precisar melhor os pontos de partida, o contexto e os resultados de uma investigação, costumam ser maçantes, exceto para aficionados ou pesquisadores que se dedicam às questões estudadas. Se o leitor não se enquadra numa dessas duas categorias, sugere-se que ele consulte a seção intitulada *Universos, amostras e instrumentos* e, em seguida, passe diretamente ao(s) capítulo(s) que lhe interessa(m), retornando eventualmente, quando julgar necessário. Exceto num ou noutro caso excepcional, a linha geral de discussão dos resultados está baseada em variáveis bastante – ou muito – conhecidas dos que estão familiarizados com a pós-graduação no país.

Escopo do estudo

O estudo foi conduzido em duas etapas, mediante trabalho em rede, que envolveu uma coordenação,[1] situada no Núcleo de Estudos sobre Ensino Superior da Universidade de Brasília (Nesub/Ceam/UnB), e seis grupos de pesquisa sediados em cinco universidades federais e uma estadual.[2] A primeira etapa, iniciada em 1998, abrangeu mestres e doutores em Administração, Engenharia Elétrica,

Física e Química, titulados entre 1990 e 1997; a segunda, que começou em 1999, compreendeu titulados em Agronomia, Bioquímica, Clínica Médica, Engenharia Civil e Sociologia, que obtiveram seus diplomas entre 1990 e 1998. Na seleção das áreas, feita em comum acordo com a Capes, agência de fomento que apoiou o estudo, em convênio com a Unesco, procurou-se combinar diversidade e tamanho. Assim, a seleção abrangeu áreas que se situam em sete das oito grandes áreas do conhecimento[3] e estão entre as de maior número de estudantes na pós-graduação *stricto sensu* no país.

A escolha das instituições e programas resultou da concorrência de fatores diversos. Primeiro, em virtude de restrições quanto aos custos do estudo, era desejável que as instituições e programas estivessem localizados nas capitais onde se situam os grupos de pesquisa: Belo Horizonte (UFMG), Brasília (UnB), Porto Alegre (UFRGS), Recife (grupo da UFPE, incorporado na segunda etapa do projeto), Rio de Janeiro (UFRJ), São Paulo (USP) e Salvador (UFBA). Essa configuração da rede não chegava a ser uma limitação do ponto de vista da diversidade regional, pois os grupos estão em localizados em quatro das cinco regiões geoeconômicas. Segundo, convinha estudar titulados no país que estivessem há algum tempo no mercado de trabalho mas que não fossem muito difíceis de ser localizados; optou-se, então, pelos que tivessem concluído seus cursos a partir de 1990. Terceiro, também devido a restrições orçamentárias, mas mantendo-se uma desejável diversidade regional com custos baixos, era preciso escolher um programa de cada área, em cada unidade federada. A fim de atender a esse objetivo deu-se preferência aos programas que houvessem titulado o maior número de mestres e doutores; deveriam, portanto, ser os mais antigos, tendo formado pelo menos uma turma em 1990 e, em caso de empate quanto à antigüidade, deveriam ser os maiores quanto ao número de estudantes vinculados. Esses critérios, seguidos na primeira etapa da pesquisa, foram adotados como referência na segunda etapa, considerando-se aspectos de custos e de prazos.

Quando as universidades que abrigavam os grupos de pesquisa não possuíam programas nas áreas selecionadas ou que atendessem aos critérios antes citados se recorreu, como substituição, a instituições próximas. Assim, na Agronomia, em Minas Gerais, incluiu-se a Universidade Federal de Viçosa em vez da UFMG e, em Pernambuco e no Rio de Janeiro, as respectivas universidades federais rurais; no caso da Engenharia Elétrica foram incluídos no estudo os mestres e doutores da UFSC, em Florianópolis, pois a UFRGS não possuía programa na área. Ainda na Agronomia, dois programas das principais universidades da pesquisa não se situam no campus da capital, como ocorre com a Escola Superior de Agricultura Luiz de Queiroz, da USP, localizada em Piracicaba, e com o mestrado da UFBA. No caso da Clínica Médica da USP, o programa na área situa-se em Ribeirão Preto. A área de Administração foi um caso a parte. Nessa área são numerosos os mestrados no país mas, no doutorado, quando a seleção de instituições e programas foi feita, nesse nível existiam somente três programas que já haviam formado alunos a partir de 1993 (nenhum em 1990): dois estavam em São Paulo (USP e FGV-SP) e um no Rio de Janeiro (UFRJ). Considerando que o programa da FGV-SP havia formado duas vezes mais doutores do que o da UFRJ, e tendo em vista incluir no estudo um bom número de titulados, decidiu-se circunscrever o estudo dos doutores em Administração a São Paulo.

Universos, amostras e instrumentos

Os dados da pesquisa pretendem ser ilustrativos mas não tencionam ser representativos dos mestres e doutores formados no país, em cada área, no período analisado. O desenho do projeto, que não previu uma amostra de todos os mestres e doutores titulados nas áreas e período estudados, buscou uma seleção que, reduzindo custos, pudesse oferecer traços sugestivos de características, trajetórias e percepções dos titulados. Assim, os dados obtidos não se referem a *um* universo mas a conjuntos de universos: os egressos de cada programa constituem um universo. A diversidade regional dos programas abrangidos pela pesquisa, todos eles de considerável porte para os padrões nacionais, e a variedade de instituições na região Sudeste, que concentra a maioria do alunado dos mestrados e doutorados no país, permite considerar que os dados obtidos são uma boa ilustração do cenário nacional, em cada área.

Na primeira etapa do estudo foram aplicados questionários aos mestres e doutores dos programas escolhidos, titulados entre 1990 e 1997. Como se verá adiante, as proporções de egressos localizados foram muito satisfatórias. Na segunda etapa, abrangendo o período

1990-1998, o desenho do projeto defrontou-se com uma grande disparidade de tamanho dos universos. Em Agronomia, por exemplo, na Universidade Federal de Viçosa havia mais de 600 mestres formados no período e, na Escola Superior de Agricultura Luiz de Queiroz (ESALQ) da USP, em Piracicaba, cerca de 400 doutores titulados; em Engenharia Civil, os mestres pela UFRJ, UFRGS e USP superavam a casa das duas centenas em cada uma dessas universidades. Com universos desta ordem de grandeza, em princípio deveriam ser utilizadas amostras. Entretanto, alguns outros universos eram bem menores, em termos relativos e mesmo absolutos, como o dos mestres em Engenharia Civil pela UFMG, que não passavam de meia centena; situação semelhante ocorria com o universo dos mestres em Clínica Médica pela UFPE, que não excedia uma dezena.

A solução adotada para fazer face a tal disparidade quantitativa foi a de combinar amostras com universos. Nos universos menores aplicaram-se questionários a todos os egressos que puderam ser localizados, tal como havia sido feito na primeira etapa. Nos universos de maior porte foram utilizadas amostras, de 20% ou 33%, conforme o número de titulados.[4] Entre os mestres, foram extraídas as seguintes amostras: em Agronomia, de 20% para os formados pela UFV e USP/ESALQ e de 33% para os que diplomaram pela UFRGS; em Engenharia Civil, amostras de 33% para os egressos da UFRJ, UFRGS e USP. Entre os doutores em Agronomia, foram extraídas amostras de 33% dos universos dos titulados pela UFV e USP/ESALQ.[5] As observações foram ponderadas no processamento, de modo que os resultados finais refletem as proporções dos titulados em cada programa no conjunto dos universos de cada área, tal como se fez em pesquisa anterior sobre mestrandos e doutorandos no país (Velloso e Velho, 2001). Todos os resultados das tabelas e gráficos adiante apresentados foram apurados com dados ponderados.

Pesquisas do tipo *follow up*, como a presente, habitualmente oferecem ponderáveis dificuldades para sua realização, pois quando se inicia o trabalho de campo os domicílios dos sujeitos não são conhecidos. Em investigações sobre mestres e doutores, os obstáculos para a localização dos sujeitos podem ser maiores, por exemplo, do que as realizadas com graduados do ensino superior, em virtude de uma mobilidade espacial mais intensa dos titulados na pós-graduação. Como os programas de pós-graduação são muito menos numerosos do que os cursos de graduação, estando geograficamente mais concentrados num número de instituições relativamente pequeno, é bem mais freqüente encontrar um engenheiro ou um sociólogo morando na mesma cidade em que concluiu a graduação do que um mestre ou doutor em Engenharia Civil ou em Sociologia que reside onde se titulou. Além disso, a oferta mais escassa de quadros altamente qualificados no país tende a aumentar a mobilidade espacial dos mestres e mais ainda a de doutores. Exames nacionais para seleção da pós-graduação, como os da Anpad – Associação Nacional de Pesquisa e Pós-Graduação em Administração –, e programas de qualificação de professores, como o PICD da Capes – Programa Institucional de Capacitação Docente –, também atuam no mesmo sentido. Por outro lado, a localização de mestres e doutores é beneficiada pela quantidade de estudantes em cada programa, bem menor do que os efetivos discentes em cursos de graduação, o que permite mais facilmente recorrer a ex-colegas, assim como a antigos orientadores com os quais mestres e doutores tenham mantido contato profissional ou acadêmico. De fato, no trabalho de campo realizado, redes de contatos acadêmicos e profissionais entre ex-orientadores e ex-colegas foram de inestimável valia na localização dos sujeitos da pesquisa.

Consideradas as dificuldades de localização dos mestres e doutores, pode-se dizer que os resultados obtidos foram altamente satisfatórios, graças ao empenho dos grupos de pesquisa.[6] As tabelas 3.1 e 3.2 ilustram tal êxito. Nelas estão apresentados os totais de questionários aplicados comparativamente aos conjuntos de universos e amostras em cada área. Esses conjuntos correspondem, em cada área do conhecimento, aos totais dos egressos dos programas selecionados ou, se na área havia amostra(s), à soma dos sujeitos dos universos com os das amostras. Nos dados referentes aos mestres, estão excluídos os egressos que constavam originalmente dos cadastros, mas que já haviam obtido seu título de doutor.[7] Conforme os dados da tabela 3.1, foram aplicados questionários a proporções que variam entre mais da metade e 80% dos mestres de cada área; cerca de 3,6 mil mestres foram entrevistados, correspondendo a 2/3 do total. Os dados da tabela 3.2 mostram proporções maiores para os doutores, variando entre 2/3 e quase 90% em cada área, alcançando aproximadamente 1,8 mil doutores, 77% dos que a pesquisa buscou localizar e entrevistar.

Tabela 3.1
Mestres: universos, amostras e questionários aplicados, por área

Áreas	Universos e amostras (a)	Questionários aplicados (b)	% (c)=(b)/(a)
Administração [1]	1049	730	69,6
Agronomia [2]	613	476	77,7
Bioquímica [3]	422	257	60,9
Clínica Médica [4]	227	184	81,1
Engenharia Civil [5]	370	313	84,6
Engenharia Elétrica [6]	1059	597	56,4
Física [7]	550	314	57,1
Química [8]	684	361	52,8
Sociologia [9]	428	342	79,9
Total	5402	3574	66,2

Notas: (1) FGV-SP, UFBA, UFMG, UFRGS, UFRJ, UnB, USP.
(2) UFBA, UFRGS, UFRPE, UFRRJ, UFV, UnB, USP-Piracicaba.
(3) UFMG, UFPE, UFRGS, UFRJ, USP.
(4) UFBA, UFPE, UFRGS, UFRJ, USP-Ribeirão Preto.
(5) UFMG, UFPE, UFRGS, UFRJ, UnB, USP.
(6) UFMG, UFPE, UFRJ, UFSC, UnB, USP.
(7) UFMG, UFPE, URFGS, UFRJ, UnB, USP.
(8) UFBA, UFMG, UFRGS, UFRJ, UnB, USP.
(9) IUPERJ/UCAM, UFBA, UFMG, UFPE, UFRGS, UnB, USP.

Tabela 3.2
Doutores: universos, amostras e questionários aplicados, por área

Áreas	Universos e amostras (a)	Questionários aplicados (b)	% (c)=(b)/(a)
Administração [1]	173	114	65,9
Agronomia [2]	294	275	93,5
Bioquímica [3]	302	211	69,9
Clínica Médica [4]	131	114	87,0
Engenharia Civil [5]	269	219	81,4
Engenharia Elétrica [6]	203	169	86,3
Física [7]	326	246	75,5
Química [8]	460	310	67,4
Sociologia [9]	199	156	78,4
Total	2357	1814	77,0

Notas: (1) FGV-SP, USP.
(2) UFRGS, UFV, USP-Piracicaba.
(3) UFMG, UFRGS, UFRJ, USP.
(4) UFBA, UFRGS, UFRJ, USP-Ribeirão Preto.
(5) UFRGS, UFRJ, USP.
(6) UFRJ, UFSC, USP.
(7) UFMG, UFPE, URFGS, UFRJ, USP.
(8) UFMG, UFRJ, USP.
(9) IUPERJ/UCAM, UnB, USP.

Trabalho em rede, variáveis e seus significados

Os dados discutidos nos capítulos seguintes são produto das atividades de sete grupos de pesquisa, atuando em conjunto, com uma coordenação à qual competia buscar um trabalho padronizado e harmônico em termos de procedimentos e resultados. Os instrumentos para o trabalho de campo foram esboçados em reunião prévia dos líderes dos grupos e sua versão final decorreu de várias discussões ulteriores; os procedimentos adotados no trabalho de campo originaram-se em propostas da coordenação, seguidas de intercâmbio de idéias entre os grupos. O trabalho de campo junto a cada instituição e a seus titulados foi coordenado pelos respectivos grupos, nas universidades que os abrigam. Quando o trabalho de campo envolvia outras instituições, dele se encarregaram os grupos localizados nos respectivos estados.[8]

A definição das variáveis do estudo e a formulação do plano tabular também tiveram origem em propostas da coordenação, sendo finalizadas mediante discussões com os grupos. O processamento dos dados e a elaboração de gráficos e tabelas – sempre em discussão com os grupos – foram realizados pela coordenação, com vistas a assegurar a padronização da base de informações e a comparabilidade dos resultados. As discussões entre os grupos, geralmente à distância exceto em ocasiões informais, beneficiaram-se de duas reuniões de seus coordenadores, apoiadas pela Capes e realizadas antes do início da primeira e da segunda etapa, além de um seminário, também apoiado pela agência, no qual foram debatidos trabalhos que vieram a integrar os capítulos 13 a 17.

As tabelas e gráficos desse livro contêm algumas variáveis cuja apresentação dispensa discussão adicional. Entretanto, outras merecem ser comentadas, pois sua definição ou interpretação nem sempre é imediata.

Área do conhecimento e trajetórias de titulação

Uma questão de interesse da pesquisa dizia respeito à área do conhecimento em que o mestre ou doutor fez seus estudos na graduação. As informações pertinentes foram obtidas na instituição do egresso e, quando inexistiam, posteriormente foram solicitadas nas entrevistas com mestres e doutores. Nos resultados apresentados adiante, a categoria *outra área* agrega os casos nos quais não há coincidência entre a área da graduação e a do curso de titulação mais elevada.[9]

O tempo de transição entre a graduação e o início da pós-graduação *stricto sensu*, assim como a duração do curso, também são variáveis de interesse para a pesquisa, tendo em vista as políticas das agências de fomento quanto a prazos de titulação, assim como as diferenças nesses prazos entre campos disciplinares distintos, recorrentes em países cientificamente centrais, conforme foi apontado noutro estudo (Velloso e Velho, *cit.*). Mas nesse outro estudo, sobre mestrandos e doutorandos no país, a mencionada transição e os prazos de conclusão de disciplinas desempenhavam um dos papéis centrais, ao passo que, na presente pesquisa, centrada nas relações entre formação e trabalho de mestres e doutores, essas variáveis têm parte coadjuvante. Naquele outro estudo, os dados que servem de base para os prazos de transição e de conclusão de disciplinas foram registrados com a especificação de anos e semestres; já na presente pesquisa, considerado o caráter coadjuvante dos prazos de transição e de titulação, os dados de base foram simplificados, registrando-se apenas os anos de referência, o que facilitou a coleta e reduziu custos da pesquisa, mas tem implicações que são dignas de nota.

Quanto ao prazo entre a graduação e o início do curso, os dados foram obtidos na instituição do egresso e, quando inexistentes, solicitados durante a entrevista. Como foram identificados apenas os anos pertinentes, as médias estão superestimadas em relação aos prazos efetivamente despendidos. Assim, se um aluno concluiu a graduação no segundo semestre de 1990, por exemplo, e ingressou no mestrado no primeiro semestre de 1991, a variável terá valor igual a "1", embora o número de anos que efetivamente transcorreu seja zero; para seu colega que graduou-se na mesma época e ingressou no mestrado no segundo semestre de 1991, a variável também terá valor igual a "1", mas ele terá despendido meio ano para começar o curso.

Quanto ao prazo de titulação, os dados de base foram colhidos de modo análogo ao antes indicado. Mas no presente caso, ao contrário do anterior, as médias de duração do curso estão *sub*estimadas. Se um mestre começou seu curso em 1990 e o concluiu em 1993, nossos dados indicarão que a duração do curso foi de 3 anos. Suponhamos, entretanto, que ele ingressou em seu curso no 1º semestre de 1990 e titulou-se no 2º semestre de 1993. Ele terá despendido 8 semestres para titular-se, isto é, 4 anos. Considere-se agora o caso de um colega que iniciou curso naquele mesmo 1º semestre de

1990 e titulou-se no 1º semestre de 1993; nesse caso ele terá despendido 7 semestres, ou seja, 3,5 anos. Em ambos os casos os resultados de nossa pesquisa registrarão uma duração de apenas 3 anos, a qual estará subestimada.[10] Qual é a ordem de grandeza da subestimativa da duração do curso?

Sabe-se que cerca de 84% dos mestrandos iniciam seu curso no primeiro semestre letivo de um dado ano, conforme indicou o mencionado estudo anterior, no qual os dados de base foram coletados com a especificação de anos e semestres. Para os doutorandos a proporção correspondente é de aproximadamente 70%. Considerando-se esses dados, foram efetuadas simulações quanto à efetiva duração do curso, no intuito de avaliar qual era a ordem de grandeza da subestimativa nos resultados da presente pesquisa. Em tais simulações, diante da ausência de informações análogas quanto ao semestre de conclusão do curso, admitiu-se que metade dos pós-graduados titula-se no 1º semestre e a outra metade, no 2º semestre de cada ano. Os resultados das simulações indicaram que a *duração do curso* calculada pela presente pesquisa: (i) para os mestres, situa-se em torno de 20% *a menos* do que o tempo efetivamente despendido no mestrado; (ii) para os doutores, ela está em torno de 12% *a menos* do que o prazo efetivamente gasto no doutorado. Essas diferenças devem ser tomadas em conta pelo leitor, quando comparar os dados da pesquisa com os que são divulgados pela Capes, apresentados em meses, que se originam de todos os programas de pós-graduação em cada área e constam de tabelas de capítulos do livro. De outra parte, deve ser ressaltado que essas diferenças *não* afetam substantivamente as *tendências* de duração do curso ao longo da década de noventa, adiante apresentadas nos gráficos para cada área, pois se aplicam a cada ano do período estudado.[11]

Inserção profissional

Numa pesquisa que tem como fulcro o estudo de relações entre formação e trabalho, a inserção profissional de mestres e doutores é de grande relevância. Além disso, como um dos objetivos da investigação dizia respeito à trajetória profissional dos titulados, cabia também indagar dos motivos para fazer o mestrado e o doutorado, bem como da eventual continuidade dos estudos dos mestres, sobretudo à vista do modelo seqüencial de formação pós-graduada que vige no país. Perguntou-se então aos mestres e doutores sobre sua situação de trabalho, tanto no momento das entrevistas quanto na época em que se inscreveram para o curso, pedindo-se ainda que respondessem sobre suas motivações para fazer pós-graduação.[12] As respostas sobre o trabalho referiram-se sempre à principal atividade remunerada.[13] Em caráter complementar, foram obtidos dados de rendimentos para os economicamente ativos, os quais foram coletados por faixa de renda, tendo o intervalo superior aberto.[14]

Nas respostas sobre a situação de trabalho na época da inscrição merece atenção especial a categoria *outra*, que é residual, abrangendo os titulados que não procuravam emprego, não estavam em plena atividade nem se encontravam parcial ou totalmente afastados para estudar. Foram feitas apurações especiais para a situação de trabalho, buscando-se identificar quem eram os titulados na categoria *outra*. Elas revelaram que a maioria dos incluídos nessa categoria, se não faziam graduação (no caso dos mestres) ou mestrado (caso dos doutores), preparavam-se para a seleção do curso que tencionavam realizar. Tal inferência é autorizada, por exemplo, pela evidência de que a maioria dos incluídos na categoria inicia o curso pretendido em prazo muito menor do que os demais. Para os mestres, os dois extremos situam-se entre os titulados em Agronomia e em Clínica Médica. Os mestres em Agronomia que estavam na categoria *outra* atividade na época da inscrição começaram o mestrado, em média, um ano e meio após concluírem a graduação, enquanto os que estavam em plena atividade ingressaram no curso mais de 7 anos depois, um prazo várias vezes maior; já para os mestres em Clínica Médica na categoria *outra*, os respectivos prazos são 5 e 9 anos, uma diferença consideravelmente menor, porém ainda assim expressiva. A categoria *outra* na situação de trabalho após o curso, análoga àquela da época da inscrição, tem significado semelhante para os mestres. A maioria dos que estavam nessa categoria, na época das entrevistas, fazia doutorado.

Os resultados quanto à continuidade dos estudos depois do mestrado são confiáveis para os que seguem doutorado no país ou fazem pós-graduação *lato sensu* (variável tipo de pós-graduação depois do curso). Mas os dados devem ser vistos com certa reserva quanto a doutorados no exterior, plenos ou na modalidade sanduíche, pois a pesquisa *não* tinha como objetivo principal acompanhar a trajetória de continuidade de estudos dos egressos, desenhada que foi para tratar de relações entre formação e trabalho. Vários dos mestres que se titularam nas IES abrangidas pela pesquisa, e que originalmente constavam dos cadastros de egressos desse nível de formação pós-graduada, foram entrevistados já como doutores, titulados por programas das instituições abarcadas pela pesquisa e também por outros doutorados, no país bem como no exterior. Entretanto, na ocasião das entrevistas só pôde ser entrevistada uma parte dos "antigos" mestres que seguiam doutorado no exterior (ou pós-doutorado no exterior, para os doutores); outros mestres, em idêntica situação, não puderam ser localizados por se encontrarem fora do país. Portanto, os dados obtidos quanto ao doutoramento e ao pós-doutoramento no exterior devem ser vistos como limites inferiores.

Para ilustrar a discussão, considerem-se mestres que se formaram nas IES estudadas e que estavam no exterior na ocasião das entrevistas, conforme indicaram contatos telefônicos que foram feitos com parentes, antigos orientadores ou ex-colegas, durante as tentativas de sua localização. Na Sociologia e na Agronomia eles equivalem a aproximadamente 9% dos entrevistados. Se admitirmos, para fins de raciocínio, que metade deles faz doutorado no exterior, e somarmos a metade desses 9% com as proporções dos que fazem doutorado no exterior, usando os dados das tabelas 5.5a e 12.7a, adiante, então quase 10% dos mestres em Sociologia e aproximadamente 5% dos mestres em Agronomia fariam doutoramento fora do país; essas ordens de grandeza são bem maiores do que os valores constantes das mencionadas tabelas.

Repetindo o exercício com mestres de outras áreas, os resultados são igualmente variados. Na Engenharia Civil e na Bioquímica, as proporções de mestres que seguem doutorado no exterior sofrem grandes variações em relação aos dados apresentados nas respectivas tabelas, embora em Clínica Médica elas não se alterem. Na Engenharia Civil, a porcentagem dobra e, na Bioquímica, ela cresce dez vezes. Seriam necessários estudos adicionais, fora do âmbito da presente pesquisa, para saber quantos mestres, entre os titulados na década de noventa, seguem ou seguiram doutorado no exterior. Mas, de todo modo o exercício sugere que, em geral, as proporções desses mestres seriam bem superiores às pequenas porcentagens apresentadas nas tabelas dos capítulos seguintes.[15]

Formação e trabalho

Dois outros conjuntos de variáveis da pesquisa merecem comentários, ambos referidos a relações entre formação e trabalho.

Uma deles diz respeito ao destino profissional de mestres e doutores e o outro a contribuições e impactos do curso sobre atividades profissionais.

O primeiro conjunto toma em conta os fins da pós-graduação de sentido estrito. Considera que o mestrado no país tem como finalidade formar e aperfeiçoar docentes para o ensino superior e que o doutorado está voltado para a formação de pesquisadores independentes. Desejava-se, então, saber: a formação pós-graduada alterou a inserção profissional de mestres e doutores? Os titulados se dirigem principalmente para a vida acadêmica ou para outros tipos de trabalho? Para responder às perguntas foram construídas duas variáveis, a *situação e locus laboral antes do curso* e sua análoga, *depois do curso*, ambas com referência teórica explícita, originando-se em Clark (1991), cujo modelo original foi adaptado para os dados da pesquisa.[16] Combinaram-se respostas fornecidas às perguntas sobre a situação e tipo de trabalho, ao inscrever-se no curso e na ocasião das entrevistas. Classificou-se assim a situação laboral e o *locus* ocupacional, em cada um desses dois momentos, em cinco categorias: mercado, Estado, academia, desempregado e inativo. Essas categorias referem-se, respectivamente: ao trabalho na administração pública, à atuação no setor empresarial, a atividades no ensino superior e em instituições de pesquisa, à procura de trabalho e a outras situações.[17] Em alguns capítulos do livro, além de saber se o mestre trabalhava ou não na academia por ocasião das entrevistas, tratou-se ainda da provável inserção profissional dos estudantes de doutorado, após concluírem o curso. Considerou-se que parte dos mestres que fazia doutorado teria, na academia, o seu futuro destino profissional. Em cada área, para estimar quantos doutorandos iriam para a academia, adotou-se como referência a porcentagem dos doutores da área que atuavam nesse segmento ocupacional quando foram entrevistados.[18]

O segundo conjunto de variáveis também diz respeito a questões centrais da pesquisa e igualmente se relaciona aos fins da pós-graduação *stricto sensu*. Se essa pós-graduação está voltada para a futura atuação na academia, interessava então saber como os titulados percebem as contribuições do curso e o impacto da formação sobre seu trabalho, conforme as atividades profissionais que desenvolviam na ocasião das entrevistas. Mestres e doutores na universidade, em empresas e na administração pública, têm ou não percepções diversas quanto à importância de seu curso?

Dois tipos de variáveis foram considerados para responder a essas questões.[19] O primeiro envolveu quesitos sobre aspectos relevantes da formação pós-graduada, a saber: formação teórica, experiência em pesquisa, atualização de conhecimentos e contatos acadêmicos e profissionais obtidos durante o curso. Perguntou-se aos entrevistados se cada um desses aspectos estava ou não contribuindo para o trabalho que desenvolvia e, em caso de resposta positiva, qual o grau de intensidade dessa contribuição.[20]

O segundo tipo de variável referiu-se, na primeira etapa da pesquisa, ao aumento de competitividade após a titulação. Indagou-se aos entrevistados se o curso havia ou não, e em que grau, aumentado sua competitividade acadêmica e/ou profissional.[21] Na segunda etapa do projeto, essa variável foi desdobrada em outras cinco. Perguntou-se a mestres e doutores como eles percebiam cinco possíveis efeitos da formação sobre as atividades que realizavam quando foram entrevistados: aumento das oportunidades de trabalho, melhor trabalho do ponto de vista acadêmico e/ou profissional, maior nível de rendimentos, maior participação em eventos científicos e/ou profissionais da área, maior participação em associações científicas e/ou profissionais.[22]

Por fim, cabem duas notas de esclarecimento ao leitor quanto aos dados apresentados e discutidos nos capítulos que se seguem. Vários dos gráficos e tabelas deste livro contêm dados cruzados pelos principais tipos de trabalho dos entrevistados.[23] Incluiu-se nesses gráficos apenas os tipos de trabalho que abrangiam pelo menos 10% dos economicamente ativos em cada área do conhecimento. Nas tabelas sobre as motivações adotou-se procedimento análogo, cumprindo notar que a coluna *total* diz respeito ao *conjunto* dos entrevistados, em cada área, e não apenas aos que se encontravam nos principais tipos de trabalho que foram explicitamente considerados na apresentação tabular.

Os autores por vezes lançaram mão de dados que *não* constam dos gráficos e tabelas do livro. Como exemplos têm-se os resultados quanto a bolsas de estudo durante o curso e quanto à participação de titulados em projetos de pesquisa ou de P&D. Esses dados foram levantados,[24] mas não estão sistematicamente apresentados nos capítulos seguintes, pois se procurou sintetizar o que era mais relevante para todas as áreas estudadas. No intuito de simplificar a discussão, os autores nem sempre indicaram quais dados eram adicionais aos apresentados nos gráficos e tabelas. Eles foram utilizados para ampliar ocasionalmente o escopo das análises, sendo oriundos de diversos relatórios que foram elaborados durante o desenvolvimento do projeto, ou obtidos em apurações complementares, destinadas a responder questões específicas.

Notas

[1] A coordenação do estudo esteve a cargo do organizador do livro e autor deste capítulo.

[2] UFBA, UFMG, UFPE, UFRGS, UFRJ, UnB, USP. O grupo da UFPE participou da segunda etapa e, nesta, a coordenadora do grupo do Nupes/USP alterou sua filiação profissional, vinculando-se ao Nesub/Ceam/UnB.

[3] Não se pretende, é claro, que as áreas selecionadas sejam representativas das sete grandes áreas (Ciências Agrárias, Ciências Biológicas, Ciências Exatas e da Terra, Ciências da Saúde, Ciências Humanas, Ciências Sociais Aplicadas e Engenharias).

[4] Cadastros de mestres e doutores foram inicialmente elaborados mediante informações fornecidas pela Capes, por coorte de titulação em cada programa, e posteriormente complementados com dados obtidos em visitas aos programas de pós-graduação. Foram extraídas amostras sistemáticas desses cadastros, por *coortes* de egressos, segundo o ano de titulação, pois os resultados da etapa anterior haviam indicado que essa variável era relevante para diferenciar percursos de formação e experiências acadêmicas pregressas.

[5] Para cada amostra foram extraídas, adicionalmente, duas amostras de substituições. No caso das amostras de 33%, a primeira substituição de cada enésimo nome sorteado correspondeu ao nome imediatamente seguinte no cadastro de sorteio e, a segunda substituição, ao segundo nome imediatamente seguinte neste cadastro; ao final da extração da amostra e das substituições o total de nomes era equivalente ao do universo original. No caso das amostras de 20%, as substituições foram obtidas mediante sorteio de duas amostras adicionais. Estas foram vinculadas à amostra propriamente dita, de tal modo que o enésimo nome sorteado na primeira amostra adicional foi a primeira substituição do enésimo nome da amostra propriamente dita; de modo análogo, o enésimo nome sorteado na segunda amostra adicional correspondeu à segunda substituição do enésimo nome de substituição na primeira amostra adicional. As substituições foram utilizadas nos casos de egressos que não foram localizados, caracterizados mediante critérios previamente estabelecidos.

[6] As equipes dos grupos de pesquisa visitaram os programas com vistas à obtenção de informações que permitissem localizar os titulados, aos quais foram aplicados questionários, geralmente por telefone.

[7] A depuração dos cadastros, antes do início do trabalho de campo, permitiu identificar os mestres que já haviam se titulado como doutores na mesma instituição em que fizeram o mestrado; quanto aos demais, que se formaram noutras instituições, a identificação foi feita durante a entrevista e esses ex-mestres também foram entrevistados como doutores.

[8] Na primeira etapa do estudo, o levantamento de dados na UFPE e o trabalho de campo com os titulados dessa universidade foi conduzido pelo grupo da UFBA; o grupo da UFRGS encarregou-se do levantamento de dados na UFSC e das entrevistas com os mestres e doutores dessa instituição.

[9] Na Sociologia, o curso de graduação considerado da mesma área foi o de Ciências Sociais. Na Bioquímica, não há curso de graduação correspondente. Na tabela 6.2

(Bioquímica) estão apresentados os cursos de graduação mais freqüentes, sendo os demais agregados na categoria *outra área* (os cursos mais freqüentes foram identificados por suas denominações específicas e posteriormente agregados para apresentação tabular).

[10] Agradeço a Mauro Braga por suas contribuições para a discussão da questão.

[11] Admitindo-se que em qualquer área não haja grandes variações, a cada ano, entre as proporções dos que ingressam e dos que se titulam no 1º semestre e no 2º semestre. Não há motivos para supor-se que nos períodos analisados tenha havido grandes variações, nessa ou naquela área, nas práticas de admissão de novos estudantes ou na concentração dos que se titulam num ou noutro semestre.

[12] As opções de motivos apresentadas aos entrevistados são as que constam das tabelas, mais uma, com questão aberta: "Outro. Qual?" Diminutas proporções de mestres e doutores assinalaram essa opção. Para cada opção pediu-se que o entrevistado indicasse o peso que o fator teve na decisão de fazer o mestrado/doutorado: não pesou; pesou um pouco; pesou muito.

[13] A variável *atividade remunerada* compreende as categorias: empregado no setor público; empregado no setor privado; autônomo ou consultor; e proprietário. A variável *tipo de trabalho* abrange as categorias: administração pública, empresas (públicas ou privadas, não excluindo autônomos, consultores ou proprietários, mas a grande maioria é de funcionários), instituição de ensino superior (IES – nem todos os que atuam no ensino superior exercem funções docentes, embora a grande maioria o faça), outra instituição de ensino (que não de nível superior), instituição de pesquisa, instituição de assessoria e ou de promoção social (como ONGs), instituição ou organização política (como partidos políticos) ou movimento social e demais categorias não compreendidas nas anteriores. Além desses *tipos de trabalho*, foram identificados especificamente os que eram docentes no ensino superior em sua principal atividade; para os que tinham essa atividade na época da entrevista, a pesquisa também apurou se atuavam em universidade ou em outro tipo de instituição (centro universitário, faculdades integradas, faculdade ou Centro Federal de Educação Tecnológica – CEFET). Identificou ainda a dependência administrativa da instituição (federal, estadual, municipal, particular e comunitária) assim como o regime de trabalho (dedicação exclusiva, tempo integral, tempo parcial e hora/aula).

[14] Perguntou-se ao egresso em qual das seguintes faixas de rendimentos ele se situava: até 1.500 reais; acima de 1.500 até 2.500 reais; acima de 2.500 até 3.500 reais; acima de 3.500 a 4.500 reais; acima de 4.500 até 5.500 reais; acima de 5.500 reais. Atribuíram-se os seguintes pontos médios arbitrários a essas classes: 750; 2.000; 3.000; 4.000; 5.000; 7.500 reais.

[15] A melhor fonte quanto à formação no exterior é o Diretório dos grupos de pesquisa, do CNPq, sob a direção científica de Reinaldo Guimarães.

[16] Agradeço a Bráulio Porto de Matos a sugestão do conceito de Clark e a definição dessas variáveis.

[17] Tanto na época da inscrição para o curso, quanto no momento da entrevista, se o entrevistado era economicamente ativo e trabalhava no ensino superior ou em instituições de pesquisa, ele foi classificado na *academia*; se estava na administração pública, foi incluído no *Estado*, mas se era empregado em empresas públicas ou privadas, ou proprietário, autônomo ou consultor no ambiente empresarial, foi considerado como pertencente à categoria *mercado*. Se o mestre ou doutor procurava trabalho, ele foi classificado como *desempregado*, mas se era aposentado, pensionista ou encontrava-se noutra situação que não correspondia a qualquer uma das anteriores, ele foi incluído na categoria *inativo*. Essa categoria abrange todos os classificados na situação de trabalho *outra*, quando da inscrição ou por ocasião das entrevistas.

[18] Em cada área, a categoria *irá para a academia* é composta por uma parcela dos mestres que eram estudantes de doutorado e *não* atuavam na academia quando

foram entrevistados. Obtém-se a estimativa dessa parcela considerando-se que, entre esses estudantes, a proporção dos que irão para a academia é idêntica às dos doutores que atuavam na academia na ocasião das entrevistas. Note-se que a simples utilização dos dados contidos nas tabelas da situação de estudo e trabalho dos mestres não permite obter os resultados desejados, pois entre os doutorandos boa parte já atuava na academia.

[19] As perguntas que se referiam a esses dois tipos de variáveis foram formuladas apenas aos que eram economicamente ativos na ocasião da entrevista.

[20] Além desses quatro aspectos considerados, do questionário constava um, aberto: *Outro. Qual?* Para cada um desses cinco aspectos de sua formação, indagou-se ao titulado como ele percebia a respectiva contribuição para o trabalho que desenvolvia na ocasião da entrevista. Ofereceram-se três alternativas de resposta: *não tem contribuído*; *tem contribuído pouco*; *tem contribuído muito*. As freqüências para o aspecto em aberto (*Outro. Qual?*) foram extremamente baixas.

[21] Perguntou-se ao egresso se sua competitividade acadêmica e/ou profissional havia aumentado depois da titulação, oferecendo-se quatro alternativas de resposta: *não*; *sim, abaixo do esperado*; *sim, dentro do esperado*; *sim, acima do esperado*.

[22] Em cada um dos quesitos sobre esses cinco aspectos foram apresentadas três alternativas de resposta: *não*; *sim, um pouco*; *sim, muito*.

[23] Gráficos sobre as médias das classes de renda, contribuições do curso, aumento de competitividade (estes para as áreas de Administração, Engenharia Elétrica, Física e Química) e experiência profissional após a titulação (estes para as demais áreas) e nas tabelas sobre as motivações para seguir pós-graduação.

[24] A pesquisa apurou se os mestres e doutores haviam tido algum tipo de bolsa durante o curso e se os egressos haviam participado de algum projeto de pesquisa ou de P&D nos últimos três anos, contados da época da entrevista; em caso positivo, os titulados informaram acerca do tipo dessa participação.

Formação acadêmica e mercado de trabalho: os destinos profissionais de mestres e doutores em Administração

BRÁULIO PORTO DE MATOS
ELISABETH BALBACHEVSKY
HELENA SAMPAIO
JACQUES VELLOSO

Introdução

A Administração como disciplina científica e como profissão credenciada faz parte da modernidade, quando a progressiva racionalização das organizações públicas e privadas passa a demandar cada vez mais profissionais qualificados para a gestão. O ensino superior em Administração, contudo, possui uma história relativamente recente, difundindo-se nos últimos cem anos, sobretudo a partir dos Estados Unidos, país que forma hoje aproximadamente 1/4 de milhão de bacharéis em Administração por ano (Andrade, 2001).

No Brasil, a demanda por conhecimentos e por profissionais em Administração intensifica-se com a aceleração dos processos de urbanização e de industrialização.[1] A criação da Escola Livre de Sociologia e Política de São Paulo, em 1933, que atendeu a diversas ordens de motivações, foi também um reflexo da consciência dessas novas necessidades no âmbito da formação de profissionais. Na época, um dos analistas das origens da instituição dizia que sua finalidade precípua era *fomentar a criação de verdadeiras elites administrativas* (Simonsen, 1943). Contudo, as iniciativas mais relevantes para o desenvolvimento do treinamento em Administração no Brasil tiveram origem no âmbito do governo federal. A partir de 1938, com a criação do Departamento Administrativo do Serviço Público na capital federal, passaram a ser oferecidos cursos de treinamento intensivo em Administração Pública, principalmente a funcionários do governo federal (Warlich, 1983).

O ensino de graduação em Administração iniciou-se no país em 1954, voltado para a Administração Pública, dois anos após a criação da Escola Brasileira de Administração Pública pela Fundação Getúlio Vargas, no Rio de Janeiro. Também por iniciativa dessa fundação foi oferecido o primeiro curso de Administração de Empresas no país, em 1955, um ano após a criação da Escola de Administração de Empresas de São Paulo.[2] Desde então, estabeleceu-se estreita colaboração entre a Fundação Getúlio Vargas e escolas de Administração norte-americanas, em larga medida pautando a oferta desses cursos, como notou C. B. Martins (1983).

Não é de se surpreender, portanto, que o começo da pós-graduação em Administração no país também esteja vinculado à Fundação Getúlio Vargas. A partir de 1961, a escola de São Paulo passou a oferecer cursos de pós-graduação *lato sensu* em Administração de Empresas, mas o início dos cursos de pós-graduação *stricto sensu* ocorreu apenas depois da regulamentação dos mestrados e doutorados no país, em 1965. O primeiro mestrado data de 1967 e foi oferecido na área de Administração Pública, pela escola do Rio de Janeiro. Em 1970, foram criados os mestrados em Controladoria e Contabilidade na USP e, em 1972, o de Administração de Empresas na PUC-RJ.

No nível de doutorado, os primeiros cursos foram oferecidos em meados dos anos setenta; em 1975, pela Faculdade de Economia e Administração da USP, na área da Administração em geral, em parceria com a Federação das Indústrias e com a Associação do Comércio do Estado de São Paulo; e, em 1976, pela Escola de Administração de Empresas de São Paulo, na área de Administração de Empresas. Um ano depois foi criado o primeiro doutorado em Administração Pública, na Fundação Getúlio Vargas do Rio de Janeiro.

A expansão da pós-graduação no Brasil, em diversas áreas do conhecimento, acelerou-se na passagem da década de sessenta para a de setenta. Em meados de sessenta, no conjunto de todas as áreas, existiam no país apenas 38 cursos de estudos pós-graduados, dos quais apenas onze no nível de doutorado, concentrados nas Ciências Exatas e da Terra e nas Ciências Biológicas (Sampaio, 2001). Antes da virada da década contavam-se 44 mestrados, dos quais onze nas Humanidades, a maioria em Economia (Brasil, 1996a).

A década de setenta testemunhou notável crescimento da pós-graduação *stricto sensu* no país, em todas as áreas, e o aparecimento de boa parte dos programas em Administração hoje existentes. O ritmo de crescimento da pós-graduação na área de Administração pode ser apreciado tomando-se como referência os cursos que haviam sido avaliados (ou estavam em processo de avaliação) em 1995, ano aproximadamente intermediário do período abrangido pela presente pesquisa. Naquele ano, nessa situação havia 25 mestrados e sete doutorados em Administração no país,[3] sendo que a região Sudeste abrigava pouco mais da metade do total dos programas (Brasil, 1996b). Grande parte dos mestrados (2/3) já havia sido estabelecida nos anos setenta. Dos doutorados, que na pós-graduação brasileira em geral surgiram mais tarde, mais da metade já havia sido criada na mesma década. Esse ritmo não destoou da evolução dos programas na grande área das Ciências Sociais Aplicadas, da qual faz parte a Administração; cerca de 2/3 ou mais dos mestrados avaliados (ou em avaliação) dessa grande área haviam sido instituídos nos anos setenta ou mesmo antes.

A evolução de alguns indicadores básicos da pós-graduação em Administração no último qüinqüênio, conforme dados da Capes, está apresentada tabela 4.1. Registra-se forte tendência ascendente em oito dos dez indicadores e, em dois deles, uma tendência declinante, como esperado.[4] No qüinqüênio, o número de doutores titulados dobrou e o de mestres mais que dobrou, crescendo 150%. A expansão das matrículas no doutorado e no mestrado foi bem menor, da ordem de 50%. O aumento nas titulações, bem superior ao da expansão nas matrículas, sugere uma redução dos prazos de conclusão de curso, como efetivamente ocorreu em ambos os níveis da pós-graduação. Essa questão será examinada de forma mais detalhada com base nos dados da pesquisa, considerando-se tendências desde o início da década. Nota-se, ainda, conforme os dados da tabela 4.1, que os aumentos mais expressivos foram observados nas publicações em periódicos indexados, especialmente nos nacionais.[5] Já o corpo docente alcançou, no período, uma taxa de crescimento intermediária entre as observadas no efetivo discente do mestrado e na matrícula do doutorado. Em suma, o quadro geral é o de uma notável expansão da pós-graduação em Administração no quinquênio, com intenso aumento de vagas, de resultados de pesquisas publicados e, principalmente, de titulados na área.

O objetivo desse capítulo é o de investigar e discutir características dos egressos e questões que envolvem a relação entre formação pós-graduada em Administração e inserção profissional de seus titulados. O texto trata inicialmente das mencionadas características, dos percursos de formação pós-graduada e da trajetória profissional. Nas seções seguintes discutem-se eventuais relações entre o mestrado, o doutorado e as contribuições do curso para as atividades profissionais.

Tabela 4.1
Administração: indicadores da Capes para a pós-graduação no Brasil, 1996-2000

(base 1996 = 100)

Indicador	Ano da avaliação					
	1996	1997	1998	1999	2000 Índice	N
Mestres titulados	100	124	116	172	252	545
Doutores titulados	100	121	200	164	207	29
Matrículas no mestrado	100	111	96	133	162	630
Matrículas no doutorado	100	100	95	105	142	54
Total de alunos matriculados	100	110	96	131	160	684
Tempo médio do mestrado, em meses	100	92	84	76	76	37
Tempo médio do doutorado, em meses	100	90	90	89	93	65
Publicações em periódicos nacionais indexados	100	400	825	1125	1688	135
Publicações em periódicos internacionais indexados	100	233	267	400	367	11
Doutores no corpo docente permanente	100	104	109	141	155	398

Fonte: Capes

Origem acadêmica e sexo

Os mestres em Administração são, em sua maioria, provenientes de outras áreas (tabela 4.2). Na UFRJ, em particular, mais de 90% dos mestres são oriundos de outras áreas. Essa heterogeneidade de formação graduada também foi encontrada em outro estudo, realizado com alunos do programa de pós-graduação em Administração da USP; nesse estudo verificou-se que quase 40% provinham dessa mesma área no curso de graduação e outro tanto das Engenharias (Gouvêa e Zwicker, 2000).[6] Tal heterogeneidade também não é de todo estranha à natureza mesma do campo de atuação dos administradores. No Japão, por exemplo, os cursos de Administração são basicamente "especializações" feitas após a graduação em cursos como Engenharia, Economia, cursos estes mais diretamente relacionados ao controle dos processos de trabalho.

Entre os doutores, a diversidade de origem na graduação é semelhante nas duas instituições estudadas, a FGV-SP e a USP. Nesta última, a proporção de doutores que fez a graduação na mesma área do curso é semelhante à do mestrado e, no caso da FGV-SP, é um pouco maior. A pesquisa também apurou se o doutor fez mestrado e, em caso positivo, em que área. No país, a dominância do modelo seqüencial de formação pós-graduada, no qual o mestrado habitualmente é pré-requisito para o doutorado, também está presente na área de Administração – pelo menos no que concerne às duas instituições estudadas. Todos os doutores passaram por um mestrado, principalmente em Administração ou Administração de Empresas.[7]

Em relação ao sexo dos titulados, entre os mestres predominam os homens e, entre os doutores das instituições estudadas, a hegemonia masculina é ainda mais forte (tabela 4.2). A pós-graduação em Administração caracteriza-se, assim, como tipicamente masculina. Mas não é só a pós-graduação. Dados de graduandos que realizaram o Exame Nacional de Cursos em 2000 mostram que, no conjunto das instituições, os homens são em maior proporção que as mulheres nos cursos de Administração (Brasil, 2000).[8]

Tabela 4.2
Mestres e doutores em Administração: área da graduação e da pós-graduação; sexo por instituição (%)

		Instituição do curso							
		FGV-SP	UFBA	UFMG	UFRGS	UFRJ	UnB	USP	Total
a. Mestres									
Área na graduação e na pós	Mesma área	45,8	33,3	45,1	39,1	8,3	60,5	45,0	39,6
	Outra área	54,2	66,7	54,9	60,9	91,7	39,5	55,0	60,4
	Total	100,0	100,0	100,0	100,0	100,0	100,0	100,0	100,0
Sexo	Masculino	66,2	56,4	62,0	65,1	70,0	57,7	77,8	66,0
	Feminino	33,8	43,6	38,0	34,9	30,0	42,3	22,2	34,0
	Total	100,0	100,0	100,0	100,0	100,0	100,0	100,0	100,0
b. Doutores									
Área na graduação e na pós	Mesma área	53,0						43,8	49,1
	Outra área	47,0						56,3	50,9
	Total	100,0						100,0	100,0
Sexo	Masculino	77,3						75,0	76,3
	Feminino	22,7						25,0	23,7
	Total	100,0						100,0	100,0

Entre os mestres, assinale-se que na UFBA e na UnB as proporções de homens e de mulheres são um pouco mais equilibradas do que nas outras instituições, ultrapassando a margem de 40%. Isso aparentemente deve-se a dois movimentos opostos ao longo da década: na primeira universidade, houve tendência de crescimento da participação masculina e, na segunda, de aumento da feminina. Em instituições como a UFRJ e a USP também houve aumento das proporções de mulheres entre os titulados. Entretanto, no conjunto dos programas estudados, a tendência é de estabilidade da participação dos sexos, quando se comparam os três últimos anos estudados (1995-1997) com os anteriores. A predominância masculina nas instituições pesquisadas contrasta com o equilíbrio observado entre estudantes de mestrado da grande área de Ciências Sociais Aplicadas, na qual mulheres e homens estão presentes em igual proporção (Velloso e Velho, 2001).

Trajetória de formação: idades e prazos de titulação

Quais são os prazos de titulação dos mestres e doutores e quanto tempo despendem desde o término da graduação até o início do curso? Alguns indicadores desses prazos são as idades dos titulados ao longo de sua formação.

Entre os mestres, a idade média de graduação apresenta leve declínio no período 1990-97, sugerindo que os egressos que se titularam mais recentemente concluíram a faculdade um pouco mais cedo do que seus colegas que se formaram no começo da década (gráfico 4.1a). A idade média de início do curso e a de titulação mostram tendências semelhantes, porém com quedas um pouco mais acentuadas no período, particularmente na idade de conclusão.[9]

Gráfico 4.1a
Mestres em Administração: idades na trajetória da graduação à titulação, por ano de conclusão (médias anuais)

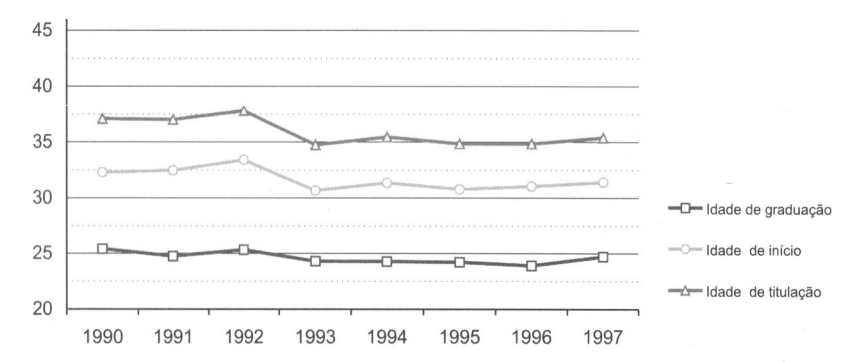

As médias de idade no início e no final de curso refletem o comportamento de duas outras variáveis: a duração do curso e o tempo transcorrido entre a graduação e o mestrado, apresentados nos gráficos 4.2 e 4.3. O prazo médio de realização do curso, que foi de 3,8 anos no período,[10] tem leve tendência cadente, o mesmo ocorrendo com o tempo entre a graduação e o início do mestrado. No conjunto, mestres em Administração têm se graduado um pouco mais cedo do que no início da década, despendendo alguns meses a menos entre graduação e mestrado, e também gastando um prazo algo menor para a realização do curso e, assim, titulando-se cerca de um ano mais jovens do que antes.

Deve-se registrar que o tempo transcorrido entre o término da graduação e o início do mestrado, entretanto, com média de 7 anos, é superior em um ano ao dos mestrandos da grande área de Ciências Sociais Aplicadas. Representa também dois anos a mais que o tempo médio despendido pelos mestrandos no país, em todas as áreas do conhecimento (Velloso e Velho, *cit.*). Como se verá adiante, quase todos os mestres em Administração estavam trabalhando quando começaram o curso. Certamente, trata-se de um curso que favorece a dedicação a atividades profissionais tão logo é obtido o diploma de graduação. Essa rápida, mas não inesperada inserção do graduando de Administração no mercado de trabalho, seguramente está contribuindo para adiar o início dos estudos pós-graduados, resultando em prazos relativamente alongados entre graduação e mestrado.

As tendências na trajetória de formação dos doutores, titulados pela FGV-SP e pela USP, coincidem com a dos mestres no que tange à idade de graduação, mas diferem na idade de início do curso (gráfico 4.1b). No período analisado, os doutores também vêm concluindo a graduação um pouco mais jovens, porém têm começado o doutorado ligeiramente mais velhos. Na confluência dessas duas variáveis, mediadas pela duração do curso, a idade de titulação dos doutores apresenta variações em torno da média de 44 anos, bastante elevada considerando-se os padrões internacionais. A duração média do curso, por sua vez, aumentou no início da década, nas duas instituições pesquisadas, mas diminuiu a partir de 1992, praticamente estabilizando-se em torno de 5,2 anos (gráfico 4.2). O tempo entre a graduação e o doutorado, que oscilou bastante no início do período, tendeu a se estabilizar mais tarde, em torno de 13 anos (gráfico 4.3).

No conjunto das variáveis relativas a idades e prazos para os doutores, pode-se dizer que as tendências observadas na segunda metade da década apontam, em geral, para estabilidade. Entretanto, também há sinais de algumas tendências de mudança, com direções opostas. Uma, preocupante, é a de que doutores titulados mais recentemente tendem a começar seu mestrado um pouco mais tarde. Outra, de sentido inverso, é a de que se constatam algumas ligeiras alterações de sentido positivo, como a da duração do curso, para a qual certamente concorreram as políticas de redução dos prazos das bolsas adotadas pelas principais agências de fomento no país.

Gráfico 4.1b
Doutores em Administração: idades na trajetória da graduação à titulação, por ano de conclusão (médias anuais)

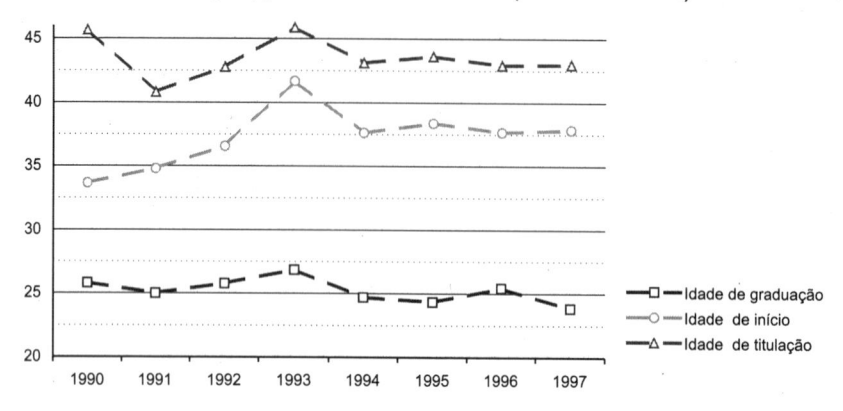

- □ Idade de graduação
- ○ Idade de início
- △ Idade de titulação

Gráfico 4.2
Mestres e doutores em Administração: duração do curso por ano de conclusão (médias anuais)

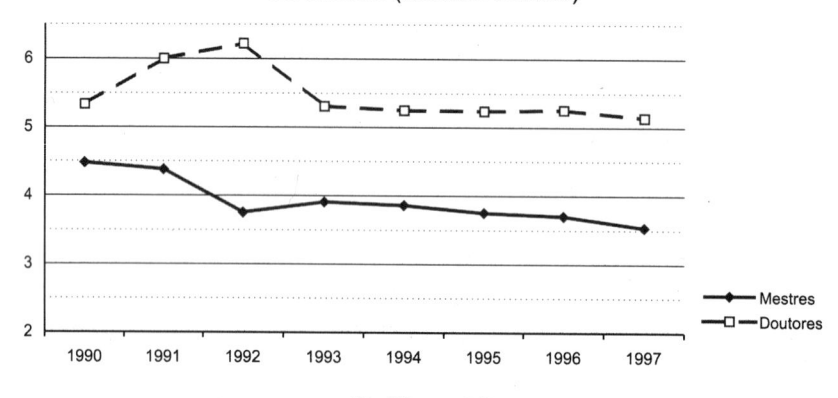

- ♦ Mestres
- □ Doutores

Gráficos 4.3
Mestres e doutores em Administração: tempo entre a graduação e o início do curso por ano de conclusão (médias anuais)

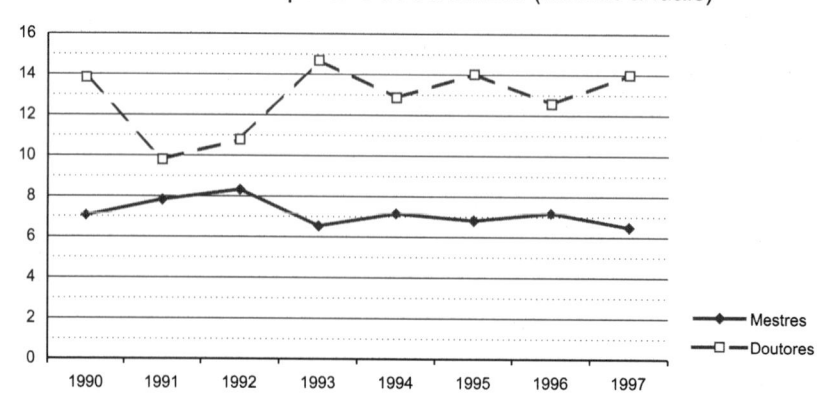

- ♦ Mestres
- □ Doutores

Ao final, cabe indagar acerca de possíveis variações em relação à idade dos titulados das diferentes instituições que abrigam os cursos de mestrado e doutorado em Administração pesquisados. Interessa saber se mestres oriundos de alguns programas tendem a ingressar no curso e a concluí-lo mais rapidamente do que egressos de outras instituições.[11] A idade dos titulados, variável síntese dos processos antes discutidos, está apresentada em faixas etárias, por instituição, na tabela 4.3. A moda da idade dos mestres situa-se na faixa de 31 a 35 anos, mas há marcantes diferenças entre instituições. Destacam-se a UFRJ – universidade onde os mestres em Administração titulam-se bem mais jovens –, seguida da UFRGS.

Tabela 4.3
Mestres e doutores em Administração: idade de titulação em grupos etários, por instituição (%)

	Instituição do curso							
	FGV-SP	UFBA	UFMG	UFRGS	UFRJ	UnB	USP	Total
a. Mestres								
Até 30	27,1	9,4	25,4	30,7	41,5	14,9	17,5	26,1
De 31 a 35	34,7	22,6	25,4	28,0	39,0	21,3	35,0	31,1
De 36 a 40	24,0	20,8	16,9	16,7	18,3	23,4	23,8	20,8
De 41 a 45	9,8	39,6	18,3	14,7		23,4	15,0	14,3
46 e mais	4,4	7,5	14,1	10,0	1,2	17,0	8,8	7,8
Total	100,0	100,0	100,0	100,0	100,0	100,0	100,0	100,0
b. Doutores								
Até 30							2,1	0,9
De 31 a 35	6,1						12,5	8,8
De 36 a 40	24,2						31,3	27,2
De 41 a 45	22,7						25,0	23,7
46 e mais	47,0						29,2	39,5
Total	100,0						100,0	100,0

A distribuição das faixas etárias em cada instituição depende, em parte, da área de concentração em que os mestres seguiram o curso. Assim, mestres em Administração Pública, quando comparados com mestres em Administração de Empresas ou em Administração, tendem a concluir a graduação um pouco mais tarde e a iniciar seu curso cerca de dois anos mais velhos, embora seus prazos de conclusão de curso situem-se na média do conjunto.[12] Essas tendências explicariam, em parte, porque a UFBA e a UnB, universidades onde a maioria dos mestres titulou-se em Administração Pública, estão entre as instituições com menores proporções de egressos mais jovens.

Entre os doutores, os mais jovens são egressos da USP. Porém nem essa universidade nem a FGV titulam doutores em Administração Pública. Os dados mostram que doutores da FGV, comparados aos da USP, além de se diplomarem na graduação um pouco mais velhos, tendem também a levar mais tempo para ingressar no mestrado.[13] Essa diferença vem diminuindo ao longo do período analisado ao passo que o tempo entre a graduação e o doutorado tende a aumentar.[14] Mas os dados não permitem identificar fatores adicionais que estariam concorrendo para diferenças registradas nas idades médias dos doutores da USP e da FGV-SP.

Trabalho na inscrição e motivações para o curso

A pesquisa tinha como suas principais finalidades saber quem são os mestres e doutores em Administração, o que fazem e se a formação recebida na pós-graduação está relacionada com o trabalho que realizam. Pode, assim, parecer um pouco fora de lugar indagar acerca do que faziam na época da inscrição para a pós-graduação *stricto sensu*. Contudo, tal indagação tem pelo menos dois propósitos. Primeiro, o de saber onde, naquela época, trabalhavam (ou não) os titulados: em empresas, em instituições de ensino superior? Segundo, o de permitir que se compare o tipo de trabalho que os titulados exerciam antes da titulação e depois dela: passaram do mercado de trabalho *extramuros* para a universidade, por exemplo?

Os dados mostram que o típico mestre em Administração já trabalhava quando começou o curso de pós-graduação. Cerca de 84% dos titulados estavam em plena atividade e o índice de desemprego era extremamente baixo (tabela 4.4a). Apenas em torno de 10% encontravam-se em outra situação que não a inserção no mercado de empregos; entre estes, a maior parte provavelmente preparava-se para o processo seletivo do mestrado pretendido, pois, em geral, começaram o mestrado bem mais cedo que seus colegas que estavam em plena atividade.[15] Embora a maioria trabalhasse na época da inscrição, nem todos tinham engajamento pleno nas atividades profissionais. A propósito, entre os que trabalhavam, tal engajamento diferia conforme a instituição de origem, o setor de emprego – público ou privado – e o tipo de atividade.

Os candidatos que eram economicamente ativos se dividiam em proporções quase iguais entre o setor público e o privado. Essa distribuição apresenta variações considerando-se a instituição do candidato e os tipos de trabalho que então desenvolviam (tabela 4.4a).

Tabela 4.4a
Mestres em Administração: situação de trabalho na inscrição,
por instituição (%)

		Instituição do curso							
		FGV-SP	UFBA	UFMG	UFRGS	UFRJ	UnB	USP	Total
Trabalho na inscrição	Procurava trabalho	0,9	1,8	1,4		3,4		3,7	1,4
	Outra	13,6	3,6	18,3	14,5	10,1	1,9	3,7	11,1
	Plena atividade	80,7	89,1	80,3	83,6	83,1	96,2	88,9	84,2
	Parc./tot. afastado	4,8	5,5		2,0	3,4	1,9	3,7	3,3
	Total	100,0	100,0	100,0	100,0	100,0	100,0	100,0	100,0
Atividade remunerada na inscrição	Emp. setor público	38,5	57,7	66,7	36,9	37,7	94,1	28,0	45,4
	Emp. setor privado	52,3	36,5	19,3	52,3	54,5	2,0	66,7	46,0
	Autônomo/consultor	5,6	3,8	12,3	10,0	5,2		2,7	6,1
	Proprietário	0,5				1,3	3,9	1,3	0,8
	ONG/entidades	3,1	1,9	1,8	0,8	1,3		1,3	1,7
	Total	100,0	100,0	100,0	100,0	100,0	100,0	100,0	100,0
Tipo de trabalho na inscrição	Administração pública	18,0	48,1	8,8	16,9	25,0	82,4	5,5	24,0
	Empresa	64,4	28,8	57,9	43,8	67,1	3,9	76,7	53,6
	IES	10,8	21,2	24,6	34,6	3,9	5,9	8,2	16,3
	Outra instit. de ensino	2,1		1,8	2,3	1,3	5,9	2,7	2,2
	Instituição de pesquisa	1,5		5,3	1,5	1,3	2,0	5,5	2,2
	Outros	3,1	1,9	1,8	0,8	1,3		1,4	1,8
	Total	100,0	100,0	100,0	100,0	100,0	100,0	100,0	100,0
Atividade envolvia pesquisa	Não	77,4	78,4	82,5	78,9	90,9	72,5	78,7	79,7
	Sim	22,6	21,6	17,5	21,1	9,1	27,5	21,3	20,3
	Total	100,0	100,0	100,0	100,0	100,0	100,0	100,0	100,0
Era docente em IES	Não	90,2	80,4	77,2	69,8	96,1	98,0	96,0	86,2
	Sim	9,8	19,6	22,8	30,2	3,9	2,0	4,0	13,8
	Total	100,0	100,0	100,0	100,0	100,0	100,0	100,0	100,0

Mais da metade dos mestres entrevistados trabalhavam em empresas, principalmente do setor privado.[16] Nelas estavam concentrados os candidatos a quatro instituições, entre as quais a FGV-SP e a USP. Os dados coincidem com os resultados do estudo sobre os estudantes da pós-graduação em Administração da USP (Gouvêa e Zwicker, 2000), o qual mostra que 78% deles atuavam em empresas, principalmente de grande ou médio porte.[17] A concentração de candidatos à FGV e à USP em empresas deve ser remetida às próprias características da região metropolitana onde se situam as duas instituições, principal centro empresarial do país, e ao perfil de formação que futuramente viriam ter: os ingressantes da FGV habilitando-se sobretudo em Administração de Empresas e os da USP, em ponderável proporção também nessa mesma especialização. Entre os futuros mestres da UFMG e da UFRJ, universidades localizadas em metrópoles cujo mercado de empregos estaria mais próximo do encontrado em São Paulo do que nas outras capitais, em torno de 60% também atuavam em empresas, embora essas instituições oferecessem a habilitação em Administração, e não em Administração de Empresas. Já os candidatos à UnB, previsivelmente, concentravam-se em larga escala na administração pública, não apenas porque os serviços de governo absorvem grande parcela da população economicamente ativa de Brasília, mas também porque a maioria dos egressos dessa universidade viria a se formar na concentração em Administração Pública. Também entre os candidatos à UFBA, quase metade atuava na administração pública, o que, em parte, se explica pelo fato de a grande maioria vir a se titular na concentração de mesmo nome.

Constata-se, assim, alguma associação entre três variáveis: tipo de atividade profissional que os candidatos desenvolviam na época da inscrição, perfis de formação que receberiam e características do mercado de trabalho. Nessa associação certamente intervinham ainda outros fatores, como o ingresso em programas de mestrado em Administração mediante exame da Associação Nacional de Pós-Graduação em Administração – Anpad, periodicamente realizado em todo o país. Além de promover saudável aumento de competitividade, o exame também estimula a mobilidade geográfica dos candidatos no plano nacional, atenuando possíveis associações entre os tipos de atividade que estes desenvolviam e o mercado de empregos na região onde se situam as instituições nas quais ingressavam.

Importa ainda ressaltar que era relativamente pequena a proporção dos que trabalhavam em IES – pouco mais de 15% –, geralmente atuando em instituições públicas,[18] mas nem sempre como docentes. A atuação em instituições de ensino superior era mais comum entre os futuros alunos da UFGRS.

No que diz respeito à participação em pesquisa dos que ingressavam no mestrado, esta não era freqüente, variando em torno de 1/5. Entre os candidatos da UnB, entretanto, a proporção dos envolvidos em pesquisa era bem maior; mas vale lembrar que estes não eram docentes e quase todos estavam na administração pública, muito provavelmente atuando como assistentes de pesquisa.

Os doutores em Administração, na época da inscrição para o curso, estavam quase todos em plena atividade profissional (tabela 4.4b); estes despenderam mais tempo para ingressar no doutorado, após o mestrado, do que os demais.[19] Na FGV, a maioria dos candidatos ao doutorado estava empregada no setor público, sendo a docência no ensino superior a principal atividade (70%)[20] e geralmente também desenvolvendo pesquisas. Na USP, os ingressantes no doutorado tinham perfil algo diverso, dividindo-se, profissionalmente, em proporções mais próximas entre o setor público – quase metade – e o setor privado – cerca de 40%. De modo análogo, as principais atividades dividiam-se entre o trabalho em empresas e o ensino superior (principalmente público),[21] mas assemelhavam-se aos candidatos da FGV no que diz respeito à participação em atividades de pesquisa.

Tabela 4.4b
Doutores em Administração: situação de trabalho na inscrição, por instituição (%)

		Instituição do curso		
		FGV-SP	USP	Total
Trabalho na inscrição	Outra	4,5	10,4	7,0
	Plena atividade	90,9	85,4	88,6
	Parc./tot. afastado	4,5	4,2	4,4
	Total	100,0	100,0	100,0
Atividade remunerada na inscrição	Emp. setor públ.	59,7	46,5	54,3
	Emp. setor priv.	33,9	39,5	36,2
	Autônomo/consultor	4,8	4,7	4,8
	ONG/entidades	1,6	9,3	4,8
	Total	100,0	100,0	100,0
Tipo de trabalho na inscrição	Administração pública	8,2	4,7	6,7
	Empresa	19,7	41,9	28,8
	IES	70,5	39,5	57,7
	Instituição de pesquisa		4,7	1,9
	Outros	1,6	9,3	4,8
	Total	100,0	100,0	100,0
Atividade envolvia pesquisa	Não	41,3	39,5	40,6
	Sim	58,7	60,5	59,4
	Total	100,0	100,0	100,0
Era docente em IES	Não	28,6	60,5	41,5
	Sim	71,4	39,5	58,5
	Total	100,0	100,0	100,0

Os perfis dos candidatos ao doutorado nessas duas instituições, em seu conjunto e comparados às características dos ingressantes no mestrado, destacam-se pela atuação na docência do ensino superior e pelo envolvimento com atividades de pesquisa. Mais da metade dos futuros doutores era docente no ensino superior enquanto pequena parcela (15%) dos mestres desenvolvia essa atividade na época da inscrição. Já a atuação em empresas apresenta sinal invertido: menos de 1/3 dos futuros doutores trabalhava em empresas, ao passo que mais da metade dos mestres o fazia.

Qual a origem dessas diferenças entre mestres e doutores? Por que os mestres trabalhavam principalmente em empresas e os doutores concentravam-se na docência no ensino superior? É possível explicar boa parte dessas diferenças examinado-se os motivos que levaram os candidatos a buscarem a pós-graduação *stricto sensu*.

O típico candidato ao mestrado procurou a pós-graduação para melhorar a competitividade no mercado de trabalho. Já o típico futuro doutor ingressou no curso tendo em vista aprimorar – ou seguir – uma carreira docente. Entre candidatos ao mestrado predominava a busca de melhores condições de competição no mercado de empregos, com oportunidades que provavelmente ainda eram bastante abertas, enquanto para os candidatos ao doutorado prevalecia o aperfeiçoamento profissional em horizontes que aparentemente já estavam bem delineados, conforme sugerem os dados da tabela 4.5.

Tabela 4.5
Mestres e doutores em Administração: motivações para o mestrado e o doutorado por principais tipos de trabalho na inscrição (%)

		Administração pública	Empresa	IES	Total (*)
a. Mestres					
Corrigir deficiências da graduação	Pouco /nada	79,6	78,0	72,7	77,0
	Muito	20,4	22,0	27,3	23,0
	Total	100,0	100,0	100,0	100,0
Seguir/ aprimorar carreira docente	Pouco /nada	56,5	58,1	17,2	50,3
	Muito	43,5	41,9	82,8	49,7
	Total	100,0	100,0	100,0	100,0
Seguir carreira de pesquisador	Pouco /nada	70,7	75,0	52,5	68,8
	Muito	29,3	25,0	47,5	31,2
	Total	100,0	100,0	100,0	100,0
Melhorar a competitividade no mercado	Pouco /nada	30,6	24,1	38,8	28,1
	Muito	69,4	75,9	61,2	71,9
	Total	100,0	100,0	100,0	100,0
Incentivo da bolsa	Pouco /nada	88,4	88,8	87,8	88,3
	Muito	11,6	11,2	12,2	11,7
	Total	100,0	100,0	100,0	100,0
b. Doutores					
Corrigir deficiências da graduação	Pouco /nada		93,3	83,9	88,0
	Muito		6,7	16,1	12,0
	Total		100,0	100,0	100,0
Seguir/ aprimorar carreira docente	Pouco /nada		33,3	7,1	19
	Muito		66,7	92,9	81,0
	Total		100,0	100,0	100,0
Seguir carreira de pesquisador	Pouco /nada		43,3	37,5	37,0
	Muito		56,7	62,5	63,0
	Total		100,0	100,0	100,0
Melhorar a competitividade no mercado	Pouco /nada		53,3	62,5	57,0
	Muito		46,7	37,5	43,0
	Total		100,0	100,0	100
Incentivo da bolsa	Pouco /nada		100,0	89,3	92,0
	Muito			10,7	8,0
	Total		100,0	100,0	100,0

Nota (*) as porcentagens da coluna total incluem as motivações de todos os mestres e doutores que trabalhavam na época da inscrição, mas cujos tipos de trabalho representavam menos de 10% do total.

Entre os doutores, 81% informaram que a decisão de fazer o curso foi muito influenciada pelo desejo de ascender na carreira docente ou de ingressar nela, mas apenas cerca de 40% consideraram que a melhoria de competitividade no mercado de trabalho foi muito importante. Entre os mestres, quase que simetricamente, apenas metade afirmou que a carreira docente foi muito importante na busca da pós-graduação, porém mais de 70% indicaram que pesou muito em sua decisão o aumento da competitividade que o curso propiciaria. A competitividade, como veremos, na percepção dos mestres em Administração, está bastante associada a oportunidades de maior renda.

Outra notável e esperada distinção entre doutores e mestres refere-se à importância da carreira de pesquisador como motivo para fazer o curso. Enquanto bem mais da metade dos doutores atribuiu grande relevância a esse aspecto, apenas 30% dos mestres o fez. Nem mestres nem doutores, contudo, indicaram que corrigir deficiências da graduação pesou muito em sua decisão de fazer o curso, embora esse fator tenha sido ainda menos relevante para esses últimos, pois já tendo passado pelo mestrado, a graduação estava bem mais distante no passado, cerca de dez anos ou mais.[22] Por fim, a possibilidade de obter bolsa, tal como ocorreu com os estudantes da pós-graduação em Administração na pesquisa de Gouvêa e Zwicker (*cit.*), não consta dos principais motivos, aproximando, nesse sentido, doutores e mestres. Com efeito, para 90% de mestres e doutores o incentivo da bolsa não foi um fator importante na decisão de fazer o curso.

Uma vez que os dados para os doutores se referem à percepção dos titulados em duas instituições paulistas – USP e FGV –, cabem algumas considerações sobre o fluxo de bolsas de doutorado concedidas pela Fapesp, agência de fomento do Estado de São Paulo, ao longo da década de noventa para a área Economia e Administração (Fapesp, 2000).[23] Se as bolsas de doutorado aumentaram em quase dez vezes no período 1990-1998, passando de 101 para 987 no conjunto das áreas, o número de bolsas concedidas na área Economia e Administração ficou praticamente estagnado. Em 1990, por exemplo, a Fapesp concedeu apenas uma bolsa de doutorado em Economia e Administração; em 1994, nenhuma; e, em 1998, oito bolsas. Esses números reduzidos contrastam com o volume e o crescimento do número de bolsas em outras áreas, especialmente na área de Ciências Básicas, Sociais e Engenharias. Tendo em vista esse cenário, não é de surpreender que a perspectiva de obter bolsa não se constitui em fator importante na decisão de fazer o curso.

Soma-se a isso o fato de a grande maioria dos doutores já estar trabalhando, com título e rendimentos de mestre, quando se inscreveram para o curso.

Há diferenças no peso das principais motivações conforme o tipo de trabalho dos titulados na época da inscrição, em geral na direção esperada, mas elas tendem a ser mais pronunciadas entre os mestres. O fator "ingresso na carreira docente" ou "progressão" nela, por exemplo, tem relevância muito maior para os mestres empregados em IES comparativamente aos que atuavam em empresas, mas tem variação proporcional menor entre doutores que estavam nesses dois tipos de atividade. O item "carreira de pesquisador" comporta-se de modo semelhante, porém com variações ainda maiores entre mestres em empresas e em IES, comparados aos doutores nessas atividades. Já o item "melhoria de competitividade" tem variações proporcionais semelhantes, mas importância relativamente reduzida para os doutores.

Em síntese, a situação ocupacional de mestres e doutores, quando se inscreveram para seus cursos, aliada ao elenco de suas principais motivações, sugerem a existência de expectativas bastante distintas para os candidatos aos dois níveis da pós-graduação *stricto sensu* em Administração. Os mestres, predominantemente atuando em empresas, e secundariamente na administração pública, buscavam a pós-graduação como forma de ampliar sua competitividade no mercado de empregos, fora da universidade; a carreira docente situava-se no horizonte profissional de poucos mestres em Administração. Já os doutores, tipicamente docentes no ensino superior, procuravam um aperfeiçoamento profissional para prosseguir na carreira (ou nela ingressar, se não eram professores), e majoritariamente também tinham em vista desenvolver pesquisas na área: seus horizontes eram marcadamente acadêmicos.

O que fazem os mestres e doutores?

Qual o principal destino profissional dos titulados em Administração na década de noventa? Os mestres atuam no mercado de trabalho fora da universidade, ao passo que os doutores estão na academia?

Depois de titular-se, em regra, o mestre em Administração vai para o mercado de trabalho. Se já estava trabalhando, a maioria, ele mantém-se na ocupação. São poucos – cerca de 1/4 – os que dão prosseguimento à formação pós-graduada *stricto sensu*; e nesses casos, a maioria concilia o curso com a atividade profissional (tabela 4.6a).[24] Entre os que estavam fazendo doutorado, no país, no exterior ou na modalidade sanduíche, destacam-se os mestres da FGV-SP e da USP.

Tabela 4.6a
Mestres em Administração: situação de estudo e trabalho por instituição (%)

		Instituição do curso							
		FGV-SP	UFBA	UFMG	UFRGS	UFRJ	UnB	USP	Total
Pós-graduação após o mestrado	Faz PG lato sensu	3,9	5,5	2,8	2,0	7,8		3,7	3,7
	Faz dout. país	33,6	25,5	12,7	14,5	8,9	11,5	33,3	22,3
	Faz dout. sand. ou exter.	0,4	1,8	1,4	2,0	1,1	5,8		1,4
	Faz outra PG	0,4	1,8	1,4		2,2	21,2		2,2
	Não faz PG	61,6	65,5	81,7	81,6	80,0	61,5	63,0	70,4
	Total	100,0	100,0	100,0	100,0	100,0	100,0	100,0	100,0
Trabalho	Procura trabalho	0,4				1,1			0,3
	Aposentado	0,4			0,7		3,8		0,6
	Outra	4,4	9,1	2,8	2,7	1,1		6,3	3,7
	Plena atividade	92,5	85,5	93,0	92,6	94,3	90,4	91,3	92,0
	Parc./tot. afastado	2,2	5,5	4,2	4,0	3,4	5,8	2,5	3,5
	Total	100,0	100,0	100,0	100,0	100,0	100,0	100,0	100,0
Atividade remunerada	Emp. setor públ.	31,8	58,0	52,2	33,8	39,5	86,0	22,7	40,0
	Emp. setor priv.	48,8	36,0	27,5	53,1	50,0	10,0	53,3	44,5
	Autônomo/cons.	3,2	6,0	7,2	9,7	4,7	2,0	10,7	6,1
	Proprietário	12,4		11,6	3,4	4,7	2,0	12,0	7,8
	ONG/entidades	3,7		1,4		1,2		1,3	1,6
	Total	100,0	100,0	100,0	100,0	100,0	100,0	100,0	100,0
Tipo de trabalho	Administração pública	13,9	40,8	13,0	15,9	20,0	64,0	5,7	19,8
	Empresa	53,4	14,3	26,1	31,7	56,5	4,0	65,7	41,1
	IES	25,0	42,9	55,1	50,3	21,2	28,0	22,9	34,3
	Outra instit. de ensino	1,0	2,0	1,4	0,7			1,4	0,9
	Instituição de pesquisa	3,4		2,9	1,4	1,2	4,0	4,3	2,5
	Outros	3,4		1,4		1,2			1,3
	Total	100,0	100,0	100,0	100,0	100,0	100,0	100,0	100,0
Atividade envolve pesquisa	Não	69,1	66,0	47,8	54,2	77,9	54,0	69,3	63,7
	Sim	30,9	34,0	52,2	45,8	22,1	46,0	30,7	36,3
	Total	100,0	100,0	100,0	100,0	100,0	100,0	100,0	100,0
É docente em IES	Não	76,2	59,2	49,3	53,5	82,4	79,6	81,3	69,1
	Sim	23,8	40,8	50,7	46,5	17,6	20,4	18,7	30,9
	Total	100,0	100,0	100,0	100,0	100,0	100,0	100,0	100,0

O típico mestre em Administração está em plena atividade (92%), sendo desprezível a proporção dos que procuram emprego.[25] O título de mestre não só parece ter ampliado o contingente dos que se encontram trabalhando como também provocou algumas mudanças na inserção dos titulados no mercado de trabalho. Houve pequena redução dos que atuavam no setor público e leve aumento dos que eram profissionais autônomos/consultores e proprietários (tabela 4.6a). Entretanto, considerando-se os diversos tipos de trabalho na época da inscrição e na época das entrevistas, as alterações foram bem maiores e decorreram basicamente de dois movimentos:

um forte aumento na proporção dos que atuavam em instituições de ensino superior, que passou a abranger mais de 1/3 dos mestres, e reduções nas parcelas dos que estavam na administração pública e em empresas, que caíram para aproximadamente 20% e 40% dos egressos, respectivamente.

No conjunto, a administração pública não chega a absorver 20% dos titulados. São as empresas (sobretudo privadas) juntamente com as IES (majoritariamente particulares)[26] que estão recrutando mais de 3/4 dos egressos. Mas faz-se necessário novamente chamar atenção para as diferenças regionais e/ou institucionais no que diz respeito à absorção dos mestres em Administração pelo mercado de trabalho. Esse quadro de diferenças sugere dois grandes grupos de mestrados em Administração, no que se refere ao destino profissional de seus ex-alunos: o primeiro, integrado pelas instituições que formam predominantemente para o trabalho em empresas, que absorvem mais da metade dos seus titulados – FGV-SP, UFRJ e USP –, e o segundo, composto pelas universidades que formam quadros principalmente para o ensino superior, que recebe metade ou mais dos seus egressos – UFMG e UFRGS. Já os titulados da UFBA e da UnB não se encaixam em nenhum desses dois grupos. A grande maioria dos mestres da UFBA, divide-se: uns vão para o ensino superior e outros para órgãos de governo, enquanto os egressos da UnB, devido às características peculiares da oferta de trabalho brasiliense, dirigem-se preponderantemente para a administração pública.

O mercado de trabalho universitário no país teria recebido impulsos para sua expansão a partir da segunda metade dos anos noventa, conforme se discutiu no capítulo 2. Políticas para o ensino superior lastreadas em novas exigências legais para o credenciamento de universidades, no que respeita à titulação do corpo docente e à institucionalização da pesquisa, teriam induzido um aumento da demanda de mestres e doutores por parte do setor privado. Outros elementos dessas políticas, como o reconhecimento periódico de cursos e a avaliação das condições de oferta, também teriam operado de modo semelhante; além disso o Exame Nacional de Cursos, o conhecido provão, possivelmente deu alguma contribuição em idêntico sentido. De outra parte, o virtual congelamento do número de vagas nas universidades federais operou em direção oposta.

Os cursos de graduação em Administração foram incluídos no provão desde a primeira hora, pois são muito numerosos e estão entre os cursos com maior número de alunos matriculados no país, constando do rol de ofertas de quase todas universidades e centros universitários. Sem contar os cerca de 600 estabelecimentos isolados privados que, em sua grande maioria, oferecem pelo menos um curso de Administração (Sampaio, 2000). Várias dezenas de cursos de Administração foram submetidos a processos de renovação do reconhecimento junto ao Conselho Nacional de Educação, foram objeto de avaliação das condições de oferta e a grande maioria teve, a cada ano, seus concluintes fazendo o provão na área. Nesse cenário, é de esperar que a demanda por docentes com titulação pós-graduada de sentido estrito tenha aumentado em muitos desses cursos.

Cabe, então, indagar: como evoluiu, ao longo do período estudado, a inserção profissional daquela terça parte dos mestres que atua como docente no ensino superior? Foram progressivamente absorvidos pelo ensino superior particular, sobretudo universitário?

Dividindo-se a época de titulação dos mestres em dois períodos, o primeiro compreendendo os que se formaram até 1994, e o segundo abrangendo os que concluíram seu curso depois, obtêm-se notáveis resultados. Os mestres docentes que se formaram até 1994 foram contratados principalmente por instituições públicas, porém os que se titularam mais tarde foram recrutados majoritariamente pelo ensino superior privado: a proporção dos atraídos por faculdades e universidades particulares aumentou de 46% para 73%. A tendência intensificou-se ao longo do segundo período, de vez que, nos últimos anos da década, teriam sido mais acentuados os efeitos das novas exigências legais para o credenciamento de universidades, assim como dos impactos da avaliação das condições de oferta, do reconhecimento periódico e dos conceitos do provão, aliados ao congelamento das vagas nas universidades federais.

Os mestres em Administração que são docentes no ensino superior estão vinculados principalmente a universidades, públicas e privadas. No setor privado, entretanto, a absorção desses profissionais pelas universidades e pelas demais instituições não universitárias – centros universitários, faculdades integradas e estabelecimentos isolados – é muito desigual. Os dados da pesquisa indicam que no setor privado foram as universidades – e não os demais estabelecimentos – que mais ampliaram a contratação de mestres. Entre os formados até 1994, a proporção dos docentes que estão em universidades privadas é de 30%, ao passo que entre os titulados na segunda metade do período estudado a fração quase dobra, chegando a 58%.

Há ainda uma outra alteração digna de nota em relação ao trabalho dos mestres docentes no ensino superior: trata-se da evolução do regime de trabalho nas instituições públicas e particulares. Nas instituições públicas, nas quais sempre predominou a dedicação exclusiva ou o tempo integral, entre os grupos de mestres que se titularam nos dois períodos registra-se um aumento nesse tipo de regime, de 80% para 90%, apesar do congelamento das vagas nas federais. Nas instituições privadas, onde os regimes de tempo parcial ou de hora/aula em geral têm sido hegemônicos, esses tipos de contrato mantiveram-se em torno de 2/3, nos dois períodos, crescendo um pouco na última coorte estudada. A tendência sugere que o recrutamento dos mestres pelas instituições privadas, inclusive universidades, teve finalidades relacionadas muito mais à melhoria da titulação do corpo docente do que à promoção da pesquisa, pois esta, além de ser mais bem conduzida de forma autônoma por doutores, em geral não dispensa a dedicação integral ao curso e à instituição.

Nas atividades que atualmente desenvolvem, mais de 1/3 dos mestres fazem pesquisa, um apreciável aumento em relação à situação antes do curso (tabela 4.6a). Apurações adicionais mostram, como esperado, que essa proporção cresce para mais de 50% entre os que lecionam em IES. Deve ser notado que esse percentual é muito próximo da fração de mestres que têm como principal atividade a docência e que trabalham em regime de dedicação exclusiva ou de tempo integral.

A situação de estudo e trabalho dos doutores em Administração diferencia-se muito daquela dos mestres, que atuam principalmente fora da universidade. Preliminarmente, cabe reiterar que apesar de a pesquisa ter abrangido apenas dois programas de doutorado na área, o da FGV-SP e o da USP, o número de egressos dessas duas instituições correspondia, em 1997, a aproximadamente 2/3 dos que obtiveram o doutorado em Administração no país. Por outro lado, como as duas instituições localizam-se em São Paulo, não se pode dizer que o retrato obtido é sugestivo do que ocorre no conjunto do país, mas de todo modo ele abrange proporção não desprezível dos titulados nos doutorados na área.

O título de doutor em Administração tem um caráter terminal. Diversamente do caso dos mestres, apenas 15% dos doutores faziam ou haviam feito algum tipo de aperfeiçoamento profissional formal depois de obterem o título, sendo que pouco mais de 5% deles já tinham seguido pós-doutorado no país ou no exterior (tabela 4.6b).

Tabela 4.6b
Doutores em Administração: situação de estudo e trabalho por instituição (%)

		Instituição do curso		
		FGV-SP	USP	Total
Pós-graduação após o doutorado	Não fez	90,9	75,0	84,2
	Fazendo pós-dout.		2,1	0,9
	Fazendo PG *lato sensu*		10,4	4,4
	Fez pós-dout. país	1,5	2,1	1,8
	Fez pós-dout. exterior	3,0	4,2	3,5
	Fez PG *lato sensu*	4,5	6,3	5,3
	Total	100,0	100,0	100,0
Trabalho	Procura trabalho	1,5		0,9
	Plena atividade	97,0	95,8	96,5
	Aposentado	1,5	2,1	1,8
	Outra		2,1	0,9
	Total	100,0	100,0	100
Atividade remunerada	Emp. setor públ.	56,3	60,9	58,2
	Emp. setor priv.	35,9	28,3	32,7
	Autônomo/cons.	1,6	4,3	2,7
	Proprietário	6,3		3,6
	ONG/entidades		6,5	2,7
	Total	100,0	100,0	100,0
Tipo de trabalho	Administração pública	11,3		6,5
	Empresa	11,3	21,7	15,7
	IES	77,4	67,4	73,1
	Instituição de pesquisa		4,3	1,9
	Outros		6,5	2,8
	Total	100,0	100,0	100,0
Atividade envolve pesquisa	Não	28,1	28,3	28,2
	Sim	71,9	71,7	71,8
	Total	100,0	100,0	100,0
É docente em IES	Não	24,2	34,8	28,7
	Sim	75,8	65,2	71,3
	Total	100,0	100,0	100,0

Em relação à situação de trabalho, constata-se que virtualmente todos os doutores em Administração (97%) se encontram em plena atividade; apenas 1% está desempregado. Ademais, os formados nos dois programas pesquisados apresentam um perfil muito mais homogêneo do que os mestres. A vocação acadêmica do título de doutor reflete-se na elevada parcela dos que trabalham em IES (73%), que são principalmente públicas.[27] A despeito da configuração mais homogênea dos egressos do doutorado, constatam-se diferenças expressivas na atuação profissional entre os egressos da FGV e os da USP. Os doutores que atuam em empresas, quase todas privadas,[28] são majoritariamente formados pelo programa de doutorado em Administração da USP. Entre os que estão na administração pública, todos são titulados pela FGV e, entre os que estão em IES, há uma diferença expressiva (10 pontos percentuais) entre egressos da FGV e da USP: essa diferença provavelmente reflete vocações específicas dos programas, as quais precisam ser melhor investigadas.

A prevalência dos que atuam em IES resulta, como esperado, em elevado índice dos que realizam pesquisa em seu trabalho (72%). Há uma coincidência entre a parcela dos que fazem pesquisa e a dos que são docentes no ensino superior, mas ela é apenas aritmética. Com efeito, uma elevada proporção dos docentes informou desenvolver atividades de investigação (80%), mas os doutores em Administração também a realizam fora do meio universitário, em empresas privadas.

O contingente de doutores que atua como docente no ensino superior manteve uma participação bastante estável no conjunto dos egressos (cerca de 70%), ao longo da década, assim como ocorreu com os mestres. Entretanto, os dados obtidos também mostram que, ao contrário do observado para os mestres, o ensino superior público, universitário, vem concentrando parcelas progressivamente maiores dos doutores em Administração. Considerando os que se formaram há mais tempo (até 1994), e os que obtiveram seu diploma mais recentemente (a partir de 1995), a proporção dos docentes em IES públicas subiu cerca de dez pontos percentuais, alcançando 73%, e a fração dos contratados por universidades públicas sofreu aumento de igual monta, atingindo 81%. Ao longo da década, o comportamento dos contratos em regime de dedicação exclusiva/tempo integral acompanhou a tendência de maior presença das universidades públicas, subindo cinco pontos percentuais e chegando a 83%. Os dados da pesquisa revelam ainda que todas essas tendências acentuaram-se durante o segundo período, atingindo níveis ainda mais elevados entre os doutores diplomados em 1997.

Nesse cenário, as já mencionadas políticas para o ensino superior, que estariam induzindo uma crescente procura de pós-graduados por parte de instituições de ensino superior, sobretudo particulares, não teriam operado no caso dos doutores. Pergunta-se, assim, se os resultados obtidos para os doutores não estariam referidos a uma situação específica do estado de São Paulo? Ou seja, esses doutores não estariam sendo absorvidos apenas pelas universidades do sistema estadual paulista?

O exame nacional de ingresso nos mestrados e doutorados em Administração, promovido pela Anpad, como já foi mencionado, provavelmente conduz a um deslocamento geográfico de expressivas parcelas dos candidatos aprovados. Assim, não se estranha que perto da metade dos doutores que se formaram na FGV e na USP resida fora do estado de São Paulo, e que mais de 40% dos que obtiveram seus diplomas de doutor nessas instituições atuem em universidades federais, a grande maioria também residindo fora do estado.[29] Considere-se ainda que, quando os titulados se inscreveram para o curso, quase 60% deles já eram docentes no ensino superior, proporção que cresceu apenas um pouco após a titulação, até 73%. Como os doutores que já eram docentes tendem a permanecer na mesma atividade depois de se titularem, como se verá adiante (tabela 4.7), os dados sugerem que boa parte deles se afastou da instituição de origem, situada fora do estado de São Paulo, para um aperfeiçoamento profissional de alto nível, retornando a ela após a titulação. O mercado de trabalho universitário desses doutores, portanto, vai muito além das fronteiras de São Paulo, assim como comportamento das variáveis acima discutidas não é um fenômeno exclusivamente paulista. O aumento da proporção de doutores que atuam em universidades públicas, por exemplo, parece decorrer mais de um processo de qualificação acadêmica do quadro de professores dessas instituições do que de um crescimento de novas contratações.

Em resumo, os resultados sugerem que o doutorado em Administração, nas duas instituições estudadas, tem encontrado sua principal clientela entre docentes do ensino superior, em boa parte oriundos de outros estados, e que a grande maioria de seus egressos atua na academia.

Já nos casos dos mestres, formados em instituições sediadas em seis diferentes capitais, a situação é diversa. Os poucos mestres que já trabalhavam no ensino superior também tendem a permanecer nessa mesma atividade, porém após a titulação dobrou a proporção dos que atuam em IES. Assim, mais da metade dos mestres que estão no ensino superior são oriundos de outras atividades, tendo sido contratados depois da titulação. As variáveis antes discutidas, incluindo-se o crescimento da demanda por parte de universidades privadas, atuaram especialmente sobre o expressivo contingente de mestres recém-ingressados na carreira docente.

Já se viu que o destino profissional dos mestres em Administração divide-se entre empresas e academia. Verificou-se também que quase 1/4 deles segue programas de doutorado, que geralmente conduzem ao futuro trabalho em universidades ou em institutos de pesquisa.

Cabe então a pergunta: quantos são os mestres em Administração que trabalham na academia ou que a ela irão se vincular no futuro?

Para obter estimativas que respondam essa questão, admita-se que os resultados obtidos na pesquisa, que retratam o final da década de noventa, também reflitam tendências para anos futuros. Considere-se então os mestres, estudantes de doutorado, que *não* atuam no ensino superior ou em institutos de pesquisa. Admite-se que, depois de concluída essa nova etapa de formação, 75% destes futuros doutores irão atuar na universidade ou em institutos de pesquisa, tal como ocorre com os doutores entrevistados. Somando-se a proporção dos mestres que já trabalham na academia com a parcela dos que, concluído seu doutorado, irão para esse setor ocupacional, tem-se que 44% dos mestres entrevistados já estão ou irão para a academia. Deduz-se daí que mais da metade dos mestres têm destino profissional *diverso* da academia. Os mestrados em Administração, idealizados para a preparação e qualificação de quadros docentes para o ensino superior – assim como os das demais áreas do conhecimento – não vêm cumprindo esse papel para a maioria dos egressos. Adiante essa questão será retomada. A propósito, o mencionado estudo sobre os pós-graduandos em Administração da USP já havia apontado conclusão semelhante, quando anotou que, em *pequena escala, o programa cumpre seu papel de formação de docentes* (Gouvêa e Zwicker, *cit.*: 105).

Mobilidade de mestres e doutores no mercado de trabalho

Para analisar a mobilidade profissional dos mestres e doutores, foram considerados dois momentos no tempo: a época da inscrição no curso e a da realização da entrevista. Interessa saber se a obtenção do título implica, em geral, mudança de ambiente de trabalho. Para os mestres, os primeiros resultados de interesse estão apresentados na linha e coluna "total" da tabela 4.7. Na época da inscrição para o curso, 48% dos mestres trabalhavam em ambientes ligados ao mercado (linha) e, uma vez titulados, 42% atuam nesses mesmos ambientes (coluna).

O ambiente acadêmico é o que mais sofreu alterações: empregava 17% dos profissionais que iniciavam o mestrado e passou a recrutar o dobro, 34% dos titulados, como mestres. Verifica-se também que 60% dos egressos de mestrados permaneceram em seus ambientes de trabalho originais, conforme indica a soma dos percentuais da diagonal que corre da esquerda para a direita (32%+14%+14%). De modo geral, os profissionais tenderam a permanecer trabalhando no mesmo ambiente após concluírem o mestrado. Muito provavelmente, a qualificação e o título obtidos resultaram em maior competitividade, que foi explorada no próprio segmento do mercado de trabalho onde o candidato à pós-graduação já estava inserido. Em suma, a situação de relativa imobilidade setorial é a experiência mais frequente vivida por esses profissionais da área de Administração.

Tabela 4.7
Mestres e doutores em Administração: mercado, Estado e academia – trajetória da inscrição à situação de trabalho atual (% em relação ao total e marginais)

		Situação e *locus* laboral atualmente					
		Mercado	Estado	Academia	Inativo	Desempregado	Total
a. Mestres							
Situação e *locus* laboral na inscrição	Mercado	31,7	2,9	11,7	1,2	0,3	47,8
	Estado	2,6	14,0	4,6	0,8		21,9
	Academia	2,0	0,6	14,1	0,5		17,1
	Inativo	4,7	1,8	3,8	1,5		11,8
	Desempregado	0,6	0,3	0,3	0,2		1,4
	Total	41,6	19,6	34,4	4,1	0,3	100,0
b. Doutores							
Situação e *locus* laboral na inscrição	Mercado	12,5	1,0	15,4			28,8
	Estado	1,0	3,8	1,9			6,7
	Academia	1,9	1,9	50,0	2,9	1,0	57,7
	Inativo	1,0		5,8			6,7
	Desempregado						
	Total	16,3	6,7	73,1	2,9	1,0	100,0

Quanto aos entrevistados que experimentaram algum deslocamento no mercado após a conclusão do mestrado, a questão-chave é saber se existem tendências mais frequentes que indicariam uma trajetória típica de mobilidade. Para responder a essa questão, procedeu-se de forma a "zerar" a diagonal principal da tabela (onde se encontram os casos de imobilidade) e, em seguida, recalcular as porcentagens, considerando-se, agora, somente o subconjunto de mestres que experimentaram alguma mobilidade em suas trajetórias profissionais. As porcentagens foram recalculadas tomando-se por base o total da nova tabela, ou seja, o total de entrevistados que experimentaram alguma mobilidade setorial entre o início do curso e o momento da entrevista. As principais alterações registradas foram: dos que estavam no ambiente empresarial, 30% dirigiram-se para o ambiente acadêmico; dos que atuavam no âmbito do Estado, 12% passaram a se empregar na academia; e finalmente, dos que estavam na academia, 5% dirigiram-se para o ambiente empresarial. Em suma, o grande fluxo de mobilidade positiva é aquele que atrai profissionais de todos os ambientes para a academia.

No caso dos doutores, 30% trabalhavam em ambientes de mercado na época da inscrição, caindo essa proporção para quase metade após a titulação (linha e coluna "total" da mesma tabela 4.7). A parcela dos que atuavam no âmbito do Estado permaneceu constante. Na academia estavam 58% dos candidatos ao curso, proporção que cresce 15 pontos percentuais entre os já doutores. A soma dos percentuais da diagonal mostra que a imobilidade, no caso dos doutores, é ainda maior que no caso dos mestres, abrangendo cerca de 2/3 dos egressos.

Para a análise da mobilidade setorial dos doutores entre o início do curso e a época da entrevista adotaram-se os mesmos procedimentos antes descritos. As principais alterações observadas foram: entre os que estavam inicialmente empregados em ambientes empresariais, 56% mudaram para ambientes acadêmicos; entre os que iniciaram seu curso trabalhando no serviço público, 44% foram atraídos para a academia e, finalmente, entre os que trabalhavam em ambientes acadêmicos, apenas 5% foram atraídos para o serviço público. Assim, entre os doutores em Administração, a vocação acadêmica do curso se reforça: o deslocamento no mercado de trabalho após a obtenção do título se dá preferencialmente no sentido da academia.

Quanto ganham os mestres e os doutores

Qual o perfil de rendimentos dos titulados segundo os principais tipos de atividade profissional? Os resultados mostram que as empresas pagam melhor que o ensino superior, tanto para mestres como para doutores; além disso, no caso dos mestres, os ganhos em empresas são um pouco maiores do que na administração pública (gráfico 4.4).[30] Com efeito, a renda média dos mestres que atuam em empresas, de R$ 5,6 mil, é bem mais alta do que os ganhos dos empregados no ensino superior, com R$ 3,8 mil, uma diferença próxima de 50%. Entre os doutores o padrão é semelhante, com uma diferença de igual tamanho em termos absolutos, porém proporcionalmente menor, de 30% (R$ 7,2 mil e R$ 5,5 mil, respectivamente).

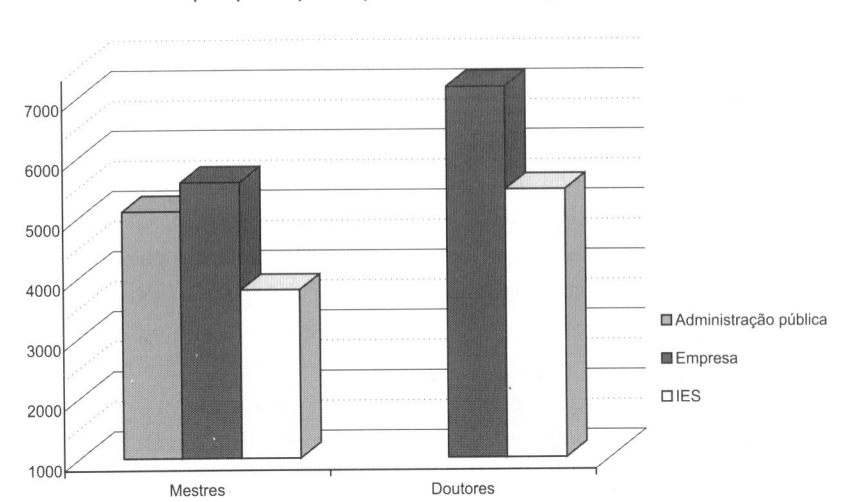

Gráfico 4.4
Mestres e doutores em Administração: médias das classes de renda por principais tipos de trabalho (em reais)

[Gráfico de barras com eixo vertical variando de 1000 a 7000, mostrando Mestres e Doutores nas categorias: Administração pública, Empresa e IES]

O crescente recrutamento de mestres pelo ensino superior privado, já mencionado, associa-se a melhores salários comparaticvamente aos pagos pelas instituições públicas? Os dados sugerem que sim. Comparem-se os rendimentos dos docentes no ensino superior privado e no público, em cada uma de duas coortes (para reduzir efeitos da idade/experiência sobre a renda): a dos titulados até 1994 e a dos formados depois. Os dados mostram que os professores das instituições particulares ganham cerca de 40% a mais do que os das universidades públicas, uma diferença que tem tendência ascendente nos últimos anos do período estudado.

Comparações de interesse também podem ser feitas entre os ganhos médios de mestres e doutores empregados no setor privado e no público, abrangendo, cada um dos setores, todos os que não são proprietários nem autônomos. Nessas comparações constata-se que a renda média dos mestres empregados no setor privado, de R$5,2 mil, é 21% superior à dos empregados no setor público. Entre os doutores a diferença aumenta: os do setor privado, ganhando em média R$ 6,8 mil, têm rendimentos 33% maiores do que os do setor público.

Esses níveis de rendimento estariam acima ou abaixo dos níveis do mercado em geral? Para obter um indicador da remuneração média de administradores de empresa no mercado de trabalho brasileiro, tomamos dados publicados pela Bolsa de Salários do Datafolha[31] no mesmo período em que foram coletados os dados da presente pesquisa. Foram então construídos dois indicadores: a média dos salários pagos pelas empresas a ocupantes de cargos selecionados de Direção, Gerência e Chefia,[32] que era de R$ 3,6 mil; e a média dos salários pagos pelas empresas a profissionais em ocupações de nível superior, afins com a de administrador,[33] que era de R$ 2,3 mil.

Considerados esses dois indicadores, a média de rendimento dos mestres empregados no setor privado é 44% mais elevada que a média dos salários nos cargos selecionados de Direção, Gerência e Chefia; é ainda 126% maior que a média dos salários pagos pelas empresas a profissionais em ocupações de nível superior. Para os doutores, as diferenças correspondem, respectivamente, a 86% e quase 200%. Se é precipitado atribuir esses diferenciais de renda inteiramente à titulação, é menos razoável ainda supor-se que as diferenças não guardam qualquer relação com a formação pós-graduada. Na verdade, os resultados sugerem que a formação nos mestrados e doutorados em Administração, assim como os títulos a ela associados, resultam em marcadas diferenças em relação aos valores médios pagos no mercado – bem expressivas para os mestres e maiores ainda para os doutores.[34]

Satisfação com os resultados da pós-graduação

Para os mestres, a principal contribuição do curso foi a formação teórica que receberam. Entre os que se encontram na administração pública, em empresas públicas ou privadas e em IES, de 75% a 85% julgam que a formação teórica tem contribuído muito para o trabalho (gráfico 4.5a).

A segunda maior contribuição do curso é a atualização de conhecimentos propiciada pelo curso. Pelo menos 3/4 dos mestres a julgam muito importante. Na verdade, se considerarmos os três tipos de trabalho dos mestres – administração pública, empresas e IES –, essa avaliação aproxima-se da atribuída à formação teórica. Na chamada sociedade do conhecimento, na qual este evolui a passos cada vez mais rápidos, a demanda por trabalho bem qualificado exige formação constantemente atualizada; a propósito, a própria noção de qualificação tende a se confundir ou mesmo a se sobrepor à de atualização. É auspicioso registrar que os mestres em Administração entrevistados avaliam, por ampla maioria, que seus cursos vêm atendendo a tais exigências.

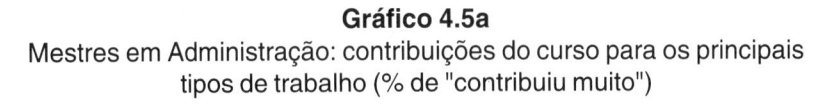

Gráfico 4.5a
Mestres em Administração: contribuições do curso para os principais tipos de trabalho (% de "contribuiu muito")

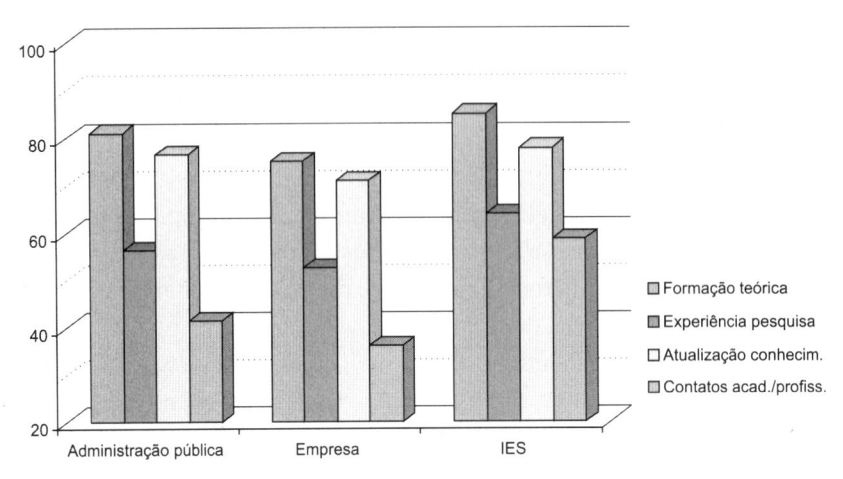

- Formação teórica
- Experiência pesquisa
- Atualização conhecim.
- Contatos acad./profiss.

Todavia, a contribuição do aprendizado em pesquisa alcança, comparativamente, menor grau de aprovação. Conforme esperado, entre os mestres empregados em IES a experiência com pesquisa é mais valorizada (64%), caindo mais de 10 pontos percentuais entre os que trabalham em empresas. Os dados apontam, ainda, para alguma associação entre a avaliação da experiência em pesquisa pelo egresso e o fato dele desenvolver projetos de investigação ou de P&D. Egressos que hoje atribuem elevada importância ao aprendizado em pesquisa tendem a ser aqueles que, em anos imediatamente anteriores à entrevista, participaram de algum projeto de investigação ou de P&D, mas a associação entre ambas as variáveis não é forte. Ao contrário, entre titulados que, à época da entrevista, estavam participando de projetos de investigação ou de P&D, a associação é bem nítida e intensa.

Assim, como esperado, avaliações mais positivas das experiências em pesquisa durante o curso dependem em larga medida do que faziam na época da entrevista e, em certa medida, do que os egressos vinham fazendo em matéria de investigação. Quem fazia pesquisa naquela época tendeu a julgar que o curso contribuiu muito neste aspecto. Quem não fazia, mas havia feito investigação alguns anos antes – provavelmente sendo ora um consumidor de resultados de pesquisas, ora um participante de projetos de investigação –, tendeu também a ser positivo, porém menos, sendo um pouco mais reticente nos julgamentos das contribuições do curso nesse aspecto em particular.

Na percepção dos mestres, a experiência em pesquisa nos cursos pode ser importante – até muito importante – para a vida profissional. Embora esse aspecto venha recebendo atenção por parte dos coordenadores de programas, os resultados parecem sugerir que estudos e discussões sobre projetos de formação do mestre devem ser ainda mais intensificados. É verdade que mestrandos nem sempre têm claro para onde pretendem se dirigir após a titulação, pois isso depende em parte da futura oferta de postos de trabalho. Mas, também não é menos verdade que sondagens de oportunidades de emprego poderiam vir a indicar, como sugerem os dados da presente pesquisa, uma diversificação dos projetos de formação, de modo a aumentar a sintonia com as perspectivas de trabalho de seus egressos.

Os contatos acadêmicos desenvolvidos durante o curso, embora de certa importância, não são o principal produto do curso. Menos da metade dos mestres considera que tais contatos constituem uma contribuição muito relevante para seu trabalho. Conforme esperado, contatos obtidos no ambiente de estudo são mais importantes em ambientes acadêmicos futuros. De fato, quase 60% dos egressos que estão em IES consideram que a formação de redes de contatos contribui muito para as atividades profissionais, apreciação que está bem distante daquela feita por seus colegas em outras atividades, pois na empresa e nos serviços públicos os mesmos tipos de resposta são bem menos freqüentes, com uma diferença da ordem de 20 pontos percentuais.

Entre os doutores em Administração das duas instituições estudadas – USP e FVG-SP – a avaliação dos efeitos do curso sobre o trabalho, em geral, é bastante positiva. O reforço da formação teórica é fator que obtêve maior índice de aprovação: cerca de 80% dos doutores que atuam em empresas e em IES consideraram que esse aspecto da formação recebida no curso tem contribuído muito para o desempenho de suas atividades profissionais (gráfico 4.5b).

A segunda maior contribuição do doutorado refere-se à atualização de conhecimentos. Altamente positiva, tal apreciação foi feita por 3/4 dos entrevistados e também não varia entre os que trabalham em empresas e no ensino superior.

Quanto à experiência em pesquisa, mais de 60% dos doutores docentes no ensino superior têm dela uma apreciação muito positiva, porém apenas 40% dos que trabalham em empresas partilham dessa opinião – uma larga diferença de mais de 20 pontos percentuais. De modo semelhante ao que se observou para os mestres, a participação em projetos de investigação e de P&D está associada a uma avaliação mais favorável da contribuição da experiência em pesquisa. Finalmente, menos da metade dos doutores considera que os contatos acadêmicos estabelecidos durante a formação foram de grande valia. Os resultados por tipo de trabalho não surpreendem, pois a avaliação dos que atuam em empresas é bem inferior à dos que são docentes em IES. Para esses últimos, geralmente envolvidos com programas de pós-graduação, os contatos acadêmicos obtidos durante o curso naturalmente trazem maior contribuição para suas atividades profissionais.

Gráfico 4.5b
Doutores em Administração: contribuições do curso para os principais tipos de trabalho (% de "contribuiu muito")

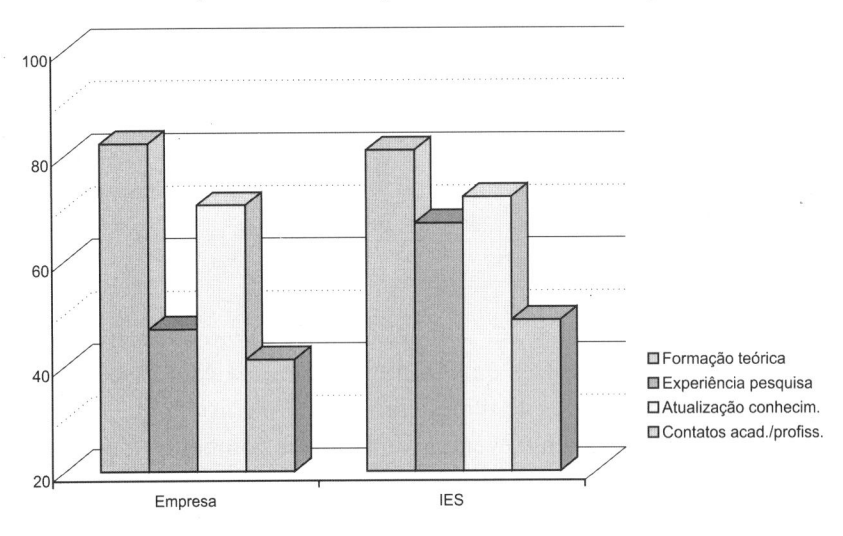

Os possíveis efeitos do curso sobre a competitividade profissional ou acadêmica constituem outra dimensão analisada na pesquisa.

Mestrados em Administração parecem ser eficazes para aumentar a competitividade de seus titulados no mundo do trabalho. Os egressos estão bastante satisfeitos com esses efeitos do curso: cerca de 1/3 ou mais julgam que a competitividade obtida foi acima do esperado, sem grandes diferenças entre os que estão em serviços públicos, empresas ou IES (gráfico 4.6a). Em torno de 90% avaliam que o curso aumentou a competitividade no mundo do trabalho dentro ou acima do esperado, novamente sem nítidas diferenças entre os tipos de trabalho considerados. Deve-se destacar que a importância atribuída à competitividade guarda certa coerência com o projeto profissional na época da inscrição. Com efeito, quando os mestres indicaram suas motivações para fazerem o curso, mais de 70% avaliaram que "aumentar a competitividade" havia pesado muito na decisão (mais de 90% indicaram que esse fator pesou "pelo menos um pouco").

Gráfico 4.6a
Mestres em Administração: aumento da competitividade profissional/acadêmica por principais tipos de trabalho
(% de "dentro/acima do esperado")

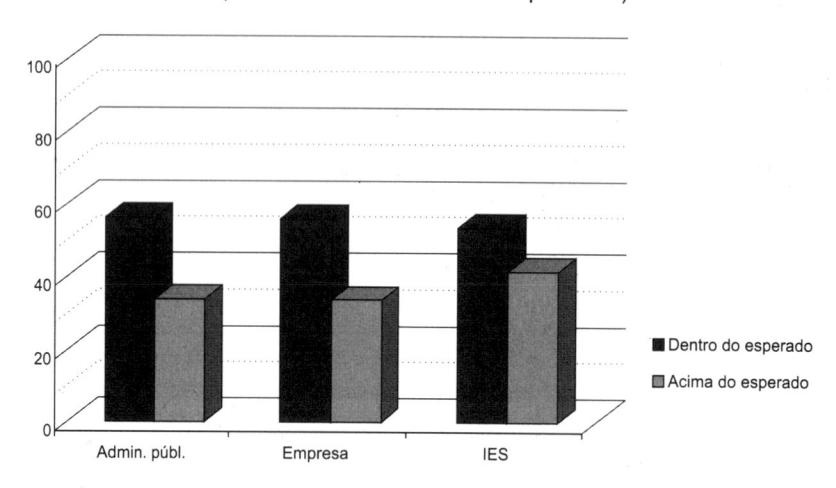

Qual é o significado da competitividade à qual nos referimos? Na percepção dos mestres em Administração, ela está associada a melhores oportunidades de remuneração. Tanto é assim que os titulados que pior avaliaram o eventual aumento de competitividade propiciado pelo curso ("não contribuiu" e "contribuiu abaixo do esperado") geralmente se situam abaixo da média dos rendimentos de todos os mestres. Em contrapartida, os que fizeram apreciações mais positivas, em geral, estão ganhando mais, situando-se acima dessas médias. Em suma, quem ganha mais tende a avaliar de modo mais positivo os efeitos do curso sobre a competitividade. Isso vale tanto para os que estão na administração pública como para os que atuam em empresas e em IES.

Outra dimensão da percepção dos mestres acerca da competitividade propiciada pelo curso está relacionada à vida acadêmica e profissional deles. Mestres mais demorados na trajetória acadêmica e profissional, desde a graduação, tendem a avaliar pior os efeitos da competitividade que o curso lhes teria propiciado. Resultados complementares sugerem que as piores avaliações ("não aumentou"; "aumentou abaixo do esperado") são mais freqüentes entre egressos que concluíram a graduação em prazo acima da média de seus colegas, que despenderam tempo maior do que a média para iniciar o mestrado ou que demoraram acima da média para concluírem seus cursos. De modo análogo, no sentido inverso, as melhores avaliações em relação ao aumento da competitividade resultante do curso tendem a ser mais freqüentes entre egressos que têm uma trajetória acadêmica, por assim dizer, mais rápida. Portanto, parece razoável supor-se que, mestres com uma trajetória acadêmico-profissional mais lenta desde a graduação, teriam tido menores condições de usufruir o que o mestrado lhes oferecia. Nisso residiria a diferença fundamental de seus critérios de avaliação, quando comparados aos de seus colegas com uma trajetória mais rápida: menor aproveitamento e pior avaliação dos efeitos do curso no que diz respeito à competitividade.

De modo geral, o doutorado serviu para aumentar a competitividade profissional ou acadêmica dos titulados em Administração. O padrão das respostas dos doutores tem semelhanças com o dos mestres em empresas e em IES, pois entre 80% e mais de 90% dos primeiros, em ambos os tipos de atividade, avaliam que a formação aumentou a competitividade dentro ou acima do inicialmente esperado (gráfico 4.6b). Os doutores que atuam em empresas, entretanto, têm percepção um pouco menos positiva, pois apenas 24% deles avaliam que sua formação aumentou a competitividade acima do esperado, ao passo que para os docentes no ensino superior essa proporção é de mais de 40%.

Gráfico 4.6b
Doutores em Administração: aumento da competitividade profissional/acadêmica por principais tipos de trabalho
(% de "dentro/acima do esperado")

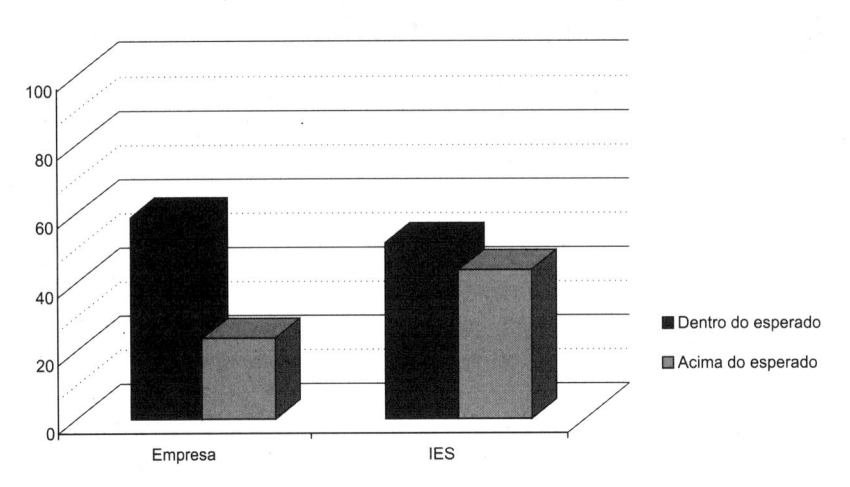

A opinião dos doutores a respeito da competitividade não tem exatamente o mesmo significado e origens que a dos mestres. Para doutores docentes no ensino superior, melhores avaliações dos efeitos do curso em relação ao aumento da competitividade no mundo do trabalho estão, sim, associadas a níveis de renda mais elevados, mas isso não acontece com os que trabalham em empresas. Entre os primeiros, quem mais ganha tende a melhor avaliar o aumento de competitividade propiciado pelo curso; já entre os que trabalham em empresas, a avaliação independe do nível de renda. Também para os doutores, e ao contrário do que se constata para os mestres, a percepção dos efeitos do curso sobre a competitividade não se vincula a ritmos distintos na trajetória acadêmica e na profissional. Tal constatação, ao lado de outras questões levantadas nesta pesquisa, entretanto, merecem novas investigações para serem aprofundandas.

Nota final

Mestres em Administração têm origem acadêmica relativamente diversificada, sendo a maioria proveniente de outras áreas na graduação. Predominantemente do sexo masculino, ingressaram no mestrado, em média, sete anos depois da graduação – um intervalo relativamente longo – e despenderam, em média, quase quatro anos para se titularem, concluindo o curso aos 35 anos. O prazo médio de titulação ainda é elevado, mas mostra sinais de diminuição entre os formados nos anos mais recentes. Começando o mestrado vários anos após a graduação, não surpreende, portanto, que ao ingressarem no curso 84% já trabalhassem. A maioria atuava em empresas, principalmente privadas, uma parcela menor na administração pública e apenas 15% em instituições de ensino superior; poucos tinham envolvimento com atividades de pesquisa. Naquela época, quando se inscreveram no curso, a busca da formação pós-graduada era motivada principalmente pelo aumento de competitividade no mercado de trabalho; intenções outras, como a futura docência no ensino superior e a carreira de pesquisador eram menos importantes ou bem menos relevantes.

Da época da inscrição ao momento das entrevistas, constatam-se notáveis mudanças na trajetória profissional dos egressos, certamente devido ao mestrado realizado. Uma pequena parte dos mestres (menos de 25%) continuou sua formação pós-graduada no doutorado, que provavelmente conduzirá muitos destes à vida acadêmica. Reduziu-se um pouco a parcela dos que atuam em empresas, mais do que dobrou a participação em projetos de pesquisa e duplicou a proporção dos empregados em instituições de ensino superior, alcançando 34%. Dessa perspectiva, o mestrado em Administração estaria cumprindo relevante papel na qualificação para a docência no ensino superior.

De outra perspectiva, porém, considerando-se os que já atuam no ensino superior e os que são doutorandos – grande maioria dos quais irá para a vida acadêmica, em universidades e institutos de pesquisa –, estima-se que apenas 44% terão esse destino profissional. Tem-se, assim, que menos da metade dos mestres ou já é absorvida pela academia ou o será no futuro. Isso posto, o projeto dos mestrados no país, no sentido de qualificação de quadros para a vida acadêmica, não alcança, na área de Administração, nem metade de seus egressos.

As políticas para o ensino superior na segunda metade da década, estabelecendo novos e desejáveis requisitos para credenciar universidades, reconhecer cursos periodicamente, avaliar condições de oferta de cursos e medir o desempenho de formandos – por meio do provão –, além de conter a expansão de vagas nas instituições federais, têm produzido efeitos sobre a demanda de mestres em Administração. Entre os que se formaram em anos mais recentes, tem sido crescente a parcela dos recrutados pelo ensino superior privado, principalmente por universidades – e não por faculdades e centros universitários. Além disso, o trabalho em regime de dedicação exclusiva ou de tempo integral aumentou nas universidades públicas, apesar da contenção de vagas nas federais. Em contrapartida, nas instituições privadas, inclusive nas universitárias, o regime de tempo parcial ou o de horas/aula, inicialmente estável, aumentou recentemente, como estratégia para responder às exigências legais de melhoria da titulação do corpo docente.

As empresas pagam melhor os mestres do que as instituições de ensino superior, com uma diferença de quase 50%. Mas essa distância tende a diminuir pois o ensino superior particular, que vem recrutando crescentes parcelas de mestres docentes, paga cerca de 40% a mais do que as instituições públicas, uma diferença com tendência ascendente nos últimos anos. No conjunto dos empregados no setor privado, o rendimento médio dos mestres revela-se 44%

mais elevado do que os salários pagos a ocupantes de cargos selecionados de direção e chefia em empresas afins à área de Administração, sugerindo visíveis efeitos do curso sobre a remuneração.

Os doutores em Administração entrevistados, provenientes da FGV-SP e da USP, têm uma origem acadêmica um pouco menos diversificada que a dos mestres. Também são predominantemente do sexo masculino e praticamente todos fizeram antes o mestrado. Começando o doutorado, em média, 13 anos após a graduação – um lapso de tempo bastante longo – e gastando cerca de cinco anos para se diplomar, titularam-se aos 43 anos. O prazo médio de titulação manteve-se relativamente estável ao longo do período estudado. Na época em que se inscreveram para o doutorado, quase todos estavam em plena atividade profissional. A maioria atuava em instituições de ensino superior, com envolvimento em atividades de pesquisa, e proporção bem menor, em empresas, geralmente privadas. Os doutores, ao contrário dos mestres, buscaram o curso tendo em vista a docência universitária ou a carreira de pesquisador.

Os projetos profissionais dos candidatos ao doutorado materializaram-se, em larga medida, após a titulação. Desse modo, e diferentemente do caso dos mestres, as mudanças na inserção profissional antes e depois do curso foram menores. Com a titulação, parte migrou do setor empresarial para a academia, aumentando a parcela dos docentes no ensino superior para mais de 70% e reduzindo a proporção dos que trabalhavam em empresas para menos de 20%. O doutorado em Administração é tipicamente uma formação que conduz à carreira acadêmica. A participação em pesquisa também aumentou. O típico doutor participa de projetos de investigação ou de P&D, sobretudo se está na universidade, mas os que atuam em empresas também têm elevado envolvimento com pesquisa.

As políticas para o ensino superior na segunda metade da década não tiveram, para os doutores em Administração, os mesmos efeitos que foram observados no caso dos mestres. O contingente dos doutores que são docentes no ensino superior manteve-se estável ao longo do período, mas cresceram as proporções dos que atuam em universidades públicas e em regime de trabalho de dedicação exclusiva ou de tempo integral, subindo cerca de dez e cinco pontos percentuais, respectivamente. Ainda que os dados refiram-se aos egressos de duas instituições de São Paulo, as tendências registradas não parecem constituir um fenômeno exclusivamente paulista, em virtude de exames de seleção nacionais promovidos pela Anpad. Ao contrário, as tendências registradas parecem decorrer, em larga medida, de um processo de qualificação acadêmica do quadro de docentes das universidades públicas.

Os ganhos dos doutores que atuam em empresas são mais elevados do que os dos docentes no ensino superior, porém a diferença proporcional, de 30%, é menor do que a verificada entre os mestres. Já os efeitos da titulação sobre os rendimentos são bem maiores para os doutores do que para os mestres, como esperado. A renda média dos doutores empregados no setor privado é 86% maior do que a dos ocupantes de cargos selecionados de direção e chefia em empresas, afins à área de Administração, evidenciando fortes efeitos da titulação.

Em relação a efeitos da formação pós-graduada sobre a competitividade acadêmica ou profissional, e às contribuições dessa mesma formação para as atividades dos entrevistados, a pesquisa fez relevantes constatações.

O doutorado em Administração vem tendo grande êxito em aumentar a competitividade de seus titulados; apenas pequena parcela julgou que a competitividade aumentou abaixo do esperado. Como o doutorado tem forte cunho acadêmico, a percepção de um aumento *acima* do esperado é bem maior entre os doutores que são docentes no ensino superior (40%) do que entre os que atuam em empresas (24%). Numa outra perspectiva, os doutores também têm uma percepção francamente positiva do curso que seguiram. Na avaliação de 80% dos que estão em empresas e no ensino superior, a formação teórica obtida tem contribuído muito para seu trabalho; para uma proporção menor de doutores nesses dois tipos de atividade, porém ainda bem elevada (70%), a atualização de conhecimentos propiciada pelo curso teve o mesmo nível de importância. Já a experiência em pesquisa durante o doutorado obteve avaliações bastante díspares entre os que trabalham em empresas e os docentes em universidades. Mais de 60% destes afirmaram que essa experiência no curso tem sido muito relevante para o trabalho que desenvolvem, ao passo que entre aqueles a proporção é vinte pontos percentuais menor.

O mestrado em Administração vem tendo êxito em elevar a competitividade profissional de seus alunos, tal como ocorre com o doutorado. Para mais da metade dos entrevistados que trabalham na administração pública, em empresas e no ensino superior, o curso teve esse efeito dentro do que esperavam; para expressivas parcelas dos mestres nessas atividades, o curso aumentou a competitividade acima do esperado (33% e mais). Na percepção dos egressos, a competitividade está associada ao aumento do nível de renda. Tais resultados são bastante positivos, especialmente quando se considera que o nível de satisfação mostra certa dependência de variações nas trajetórias acadêmicas, as quais correspondem a diferenças de aproveitamento do curso, bem como nos percursos profissionais dos titulados.

Na avaliação dos mestres, o curso trouxe também outras contribuições positivas. A formação teórica oferecida pelo mestrado tem contribuído muito para as atividades de amplas parcelas dos titulados que estão em empresas, na administração pública e no ensino superior, variando entre 75% e 85%; para cerca de 3/4 deles, considerando-se as três situações ocupacionais, a atualização de conhecimentos tem tido o mesmo nível de contribuição.

A contribuição da experiência em pesquisa no curso de mestrado, embora ainda seja vista de modo positivo, já é bem menor e apresenta perceptíveis variações conforme o tipo de inserção profissional. Mais de 60% dos que atuam no ensino superior informaram que o aprendizado em pesquisa tem sido muito importante para seu trabalho, caindo 10 pontos percentuais entre os que trabalham em empresas. Apreciações mais positivas da experiência em pesquisa tendem a ser feitas por mestres que participam ou já participaram de projetos de investigação em suas atividades profissionais. Nesse sentido, para concluir, parece que sondagens de oportunidades de emprego poderiam indicar, como sugerem os dados desta pesquisa, a oportunidade de diversificar os projetos de formação pós-graduada no nível de mestrado, de modo a aumentar sua sintonia com as perspectivas de trabalho dos egressos.

Notas

[1] Na evolução da Administração Pública no país, essa época situa-se no começo do segundo período identificado por Guerreiro Ramos (1983), o da "eficiência" (1930-1950), sucedido pelo período que o autor denominou de "planejamento" (1968 em diante).

[2] Em 1946, havia sido criado em São Paulo o Instituto de Administração, posteriormente integrado à Faculdade de Economia e Administração da Universidade de São Paulo (FEA-USP). A oferta de curso de graduação em Administração, nessa faculdade, iniciou-se, contudo, a partir de 1963. A regulamentação da profissão de admi-

nistrador (enquadrada na Confederação dos Profissionais Liberais) se deu em 1965 (Lei nº 4.769).

[3] Incluindo um programa em Controladoria e Contabilidade, na USP, um em Ciências Contábeis e Atuariais, da PUC-SP, ambos da área de Administração, além de um em Memória Social e Documento, da UNI-RIO, igualmente classificado nessa área.

[4] As quatro primeiras colunas apresentam a evolução em números índices, tendo o ano de 1996 como base 100 e, a última, os valores em números absolutos em 2000.

[5] Os índices para as publicações certamente decorrem de um extraordinário crescimento dos artigos publicados na área, mas possivelmente também refletem alguma melhoria no fornecimento de dados pelos programas de pós-graduação e na captação de informações por parte da Capes.

[6] O estudo foi realizado mediante envio de questionário por *e-mail* a cerca de 250 estudantes vinculados ao programa (cadastrados entre 1994 e 1999), com o objetivo de identificar opiniões e atitudes dos alunos em relação ao curso de mestrado acadêmico, visando levantar subsídios para a criação de um mestrado profissionalizante. Foram recebidos 95 questionários, dos quais 2/3 de mestrandos.

[7] Cerca de 45% em Administração e 34% em Administração de Empresas.

[8] Constata-se, entretanto, que a predominância masculina na graduação em Administração apresenta variações, considerando-se as variáveis "dependência administrativa", "natureza institucional" e "região geográfica". De acordo com os resultados do Provão 2000, os homens são maioria nos cursos de Administração oferecidos por instituições federais, municipais e particulares; nas instituições estaduais, as mulheres já representam pouco mais da metade dos graduandos. Também os percentuais de mulheres em centros universitários e em estabelecimento isolados são ligeiramente maiores do que em universidades e em faculdades integradas. Do ponto de vista regional, no Norte e no Centro-Oeste as proporções de mulheres são superiores às de homens (Brasil, 2000).

[9] Dividindo-se o período estudado em duas etapas, 1990-94 e 1995 e mais, registram-se declínios nas idades médias de graduação, de início e de fim de curso, da ordem de quatro meses, sete meses e um ano, respectivamente.

[10] Foram apurados, separadamente, os prazos de titulação dos mestres com área de concentração em Administração de Empresas, em Administração e em Administração Pública. Verificou-se, no período estudado, que a duração do curso destes últimos é igual à média para o conjunto de todos os mestres, porém os formados em Administração de Empresas demoraram um pouco mais (4,2 anos) do que os titulados em Administração (3,5 anos). No presente capítulo, são comentadas eventuais diferenças nas características dos mestres formados nessas três áreas de concentração, quando relevantes.

[11] Admitindo-se que a proporção de mestres titulados em cada coorte, ao longo do período analisado, não difere substantivamente de uma instituição para outra.

[12] Os mestres em Administração Pública terminam a graduação em média aos 25 anos, enquanto os outros titulados o fazem aos 24 anos; começam o mestrado com 34 anos e concluem-no com quase 38, ao passo que os outros titulados o fazem aos 31 anos e se titulam aos 35 anos.

[13] Em média, os doutores da FGV terminaram a graduação cerca de um ano depois dos doutores da USP.

[14] O tempo médio de transição entre a graduação e o doutorado, na FGV, no período 1990-94, foi de 12 anos, aumentando para 14 entre 1995-97. Na USP, ao contrário, os entrevistados reduziram esse prazo em um ano, alcançando 13 anos no segundo período. A pesquisa também apurou o tempo médio transcorrido

entre o mestrado e o doutorado. Nos referidos períodos, entre os doutores da FGV-SP esse prazo manteve-se estável – em torno de 4,5 anos. Mas na USP os entrevistados aceleraram em dois anos sua passagem do mestrado ao doutorado, com um prazo médio de 2,5 anos no último período.

[15] Entre os que estavam na categoria "outra" situação, cerca de 60% ingressaram no mestrado em até dois anos após se graduarem, ao passo que menos de 30% dos que estavam em plena atividade o fizeram dentro desse prazo.

[16] Cerca de 70% das empresas eram privadas.

[17] O levantamento da USP identificou que 54% dos estudantes trabalhavam *somente em empresas* e *24% principalmente em empresa e parcialmente como docente* (Gouvêa e Zwicker, *cit.*: 105). Os resultados de nosso estudo referem-se à *principal* ocupação do candidato na época da inscrição para o mestrado.

[18] Cerca de 60% em IES públicas.

[19] Cerca de 2 anos; os demais (afastados e outra), 4 anos.

[20] 70% dos docentes atuavam em instituições públicas.

[21] Cerca de 3/4 dos docentes estavam em IES públicas.

[22] É interessante notar que, apesar de a maioria dos mestres entrevistados não atribuir muita importância à correção de deficiências na graduação, a grande maioria reconheceu que a formação teórica foi a principal contribuição do curso, como se verá adiante.

[23] Dados obtidos no setor de estatísticas da Fapesp para a elaboração de capítulo em obra organizada pela agência (Sampaio, 2001).

[24] Entre os que seguem doutorado no país, 3/4 estão em plena atividade, 13% estão afastados parcial ou totalmente para fazer o curso e somente cerca de 10% incluem-se na categoria "outra" atividade, provavelmente com bolsa de estudos. Praticamente todos os que fazem outro tipo de pós-graduação exercem, simultaneamente, atividades profissionais remuneradas.

[25] A categoria "outra" abriga principalmente os que fazem doutorado e uma pequena parcela dos que seguem cursos de especialização.

[26] Cerca de 70% das empresas são privadas e 60% dos docentes atuam em IES particulares, estas compreendendo as comunitárias e as de sentido estrito.

[27] Cerca de 70% das IES são públicas.

[28] Mais de 90% das empresas são privadas. Entre os que atuam em empresas, quase 2/3 são empregados, dividindo-se o restante entre proprietários e consultores.

[29] Entre os doutores docentes, 46% residem fora do estado de São Paulo e, destes, 3/4 estão vinculados a instituições federais de ensino.

[30] Os dados referem-se a rendimentos auferidos pelos titulados, e não exatamente a salários ou ganhos oriundos exclusivamente da principal ocupação remunerada, mas considera-se, para os fins das comparações efetuadas, que aqueles são indicadores satisfatórios destes.

[31] Em 20 de dezembro de 1998.

[32] Foram selecionados os seguintes cargos: Diretor administrativo; Diretor administrativo e financeiro; Gerente administrativo; Gerente administrativo e instituição financeira; Gerente administrativo e financeiro; Gerente de administração de pessoal; Gerente administrativo de vendas; Chefe administrativo de cargos e salários; Supervisor administrativo; Supervisor administrativo de obras; Supervisor administrativo de vendas.

[33] Foram escolhidas as seguintes ocupações: Advogado pleno; Atuário de seguros; Auditor pleno; Contador; Engenheiro de orçamentos; Engenheiro de processos; Engenheiro de produção; Engenheiro de segurança no trabalho; Engenheiro de vendas.

[34] Note-se que, nos valores médios pagos no mercado estão incluídas, implicitamente, as remunerações de mestres e de doutores que foram abrangidos pela fonte dos dados, embora as proporções destes certamente sejam muito pequenas.

Mestres e doutores em Agronomia: um estudo sobre egressos

MARIA DAS GRAÇAS C. DE OLIVEIRA
SILKE WEBER

Como a maioria dos cursos da mesma natureza, no Brasil, a pós-graduação *stricto sensu* em Agronomia teve início na década de 60, com a oferta de cursos de mestrado, parte deles apoiados em convênios de cooperação internacional celebrados entre o governo brasileiro e universidades americanas. Essa prática possivelmente tem origem na tradição da área, inaugurada com a criação da Escola Superior de Agricultura e Veterinária de Viçosa em 1926, que em 1929 iniciou colaboração com o Florida Agricultural College.

Com efeito, a Universidade de Viçosa criou seu curso de Mestrado em Fitotecnia em 1961, em convênio com a Universidade do Arizona, mesmo caminho trilhado pela Escola Superior de Agricultura Luís de Queiroz, da Universidade de São Paulo, que iniciou suas atividades de pós-graduação em 1964, em convênio com a Universidade de Ohio, e pela Universidade Federal de Pernambuco, que se associou em 1976 à Universidade da Geórgia, na constituição do curso de Mestrado em Fitossanidade.[1]

A área de pós-graduação em Agronomia, no Brasil, conta atualmente com 78 Programas de Mestrado e 41 de Doutorado, oferecidos por 29 instituições, a maioria universidades federais.[2]

O presente capítulo, que teve por objetivo conhecer as relações entre formação pós-graduada *stricto sensu*, o destino dos egressos e a relevância da preparação recebida, abrangeu sete universidades das várias regiões do País: três do Sudeste – Universidade de São Paulo/ Escola Superior Luis de Queiroz (USP/ESALQ), Universidade Federal de Viçosa (UFV) e Universidade Federal Rural do Rio de Janeiro (UFRRJ); duas do Nordeste – Universidade Federal da Bahia UFBA) e Universidade Federal Rural de Pernambuco

(UFRPE); uma da região Sul – Universidade Federal do Rio Grande do Sul (UFRGS) e uma do Centro-Oeste – Universidade de Brasília (UnB), analisou dados obtidos junto a 78% dos titulados em mestrados, no período 1990-1998, e 82% dos egressos de doutorados da UFRGS, UFV e USP/ESALQ, que constituíram universos e amostras das universidades assinaladas.

Este capítulo trata, inicialmente, de algumas características gerais dos mestres e dos doutores em Agronomia, seu percurso acadêmico, idade e gênero. Em seguida, aborda a sua situação no momento da inscrição, seja no mestrado, seja no doutorado, e as motivações que os levaram a fazer um ou outro curso. Versa ainda sobre a continuidade dos seus estudos, suas atividades profissionais atuais, os rendimentos que auferem e a trajetória de trabalho que cumpriram desde a sua inscrição no curso. Por fim, apresenta as contribuições que a realização do curso de pós-graduação pode ter trazido para o trabalho que desenvolvem atualmente, observando a situação entre bolsistas e não bolsistas e os possíveis impactos sobre as suas atividades profissionais.

Percurso acadêmico, gênero e idade dos egressos

A quase totalidade dos mestres e doutores em Agronomia fez o curso na área de sua graduação, 70% e 90%, respectivamente (tabela 5.1). No caso dos mestres da UFRRJ e dos doutores da UFV, instituições originalmente voltadas somente para o ensino de Agronomia, pode-se dizer que todos provieram da mesma área, situação que também ocorre entre os mestres da UnB. Em outras universidades, contudo, que tiveram origem semelhante, como a Rural de Pernambuco e a Federal de Viçosa, a mesma situação não foi observada em relação aos mestres.

A maioria, tanto dos mestres como dos doutores é do sexo masculino, característica comum a quase todas as instituições analisadas, sobretudo entre os mestres da UnB e doutores da UFV, com exceção da UFRPE, cujo contingente de mestres mulheres já chega perto da metade dos titulados, conforme pode ser observado na tabela mencionada, situação que se inverte na UnB, onde os mestres do sexo feminino representam apenas 20%. No que se refere aos doutores, os homens representam mais de 3/4 do efetivo, proporção um pouco mais elevada na UFV (82%).

Tabela 5.1
Mestres e doutores em Agronomia: área da graduação e da pós-graduação; sexo por universidade (%)

		Universidade do curso							
		UFBA	UFRGS	UFRPE	UFRRJ	UFV	UnB	ESALQ/USP	Total
a. Mestres									
Área na graduação e na pós	Mesma área	86,8	70,7	81,5	96,6	57,9	90,0	72,2	68,1
	Outra área	13,2	29,3	18,5	3,4	42,1	10,0	27,8	31,9
	Total	100,0	100,0	100,0	100,0	100,0	100,0	100,0	100,0
	Masculino	63,2	59,0	52,3	86,2	57,0	80,0	66,7	60,9
	Feminino	36,8	41,0	47,7	13,8	43,0	20,0	33,3	39,1
	Total	100,0	100,0	100,0	100,0	100,0	100,0	100,0	100,0
b. Doutores									
Área na graduação e na pós	Mesma área		76,3			95,2		87,9	89,6
	Outra área		23,7			4,8		12,1	10,4
	Total		100,0			100,0		100,0	100,0
Sexo	Masculino		72,9			82,1		75,0	77,4
	Feminino		27,1			17,9		25,0	22,6
	Total		100,0			100,0		100,0	100,0

O ingresso no curso de mestrado em Agronomia ocorria, em média, 5 anos após o término da graduação, prazo de transição que se reduziu, a partir de 1997, para 3,5 e 4 anos, um descenso significativo (gráfico 5.1). Já o ingresso no curso de doutorado situava-se em torno de 11 anos após a graduação, em 1990, passando a menos de 10 anos desde 1995, o que indicaria constituir o doutoramento uma etapa de formação que começa a ser incluída nos projetos profissionais dos egressos (gráfico 5.1).

Gráfico 5.1
Mestres e doutores em Agronomia: tempo entre a graduação e o início do curso por ano de conclusão (médias anuais)

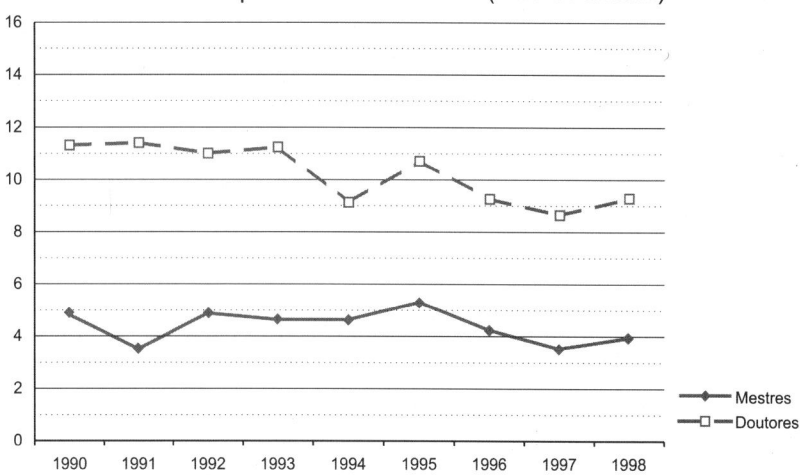

Gráfico 5.2a
Mestres em Agronomia: idades na trajetória da graduação à titulação
por ano de conclusão (médias anuais)

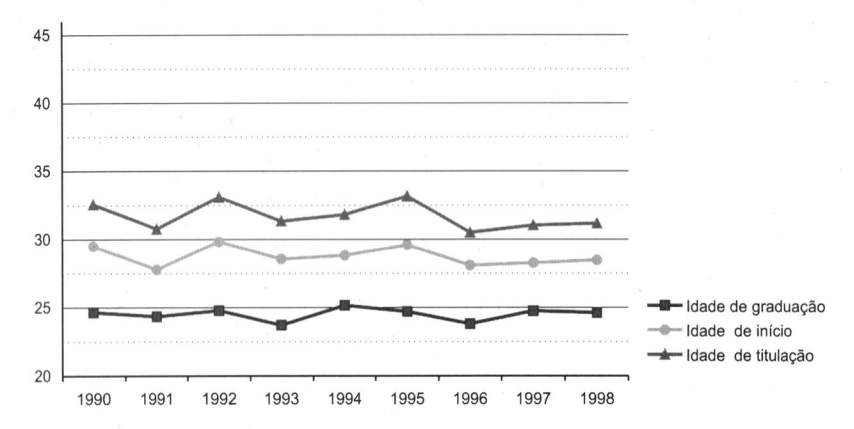

[Gráfico de linhas com três séries — Idade de graduação, Idade de início, Idade de titulação — para os anos 1990 a 1998, variando aproximadamente entre 24 e 33 anos.]

Gráfico 5.2b
Doutores em Agronomia: idades na trajetória da graduação à titulação
por ano de conclusão (médias anuais)

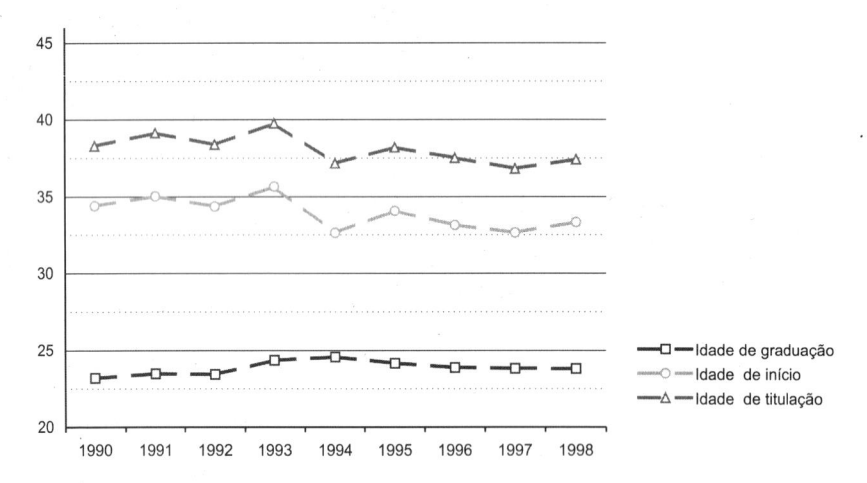

[Gráfico de linhas com três séries — Idade de graduação, Idade de início, Idade de titulação — para os anos 1990 a 1998, variando aproximadamente entre 23 e 40 anos.]

Essa redução do prazo de transição entre graduação e mestrado e entre a graduação e o doutorado pode estar sendo responsável pela diminuição da média de idade dos egressos: de fato, os mestres em Agronomia titulam-se, na sua maioria, aos 30 anos (54%), um pouco mais jovens do que no início da década, situação identificada sobretudo na UFRGS (61%), na UFRRJ e na UFV (59%), conforme indicado na tabela 5.2.

Tabela 5.2
Mestres e doutores em Agronomia: idade de titulação em grupos etários por universidade (%)

	Universidade do curso							
	UFBA	UFRGS	UFRPE	UFRRJ	UFV	UnB	ESALQ/USP	Total
a. Mestres								
Até 30 anos	38,2	60,8	36,9	59,1	58,5	46,7	45,1	53,8
De 31 a 35	27,6	13,9	40,0	18,2	28,0	23,3	23,9	25,1
De 36 a 40	14,5	8,9	10,8	13,6	6,8	16,7	18,3	10,3
De 41 a 45	10,5	15,2	4,6	9,1	4,2	6,7	9,9	7,7
46 e mais	9,2	1,3	7,7		2,5	6,7	2,8	3,1
Total	100,0	100,0	100,0	100,0	100,0	100,0	100,0	100,0
b. Doutores								
Até 30 anos		5,3			8,4		8,5	8,2
De 31 a 35		15,8			47,0		21,7	30,4
De 36 a 40		26,3			26,5		34,9	31,2
De 41 a 45		38,6			15,7		17,8	18,7
46 e mais		14,0			2,4		17,1	11,5
Total		100,0			100,0		100,0	100,0

O tempo despendido na titulação de mestres e de doutores não tem sofrido alterações significativas, ao longo da década, mantendo-se, em média, em torno de três anos para mestrado e de quatro anos para doutorado, parâmetro utilizado pelas agências de fomento à formação pós-graduada (gráfico 5.3). Essa tendência de concluir o doutorado nos prazos oficiais estipulados, certamente, decorre também da experiência adquirida pelo egresso no mestrado em desenvolver pesquisa e em produzir textos relatando os resultados conseguidos, além daquela obtida na vivência profissional, da qual não é possível afastar-se por muito tempo. Tanto em relação aos mestres como aos doutores, a escolaridade do pai parece não interferir no tempo empregado pelos atuais egressos que concluíram os seus cursos (gráfico 5.3.1).

De todo modo, pareceu ser interessante investigar a possível relação entre o período de transição da conclusão da graduação, início do curso de pós-graduação, prazo de conclusão e a escolaridade do pai. O gráfico 5.3.2 indica que é possível admitir a influência da escolaridade do pai em relação ao número de anos despendidos pelo egresso entre a graduação e a pós-graduação. Quanto a esse aspecto, no que se refere a mestres e doutores, a escolaridade do pai interfere no percurso entre o término da graduação e início do doutorado: em torno de 3 anos e 8 anos, respectivamente, quando o pai tem nível de escolaridade superior, e em um pouco mais de 4 anos e 10 anos, respectivamente, para aqueles que advêm de família cujos pais têm escolaridade menor.

Gráfico 5.3
Mestres e doutores em Agronomia: duração do curso por ano de conclusão (médias anuais)

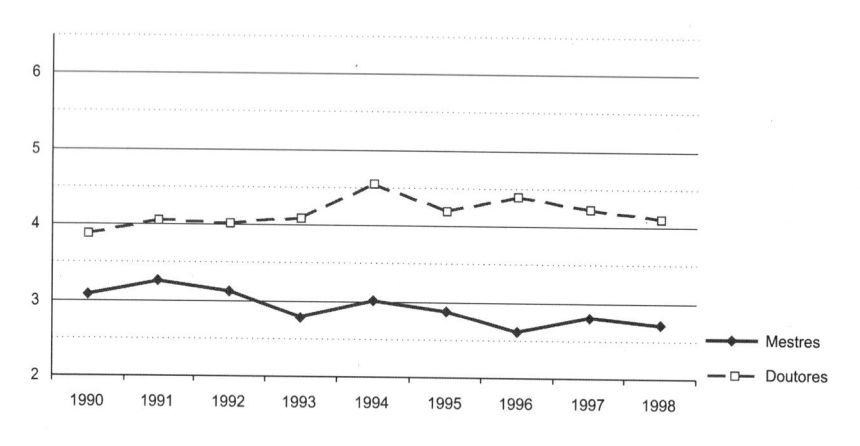

Gráfico 5.3.1
Mestres e doutores em Agronomia: duração do curso por escolaridade do pai (médias em anos)

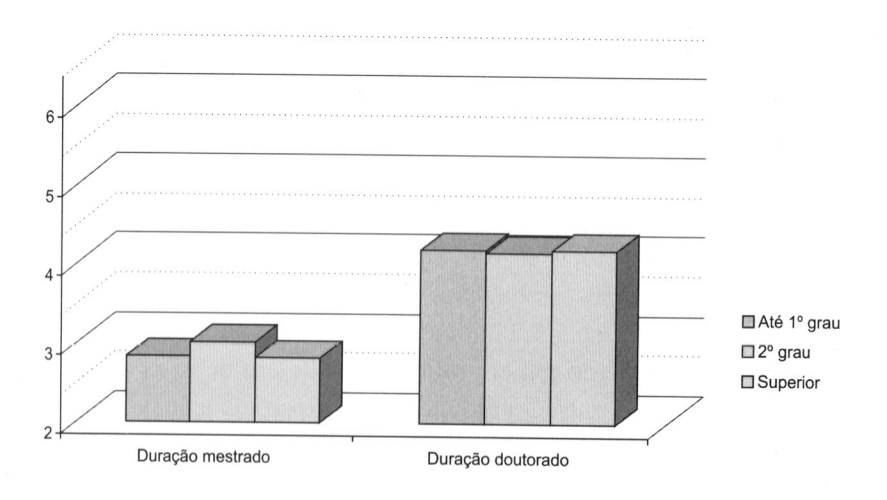

Gráfico 5.3.2
Mestres e doutores em Agronomia: tempo entre a graduação e o início do curso por escolaridade do pai (médias em anos)

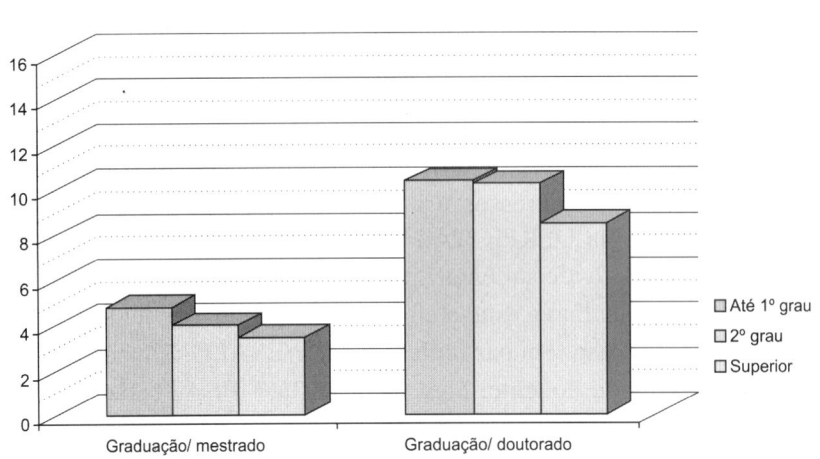

O que faziam os egressos ao se inscreverem no curso

Ao se candidatarem ao curso de mestrado, a grande maioria de mestres (tabela 5.3a) não estudava mais na graduação, situação que caracterizava a quase totalidade dos egressos da UFBA e UFRPE (95% e 89%), dado que reforça a observação já feita anteriormente acerca do hiato existente entre o término do curso de graduação e o início dos estudos pós-graduados.

Entre os doutores, a situação varia conforme as instituições onde realizaram o seu doutoramento: na UFV, por exemplo, cerca de metade dos egressos cursava o mestrado ao se inscrever para o doutorado, o mesmo ocorrendo com os inscritos na USP/ESALQ, perto de 1/4 (tabela 5.3.b). Já na UFRGS, o quadro era diverso: a quase totalidade (93%) não se encontrava estudando à época.

Poucos mestres procuravam trabalho no momento de sua inscrição no curso. Quase metade estava em plena atividade ou parcialmente afastada, e entre os que desenvolviam atividade remunerada, mais de 71% pertenciam ao setor público, com exceção dos egressos da UFRGS, cujo contingente que trabalhava no setor público e no setor privado era semelhante.

Reportando-se às instituições nas quais trabalhavam os egressos do curso de mestrado (tabela 5.3.a), verifica-se que eles estavam vinculados basicamente à administração pública, empresas, instituições de ensino e de pesquisa. Na administração pública trabalhavam metade dos egressos da UFRRJ e da UnB, o que sinaliza existir uma vinculação entre a pós-graduação em Agronomia e a formação de quadros do setor público. Nas empresas, mais uma vez, estavam os egressos da UFRGS enquanto que, no ensino, tanto nas instituições de ensino superior (IES) como em outras instituições de ensino, trabalhavam, principalmente, os egressos da UFBA e da UFV (50% e 39%, respectivamente). Em instituições de pesquisa estavam, sobretudo, os egressos oriundos da USP/ESALQ (42%), da UFBA (26%) e da UFRPE (24%).

Entretanto, vale salientar que bem mais do que a metade dos egressos que trabalhava estava engajada em atividades relacionadas à investigação, caso, em particular, da USP/ESALQ. Poucos desenvolviam atividade docente, com exceção da UFBA, onde 1/4 dos mestres era constituído de professores, situação inexistente entre os mestres da UnB (nenhum era do quadro docente).

Tabela 5.3a
Mestres em Agronomia: situação de estudo e trabalho na inscrição por universidade (%)

		Universidade do curso							
		UFBA	UFRGS	UFRPE	UFRRJ	UFV	UnB	ESALQ/USP	Total
Estudo na inscrição	Não estudava na grad.	94,7	85,5	89,2	80,0	68,6	83,3	77,8	76,7
	Fazia graduação	5,3	14,5	10,8	20,0	31,4	16,7	22,2	23,3
	Total	100,0	100,0	100,0	100,0	100,0	100,0	100,0	100,0
Trabalho na inscrição	Procurava trabalho	12,0		4,6		11,6	6,7		6,7
	Outra	17,3	51,8	43,1	48,3	46,3	26,7	50,0	45,4
	Plena atividade	68,0	48,2	49,2	41,4	38,8	66,7	44,4	44,6
	Parc./tot. afastado	2,7		3,1	10,3	3,3		5,6	3,3
	Total	100,0	100,0	100,0	100,0	100,0	100,0	100,0	100,0
Atividade remunerada na inscrição	Emp. setor público	75,9	43,6	76,5	64,3	78,0	80,0	74,3	70,6
	Emp. setor privado	9,3	46,2	14,7	28,6	14,0	10,0	22,9	21,1
	Autônomo/consultor	13,0	5,1	5,9	7,1	6,0	5,0	2,9	6,0
	Proprietário	1,9	2,6	2,9		2,0	5,0		1,8
	ONG/entidades		2,6						0,4
	Total	100,0	100,0	100,0	100,0	100,0	100,0	100,0	100,0
Tipo de trabalho na inscrição	Administração pública	11,1	20,0	32,4	50,0	11,8	50,0	25,0	19,5
	Empresa	7,4	40,0	14,7	28,6	25,5	20,0	13,9	23,5
	IES	33,3	20,0	11,8	14,3	27,5	5,0	13,9	22,2
	Outra instit. de ensino	16,7	2,5	8,8		11,8	5,0	5,6	8,7
	Instituição de pesquisa	25,9	15,0	23,5	7,1	13,7	15,0	41,7	20,3
	Outros	5,6	2,5	8,8	0,0	9,8	5,0	0,0	5,8
	Total	100,0	100,0	100,0	100,0	100,0	100,0	100,0	100,0
Atividade envolvia pesquisa	Não	40,7	67,5	38,2	40,0	51,0	60,0	22,2	46,9
	Sim	59,3	32,5	61,8	60,0	49,0	40,0	77,8	53,1
	Total	100,0	100,0	100,0	100,0	100,0	100,0	100,0	100,0
Era docente em universidade	Não	74,1	80,6	88,2	85,7	82,4	100,0	86,1	82,9
	Sim	25,9	19,4	11,8	14,3	17,6		13,9	17,1
	Total	100,0	100,0	100,0	100,0	100,0	100,0	100,0	100,0

De maneira geral, os doutores em Agronomia estavam em plena atividade ao se inscreverem para o doutorado, chegando essa situação a caracterizar quase 3/4 dos doutores formados pela UFRGS e pela USP/ESALQ e um pouco menos da metade daqueles que se inscreveram na UFV (tabela 5.3.b). Entre os que declararam encontrar-se em "outra" situação, 2/3 seguiam curso de mestrado quando se inscreveram. De forma mais acentuada do que os mestres, os doutores que trabalhavam por ocasião da inscrição no curso pertenciam, em sua grande maioria, ao setor público e apenas entre os egressos da UFV é possível anotar a vinculação com o setor privado em proporção, todavia, não superior a 16%. Diferentemente dos mestres, mais de metade dos doutores da UFRGS é originária, principalmente, de instituições de ensino superior (54%).

Tabela 5.3b
Doutores em Agronomia: situação de estudo e trabalho na inscrição por universidade (%)

		Universidade do curso			
		UFRGS	UFV	ESALQ/USP	Total
Estudo na inscrição	Não estudava na grad./mestr.	93,1	54,8	78,5	71,1
	Fazia mestrado	6,9	45,2	21,5	28,9
	Total	100,0	100,0	100,0	100,0
Trabalho na inscrição	Procurava trabalho		4,8	0,8	2,1
	Outra	22,0	50,0	18,2	29,9
	Plena atividade	74,6	42,9	72,0	61,8
	Parc./tot. afastado	3,4	2,4	9,1	6,2
	Total	100,0	100,0	100,0	100,0
Atividade remunerada na inscrição	Emp. setor público	89,1	81,6	93,5	90,2
	Emp. setor privado	8,7	15,8	5,6	8,3
	Autônomo/consultor	2,2			0,2
	Proprietário		2,6	0,9	1,3
	ONG/entidades				
	Total	100,0	100,0	100,0	100,0
Tipo de trabalho na inscrição	Administração pública	13,0	7,9	16,8	14,3
	Empresa	2,2	15,8	3,7	6,5
	IES	54,3	36,8	45,8	44,5
	Outra instit. de ensino	4,3	10,5	0,9	3,5
	Instituição de pesquisa	26,1	26,3	32,7	30,6
	Outros		2,6		0,6
	Total	100,0	100,0	100,0	100,0
Atividade envolvia pesquisa	Não	13,0	28,9	5,6	11,9
	Sim	87,0	71,1	94,4	88,1
	Total	100,0	100,0	100,0	100,0
Era docente em universidade	Não	47,8	65,8	58,5	59,2
	Sim	52,2	34,2	41,5	40,8
	Total	100,0	100,0	100,0	100,0

À época da inscrição no doutorado, a docência não era a atividade desenvolvida pela maioria dos egressos, salvo na UFRGS. Já o envolvimento com pesquisa (tabela 5.3.b) pode ser considerado como um perfil característico dos doutores, em especial daqueles provindos da USP/ESALQ (94%). Tais resultados corroboram a proposta de pós-graduação que vem sendo experimentada no Brasil, voltada para a formação de pesquisadores associada à docência.

Motivações para a pós-graduação stricto sensu

Procurando identificar os motivos que levaram os egressos a demandar cursos de pós-graduação *stricto sensu,* verifica-se que os mestres estavam mais empenhados em melhorar e ampliar o seu trabalho do que na possibilidade de virem a auferir vantagens financeiras futuras, pois, entre as principais motivações que alegaram para prosseguir estudos em nível de mestrado estão: a) melhorar o trabalho em termos acadêmicos – 79%; b) seguir carreira de pesquisador –78%); c) ampliar oportunidades de trabalho futuro - 74%. Melhorar o nível de renda e aprimorar a carreira docente foram motivações apontadas apenas por metade e pouco menos da metade dos mestres, enquanto que corrigir deficiências da graduação e buscar o incentivo da bolsa de estudos foram indicados somente por 28% e 20% dos egressos desse nível de formação pós-graduada (tabela 5.4).

O pequeno interesse demonstrado por bolsas de estudo, no caso dos mestres em Agronomia, pode estar relacionado ao fato de metade deles estarem já inseridos no mercado de trabalho à época, conforme anteriormente anotado.

Relacionando essas motivações com a sua origem institucional que tinham os mestres, no período de sua inscrição no curso, constata-se não haver grandes diferenças se os mestres provinham de empresas, da administração pública, de instituições de ensino superior e " outras" ou de instituições de pesquisa pois, em todos os casos, mais de 3/4 enfatizaram a motivação de obterem melhor trabalho em termos acadêmicos ou profissionais, e mais de 69% destacaram como motivação para fazerem o curso a ampliação de suas oportunidades de trabalho (tabela 5. 4).

Tabela 5.4
Mestres e doutores em Agronomia: motivações para o mestrado e o doutorado por principais tipos de trabalho na inscrição (%)

		Administração pública	Empresa (*)	Universidade	Instituição de pesquisa	Total(**)
a. Mestres						
Corrigir deficiências da graduação	Pouco/nada	79,1	80,9	64,9	74,6	72,0
	Muito	20,9	19,1	35,1	25,4	28,0
	Total	100,0	100,0	100,0	100,0	100,0
Seguir/ aprimorar carreira docente	Pouco/nada	67,1	63,8	17,1	80,2	53,7
	Muito	32,9	36,2	82,9	19,8	46,3
	Total	100,0	100,0	100,0	100,0	100,0
Seguir carreira de pesquisador	Pouco/nada	28,7	34,1	23,4	11,1	22,4
	Muito	71,3	65,9	76,6	88,9	77,6
	Total	100,0	100,0	100,0	100,0	100,0
Ampliar oportunidades de trabalho	Pouco/nada	31,2	21,1	29,5	20,4	26,0
	Muito	68,8	78,9	70,5	79,6	74,0
	Total	100,0	100,0	100,0	100,0	100,0
Melhor trabalho em termos acadêmicos ou profissionais	Pouco/nada	20,8	22,5	18,4	21,2	21,2
	Muito	79,2	77,5	81,6	78,8	78,8
	Total	100,0	100,0	100,0	100,0	100,0
Melhor nível de renda	Pouco/nada	44,4	49,3	49,3	50,0	48,1
	Muito	55,6	50,7	50,7	50,0	51,9
	Total	100,0	100,0	100,0	100,0	100,0
Incentivo da bolsa	Pouco/nada	80,4	79,3	78,7	78,5	80,1
	Muito	19,6	20,7	21,3	21,5	19,9
	Total	100,0	100,0	100,0	100,0	100,0
a. Doutores						
Corrigir deficiências do mestrado	Pouco/nada	86,9		84,6	76,8	81,0
	Muito	13,1		15,4	23,2	19,0
	Total	100,0		100,0	100,0	100,0
Seguir/ aprimorar carreira docente	Pouco/nada	40,5		8,1	68,1	34,8
	Muito	59,5		91,9	31,9	65,2
	Total	100,0		100,0	100,0	100,0
Seguir carreira de pesquisador	Pouco/nada	4,4		17,1	8,2	13,8
	Muito	95,6		82,9	91,8	86,2
	Total	100,0		100,0	100,0	100,0
Ampliar oportunidades de trabalho	Pouco/nada	31,8		50,2	35,4	41,9
	Muito	68,2		49,8	64,6	58,1
	Total	100,0		100,0	100,0	100,0
Melhor trabalho em termos acadêmicos ou profissionais	Pouco/nada	26,0		35,1	26,5	29,5
	Muito	74,0		64,9	73,5	70,5
	Total	100,0		100,0	100,0	100,0
Melhor nível de renda	Pouco/nada	53,6		55,7	57,8	55,5
	Muito	46,4		44,3	42,2	44,5
	Total	100,0		100,0	100,0	100,0
Incentivo da bolsa	Pouco/nada	78,2		82,2	88,4	80,9
	Muito	21,8		17,8	11,6	19,1
	Total	100,0		100,0	100,0	100,0

Notas (*) Não são apresentadas motivações dos doutores que trabalhavam em empresas pois correspondiam a menos de 10% do total.

(**) As porcentagens da coluna total incluem as motivações de todos os mestres e doutores que trabalhavam na época da inscrição, mas cujos tipos de trabalho representavam menos de 10% do total (ver tabelas 5.3a e 5.3b).

A ênfase na instrumentalidade da obtenção do mestrado parece revelar a crença na formação acadêmica como propiciadora de melhores condições de vida. Não obstante, o trabalho de pesquisa parece constituir a principal motivação para fazer mestrado, caracterizando a maioria absoluta dos titulados, independentemente da instituição na qual trabalhavam ao se inscreverem para o curso.

Seja pela motivação de seguir carreira de pesquisador, seja para aprimorar carreira docente, é importante destacar, também, que mais de 1/3 dos mestres em Agronomia seguem atualmente doutorado no país.

Quanto aos doutores, sua grande motivação (mesma tabela 5.4), foi seguir carreira de pesquisador (86%), expressa, principalmente, pelos egressos que trabalhavam na administração pública (96%) e em instituições de pesquisa (92%), e também, pelos que estavam em instituições de ensino superior (83%). A busca de melhor trabalho em termos acadêmicos e profissionais pesou, também, para 71% deles.

A terceira motivação mais importante para os doutores, foi seguir ou aprimorar carreira docente (65%), enquanto que ampliar oportunidades de trabalho pesou na decisão de 58%.Contar com o incentivo de bolsa de estudos não parece ter obtido relevo na decisão de fazer o curso para os doutores.

Em resumo, a busca de formação pós-graduada *stricto sensu* parece estar relacionada, em última instância, tanto para doutores como para mestres, com o interesse em seguir carreira de pesquisador e desenvolver melhor trabalho em termos acadêmicos ou profissionais. Ou seja, é a pesquisa a principal motivação para ambos, fato compreensível dado que a atividade investigadora constitui suporte tanto do trabalho acadêmico, como do profissional.

O que estão fazendo os egressos

Pretendendo conhecer em que medida os egressos deram continuidade ao seu processo de formação após o curso, que atividades estão desenvolvendo, qual o seu principal trabalho atual e em que tipo de instituição exercem suas atividades profissionais, registra-se atualmente que apenas cerca de 1/3 dos mestres está dando continuidade a estudos na pós-graduação *stricto sensu,* com exceção dos mestres egressos da UFRRJ e da UFV, cujo contingente em doutoramento chega a 67% e 45%, respectivamente (tabela 5.5.a), um dado bastante promissor no âmbito da área em exame.

Tabela 5.5a
Mestres em Agronomia: situação de estudo e trabalho por universidade (%)

		Universidade do curso							
		UFBA	UFRGS	UFRPE	UFRRJ	UFV	UnB	ESALQ/USP	Total
Pós-graduação após o mestrado	Faz PG *lato sensu*				3,4				0,2
	Faz doutorado no país	15,8	24,1	29,2	58,6	44,6	23,3	30,6	36,2
	Faz dout. sand./ ou exter.		3,6						0,6
	Não faz PG	84,2	72,3	70,8	37,9	55,4	76,7	69,4	63,0
	Total	100,0	100,0	100,0	100,0	100,0	100,0	100,0	100,0
Trabalho	Procurava trabalho	2,6	2,4	6,2		4,2		7,0	4,1
	Outra	5,3	18,3	32,3	27,6	35,8	13,3	18,3	26,9
	Plena atividade	84,2	73,2	58,5	58,6	55,0	83,3	70,4	63,6
	Parc./tot. afastado	7,9	6,1	3,1	13,8	5,0	3,3	4,2	5,5
	Total	100,0	100,0	100,0	100,0	100,0	100,0	100,0	100,0
Atividade remunerada	Emp. setor públ.	85,5	53,8	90,0	84,2	79,2	76,9	66,0	73,1
	Emp. setor priv.	4,3	33,8	5,0	10,5	19,4	15,4	28,3	21,2
	Autônomo/ consultor	8,7	6,2	5,0	5,3	1,4	7,7	5,7	4,3
	Proprietário	1,4	6,2				3,8		1,4
	Total	100,0	100,0	100,0	100,0	100,0	100,0	100,0	100,0
Tipo de trabalho	Admininistração pública	5,7	18,5	30,0	52,6	9,7	46,2	24,1	17,5
	Empresa	5,7	30,8	7,5	10,5	23,6	11,5	18,5	20,8
	IES	48,6	29,2	17,5	26,3	41,7	11,5	24,1	34,0
	Outra inst. ens.	14,3	6,2	20,0	10,5	6,9	11,5	7,4	8,5
	Instituição de pesquisa	17,1	15,4	25,0		16,7	15,4	24,1	17,4
	Outros	8,6				1,4	3,8	1,9	1,8
	Total	100,0	100,0	100,0	100,0	100,0	100,0	100,0	100,0
Atividade envolve pesquisa	Não	28,6	46,2	45,0	31,6	33,3	69,2	33,3	36,9
	Sim	71,4	53,8	55,0	68,4	66,7	30,8	66,7	63,1
	Total	100,0	100,0	100,0	100,0	100,0	100,0	100,0	100,0
É docente em universidade	Não	55,7	73,8	82,5	73,7	64,8	87,5	74,1	69,3
	Sim	44,3	26,2	17,5	26,3	35,2	12,5	25,9	30,7
	Total	100,0	100,0	100,0	100,0	100,0	100,0	100,0	100,0

Os egressos doutores praticamente não realizaram estudos após a obtenção desse nível de pós-graduação, ou seja, o pós-doutorado não constitui meta para 91% deles (tabela 5.5 b).

Anote-se que os doutores tendem a realizar os seus cursos no país, o que pode estar relacionado ao processo de consolidação da pós-graduação na área, e também à política adotada pelas agências de fomento, de privilegiar os centros nacionais reconhecidos. Cabe perguntar, a esse respeito, se tal política não terá efeitos restritivos, conforme vem ocorrendo na área de Agronomia, mesmo que permeada por freqüentes intercâmbios científicos internacionais,

No tocante à situação de trabalho atual dos egressos (tabela 5.5.a), os mestres em Agronomia geralmente estão em plena atividade (64%), sobretudo os da UFBA (84%) e da UnB (83%), ou em "outra" situação (26%); ou seja estão, na sua quase totalidade, fazendo doutorado no País.

Tabela 5.5b
Doutores em Agronomia: situação de estudo e trabalho por universidade (%)

		Universidade do curso			
		UFRGS	UFV	ESALQ/USP	Total
Pós-graduação após o doutorado	Não fez	93,2	89,3	90,9	90,5
	Fazendo pós-doutorado	1,7	2,4	1,5	1,8
	Fazendo PG *lato sensu*		2,4		0,9
	Fez pós-doutorado país	1,7			0,1
	Fez pós-doutorado exterior		1,2	3,8	2,6
	Fez PG *lato sensu*	3,4	4,8	3,8	4,1
	Total	100,0	100,0	100,0	100,0
Trabalho	Procura trabalho	3,7		1,5	1,1
	Outra	1,9	1,2	2,3	1,9
	Plena atividade	1,9	2,4	2,3	2,3
	Parc./tot. afastado	90,7	95,2	93,9	94,1
	Total	1,9	1,2		0,6
		100,0	100,0	100,0	100,0
Atividade remunerada	Emp. setor público	81,5	92,4	90,3	90,4
	Emp. setor privado	13,0	6,3	8,9	8,3
	Autônomo/ consultor	5,6	1,3	0,8	1,3
	Total	100,0	100,0	100,0	100,0
Tipo de trabalho	Administração pública	5,7	11,3	12,9	11,7
	Empresa	9,4	8,7	5,6	7,1
	IES	54,7	55,0	52,4	53,5
	Outra instit. de ensino	3,8	6,3	0,8	3,0
	Instituição de pesquisa	26,4	18,8	27,4	24,2
	Outros			0,8	0,5
	Total	100,0	100,0	100,0	100,0
Atividade envolve pesquisa	Não	9,4	6,3	0,8	3,4
	Sim	90,6	93,8	99,2	96,6
	Total	100,0	100,0	100,0	100,0
É docente em universidade		46,3	48,7	46,0	47,0
	Não	53,7	51,2	54,0	53,0
	Sim	100,0	100,0	100,0	100,0
	Total				

Já no que concerne aos doutores, todos os egressos das três instituições universitárias estudadas (tabela 5.5.b) estão trabalhando (mais de 90%) e a quase totalidade desenvolve atividades no setor público. No setor privado, trabalham menos de 10%, com exceção, outra vez, dos egressos da UFRGS (13%).

O grande empregador dos mestres da área também é o setor público: ele emprega quase 2/3 dos mestres, cerca de 73%, sendo que absorve praticamente todos os egressos da UFRPE (90%) e 85% daqueles provindos da UFBA e da UFRRJ (tabela 5.5 a). Apenas 21% dos egressos estão trabalhando no setor privado, sobretudo os titulados pela UFRGS e pela USP/ESALQ, universidades situadas em regiões que se destacam por possuírem importante base produtiva agroindustrial.

O tipo de instituição na qual trabalham os atuais mestres revela que o ensino constitui a sua atividade de destaque (34%). Considerando que apenas 31% atuam como docentes universitários, é possível inferir que a pós-graduação em nível de mestrado, na área de Agronomia, vem atendendo a outras demandas impostas pelo mercado de trabalho. Com efeito, as empresas congregam 21% dos mestres.

A vinculação a institutos de pesquisa caracteriza 17% dos entrevistados, sendo impossível afirmar-se, todavia, se as investigações das quais participam têm caráter acadêmico, até porque boa parte dessas instituições nas quais participam os mestres, são voltadas para a intervenção na melhoria da produção e da produtividade do setor.

A maioria dos doutores igualmente trabalha em instituição de ensino superior (mais de 53%) e em instituições de pesquisa, que absorvem quase 1/4 dos entrevistados (tabela 5.5 b). Neste caso, é de se supor que a pesquisa desenvolvida é, sobretudo, de natureza acadêmica, e certamente vinculada ao ensino de pós-graduação, dado o efetivo de doutores que atua em instituição de ensino superior, o que confirmaria a pós-graduação como preparadora de massa crítica, ainda não suficiente, entretanto, para suprir necessidades de pesquisa e docência na área.

Importa ressaltar que 63% dos mestres e 97% dos doutores realizam atividade que envolve pesquisa, confirmando sob outro ângulo o êxito da perspectiva acadêmica ainda presente no formato da pós-graduação brasileira.

Trajetória profissional dos egressos

Admitindo-se a existência de uma associação relativa entre níveis de escolaridade e oportunidade de trabalho, a realização de um curso de pós-graduação *stricto sensu* certamente tem influência na trajetória profissional dos seus egressos.

Na área de Agronomia, verifica-se que a obtenção da titulação pós-graduada possibilitou aos egressos uma nítida mudança entre as atividades desenvolvidas no momento da inscrição ao curso e a sua situação de trabalho atual.

Ao se inscreverem para o mestrado, 48% dos mestres eram inativos (denominação que engloba aposentados e estudantes de graduação), e 7% desempregados (tabela 5.6). O restante trabalhava na academia (22%), no mercado (13%) e no Estado (10%). Ao final do curso, a academia continua sendo o principal lugar de trabalho dos mestres (36%), seguido do mercado (17%) e do Estado (13%).Ou seja, o quadro não foi alterado na sua configuração, apenas decresceu o contingente de inativos e de desempregados.

Diferentemente dos mestres, mais da metade dos doutores estava na academia ao se inscrever no doutorado (54%) e 30% eram inativos (tabela 5.6). Anote-se que grande parte destes estudava em programas de mestrado.Ao final do curso, 76% dos doutores foram absorvidos pela academia, quase não se registrando a situação de inativos e desempregados.

Tabela 5.6
Mestres e doutores em Agronomia: mercado, Estado e academia – trajetória da inscrição à situação atual
(% em relação ao total e marginais)

		Situação e *locus* laboral atual					
		Mercado	Estado	Academia	Inativo	Desempregado	Total
a. Mestres							
Situação e *locus* laboral na inscrição	Mercado	6,7	0,7	3,3	1,7	0,2	12,7
	Estado	0,6	6,4	0,9	1,8	0,3	9,9
	Academia	1,3	0,8	19,5	0,5	0,1	22,2
	Inativo	7,5	5,0	9,5	22,9	2,9	47,8
	Desempr.	0,7	0,1	3,2	2,3	1,0	7,4
	Total	16,8	13,0	36,4	29,2	4,6	100,0
b. Doutores							
Situação e *locus* laboral na inscrição	Mercado	0,9	0,9	1,5	0,5		3,8
	Estado	0,1	8,3	0,9	1,1		10,4
	Academia	1,3	0,5	50,7	0,9	0,7	54,1
	Inativo	4,2	2,1	21,1	2,0	0,5	29,9
	Desempr.			1,8			1,8
	Total	6,6	11,8	76,0	4,4	1,2	100,0

Sendo a qualificação para a docência universitária uma das principais finalidades da política de titulação ao nível da pós-graduação – se não a principal, os resultados da pesquisa sugerem que, na área de Agronomia, essa política vem tendo êxito e explica porque a academia vem absorvendo, relativamente, mais doutores do que mestres, e o mercado, ao contrário, mais mestres do que doutores.

Quanto estão ganhando mestres e doutores

Há nítida diferenciação de renda entre mestres e doutores: o menor salário auferido pelos doutores é mais elevado do que o maior salário conferido aos mestres, diferença essa que se reproduz no interior de cada setor de trabalho – administração pública, empresa, universidade e instituição de pesquisa.

Com relação aos mestres, a remuneração auferida no setor privado é 25% superior àquela obtida no setor público (gráfico 5.4). As empresas pagam em torno de R$ 2.600,00 mensais, enquanto as instituições de pesquisa oferecem remuneração pouco superior a R$ 1.500,00 (8 salários mínimos atuais).

A diferença de remuneração paga aos doutores pelo setor público e pelo setor privado é pequena (gráfico 5.4). Na verdade, são as instituições de pesquisa que pagam maior salário aos doutores, seguido da administração pública e das instituições de ensino, enquanto as empresas, ao contrário do que acontece com os mestres, pagam a menor remuneração.

Gráfico 5.4
Mestres e doutores em Agronomia: médias das classes de renda por principais tipos de trabalho (em reais)

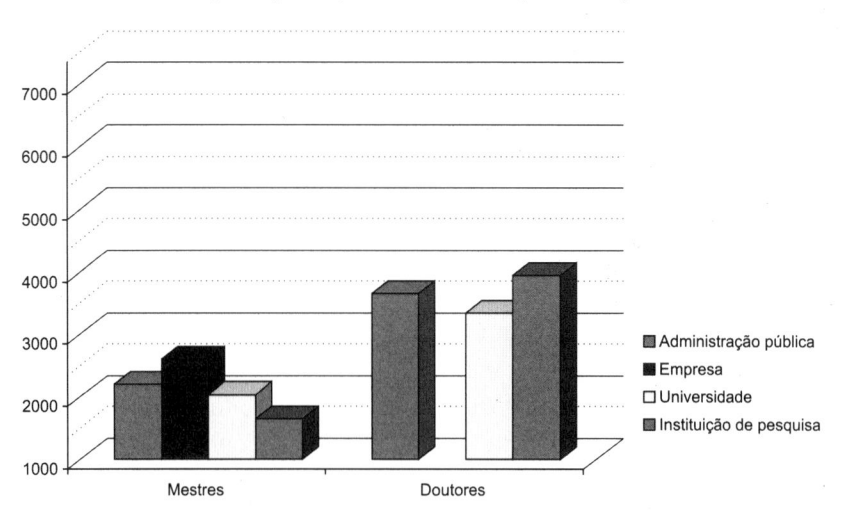

Contribuições da pós-graduação stricto sensu para o trabalho atual

De um modo geral, os mestres em Agronomia demonstram elevado nível de satisfação com o curso que fizeram (gráfico 5.5.a).

Para eles, a formação teórica obtida tem contribuído muito para o trabalho atual (78%), como também a reciclagem de conhecimentos (74%) e a experiência em pesquisa propiciada pelo curso (66%). Consideram ainda que os contatos acadêmicos ou profissionais obtidos durante o curso são quase tão importantes quanto a experiência em pesquisa (64%).

Gráfico 5.5a
Mestres em Agronomia: contribuições do curso para os principais tipos de trabalho (% de "contribuiu muito")

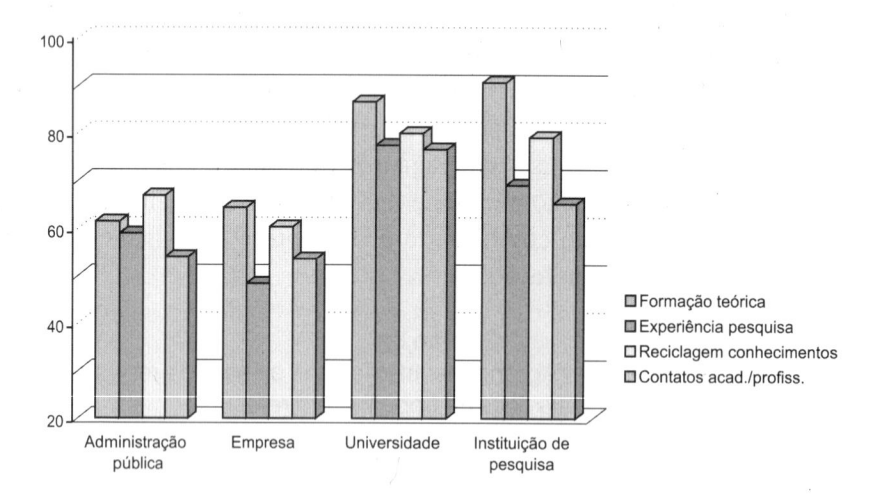

Os aspectos mencionados variam segundo a vinculação institucional que hoje têm os mestres. A formação teórica, por exemplo, tem tido grande relevo para 87% dos que atuam em universidades e para 91% dos que trabalham em institutos de pesquisa, mas apenas para um pouco mais da metade dos que desenvolvem atividades em empresas.

A valorização da experiência em pesquisa e a reciclagem que a pós-graduação proporciona são ressaltados tanto por mestres que atuam em universidades como em instituições de pesquisa. Ou seja, os profissionais que tratam diretamente com o conhecimento são os que atribuem mais importância à sua formação continuada. Comentário do mesmo teor pode ser feito em relação à valorização dos contatos acadêmicos e profissionais.

As diferenças entre os que trabalham em administração pública e empresas, de um lado, e universidades e instituições de pesquisa, de outro, parecem sugerir que a formação no mestrado em Agronomia atende, sobretudo, às atividades que desenvolvem os mestres empregados nas últimas, foco tradicional dos órgãos de fomento da pós-graduação.

Ainda que a titulação pós-graduada possa constituir requerimento para a docência em nível superior, a absorção de titulados pelas empresas indica haver espaço para uma diversificação da formação na área.

Quanto às contribuições que o curso trouxe para as atuais atividades desenvolvidas pelos doutores (gráfico 5.5b), independentemente das instituições a que estão vinculados, a grande maioria (86%) valorizou, à semelhança dos mestres, a formação teórica obtida, sendo de ressaltar que quase todos os doutores que realizam atividade docente em universidades dão ênfase a essa formação (89%).

Gráfico 5.5b
Doutores em Agronomia: contribuições do curso para os principais tipos de trabalho (% de "contribuiu muito")

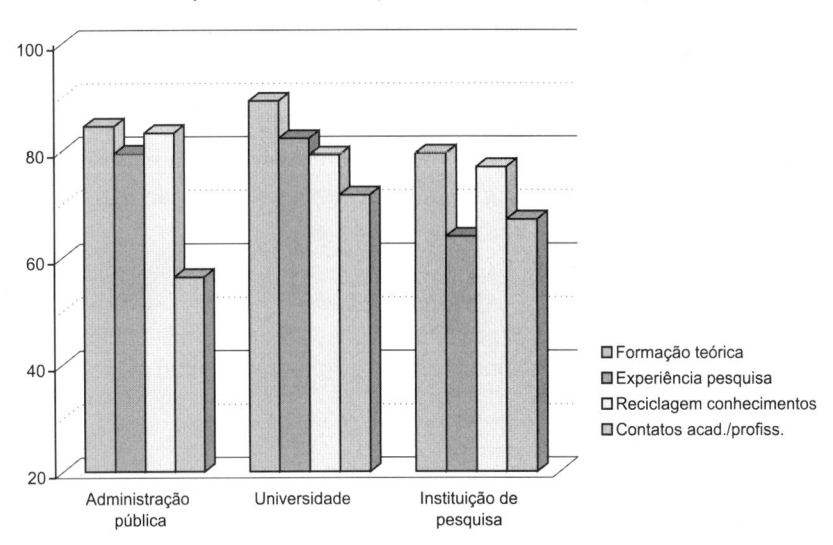

A reciclagem de conhecimentos e a experiência em pesquisa foram apontadas como as outras contribuições mais importantes do doutorado, para o trabalho atualmente desenvolvido. Com relação à reciclagem, foram os doutores que trabalham na administração pública (80%) e nas empresas (77%) os que mais salientaram este aspecto. A contribuição da experiência adquirida em pesquisa foi destacadamente ressaltada, como seria de esperar, pelos doutores pertencentes às universidades (82%).

Os contatos acadêmicos e profissionais propiciados pela vivência na pós-graduação foram, de um lado, bastante salientados pelos doutores vinculados às empresas (89%) e, por outro lado, menos indicado por aqueles que trabalham na administração pública (57%).

Conforme exposto, na visão do conjunto dos mestres e dos doutores, a formação teórica e a reciclagem de conhecimentos propiciadas pela pós-graduação *stricto sensu* constituem as principais contribuições trazidas para o trabalho que hoje realizam; sendo que, no caso dos doutores, a experiência em pesquisa também recebeu o mesmo destaque.

O impacto da pós-graduação stricto sensu na vida profissional – o que muda depois

Na perspectiva de estudos que vêm sendo realizados a respeito da relação entre formação pós-graduada e mundo do trabalho (Teichler, 1999), a pesquisa procurou conhecer a importância de possíveis efeitos da formação pós-graduada *stricto sensu* sobre a experiência de trabalho dos egressos, mestres e doutores na área de Agronomia, no Brasil.

O conjunto dos aspectos analisados indica um panorama de impactos bastante positivos da formação pós-graduada na vida profissional dos mestres, assim como um razoável nível de satisfação com as repercussões do curso (gráfico 5.6 a).

Gráfico 5.6a
Mestres em Agronomia: experiência profissional após a titulação por principais tipos de trabalho (% de "melhorou/aumentou muito")

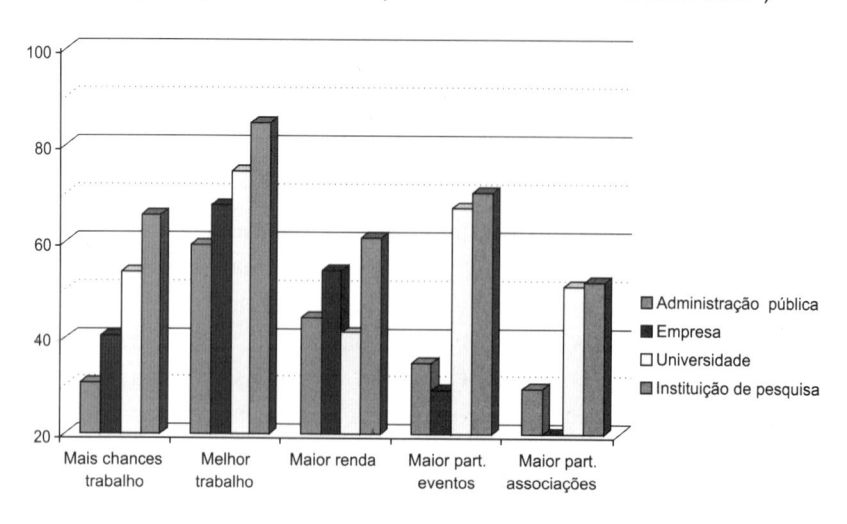

De fato, 73% dos mestres entendem que seu trabalho atual, do ponto de vista acadêmico e/ou profissional, é muito melhor do que antes. Destacam a melhoria da qualidade do seu trabalho os que atuam em instituições de pesquisa e em universidades.

Cerca de metade dos mestres passou a ter mais participação em eventos, principalmente os que trabalham em instituições de pesquisa e em universidades (70% e 67%), como também ampliou oportunidades de trabalho, especialmente, para aqueles que atuam em instituições de pesquisa (66%).

Quase a metade dos mestres indica que seu nível de rendimentos aumentou muito depois do curso, ainda uma vez com destaque para os que estão em instituições de pesquisa (61%), certamente por conta das carreiras ali existentes, para as quais a titulação é condição de ascensão funcional. Porém, entre os que atuam em universidades, parece não haver tanta repercussão da titulação sobre o aumento dos rendimentos, até porque não há diferenças acentuadas entre os diversos níveis de carreira docente.

Já a atuação em espaços acadêmicos ou científicos – participação em associações científicas ou profissionais – não teve o mesmo impacto dos aspectos anteriormente mencionados, se bem que valha ressaltar que para mais de 50% dos egressos que trabalham em universidades e em instituições de pesquisa tenha tido importância.

Os doutores também avaliaram positivamente o impacto do doutoramento sobre a sua experiência de trabalho (gráfico 5.6 b), principalmente no tocante à melhoria do trabalho acadêmico e profissional que realizam, postura capitaneada pelos que trabalham na administração pública e nas universidades (85% e 83%). O doutoramento ainda ampliou muito as oportunidades de trabalho, na opinião da maioria dos egressos (62%).

O impacto do doutorado na maior participação em eventos e na melhoria do nível de renda repercutiu muito apenas para, aproximadamente, um pouco mais da metade dos egressos. Em especial, a repercussão no nível de renda não foi relevante embora tenha sido maior entre os que trabalham na administração pública (60%).

No seu conjunto, conforme observado, mestres e doutores destacam como a melhoria do trabalho acadêmico ou profissional constitui o principal impacto da realização de seu curso de pós-graduação, o que indicaria estarem ambos os cursos correspondendo às finalidades para as quais foram os mesmos organizados.

Não resta dúvida que a pós-graduação *stricto sensu*, na área de Agronomia, vem produzindo impactos positivos na melhoria do trabalho acadêmico e profissional, no olhar de mestres e doutores, situação que se aproxima de resultados obtidos em estudos específicos realizados em área correlata (Mangematin, 2000).

Não obstante o presente estudo circunscrever-se às visões que os egressos têm de sua formação, ele contém elementos de peso que podem reiterar ou reformular orientações de políticas públicas de ensino superior.

Gráfico 5.6b
Doutores em Agronomia: experiência profissional após a titulação por principais tipos de trabalho (% de "melhorou/aumentou muito")

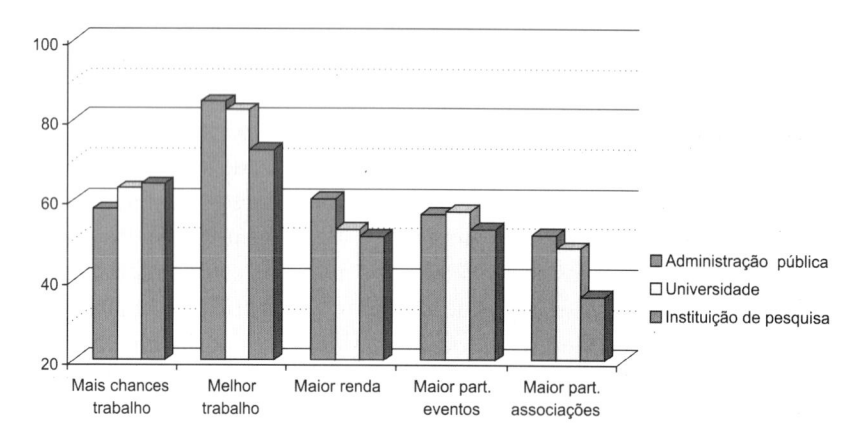

Resumo e conclusões

Ao estudar a relação entre formação pós-graduada *stricto sensu,* o destino e a relevância da preparação recebida por mestres e doutores egressos da área de Agronomia das sete universidades que compuseram a amostra do trabalho, alguns aspectos identificados mostram-se relevantes. Observa-se, inicialmente, que a quase totalidade dos egressos entrevistados fez o curso na área de sua graduação – 70% dos mestres e 90% dos doutores.

A maior parte dos mestres e dos doutores é do sexo masculino, à exceção do curso de mestrado da UFRPE, cujo contingente de mestres mulheres é quase a metade dos titulados.

O percurso graduação – pós-graduação vem diminuindo: o ingresso no curso de mestrado que ocorria, em média, 5 anos após o término da graduação, a partir de 1997 vem-se reduzindo para 3,5 e 4 anos. No doutorado, o ingresso no curso que, em 1990, situava-se em torno de 11 anos após a graduação, desde 1995 passou a menos de 10 anos.

Também tem havido relativa diminuição da idade no momento da titulação: a maioria dos mestres conclui o curso aos 30 anos, enquanto que os doutores, a partir de 1998, o fazem com um pouco mais de 40 anos.

Quanto ao tempo de titulação, enquanto os mestres ainda precisam de quase três anos, os doutores tendem a fazê-lo dentro dos prazos estabelecidos pelas agências de fomento à pós-graduação e pelas universidades, com poucos ultrapassando o prazo de quatro anos independentemente, inclusive, da escolaridade do pai.

A grande maioria dos mestres já havia concluído a graduação ao se candidatar ao curso de mestrado, o que indica existir um hiato importante entre o término do curso de graduação e o início dos estudos pós-graduados. Por outra parte, entre os doutores, a situação varia conforme as universidades onde realizaram os seus cursos: na UFV e na USP/ESALQ, por exemplo, quase metade cursava o mestrado ao se inscrever para o doutoramento, o que não ocorria com a UFRGS, onde 92% não se encontravam estudando à época da inscrição.

Cerca de 2/3 dos mestres estava em plena atividade ou parcialmente afastada no momento de sua inscrição ao mestrado, a maioria trabalhando no setor público, vinculada, principalmente, à administração pública e a empresas universidades e instituições de pesquisa. Também os doutores estavam em plena atividade ao se inscreverem para o doutoramento, e pertenciam, igualmente, de forma predominante, ao setor público, sobretudo vinculados a universidades e a instituições de pesquisa.

Melhorar e ampliar o seu trabalho em termos acadêmicos e profissionais e seguir carreira de pesquisador foram motivações que impulsionaram os atuais egressos a realizarem o curso de mestrado, o que certamente explica a continuidade dos estudos em nível de doutorado por parte de mais de 1/3 deles. Seguir carreira de pesquisador foi, também, a principal motivação dos doutores, tanto daqueles que trabalhavam na administração pública, em instituições de pesquisa ou dos que estavam atuando em universidades no momento da inscrição ao curso. A pesquisa foi, para mestres e doutores, a principal motivação para a continuidade dos estudos pós-graduados *stricto sensu*, certamente por esta constituir suporte tanto para o trabalho acadêmico como o profissional.

A obtenção de titulação pós-graduada possibilitou, aos egressos da área, nítida mudança das atividades desenvolvidas no momento da inscrição no curso em relação à sua situação atual de trabalho: ao se inscreverem no curso de mestrado, 48% eram de inativos na acepção empregada na pesquisa, situação que ainda caracteriza 29% dos mestres. Ao final do curso, a academia se tornou o lugar de trabalho para mais de 1/3 deles. A academia é, também, o principal lugar de trabalho dos doutores após a titulação, sendo que metade deles ali já atuava por ocasião de sua inscrição no doutorado.

No que concerne à situação de trabalho atual, 64% dos mestres está em plena atividade no setor público ou em "outra" situação (26%), o que geralmente significa estarem realizando doutorado no País. Quase todos os doutores das três universidades estudadas igualmente estão trabalhando, a grande maioria desenvolvendo atividades no setor público. Cerca de 21% deles, em particular os titulados pela UFRGS e pela USP/ESALQ, estão vinculados ao setor privado.

Tanto mestres quanto doutores realizam atividades que envolvem pesquisa e docência e trabalham, predominantemente, em universidades.

A remuneração média auferida pelos mestres se situa em torno de 11 salários mínimos atuais. Aqueles que trabalham em empresas e instituições de pesquisa, entretanto, podem obter até 14 salários mínimos. A remuneração dos doutores se aproxima de 20 salários mínimos.

Mestres e doutores demonstram elevado nível de satisfação com o curso de pós-graduação que seguiram, bem como consideram que a formação teórica e a reciclagem de conhecimentos obtidos durante a sua realização contribuíram muito para o seu trabalho. Essa avaliação ganha relevo, sobretudo, para os que trabalham em universidades e em instituições de pesquisa. Todavia entre os mestres, os aspectos mencionados variam bastante dependendo da sua vinculação institucional (entidades de pesquisa ou empresas). Pelo visto, parece haver espaço para diversificar a formação, que poderá vir a atender, de forma específica, os que provêm ou se dirigem ao mercado de trabalho de empresas públicas e privadas.

Finalmente, a formação pós-graduada tem produzido impactos bastante positivos na experiência de trabalho dos egressos, tanto de mestres como de doutores: na avaliação de 73% dos mestres, do ponto de vista acadêmico e profissional, o seu trabalho atual é muito melhor do que antes, aspecto salientado, sobretudo, por aqueles que estão vinculados a entidades de pesquisa e universidades. Os doutores consideram ter havido grande impacto da formação recebida na melhoria do seu trabalho acadêmico e profissional, aspecto destacado especialmente por aqueles que trabalham na administração pública e nas universidades.

As opiniões emitidas sobre a formação recebida e as avaliações do impacto da realização da formação pós-graduada em nível de mestrado e de doutorado, na área de Agronomia, pelo conjunto dos mestres e doutores entrevistados, revelam estarem esses cursos correspondendo à principal finalidade para a qual foram organizados, qual seja, a de suprir as instituições formadoras e produtoras do conhecimento e de tecnologia com pesquisadores.

Notas

[1] Informações obtidas em entrevistas com coordenadores de cursos de pós-graduação, pesquisadores da área e dados da Capes.
[2] Fonte: www.capes.gov.br

Mestres e doutores em Bioquímica

MAURO MENDES BRAGA
SÉRGIO DE AZEVEDO

Introdução

A literatura brasileira registra raros trabalhos abordando a evolução tanto da Biologia como da Bioquímica no país.[1] Além de dois estudos elaborados por Leal Prado (1978 e 1979) – que forneceram alguns elementos adicionais, para se acompanhar a evolução da Bioquímica no Brasil anteriormente a 1965 – os dados estatísticos divulgados pela Capes[2] foram as fontes de maior utilidade para se traçar uma panorâmica do desenvolvimento dos cursos de pós-graduação dessa área no país, a partir dos anos 60.

Thales Martins (1979) afirma que, no Brasil, anteriormente ao século XX, os únicos trabalhos científicos em Biologia dignos de menção foram os desenvolvidos pelo naturalista Fritz Muller e pelo fisiologista João Batista de Lacerda.

Fritz Muller, que realizou o curso secundário na Universidade de Berlim e doutorou-se aos 22 anos na Universidade de Greifswal,[3] chegou ao Brasil em 1852, aos 30 anos, tendo se radicado em Santa Catarina, onde viveu mais 45 anos. Manteve, por diversos anos, correspondência regular com Charles Darwin. Ao falecer, no ano de 1897, deixou uma obra constituída por 248 memórias, monografias, artigos de periódicos e livros, nos mais diferentes campos da biologia: botânica, embriologia, evolucionismo, genética e zoologia, entre outros, embora jamais tenha se vinculado a qualquer instituição de ensino superior.

Lacerda, fluminense de Campos, graduou-se em Medicina, em 1870. Sete anos depois ingressou no Museu Nacional, onde desenvolveu atividades de pesquisa e de docência em diversos ramos das ciências: anatomia, antropologia, farmacologia, fisiologia, ofiologia e patologia. Foi Diretor do Museu por diversos anos. Faleceu em 1915, aos 69 anos, tendo deixado uma vasta obra científica.

Avaliação similar é feita por Leal Prado em relação à área específica de Bioquímica. Segundo este autor, conquanto no período entre 1808 e 1928 tenham aparecido no Brasil " ...escolas ou organizações superiores onde a Bioquímica poderia ter sido cultivada ... somente em 1930 apareceram no país os precursores do desenvolvimento ininterrupto da Bioquímica." (Prado, 1979: 113). Entre eles, Leal Prado dá especial destaque para Gilberto Guimarães Villela, no Rio de Janeiro, José Baeta Vianna, em Belo Horizonte, e Jayme Arcoverde de Albuquerque Cavalcanti e Paulo Enéas Galvão, em São Paulo, todos eles graduados em cursos médicos. Paulo Galvão teria sido o responsável pelo primeiro trabalho científico brasileiro na área que competiu internacionalmente, tendo sido publicado na Alemanha, em 1934, e despertado interesse generalizado.

A atividade de investigação científica em Bioquímica foi realizada inicialmente em algumas poucas instituições, geralmente localizadas no eixo Rio (Instituto Manguinhos, Instituto de Biofísica da Universidade do Brasil[4]), São Paulo (Instituto Butantã, Instituto Biológico, Departamento de Química da USP, Departamento de Química Fisiológica da Faculdade de Medicina da USP) e Belo Horizonte (Faculdade de Medicina da Universidade de Minas Gerais[5]). Há também registros de atividades importantes na Faculdade de Medicina da Universidade do Paraná[6]. Em algumas dessas instituições, a atividade de pós-graduação começou a florescer. Teses de Doutorado e de Livre Docência[7] foram defendidas na Faculdade de Medicina da Universidade de Minas Gerais (a partir dos anos 40, orientadas por Baeta Vianna), na Faculdade de Medicina da Universidade do Paraná (sete teses de Doutorado e duas de Livre Docência, nas décadas de 40 e 50) e no Instituto de Biofísica da Universidade do Brasil (um total de 13 teses, entre 1946 e 1959).

Mas, foi no Departamento de Química da USP que a pós-graduação em Bioquímica se instalou com maior vigor, a partir dos anos 40. A criação da Universidade de São Paulo, ocorrida em 1934, é um dos mais importantes marcos do ensino superior brasileiro. Pela primeira vez, o país via nascer uma instituição de ensino superior que associava ensino e pesquisa e que se orientava para o progresso da ciência (Schwartzman, 1979: 118). Para chefiar o departamento de Química da USP, veio da Alemanha, nesse mesmo ano, Heinrich Rheinboldt, professor da Universidade de Bonn, então com 43 anos, experimentado pesquisador, que já havia orientado 35 teses de doutoramento em seu país (Giesbrecht, 1957). Um ano depois, ele traria da mesma Alemanha, para ser seu assistente, Heinrich Hauptmann, doutor pela Universidade de Breslau, que aqui chegou aos 30 anos, seis anos após concluir seu doutorado.

Esses dois professores trabalharam intensamente em atividades de pesquisa na área de Bioquímica, assim como na orientação de teses de Doutorado e de Livre Docência. Quando o Departamento de Química da USP completou 25 anos, Rheinboldt, que falecera em 1955, havia orientado 15 teses de doutorado e Hauptmann, que faleceria no ano seguinte, 14 (Moura Campos, 1960). Ainda que uma parte desses trabalhos não tenha sido especificamente na área de Bioquímica, certamente a maioria deles o foi, considerando o campo predominante da atuação desses cientistas. O número 24 da revista *Selecta Chimica* apresenta, em suas páginas finais, uma relação nominal de ex-alunos do Departamento de Química da USP, até 1965. Dessa relação constam 32 teses de doutorado[8] e 4 de livre docência. Leal Prado (1978) menciona que 19 delas foram apresentadas por profissionais que desenvolveram atividades regulares de pesquisa científica em Bioquímica.

No final da década de 60, quando a pós-graduação foi oficialmente instituída no país, existiam aqui cinco cursos de pós-graduação em Bioquímica, regularmente organizados, ministrados pelas seguintes universidades federais: de Minas Gerais (mestrado = M e doutorado = D), de Pernambuco (M), do Paraná (M e D), do Rio Grande do Sul (M) e do Rio de Janeiro (M e D). Nos dois primeiros anos da década seguinte, quatro novos cursos foram instituídos oficialmente, sendo por eles responsáveis as seguintes instituições: Escola Paulista de Medicina[9] (M e D), Federal do Ceará (M), USP – São Paulo (M e D) e USP – Ribeirão Preto (M e D). Nos anos 80, foram criados mais três cursos na área: Fundação Oswaldo Cruz (M e D), UFRJ – Química Biológica (M e D) e Universidade Estadual de Campinas (inicialmente apenas o mestrado, em 1985, ampliando-se para o doutorado, em 1990). Finalmente, em 1992, o curso da UFRGS instituiu também o doutorado e quatro anos depois foi criado curso de mestrado na Universidade Federal do Rio Grande do Norte, completando-se o panorama atual da pós-graduação em Bioquímica no país.

No ano de 2001, existiam, portanto, treze programas de pós-graduação em Bioquímica no Brasil, sendo que em apenas dois deles, os da UFPE e da UFRGN, não se ministra o doutorado. A maioria deles se concentra em dois estados da federação – Rio de Janeiro e São Paulo – que juntos oferecem sete desses treze programas. Nos demais estados, existe quando muito um programa em cada um deles, não se registrando cursos nas regiões Norte e Centro-Oeste. Essa situação é diversa do que ocorre, por exemplo, nas áreas de Física e Química, nas quais o número de cursos é bem maior, cobrindo todas as regiões do país[10].

Quando da primeira avaliação bienal da CAPES[11], referente aos anos 83/84, os cursos de pós-graduação em Bioquímica do país foram assim classificados: mestrado, quatro cursos A e cinco cursos B; doutorado, quatro cursos A e dois B. Dez anos depois, na avaliação referente ao biênio 94/95, o resultado foi o seguinte: mestrado – oito cursos A, três cursos B e um curso C – doutorado – seis cursos A, quatro cursos B e um curso não avaliado, por haver se instalado recentemente. Na última avaliação, realizada em 1998 e já sob nova sistemática, na qual os programas são avaliados em seu conjunto, em uma escala de 1 a 7, sendo o conceito 7 correspondente a nível internacional, verificou-se o seguinte quadro: três programas 7, três programas 6, três programas 5, dois programas 4 e um programa 3. Em todo o período de avaliação, portanto, observa-se um alto percentual de cursos com conceito elevado, fato que, associado ao número relativamente pequeno de programas e à sua também restrita disseminação pelo país, pode indicar que o padrão de exigência da área é bem superior à média nacional[12]. Ou seja, grupos que ainda não atingiram determinado estágio de desenvolvimento ou não tomam a iniciativa de criar novos programas ou, se o fazem, não obtém sucesso.

A tabela 6.1 apresenta alguns indicadores da evolução dos cursos de pós-graduação em Bioquímica no país no período entre 1987 e 1996. Quando se comparam os extremos do período considerado – o ano de 1997 com a média relativa aos anos de 1987 a 1990 – se observa um notável crescimento da área nesse decênio. O número de matrículas aumentou cerca de 70% no mestrado e mais de 140% no doutorado, enquanto que o crescimento do número de dissertações e de teses foi, em ambos os casos, cerca de duas vezes maior do que o verificado para o número correspondente de matrículas. A publicação veiculada no exterior quase triplicou. Apenas a publicação no país declinou, mas ainda assim esse fato pode resultar de um comportamento atípico verificado nos anos de 1996 e 1997 ou então ser conseqüência da melhoria de seu nível, passando-se a direcionar para veículos do exterior trabalhos antes divulgados no país. Esse crescimento da área[13] veio acompanhado de um aumento de eficiência, uma vez que o número de doutores do corpo docente permanente foi, em 1997, menor do que a média dos anos 1987 a 1990.

Tabela 6.1
Mestres e doutores em Bioquímica: evolução de alguns indicadores da pós-graduação em Bioquímica no país (médias anuais)

Indicador	Período				
	1987/90	1991/94	1995	1996	1997
Matrículas no mestrado	306	352	468	473	525
Matrículas no doutorado	216	360	466	480	529
Mestres titulados	58	77	98	130	134
Doutores titulados	26	40	81	91	85
Corpo Docente: Doutores Permanentes	217	277	292	232	203
Publicações no país[*]	106	152	157	100	85
Publicações no exterior[*]	264	398	535	818	760

Fonte: Capes
Notas: (*) - Soma de artigos de periódicos, capítulos de livros e trabalhos completos em anais.

Em 1997, a CAPES organizou em Brasília uma reunião de consultores internacionais, com o propósito de avaliar o seu programa de avaliação da pós-graduação brasileira, prestes a completar 20 anos. Esse grupo de trabalho de alto nível, constituído por professores de seis diferentes países, apresentou um relatório de trabalho com recomendações relativas a esse programa. Entre essas, encontra-se uma que interessa aqui destacar: a importância de se implementar procedimentos para acompanhar as carreiras dos doutores formados em programas com financiamento da Capes. De fato, a preocupação em acompanhar o processo de inserção profissional de graduados e pós-graduados, relacionando-o com sua formação, não é uma prática habitual em nosso país.

O propósito da presente pesquisa foi justamente o de começar a preencher essa lacuna, investigando questões relativas à formação e ao trabalho de mestres e doutores em Bioquímica titulados nos anos 90, em alguns dos mais antigos cursos de pós-graduação dessa área.[14] Não trataremos aqui das razões para a escolha desses programas e nem mesmo faremos referência à configuração do projeto de pesquisa, uma vez que esses temas já foram apresentados e discutidos em capítulo anterior deste livro. Passaremos a seguir a apresentar os resultados encontrados. Vale, no entanto, registrar que foram entrevistados 211 doutores e 259 mestres.[15]

Quem são os mestres e doutores em Bioquímica

Para melhor compreender as questões relativas à formação e ao trabalho de mestres e doutores em Bioquímica, convém considerar algumas características relevantes dos titulados, relativas à sua formação anterior, sexo, tempo até o ingresso na pós-graduação, duração do curso e idade de titulação, de forma a traçar um perfil dos entrevistados nessa pesquisa.

Origem acadêmica e sexo

Mestres e doutores em Bioquímica, como mostra a tabela 6.2, graduaram-se predominantemente em cursos de Biologia, mas com significativa proporção de graduados em áreas conexas, sobretudo Farmácia, Química e Medicina. Esse mosaico apresenta algumas diferenças de acordo com a instituição formadora, conforme visto nessa mesma tabela. Entre os mestres, na UFRGS e, sobretudo na USP, é pouco significativo o número de titulados advindos de áreas conexas. Por outro lado, na UFRJ chama a atenção a pequena fração de mestres graduados em cursos de Biologia, cerca de 10%, enquanto que a soma de químicos e farmacêuticos supera 50%.[16]

Situação similar é observada no caso dos doutores. Na USP e na UFRGS, é maior a proporção de graduados em cursos de Biologia, enquanto que aqueles formados nas áreas conexas são, na maioria dos casos, farmacêuticos. Na UFRJ, pouco mais de 1/3 dos doutores são oriundos de cursos de Biologia, observando-se uma grande diversidade de formação dos outros 2/3, de tal forma que na categoria "outra área" enquadram-se quase 1/4 dos entrevistados. Na UFMG, ao contrário do observado nas demais universidades pesquisadas, a maior parte dos doutores graduou-se em Farmácia, sendo que, surpreendentemente, a proporção dos biólogos é apenas um pouco maior do que a dos químicos. Verifica-se, portanto, nessa instituição, uma acentuada diferença de comportamento, entre mestres e doutores, no que se refere a esse aspecto: quase a metade dos mestres graduou-se em Biologia; apenas 1/4 dos doutores o fizeram.

Os mestres e os doutores em Bioquímica são predominante do sexo feminino (ver ainda a tabela 6.2). Para os mestres, essa característica é bastante acentuada em todas as instituições estudadas, ainda que na UFRGS a fração de mulheres se aproxime de 4/5, enquanto que na USP e na UFMG seja pouco maior do que 3/5. Para os doutores, a proporção de mulheres, embora também maior do que a de homens, é menor do que entre os mestres. Esses números sugerem que a área estaria se tornando mais "feminina" nos últimos anos. De fato, entre 1990 e 1996, houve equilíbrio no número de mulheres e de homens titulados no doutorado, mas, para as coortes de 97 e 98, a população foi francamente feminina, chegando a 3/4 dos entrevistados.[17] Já no caso dos mestres, a predominância feminina foi verificada desde os anos iniciais do período considerado.

Tabela 6.2
Mestres e doutores em Bioquímica: área da graduação e da pós-graduação; sexo por universidade (%)

		Universidade do curso					
		UFMG	UFPE	UFRGS	UFRJ	USP	Total
a. Mestres							
Área na graduação e na pós	Outra área	9,8	30,8	8,1	19,3		13,3
	Agronomia				13,3		4,4
	Biol./C. Biol./Bioc.	48,8	34,6	72,6	9,6	86,1	45,6
	Farm./ Farm. & Bioq.	26,8	7,7	4,8	19,3	2,8	13,3
	Quimica	2,4	19,2	1,6	36,1	8,3	16,1
	Medicina	12,2	3,8	8,1	2,4		5,2
	Odontologia			1,6		2,8	0,8
	Veterinária		3,8	3,2			1,2
	Total	100,0	100,0	100,0	100,0	100,0	100,0
Sexo	Masculino	37,5	25,9	20,6	28,3	37,8	29,0
	Feminino	62,5	74,1	79,4	71,7	62,2	71,0
	Total	100,0	100,0	100,0	100,0	100,0	100,0
b. Doutores							
Área na graduação e na pós	Outra área	4,1		6,7	22,4	4,1	8,9
	Agronomia					1,4	0,5
	Biol./C. Biol./Bioc.	26,5		50,0	36,7	59,5	44,6
	Farm./ Farm. & Bioq.	42,9		16,7	20,4	25,7	27,2
	Quimica	16,3		3,3	10,2	4,1	8,4
	Medicina	10,2		13,3	10,2	2,7	7,9
	Veterinária			10,0		2,7	2,5
	Total	100,0		100,0	100,0	100,0	100,0
Sexo	Masculino	44,0		37,9	43,1	44,6	43,1
	Feminino	56,0		62,1	56,9	55,4	56,9
	Total	100,0		100,0	100,0	100,0	100,0

Idade de conclusão da graduação, de ingresso na pós-graduação e tempo entre a conclusão da graduação e o ingresso na pós-graduação

Os gráficos 6.1a e 6.1b apresentam as idades médias de conclusão da graduação, de início da pós-graduação e de titulação, dos mestres e doutores em Bioquímica, por ano de titulação, variáveis que serão consideradas nessa e na próxima subseções. A idade média de graduação dos doutores, pouco mais de 23 anos, é quase um ano inferior à dos mestres, que supera 24 anos. Ou seja, configura-se uma tendência de aumento da idade média de graduação, tendência essa que aparece de forma nítida no Gráfico 6.1a. Quando se agregam os dados referentes a mestres e doutores, o que se observa é que a tendência de aumento progressivo e pronunciado da idade média de graduação cristaliza-se para os graduados a partir de 1985[18], razão pela qual esta não é observada entre os doutores[19] (gráfico 6.1b).

Gráfico 6.1a
Mestres em Bioquímica: idades na trajetória da graduação à titulação por ano de conclusão (médias anuais)

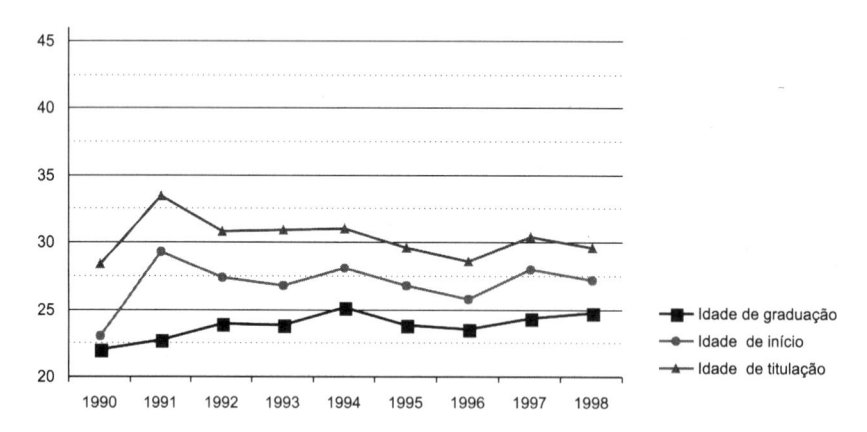

Não é surpresa o aumento da idade média de graduação. Em meados dos anos 80, os currículos de graduação, em diversas áreas, foram "engordados", como resultado de pelo menos três fatores. O primeiro deles foi a tendência de grupos procurarem ampliar seus espaços nas universidades via aumento de carga horária, o que implicava a necessidade de admissão de mais professores. Era um período em que os controles externos à expansão do corpo docente não eram muito rigorosos. O segundo, foi a ação do Conselho Federal de Educação, que aumentou substancialmente a carga horária mínima de diversos cursos. O terceiro, foi a ação, direta ou indireta, das corporações profissionais, que pressionaram para a inclusão de disciplinas e conteúdos nos projetos curriculares. Resultou daí um aumento médio na duração dos cursos de graduação.[20]

Gráfico 6.1b
Doutores em Bioquímica: idades na trajetória da graduação à titulação por ano de conclusão (médias anuais)

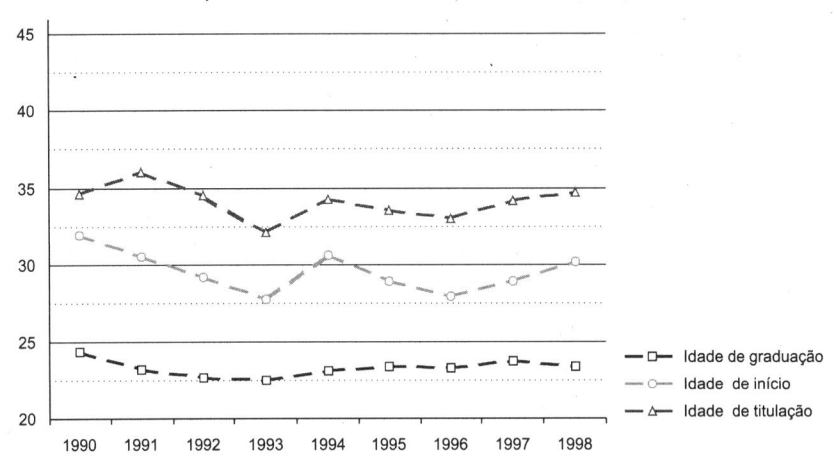

O ingresso no mestrado ocorre em média 3 anos após o término da graduação, sendo que esse tempo registrou tendência de decréscimo ao longo do período estudado, conforme se verifica no gráfico 6.2. Os valores referentes às coortes de 1990 e 1991 são atípicos, em decorrência de sua pequena população,[21] enquanto que no período 1992-98 esse parâmetro passou de mais de 3 anos para menos de 2 anos e meio, ainda que em um ou outro ano tenha se observado uma reversão dessa tendência. A comparação do valor médio observado para coortes de 1990 a 1995 (3,3 anos) com aquele verificado para as coortes de 1996 a 1998 (2,9 anos) confirma essa tendência, ainda que essa comparação deva ser vista com certa cautela, em razão da diferença de população entre os dois conjuntos de coortes.[22] A diminuição do interregno entre a conclusão da graduação e o início da pós tende a compensar o aumento da idade de graduação, de tal forma que a idade média de ingresso no mestrado não variou muito entre as coortes, sendo de 27 a 28 anos para a maioria delas, como pode ser verificado no gráfico 6.1a.

A média de 3 anos para o interregno entre a graduação e o início do mestrado tem dispersão elevada (desvio padrão superior a 4), caracterizando trajetórias bem diferenciadas. Quase 60% dos mestres foram admitidos no curso até um ano após se graduarem. Considerando a forma como os intervalos de tempo foram calculados em nossa pesquisa,[23] significa dizer que boa parte destes o fizeram logo em seguida a conclusão da graduação. Outros 25% ingressaram no mestrado de dois a cinco anos após a graduação, enquanto que, para os 15% restantes, esse tempo é muito variado, chegando a atingir mais de 20 anos.

Os mestres cujos pais têm escolaridade de, no máximo, primeiro grau completo, que representam quase 1/3 do universo de mestres entrevistados, demoram mais para ingressar na pós-graduação, conforme ilustra o gráfico 6.2.1. Esse fato talvez possa ser explicado pela necessidade imediata de trabalhar, tão logo a graduação é concluída. Há, entretanto, que observar que mais de 50% desses mestres ingressaram na pós até um ano após se graduarem (percentual similar ao observado para os mestres filhos de pais com maior nível de instrução). Ou seja, a média de cerca de 4 anos para esse interregno tem dispersão elevada e existe uma alta percentagem deles que procura o mestrado tão rapidamente quanto seus demais colegas. Essa mesma tendência – de procura mais tardia, em média, pela pós-graduação – não se observa quando se comparam os mestres filhos de pais com instrução de segundo grau completo com aqueles cujos pais têm diploma de curso superior. Nesse caso, a diferença no interregno entre a conclusão da graduação e o início da pós é bem menor e os filhos de pais com menor nível de instrução são os que se dirigem mais rapidamente para a pós-graduação.

Observa-se uma enorme diferença no tempo entre a conclusão da graduação e o início do mestrado, quando se comparam os mestres que tiveram bolsa de estudos com os que não tiveram: os primeiros ingressaram no curso antes que tenham transcorridos, em média, 3 anos da graduação, os últimos somente 10 anos após se graduarem. Uma diferença correspondente é obviamente verificada quando se comparam as idades médias de ingresso no mestrado desses dois grupos. O primeiro ingressa no curso, em média, antes de completar 27 anos e o segundo só o faz após os 32 anos. Convém mencionar, no entanto, que menos de 10% dos mestres entrevistados não tiveram acesso a bolsa de estudos durante o curso. Portanto, esta diferença muito provavelmente não decorre do fator *bolsa*, mas sim de uma opção profissional diferenciada, por parte daqueles que não tiveram bolsa de estudo.

Gráfico 6.2
Mestres e doutores em Bioquímica: tempo entre a graduação e o início
do curso por ano de conclusão (médias anuais)

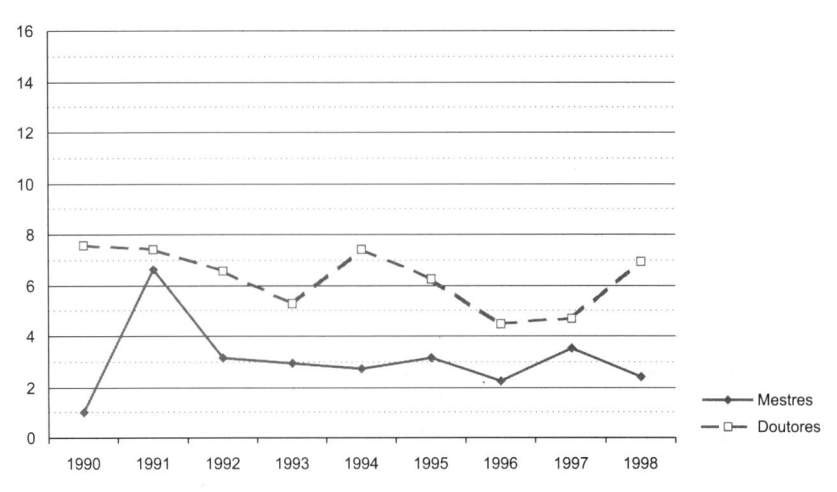

Gráfico 6.2.1
Mestres e doutores em Bioquímica: tempo entre a graduação e o início
do curso por escolaridade do pai (médias em anos)

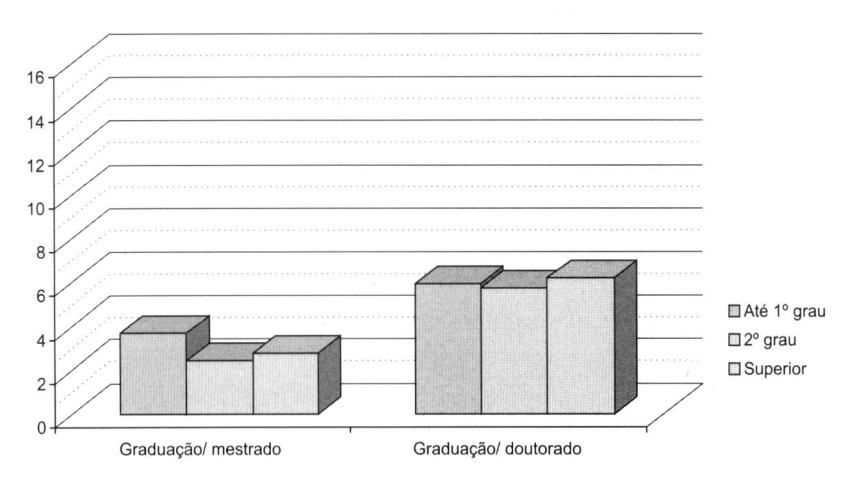

O ingresso no doutorado ocorre em média 6 anos após o término da graduação e conquanto se observem grandes oscilações nessa variável, de coorte para coorte (ver gráfico 6.2), configura-se uma tendência de diminuição desse interregno. Essa tendência torna-se nítida quando se comparam as coortes de 1990 a 1994 com as de 1995 a 1998.[24] No primeiro caso, o tempo médio observado foi de

6,4 anos e no segundo, de 5,8 anos, uma diferença de cerca de 10%. Essa tendência, no período entre 1990 e 1993, refletiu-se na diminuição da idade média de ingresso no doutorado – cujo valor para o conjunto das coortes estudadas foi de 29,2 anos – conforme se pode verificar no gráfico 6.1b. A partir de 1993, no entanto, essa idade variou de forma irregular, refletindo diversos fatores: a idade de graduação, a duração do mestrado, o interregno entre o mestrado e o doutorado e a existência na área de Bioquímica de um contingente apreciável de doutores, cerca de 25% – mas este percentual é variável conforme a coorte – que foram direto da graduação para o doutorado. Para a maioria das coortes, a idade média de ingresso no doutorado ficou entre 29 e 30 anos, idade bastante elevada para padrões internacionais.[25]

Com relação aos aspectos mencionados no parágrafo anterior, há que se diferenciar dois grupos distintos. Aqueles que concluíram o mestrado anteriormente ao doutorado e os que foram direto para o doutorado, *queimando* a etapa do mestrado. Os primeiros ingressaram no doutorado em média 7 anos após a graduação. No entanto, muitos deles o fizeram praticamente em seguida à conclusão do mestrado: quase 2/3 ingressaram no doutorado no máximo um ano após a conclusão do mestrado[26] e o tempo médio entre os dois eventos é de pouco mais de 2 anos. Já no segundo caso, o ingresso no doutorado ocorre cerca de 3 anos após a conclusão da graduação. Metade deles no período de até dois anos após se graduarem e apenas 15% com 5 ou mais anos de graduados. Ou seja, a admissão direta ao doutorado parece estar ocorrendo preferencialmente nos casos de estudantes que apresentam desempenho destacado na graduação e apenas secundariamente para atender ao interesse de profissionais com larga experiência profissional, que pudesse compensar a ausência da formação do mestrado. Em conseqüência dessas trajetórias diversas, o grupo que foi direto da graduação para o doutorado ingressou no curso, em média, antes de completar 27 anos, enquanto que os que passaram pela etapa do mestrado só o fizeram após os 30 anos, em média.

Quando o tempo decorrido entre a conclusão da graduação e o ingresso no doutorado é analisado considerando-se a escolaridade dos pais dos titulados (ver gráfico 6.2.1), não se observa correlação entre essas duas variáveis: o tempo médio observado foi de cerca de 6 anos, para todas as categorias de escolaridade consideradas. O mesmo vale para a idade média de ingresso no doutorado, que é cerca de 29 anos, para todas essas categorias de escolaridade. Tendo em vista o que foi discutido em relação a esses aspectos para os mestres e considerando também outros dados que serão apresentados na seqüência deste trabalho, parece se configurar um quadro em que as influências do capital cultural no desempenho dos indivíduos tendem a diminuir consideravelmente, à medida que o nível de instrução aumenta. Sampaio e colaboradores (2000) apresentam dados referentes ao exame nacional de cursos (provão) que corroboram essa hipótese.[27]

Convém ainda mencionar, em relação aos aspectos considerados nesta subseção, o elevado percentual de mestres e doutores cujos pais, no máximo, concluíram apenas o primeiro grau. Estes correspondem a quase 1/3 dos mestres e a 40% dos doutores. Vê-se portanto que, pelo menos entre aqueles que procuram a pós-graduação na área de Bioquímica, não se confirma a hipótese, freqüentemente veiculada, de que o ensino superior brasileiro, sobretudo no segmento público, estaria formando apenas os filhos das classes sociais mais favorecidas. Considerando-se que todos os cursos pesquisados são de universidades públicas, situados entre os melhores do país na área, é razoável supor que boa parte de seus titulados também se graduaram em instituições estatais. Ademais, os entrevistados devem ter sido, em média, do grupo de estudantes de melhor desempenho na graduação, quando comparado a seus colegas que não se dirigiram para a pós-graduação.[28] Sendo assim, é possível que, entre aqueles graduados que não se dirigiram para a pós-graduação, a proporção de indivíduos oriundos de estratos sociais menos favorecidos seja pelo menos igual à verificada entre os entrevistados. Essas observações sugerem que nas instituições públicas, em especial em seus cursos de Biologia e Farmácia, que mais fornecem alunos para a pósgraduação em Bioquímica, gradua-se expressiva proporção de jovens pertencentes aos estratos inferiores da classe média.

. Em relação à época de conclusão da graduação, os estudantes que não tiveram bolsa durante o curso demoraram 14 anos para chegar ao doutorado, enquanto os bolsistas o fizeram em 5 anos. Da mesma forma, os ex-bolsistas ingressam no doutorado bem mais jovens – antes de completarem 29 anos – do que os não bolsistas, que só o fazem após os 35 anos. Repete-se aqui a situação observada no caso dos mestres. Cerca de 90% dos entrevistados foram bolsistas. Portanto, o ingresso tardio no doutorado, certamente, não se deve à falta da bolsa, mas sim a uma opção profissional, quando do término da graduação ou do mestrado. Reforça essa hipótese o fato de que aqueles poucos que não tiveram bolsa encontravam-se, em sua grande maioria (cerca de 80%), em plena atividade quando se inscreveram no doutorado.

Duração do curso e idade de titulação

A duração média do mestrado em Bioquímica é de quase 3 anos. Esse prazo apresentou nítida e progressiva tendência de queda no período estudado, conforme podemos observar no gráfico 6.3: no início da década, aproximava-se de cinco anos, enquanto que se reduziu, nos últimos anos estudados, para pouco mais de dois anos e meio[29]. Provavelmente este fato é uma conseqüência direta de políticas que vêm sendo adotadas pelas agências de fomento, especialmente a Capes, voltadas para a melhoria da produtividade dos cursos de pós-graduação *stricto sensu*, o que inclui a diminuição do prazo para titulação. Na área de Bioquímica, os resultados dessas políticas parecem muito expressivos.

A duração do mestrado é marcadamente influenciada pela instituição formadora. Na UFMG e na UFRJ, o tempo médio é menor, cerca de 2,5 anos, crescendo na USP e na UFRGS para valores próximos à média global, e alcançando quase 4,0 anos na UFPE. Por outro lado, essa média é praticamente independente do sexo dos entrevistados.

Observa-se uma diferença de cerca de 0,7 anos, quando se compara a duração média do mestrado de bolsistas e não bolsistas. Os primeiros concluem o mestrado em menos tempo. Esse resultado corresponde a cerca de 1/4 do tempo médio de duração do mestrado. Entretanto, parece prematuro creditar essa diferença ao fator bolsa, sem resultados adicionais que confirmem essa hipótese. Há que se considerar que a coorte dos não-bolsistas é muito pequena, correspondendo a menos de 10% dos mestres entrevistados. Além disso, os não-bolsistas se dirigiram para o mestrado em média dez anos após se graduarem, enquanto que os bolsistas o fizeram bem mais precocemente, como já visto. Esse fato, à primeira vista, sugeriria, até mesmo, uma dificuldade bem maior, para acompanhar o curso, dos que não tiveram bolsas, quando comparados aos bolsistas. Possivelmente, essa dificuldade estaria sendo compensada, ao menos parcialmente, pelo fato de quase todos os mestres não bolsistas estarem empregados quando ingressaram no curso, sendo que 2/3 deles vinculados profissionalmente ou a instituições de ensino superior ou a institutos de pesquisa, todos eles com razoável experiência profissional, o que lhes permitia desfrutar de condições propícias para se adaptarem ao mestrado.

A duração do mestrado não sofre interferência do grau de instrução do pai do entrevistado, conforme se observa no gráfico 6.3.1. É razoável supor, como já mencionado, que a trajetória da graduação para o doutorado tenha eliminado qualquer significado prático que a origem social poderia ter em relação ao desempenho acadêmico dos titulados. No entanto, deve-se reconhecer que são possíveis outras interpretações para explicar a não interferência do nível de instrução do pai na duração do mestrado.[30]

Gráfico 6.3
Mestres e doutores em Bioquímica: duração do curso por ano de conclusão (médias anuais)

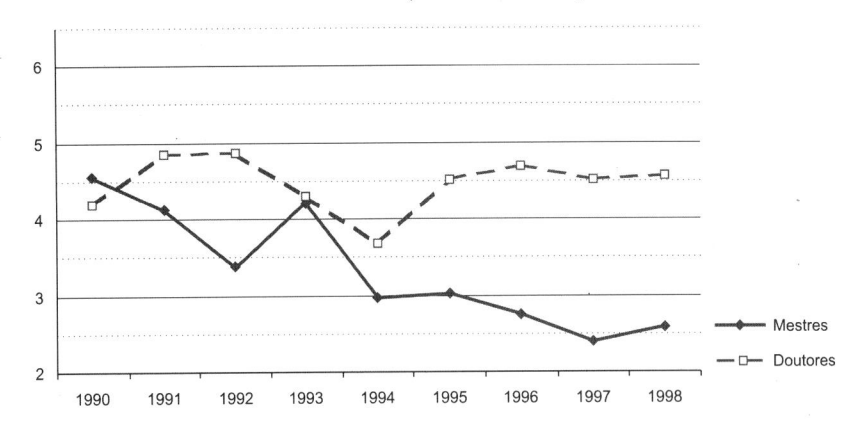

Gráfico 6.3.1
Mestres e doutores em Bioquímica: duração do curso por escolaridade do pai (médias em anos)

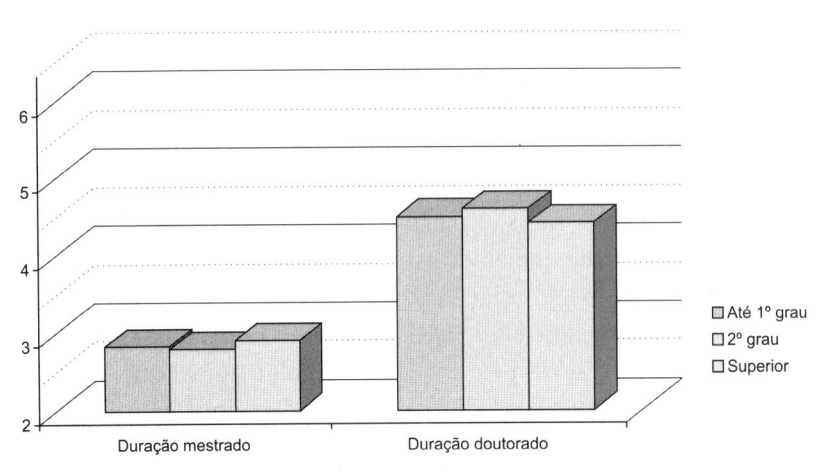

A duração média do doutorado em Bioquímica foi de quatro anos e meio, valor este que variou de forma irregular e com pequena amplitude ao longo da década, como se observa no gráfico 6.3. Excetuada a coorte de 1994, para a qual a duração do curso foi menor do que quatro anos, para as demais coortes esse valor médio oscilou entre quatro e cinco anos. O desvio padrão associado a essa variável é relativamente pequeno, o que reflete o fato de que mais da metade dos entrevistados concluiu o curso em 4 anos, enquanto outros 40% o fizeram em 5 ou 6 anos. A duração do doutorado, a exemplo do que já foi observado no mestrado, não é influenciada pelo nível de instrução dos pais dos entrevistados, conforme se pode verificar no gráfico 6.3.1.

Da mesma forma do que observado para os mestres, os não-bolsistas levam mais tempo para concluir o curso do que os bolsistas. A diferença, de cerca de 0,6 anos, que corresponde a cerca de 15% da duração média do curso, é proporcionalmente menos significativa do que no mestrado. Cabem aqui comentários similares aos feitos no caso dos mestres. O universo dos não-bolsistas corresponde a menos de 10% do total de entrevistados e os não bolsistas dirigiram-se para o doutorado quase 15 anos após se graduarem, enquanto os bolsistas o fizeram, em média, 5 anos depois deste evento. Portanto, é prematuro atribuir-se essa diferença ao fator *bolsa*, sem outras observações que também apontassem nessa direção. O mais plausível, talvez, seja supor que a diferença de tempo entre a graduação e o ingresso no doutorado tenderia a provocar um desempenho bem pior dos não-bolsistas vis a vis os bolsistas. Entretanto, os fatores experiência profissional e maturidade compensariam esse maior tempo afastado dos bancos escolares, levando bolsistas e não-bolsistas a mostrarem um desempenho acadêmico, mensurado pela duração do doutorado, se não igual, pelo menos similar.

Ao contrário do observado no caso do mestrado, a duração do curso é praticamente a mesma em todas as universidades pesquisadas.[31] Cabe ainda mencionar que aqueles que foram direto para o doutorado concluem o curso cerca de seis meses, em média, antes do que seus colegas que são mestres,[32] o que confirma a hipótese feita anteriormente de que esses estudantes teriam desempenho acadêmico diferenciado, em relação aos demais colegas. Tendo em vista os dados apresentados e a ação da Capes, ao longo desse período, no sentido de otimizar essa variável, é possível imaginar que, na área de Bioquímica, a duração média do doutorado, se ainda não alcançou um valor ideal, está próxima de alcançá-lo.

A idade média de titulação no mestrado é de 30 anos. Quando se comparam as coortes de 1990 a 1994, tomadas no seu conjunto, com as coortes de 1995 a 1998, também no seu todo, verifica-se um significativo decréscimo nessa média: 31,3 anos no primeiro caso e 29,6, no segundo. No entanto, excetuadas as coortes de 1990 e 1991, cujas populações são pequenas quando comparadas às demais,[33] essa média, em geral, sofreu variações pouco expressivas com o ano de conclusão, conforme ilustrado pelo gráfico 6.1a. Ou seja, no período posterior a 1991, a tendência de diminuição do interregno entre a graduação e o início do mestrado e a maior eficiência no prazo de conclusão do mestrado foram compensadas, quase que completamente, pelo aumento da idade média de graduação.

Há diferenças expressivas na idade média de conclusão do mestrado, conforme a instituição formadora, variando de 28 anos, na USP, até 32 anos, na UFPE.[34] Essas diferenças podem ser percebidas na tabela 6.3, que apresenta faixas etárias referentes à idade de titulação. Por exemplo, enquanto na USP 4/5 dos mestres titularam-se até 30 anos, na UFPE menos da metade dos mestres pertenciam, ao titular-se, a esse grupo etário. Para o conjunto das instituições pesquisadas, verificou-se que 2/3 dos mestres concluem o curso até 30 anos e outros 20% o fazem na faixa de 31 a 35 anos.

Os doutores titularam-se em média aos 34 anos de idade, bem mais velhos do que seus colegas dos EUA e da Itália,[35] que se doutoram com cerca de 28 anos, de acordo com as informações registradas por Velloso e Velho (2001). Essa média, que se aproximava dos 35 anos em 1990, decresceu para menos de 33 anos em 1993, voltando a mostrar tendência de crescimento a partir desse ano, de tal forma que o valor registrado em 1998 foi exatamente o mesmo do início da década, conforme pode ser verificado no gráfico 6.1b. Quando se considera cada uma das instituições formadoras em separado, verifica-se que na USP a média é de 32,5 anos, enquanto que na UFMG, na UFRGS e na UFRJ se aproxima de 35 anos, com pequenas variações entre elas. Essas características se refletem na tabela 6.3, que apresenta a idade de titulação discriminada por faixa etária: na USP a fração dos doutores que se titulam antes dos 30 anos é quase que o dobro da verificada nas demais universidades.

Conquanto a idade média de titulação seja muito elevada, quando comparada aos padrões internacionais, deve-se observar que mais de 1/4 dos doutores titulam-se até 30 anos (ver tabela 6.3). Estes, integrados por 60% dos que foram direto da graduação para o doutorado e por 14% dos demais, titularam-se, em média, aos 28,7 anos, resultado similar aos observados nos EUA e na Itália.

Tabela 6.3
Mestres e doutores em Bioquímica: idade de titulação em grupos etários por universidade (%)

	Universidade do curso					
	UFMG	UFPE	UFRGS	UFRJ	USP	Total
a. Mestres						
Até 30	67,5	44,4	57,4	75,3	80,0	66,8
De 31 a 35	25,0	29,6	21,3	13,6	17,1	19,7
De 36 a 40	7,5	18,5	9,8	8,6	2,9	9,0
De 41 a 45		3,7	8,2	2,5		3,3
46 e mais		3,7	3,3			1,2
Total	100,0	100,0	100,0	100,0	100,0	100,0
b. Doutores						
Até 30	20,4		21,4	18,2	38,9	26,5
De 31 a 35	40,8		46,4	50,9	43,1	45,1
De 36 a 40	22,4		17,9	18,2	9,7	16,2
De 41 a 45	12,2		7,1		6,9	6,4
46 e mais	4,1		7,1	12,7	1,4	5,9
Total	100,0		100,0	100,0	100,0	100,0

As mulheres titulam-se um pouco mais velhas do que os homens, tanto no mestrado, como no doutorado. As diferenças observadas foram de 0,4 anos no mestrado e de 0,6 anos no doutorado. Considerando a faixa etária de titulação, essa diferença pode ser atribuída aos diversos casos de gestação que certamente ocorreram durante o percurso acadêmico das doutorandas.

Quando se agregam as coortes de 1990 a 1994, de um lado, e as de 1995 a 1998, de outro, verifica-se que a idade média de doutoramento é praticamente a mesma, para ambos os grupos. Ou seja, não se identifica, no caso dos doutores, qualquer tendência de variação nessa média. Além disso, ao consultar o banco de dados dos mestres, observam-se fortes indícios de que ela, na melhor das hipóteses, permanecerá nesse patamar nos próximos anos, pelos motivos que se seguem. Como já mencionado, cerca de 3/4 dos doutores cursaram anteriormente o mestrado e doutoram-se em média aos 35 anos. A fração restante, que vai direto da graduação para o doutorado, titula-se com idade média inferior a 31 anos, ou seja mais de 4 anos mais jovens do que os colegas vindos do mestrado. Como a idade média de conclusão do mestrado é de 30 anos, o interregno entre o mestrado e doutorado é de 2,2 anos e a duração do doutorado, para aqueles que cursaram o mestrado, é de 4,7 anos, conclui-se que esse grupo terá, ao se doutorar, 36,9 anos. Supondo-se que a idade média de titulação dos doutores que vão direto da graduação para o doutorado permaneça inalterada, bem como a proporção destes no total dos doutores, pode-se estimar que a idade média de doutoramento em Bioquímica, para as turmas que concluirão o curso nos próximos anos, será de aproximadamente 35,5 anos. Se nesse cálculo considerarmos apenas os mestres que já se encontram vinculados a programa de doutoramento, cuja idade média de titulação no mestrado foi de 28,5 anos, essa projeção cai para 34,4 anos.[36]

Quais são os fatores que justificariam essa previsão de manutenção ou de crescimento da idade média de doutoramento? Para responder a essa questão, devemos considerar separadamente os doutores que fizeram anteriormente o mestrado e compará-los com os mestres. Quando essa confrontação é feita, observa-se que esses doutores graduaram-se cerca de um ano mais jovens do que os mestres, mesmo quando são considerados apenas os mestres que já estão vinculados a programa de doutoramento. Além disso, é possível, com os dados colhidos, projetar que os atuais mestres gastarão cerca de 8 anos para cumprir a trajetória da graduação até o ingresso no doutorado, trajetória essa que foi cumprida pelos doutores em um tempo médio da ordem de 7 anos. Essa diferença de um ano será, praticamente toda ela, devida à diferença de tempo observada no percurso entre a graduação e o início do mestrado. Ou seja, mesmo que os mestres estejam procurando o mestrado cada vez mais próximo do momento em que concluíram a graduação, eles o estão fazendo em um tempo médio que ainda é superior ao que foi registrado pelos doutores.

Considerando que os doutores em Bioquímica, em sua quase totalidade, irão atuar na área acadêmica e que nessa área cada vez mais o doutorado é condição de ingresso, o início tão tardio da atividade profissional, ocasionado pela elevada idade de titulação, talvez possa ser um fato a merecer a atenção das autoridades da área. É possível que seja conveniente a adoção de mecanismos indutores específicos, para evitar que a idade média de conclusão do doutorado exceda limites razoáveis. Um desses mecanismos, como demonstrado nos parágrafos anteriores, seria o de incentivar a alternativa do doutorado direto, prescindindo da etapa prévia do mestrado. Essa via parece ter sido usada até aqui apenas por estudantes de desempenho acadêmico diferenciado. No entanto, é possível que essa trajetória possa ser percorrida também com sucesso por todos aqueles que, ao concluírem a graduação, já demonstrarem uma nítida inclinação para seguir carreira acadêmica.

Estudo e trabalho de mestres e doutores, quando se inscreveram na pós-graduação

As tabelas 6.4a e 6.4b apresentam a situação de estudo e trabalho de mestres e doutores em Bioquímica, à época em que se inscreveram na pós-graduação. Cerca de 30% dos mestres declararam que, quando da inscrição para o mestrado, cursavam a graduação. Do ponto de vista prático, este percentual é ainda maior, uma vez que mais da metade dos mestres começou o curso até um ano após a conclusão da graduação. Ou seja, tratam-se de graduados cuja primeira opção profissional foi a de prosseguir seus estudos no mestrado, o que fizeram na primeira oportunidade. A proporção dos que ainda eram estudantes de graduação quando foram admitidos no curso é mais expressiva na UFMG e na UFRJ e menor na UFPE e na UFRGS.

Entre os doutores, mais da metade dos consultados declarou que, quando se inscreveu para o doutorado, era estudante. Quase todos eles, de mestrado. Mas observa-se também uma pequena parcela que declarou ter-se se inscrito para o doutorado ainda quando alunos de graduação. É provável que esses doutores tenham se equivocado, uma vez que dificilmente se selecionam alunos recém graduados diretamente para o doutorado. O mais comum é observar-se alunos que, selecionados para o mestrado, apresentam desempenho acadêmico tão destacado que os possibilita, posteriormente, passar diretamente para o doutorado, sem a conclusão do mestrado. Na UFRGS, que em relação a este aspecto apresenta situação muito diversa das demais instituições pesquisadas, concentram-se aqueles que não eram estudantes, quando foram admitidos ao doutorado.

A fração dos mestres que tinha vínculo profissional quando se inscreveu no curso é de pouco mais de 1/4 do universo considerado. Este indicador apresenta nuanças, quando se comparam as diversas instituições estudadas. Na USP, na UFMG e na UFRJ, corresponde a um percentual aproximado de 20%. Por outro lado, na UFPE e na

UFRGS, é da ordem de 40%. Entre os que se encontravam empregados, predominavam os que atuavam no setor público em relação aos que o faziam no setor privado, característica comum a todas as instituições pesquisadas, excetuado o caso dos titulados pela USP, em sua maioria vinculados ao setor privado.

Tabela 6.4a
Mestres em Bioquímica: situação de estudo e trabalho na inscrição por universidade (%)

		Universidade do curso					
		UFMG	UFPE	UFRGS	UFRJ	USP	Total
Estudo	Não estudava na grad.	63,4	81,0	82,3	58,9	70,3	69,2
na inscrição	Fazia graduação	36,6	19,0	17,7	41,1	29,7	30,8
	Total	100,0	100,0	100,0	100,0	100,0	100,0
Trabalho	Procurava trabalho		9,8	1,3	1,8		2,0
na inscrição	Outra	75,6	48,8	53,8	78,6	75,7	68,6
	Plena atividade	22,0	39,0	43,8	19,6	24,3	28,5
	Parc./tot. afastado	2,4	2,4	1,3			0,9
	Total	100,0	100,0	100,0	100,0	100,0	100,0
Atividade	Emp. setor público	50,0	77,8	47,2	54,5	44,4	53,7
remunerada	Emp. setor privado	30,0	22,2	36,1	45,5	55,6	37,6
na inscrição	Autônomo/consultor	20,0		16,7			8,7
	Total	100,0	100,0	100,0	100,0	100,0	100,0
Tipo de trabalho	Administração pública	10,0	35,3	16,3	9,1		14,6
na inscrição	Empresa	20,0	23,5	40,5	27,3	22,2	30,2
	IES	30,0	23,5	27,0	9,1	22,2	22,1
	Outra inst. ensino		11,8	8,1	36,4	44,5	18,4
	Instituição de pesquisa	20,0		2,7	18,2	11,1	9,1
	Outros	20,0	5,9	5,4			5,4
	Total	100,0	100,0	100,0	100,0	100,0	100,0
Atividade	Não	50,0	88,2	75,7	30,0	55,6	61,8
envolvia	Sim	50,0	11,8	24,3	70,0	44,4	38,2
pesquisa	Total	100,0	100,0	100,0	100,0	100,0	100,0
Era docente em	Não	70,0	82,4	78,4	90,0	88,9	81,6
universidade	Sim	30,0	17,6	21,6	10,0	11,1	18,4
	Total	100,0	100,0	100,0	100,0	100,0	100,0

A grande maioria dos mestres, 2/3, declarou "outra situação", quando solicitada a dar informações sobre sua situação de trabalho no momento da inscrição no mestrado. Ou seja, nem estavam vinculados a atividade profissional, ainda que dela afastados, nem procuravam emprego. Aliás, a fração dos que informaram que estavam procurando emprego é muito pequena, não alcançando a 3%. Entre os que se declararam em "outra situação", quase 70% tinham completado no máximo um ano de sua graduação. Ou seja, são aqueles que concluíram a graduação já com a opção definida de prosseguir estudos na pós-graduação. Para os outros 30%, não deixa de ser curioso que não estivessem vinculados a uma relação profissional definida, nem estivessem procurando emprego. Como mais da metade destes últimos tinham entre 2,0 e 3,0 anos de graduado, é possível supor que parte deles, tendo já optado pelo mestrado, não obteve êxito na primeira seleção e preferiu se preparar melhor para este fim. Mas, é possível também que o percentual quase nulo relativo à opção "procurando emprego" decorra do caráter negativo a ela associado. Quem procura emprego é porque não o está encontrando com facilidade. E, para um profissional de nível superior, esta possibilidade poderia ser interpretada como resultante de um desempenho profissional insuficiente.

Tabela 6.4b
Doutores em Bioquímica: situação de estudo e trabalho na inscrição por universidade (%)

		Universidade do curso				
		UFMG	UFRGS	UFRJ	USP	Total
Estudo na inscrição	Não estudava grad./mest.	32,8	84,2	42,9	34,2	43,2
	Fazia graduação	1,6		5,7	8,2	4,8
	Fazia mestrado	65,6	15,8	51,4	57,5	52,0
	Total	100,0	100,0	100,0	100,0	100,0
Trabalho na inscrição	Procurava trabalho		5,3			0,7
	Outra	70,3	42,1	74,3	68,9	67,0
	Plena atividade	29,7	52,6	25,7	27,0	30,8
	Parc./tot. afastado				4,1	1,4
	Total	100,0	100,0	100,0	100,0	100,0
Atividade remunerada na inscrição	Emp. setor públ.	84,2	70,0	88,9	81,8	81,2
	Emp. setor priv.	15,8	30,0	11,1	18,2	18,8
	Total	100,0	100,0	100,0	100,0	100,0
Tipo de trabalho na inscrição	Administração pública		5,0	22,2		6,0
	Empresa	10,5	15,0		9,1	8,8
	IES	68,4	80,0	55,6	72,7	69,7
	Outra inst. de ensino	5,3				1,2
	Instituição de pesquisa	15,8		22,2	18,2	14,4
	Outros					
	Total	100,0	100,0	100,0	100,0	100,0
Atividade envolvia pesquisa	Não	10,5	31,6	33,3	22,7	24,3
	Sim	89,5	68,4	66,7	77,3	75,7
	Total	100,0	100,0	100,0	100,0	100,0
Era docente em universidade	Não	36,8	20,0	33,3	31,8	30,6
	Sim	63,2	80,0	66,7	68,2	69,4
	Total	100,0	100,0	100,0	100,0	100,0

Menos de 20% dos mestres que se encontravam empregados eram docentes do ensino superior. Esta percentagem é um pouco maior entre os titulados pela UFRGS e pela UFMG, especialmente neste último caso, e um pouco menor para aqueles que se formaram pela UFRJ e pela USP. A percentagem dos que responderam que sua atividade profissional envolvia pesquisa é um pouco maior, cerca de 40%. Estes, como seria de se esperar, se concentram entre os que trabalhavam em IES (70%) e em Institutos de Pesquisa (100%). Em contrapartida, apenas 30% dos que trabalhavam em empresas declararam que exerciam atividades de pesquisa.

A fração dos doutores que tinha vínculo profissional quando se inscreveu para o doutorado é de quase 1/3 do universo entrevistado. Em relação a esse aspecto, UFMG, UFRJ e USP apresentam comportamento similar, mas na UFRGS a situação é bem diversa: a maioria de seus titulados estava em plena atividade profissional, quando se candidatou ao doutorado. A grande maioria que tinha vínculo profissional era ligada ao setor público, característica comum a todas as instituições, embora presente em menor intensidade na UFRGS.

Cerca de 70% dos doutores que tinham atividade profissional quando se inscreveram no curso atuavam em IES, quase todos eles como docentes. O segundo maior contingente é o daqueles que se encontravam trabalhando em institutos de pesquisa, cerca de 15% dos que tinham vínculo profissional. Muito poucos atuavam em empresas ou na administração pública. Mais de 3/4 dos empregados desenvolviam atividades de pesquisa.

Aproximadamente 2/3 dos doutores declararam "outra situação", quando solicitados a informar sobre sua situação de trabalho ao inscrever-se para o doutorado. Essa fração corresponde a quase 90% daqueles que declararam que ainda eram estudantes àquela época. É praticamente nula a percentagem daqueles que informaram estar procurando trabalho. Apenas na UFRGS essa resposta foi registrada (duas vezes).

Quando se compara a situação profissional dos mestres e doutores em Bioquímica, no momento em que se inscreveram à pós-graduação, verifica-se uma similaridade e uma diferença. Em ambos os casos, a proporção daqueles que tinham vínculo profissional era mais ou menos a mesma, cerca de 30% dos entrevistados. No entanto, o perfil da atuação profissional, em um e outro caso, é bem diverso. No caso dos mestres, a maior parcela atuava em empresas, vindo logo a seguir o vínculo profissional com atividades relacionadas ao ensino superior, quase sempre como docente. Há ainda uma significativa fração que trabalhavam em "outras instituições de ensino" e na administração pública. Entre os doutores, há uma preponderância absoluta dos que trabalhavam na área acadêmica,[37] que representam mais de 80% dos que tinham vínculo profissional. Duas razões podem ser aventadas para este fato. A primeira delas seria a de que o doutorado é reconhecido como uma formação essencialmente direcionada para a área acadêmica, enquanto que o mestrado estaria sendo percebido como uma formação também destinada a preparar profissionais para outros ramos de atividades. Contudo, é possível uma outra interpretação. Ambos, mestrado e doutorado, estariam sendo enxergados como formações específicas para o mundo acadêmico. No entanto, o mercado de trabalho na área acadêmica só ofereceria oportunidades para aqueles que são pelo menos mestres. Sendo assim, o exercício de atividades profissionais fora desta área seria uma opção temporária, até se alcançar a qualificação necessária para a atuação no meio acadêmico. Essa segunda interpretação, como se verá um pouco mais adiante, parece a mais provável, tendo em vista as respostas obtidas quando se questionou sobre as motivações para a procura pelo mestrado.

Motivações para a pós-graduação senso estrito

Uma das importantes questões da pesquisa dizia respeito às motivações para seguir a pós-graduação *stricto sensu*. Buscou-se identificar que aspectos mais pesaram na decisão de fazer o mestrado e o doutorado. Foram apresentados sete quesitos que poderiam ter incentivado a procura pela pós-graduação: corrigir deficiências da graduação, seguir/aprimorar carreira docente, seguir careira de pesquisador, ampliar oportunidades de trabalho, obter melhor trabalho em termos acadêmicos/profissionais, obter melhor nível de renda e aproveitar o incentivo das bolsas de estudo, solicitando-se aos entrevistados que os classificassem conforme o seu grau de importância. Os resultados obtidos encontram-se sumariados na tabela 6.5. Considerar-se-ão, na análise que se segue, os principais tipos de atividade em que se concentravam os mestres e doutores em Bioquímica, quando se inscreveram na pós-graduação.

A busca do mestrado como forma de corrigir deficiências da graduação foi apontada por apenas por 1/4 dos egressos como tendo pesado muito em sua decisão de fazer o curso. Em relação a este aspecto, não se observam diferenças significativas entre os segmentos considerados.

A procura de carreira docente (ou seu aprimoramento), bem como a pretensão de seguir carreira de pesquisador (ambas, aliás, em geral associadas entre si) pesaram muito na decisão de procurar o mestrado, na opinião de pelo menos 70% dos entrevistados. Como esperado, o aperfeiçoamento da carreira docente foi motivação muito importante em especial para os que atuavam em IES. Para aqueles que trabalhavam em empresas, este fator, embora tenha sido citado como muito importante por quase 3/5 dos entrevistados, não apresentou a mesma relevância do que para os outros segmentos aqui considerados. Já o intuito de seguir carreira de pesquisador apresenta percentuais de resposta "muito importante" que praticamente não variaram conforme o tipo de atividade então exercida, sugerindo que aqueles que se inscrevem no mestrado na área de Bioquímica percebem esta formação como tipicamente direcionada a uma carreira de pesquisa.

A ampliação do leque de oportunidades de atuação profissional e a obtenção de um trabalho qualitativamente melhor, depois do mestrado, influíram muito na decisão dos entrevistados. Os que estavam vinculados a IES foram um pouco menos influenciados por estes fatores, talvez porque já tivessem encontrado uma relação profissional estável da qual não desejavam se afastar. Mas é possível também supor que os docentes do ensino superior estavam menos otimistas quanto às possibilidades de, com o mestrado, ampliarem suas oportunidades profissionais, em comparação àqueles que trabalhavam em empresas, na administração pública ou em outra instituição de ensino.

Surpreendentemente, considerando a elevada fração daqueles que esperavam uma situação profissional melhor após a conclusão do mestrado, apenas 40% dos titulados procuraram a pós-graduação fortemente motivados pela possibilidade de melhorar a sua remuneração. Aqui, há que se ponderar sobre aspectos culturais de nosso país. É habitual que a motivação financeira para os estudos seja vista como um aspecto pouco nobre, levando as pessoas a justificarem suas opções muitas vezes por questões um pouco vagas, como vocação ou inclinações. Não seria surpresa, se, neste quesito, o índice relativamente baixo de respostas "pesou muito" tiver sido provocado por constrangimentos em apontar uma motivação financeira para prosseguir estudos.

Coerentemente com a interpretação dada no parágrafo anterior, também se observa ser pequena a percentagem, menor que 25%, daqueles que foram fortemente motivados pelo incentivo da bolsa. Quase a metade dos mestres entrevistados indicou que esse incentivo não pesou nada para a sua opção. No entanto, apenas 7% dos mestres não tiveram bolsas. Ou seja, se o incentivo da bolsa é de fato tão pouco relevante, porque seria que tão poucos concluem o mestrado sem dele usufruírem? Não seria, culturalmente falando, difícil admitir que a procura pelo mestrado se deu também em decorrência de um incentivo financeiro?

Entre os doutores, a procura pelo curso foi fundamentalmente determinada pelo desejo de ser pesquisador: quase 90% dos entrevistados declararam que este motivo pesou muito em sua escolha. Igualmente importantes, ainda que em menor intensidade, foram o desejo de seguir ou aprimorar carreira docente e a procura de melhor trabalho em termos acadêmicos e profissionais. Essas três motivações se correlacionam, uma vez que a pesquisa acadêmica em nosso país é desenvolvida essencialmente nas universidades e que o doutorado é hoje condição de ingresso em praticamente todos os departamentos de Bioquímica das universidades mais conceituadas do país. No entanto, deve ser observado que o desejo de se tornar pesquisador é um fator que motiva mais a procura pelo doutorado do que a vontade de seguir ou aprimorar carreira docente. Talvez este fato possa ser um indício de que o doutorado está mais associado à atividade de pesquisa em si do que à docência no ensino superior, que envolve pesquisa, mas não se restringe a isso. A diferença na resposta a esses dois quesitos foi maior ainda no caso daqueles que não tinham vínculo profissional quando ingressaram no doutorado: cerca de 70% deles consideraram que o fator "seguir/aprimorar carreira docente" pesou muito em sua opção, enquanto que quase todos os entrevistados avaliaram da mesma forma o fator "seguir carreira de pesquisador". Foi também identificado como importante, embora em menor grau, o fator "ampliar oportunidades de trabalho".

A resposta a esses quesitos não difere muito, ao se cotejar aqueles que estavam vinculados a institutos de pesquisa com os que trabalhavam em instituições de ensino superior. Salvo no que se refere ao quesito "seguir ou aprimorar carreira docente", indicado como fator muito importante por mais de 90% dos docentes de ensino superior, mas que não foi escolhido por quaisquer dos doutores então vinculados a institutos de pesquisa. Curiosamente, 1/4 desses, após se titularem, tornaram-se docentes do ensino superior.

Tabela 6.5
Mestres e doutores em Bioquímica: motivações para o mestrado e o doutorado por principais tipos de trabalho na inscrição (%)

		Administração pública	Empresa	Universidade	Outra inst. ensino	Instituição de pesquisa	Total (*)
a. Mestres							
Corrigir deficiências da graduação	Pouco/nada	72,6	78,7	71,9	64,3		74,4
	Muito	27,4	21,3	28,1	35,7		25,6
	Total	100,0	100,0	100,0	100,0		100,0
Seguir/ aprimorar carreira docente	Pouco/nada	34,3	42,0	11,5	33,4		30,0
	Muito	65,7	58,0	88,5	66,6		70,0
	Total	100,0	100,0	100,0	100,0		100,0
Seguir carreira de pesquisador	Pouco/nada	25,6	25,7	24,6	26,4		26,2
	Muito	74,4	74,3	75,4	73,6		73,8
	Total	100,0	100,0	100,0	100,0		100,0
Ampliar oportunidades de trabalho	Pouco/nada	19,8	18,0	35,0	19,4		25,7
	Muito	80,2	82,0	65,0	80,6		74,3
	Total	100,0	100,0	100,0	100,0		100,0
Melhor trabalho em termos acadêmicos ou profissionais	Pouco/nada	14,0	11,4	29,6	24,0		20,6
	Muito	86,0	88,6	70,4	76,0		79,4
	Total	100,0	100,0	100,0	100,0		100,0
Melhor nível de renda	Pouco/nada	61,0	70,7	57,7	47,1		60,7
	Muito	39,0	29,3	42,3	52,9		39,3
	Total	100,0	100,0	100,0	100,0		100,0
Incentivo da bolsa	Pouco/nada	75,6	62,1	76,5	94,4		76,6
	Muito	24,4	37,9	23,5	5,6		23,4
	Total	100,0	100,0	100,0	100,0		100,0
b. Doutores							
Corrigir deficiências do mestrado	Pouco/nada			83,4		100,0	88,4
	Muito			16,6			11,6
	Total			100,0		100,0	100,0
Seguir/ aprimorar carreira docente	Pouco/nada			8,8		100,0	28,1
	Muito			91,2			71,9
	Total			100,0		100,0	100,0
Seguir carreira de pesquisador	Pouco/nada			14,1			12,3
	Muito			85,9		100,0	87,7
	Total			100,0		100,0	100,0
Ampliar oportunidades de trabalho	Pouco/nada			42,1		37,9	37,4
	Muito			57,9		62,1	62,6
	Total			100,0		100,0	100,0
Melhor trabalho em termos acadêmicos ou profissionais	Pouco/nada			22,8		18,5	24,8
	Muito			77,2		81,5	75,2
	Total			100,0		100,0	100,0
Melhor nível de renda	Pouco/nada			66,0		64,5	67,4
	Muito			34,0		35,5	32,6
	Total			100,0		100,0	100,0
Incentivo da bolsa	Pouco/nada			92,8		79,1	89,6
	Muito			7,2		20,9	10,4
	Total			100,0		100,0	100,0

Nota: (*) - Os dados da col. total incluem outros tipos de trabalho na época da inscrição.

A busca do doutorado como forma de corrigir deficiências do mestrado foi apontada por pouco mais de 10% dos egressos como tendo pesado muito na sua decisão de fazer o curso. Entre aqueles que já tinham vínculo profissional com o meio acadêmico, observa-se uma relevância um pouco maior deste fator. Possivelmente, aqueles que estavam no meio acadêmico visualizavam a necessidade de ampliar seus conhecimentos, para uma atuação profissional de melhor qualidade, e identificaram esta necessidade como sendo uma deficiência de formação.

Similarmente ao observado para o caso dos mestres, foi surpreendentemente baixa, apenas 1/3, a fração dos entrevistados que avaliou o fator "obter melhor nível de renda" como tendo pesado muito para a decisão de cursar o doutorado. Afinal, 3/4 dos doutores haviam declarado que procuraram o doutorado fortemente motivados pela perspectiva de conseguirem um melhor trabalho em termos acadêmicos profissionais. E a um melhor trabalho geralmente se associa uma melhor remuneração. Provavelmente, a razão para este fato seja a mesma que foi aventada no caso dos mestres: constrangimentos em apontar uma motivação financeira para prosseguir estudos.

Também entre os doutores, são poucos os que consideraram o incentivo da bolsa como tendo pesado muito em sua escolha pelo doutorado. Apenas 1/5 dos entrevistados admitem isso. No entanto, ainda similarmente ao verificado no caso dos mestres, é muito pequena, apenas 10%, a proporção dos entrevistados que não foi beneficiada com bolsas de estudo. Ou seja, reforça-se a impressão de que, a despeito do que declararam mestres e doutores, o incentivo da bolsa pode sim estar sendo um fator importante para a procura pela pós-graduação estrito senso, na área de Bioquímica.

Estudo e trabalho de mestres e doutores após a titulação

Entre os mestres em Bioquímica formados no país na década de 90, a continuidade da formação é uma característica dominante, conforme pode ser verificado na tabela 6.6a. Atualmente, mais da metade deles está se doutorando, a grande maioria no Brasil. Ademais, uma parte dos mestres já concluiu o seu doutorado. A soma destes fatores – mestres que já se doutoraram e os que estão se doutorando – sugere que bem mais de 60% dos mestres em Bioquímica também irão concluir o doutorado.[38]

No entanto, a continuidade de estudos é observada em percentuais bem menores, para os titulados pela UFPE e pela UFRGS. No primeiro caso, a proporção dos que fizeram ou estão fazendo doutorado é inferior a 40% e no segundo, menor do que 20%. Na UFRGS, a proporção dos que estão fazendo doutorado é, inclusive, menor do que o percentual dos que estão fazendo outra pós-graduação.

Também no caso dos doutores, o prosseguimento dos estudos ocorre em proporção significativa, ainda que registrando, naturalmente, percentual bem menor do que o observado para os mestres. Conforme discriminado na tabela 6.6b, quase 40% dos doutores entrevistados já realizaram, ou estão realizando, estágios de pós-doutorado. A freqüência observada para o pós-doutorado no exterior é 1,5 vezes maior do que a verificada no país. Este quadro apresenta grande diversidade, quando se comparam as instituições pesquisadas. Na USP, os pós-doutores chegam a representar mais de 60% dos entrevistados; na UFRGS e na UFRJ, não alcançam 20%. Nessas três universidades, a maioria dos pós-doutores realizou seus estágios no exterior. Na UFMG, a fração dos que se pós-doutoraram é de 1/3, com pequena preponderância da formação no país.

A tabela 6.6a indica também que cerca de 50% dos mestres em Bioquímica têm vínculo profissional atualmente, estejam eles em plena atividade ou afastados, total ou parcialmente. Ou seja, do ponto de vista numérico, 1/3 dos que não tinham vínculo profissional quando se inscreveram para o mestrado passaram a tê-lo, após a conclusão do curso.[39] Observam-se diferenças expressivas de comportamento, em relação a esta variável, nas diversas instituições pesquisadas. Na UFMG e na UFRJ, a fração dos que se encontram empregados, pouco mais de 30%, é bem menor do que a média global, enquanto que na UFPE e na UFRGS, superior a 70%, é bem maior. Esse fato talvez explique o percentual bem menor de mestres formados por essas duas instituições que já se dirigiram para o doutorado, conforme já observado.

A outra metade dos mestres declarou encontrar-se em "outra situação", no que se refere a sua atividade profissional atual. Mais de 80% deles estão cursando o doutorado. Novamente, verificam-se diferenças consideráveis, quando se analisa cada instituição individualmente. Na UFMG e na UFRJ, concentram-se aqueles que se declararam em "outra situação". Isso se deve ao fato de cerca de 70% dos titulados por estas duas universidades se encontrarem vinculados a programas de doutorado. Por outro lado, a resposta "outra situação" é muito pouco freqüente na UFPE e na UFRGS, porque nestas instituições o percentual de titulados cursando o doutorado é relativamente pequeno. Ou seja, a menor fração de mestres titulados pela UFMG e pela UFRJ que se encontram empregados, comparados com os mesmos percentuais referentes à UFPE e UFRGS, pode decorrer do fato de que aqueles contam com melhores condições do que estes, para se vincularem a programas de doutorado. Na USP, o quadro observado, em relação a este aspecto, reproduz o padrão médio da área.

Tabela 6.6a
Mestres em Bioquímica: situação de estudo e trabalho por universidade (%)

		Universidade do curso					
		UFMG	UFPE	UFRGS	UFRJ	USP	Total
Pós-graduação após o mestrado	Faz PG *lato sensu*	4,9					0,8
	Faz dout. país	68,3	33,3	18,5	64,3	62,2	50,1
	Faz dout. sand. ou exter.		4,8				0,5
	Faz outra PG		2,4	27,2	10,7		10,7
	Não faz PG	26,8	59,5	54,3	25,0	37,8	37,9
	Total	100,0	100,0	100,0	100,0	100,0	100,0
Trabalho	Procura trabalho		2,4	1,4	1,8	2,7	1,6
	Outra	63,4	19,0	27,1	66,1	51,4	49,9
	Plena atividade	29,3	59,5	68,6	30,4	43,2	43,6
	Parc./tot. afastado	7,3	19,0	2,9	1,8	2,7	4,9
	Total	100,0	100,0	100,0	100,0	100,0	100,0
Atividade remunerada	Emp. setor públ.	66,7	84,8	56,9	66,7	29,4	61,4
	Emp. setor priv.	13,3	12,1	34,5	22,2	58,8	28,6
	Autônomo/consultor	13,3	3,0	4,3	5,6	11,8	6,6
	Proprietário	6,7		4,3	5,5		3,4
	Total	100,0	100,0	100,0	100,0	100,0	100,0
Tipo de trabalho	Administração pública	20,0	21,2	19,3	5,6	5,9	14,8
	Empresa	13,3	9,1	26,3	11,1	47,1	21,1
	IES	33,3	51,5	42,1	38,9	23,5	39,5
	Outra inst. de ensino		15,2	7,0	27,8	5,9	12,3
	Instituição de pesquisa	20,0	3,0		11,1	5,9	6,2
	Outros	13,3		5,3	5,6	11,8	6,2
	Total	100,0	100,0	100,0	100,0	100,0	100,0
Atividade envolve pesquisa	Não	33,3	51,5	44,8	38,9	52,9	44,3
	Sim	66,7	48,5	55,2	61,1	47,1	55,7
	Total	100,0	100,0	100,0	100,0	100,0	100,0
É docente em universidade	Não	66,7	57,6	61,4	72,2	76,5	65,9
	Sim	33,3	42,4	38,6	27,8	23,5	34,1
	Total	100,0	100,0	100,0	100,0	100,0	100,0

Entre os mestres que estão "em plena atividade", o setor público emprega a maior parte dos titulados, mais de 3/5 deles. Essa fração é mais expressiva na UFRJ e na UFPE, sendo que, nesta última, mais de 4/5 dos titulados com vínculo profissional estão neste setor. A atividade profissional autônoma ou de proprietário de empresas ocorre em percentual muito baixo, cerca de 10% dos que estão "em plena atividade". Esse subconjunto é mais expressivo na UFMG, alcançando o percentual de 20%.

O tipo de instituição em que os egressos do mestrado desenvolvem suas atividades revela bastante do que fazem. Entre aqueles que se encontram "em atividade", plena ou parcial, cerca de 2/5 atuam em instituições de ensino superior e aproximadamente 1/5 trabalha em empresas. Há ainda um contigente superior a 10% trabalhando na "administração pública" e em "outra instituição de ensino", mas é surpreendentemente pequeno o percentual de mestres vinculados a "instituto de pesquisa". Quando esta variável é analisada considerando-se cada uma das instituições pesquisadas isoladamente, repete-se o quadro descrito no parágrafo anterior. Na UFRGS e sobretudo na USP, o percentual de titulados trabalhando em empresas é relativamente elevado, enquanto que nas demais universidades predomina o vínculo com IES. Mesmo na UFRGS, onde o percentual de mestres trabalhando em empresas é maior do que 1/4, a maior parte dos titulados está vinculada a IES. A existência de uma fração significativa de mestres trabalhando em empresas reproduz uma realidade igualmente observada em relação aos mestres da área de Química, conforme se discute no capítulo sobre essa área de conhecimento. Como será visto mais à frente, também similarmente ao observado para a área de Química, esta situação é diferente para os doutores: são raros aqueles que trabalham em empresas.

Mais da metade dos mestres desenvolve atividades que envolvem pesquisa. Os titulados pela USP e pela UFPE são os que menos declararam estar envolvidos com pesquisas. Em contrapartida, essa atividade é mais freqüente entre os titulados pela UFRJ e, sobretudo, pela UFMG. Os mestres vinculados às IES e aqueles poucos que trabalham em institutos de pesquisa são os que mais desenvolvem pesquisas: no primeiro caso, cerca de 3/4 deles o fazem e, no segundo, mais de 4/5. Aqueles vinculados a empresas e os que trabalham em outras instituições de ensino são os que menos pesquisam: apenas 1/4 dos que se encontram nestas situações. Talvez de forma surpreendente, quase 3/5 dos mestres trabalhando em administração pública declararam que realizam pesquisas. Cerca de 1/3 dos mestres entrevistados são docentes do ensino superior. Esta fração não difere expressivamente quando se comparam as diferentes instituições pesquisadas, ainda que seja um pouco maior para a UFPE e para a UFRGS e um pouco menor para a UFRJ e para a USP.

A situação atual de trabalho dos doutores em Bioquímica está sumariada na tabela 6.6b. Quase 90% dos entrevistados encontram-se em plena atividade, praticamente não existindo quem esteja procurando emprego. Este quadro não se altera significativamente de instituição para instituição. A diferença mais significativa é que a proporção daqueles que se declararam em "outra situação" supera 10% na USP e na UFRJ e é quase nula na UFMG e na UFRGS.

Tabela 6.6b
Doutores em Bioquímica: situação de estudo e trabalho por universidade (%)

		Universidade do curso				
		UFMG	UFRGS	UFRJ	USP	Total
Pós-graduação após o doutorado	Não fez	65,6	81,6	74,3	31,5	58,2
	Fazendo pós-dout.	1,6		8,6	2,7	3,7
	Fez pós-dout. país	17,2	5,3	2,9	23,3	13,8
	Fez pós-dout. exterior	14,1	13,2	11,4	37,0	21,3
	Fez PG *lato sensu*	1,6		2,9	5,5	3,1
	Total	100,0	100,0	100,0	100,0	100,0
Trabalho	Procurava trabalho	1,6			1,4	0,9
	Outra	4,7	2,8	14,3	11,1	9,3
	Plena atividade	93,8	97,2	85,7	84,7	88,8
	Parc./tot. afastado				2,8	1,0
	Total	100,0	100,0	100,0	100,0	100,0
Atividade remunerada	Emp. setor públ.	81,7	83,3	86,7	76,6	81,5
	Emp. setor priv.	16,7	16,7	13,3	21,9	17,6
	Autônomo/consultor				1,6	0,5
	Proprietário	1,7				0,4
	Total	100,0	100,0	100,0	100,0	100,0
Tipo de trabalho	Administração pública	1,7	5,6	10,0		3,8
	Empresa	3,3	2,8		6,2	3,4
	IES	81,7	88,9	80,0	78,1	81,1
	Outra inst. de ensino			3,3		0,9
	Instituição de pesquisa	13,3	2,8	6,7	14,1	10,3
	Outros				1,6	0,5
	Total	100,0	100,0	100,0	100,0	100,0
Atividade envolve pesquisa	Não	8,3	2,8	6,7	14,1	9,1
	Sim	91,7	97,2	93,3	85,9	90,9
		100,0	100,0	100,0	100,0	100,0
É docente em universidade	Não	25,0	11,1	23,3	21,9	21,5
	Sim	75,0	88,9	76,7	78,1	78,5
		100,0	100,0	100,0	100,0	100,0

A grande maioria dos entrevistados – mais de 3/4 no total – residem, e portanto trabalham, no mesmo estado em que se doutoraram, característica presente em todas as universidades consideradas neste estudo. Esta situação não se altera, quando se consideram especificamente aqueles que tinham vínculo profissional quando se inscreveram para o doutorado. Ou seja, parece que, no que se refere à formação de pós-graduados na área de Bioquímica, as universidades, inclusive a USP, ou atraem estudantes essencialmente na região em que se localizam ou aqueles que mudaram de estado para estudar não regressaram para os seus estados de origem, após se titularem.

A atividade profissional atual dos doutores é essencialmente na área acadêmica e no setor público. Mais de 3/4 dos entrevistados são docentes de IES e mais de 90% deles estão desenvolvendo atividades de pesquisa. Não se observam diferenças expressivas entre as instituições pesquisadas com referência a essas questões.

A trajetória: de onde vieram e onde estão os mestres e doutores em Bioquímica

Outra questão de interesse da pesquisa era identificar características da trajetória dos egressos após sua titulação: de onde vieram e para onde foram? A resposta à indagação indica que o destino predominante dos egressos é a academia, seja como atuação profissional, seja como continuidade de sua formação,[40] conforme os resultados da tabela 6.7.

Quando da inscrição ao mestrado, quase 3/4 dos entrevistados eram inativos. Este fato decorre de que uma boa parte deles, cerca de 1/3, ainda cursava a graduação nesta época, enquanto que quase outro tanto havia se graduado recentemente. Após a conclusão do mestrado, 1/3 dos anteriormente inativos declarou vínculo profissional permanente, a maioria deles no meio acadêmico. Mas, entre os ex-inativos, observa-se também um pequeno contingente que ocupa postos de trabalho no mercado e no Estado.

Levando-se em conta que cerca de 80% dos mestres que permanecem inativos após concluírem o mestrado estão cursando o doutorado, é possível identificar uma tendência de reorientação profissional associada à conclusão do mestrado, direcionada para a academia. Dentre os que se encontravam empregados quando se inscreveram para a pós-graduação, 40% passaram a ter atividade diferente após o mestrado, sendo que 7% migraram para o mercado, 3% para o estado, 5% para a academia e 25% tornaram-se inativos. Somando-se os percentuais associados à mudança para a área acadêmica e aos que passaram a inativos, em sua grande maioria alunos de doutorado,[41] verifica-se que 30% dos que tinham atividade profissional quando foram admitidos para o mestrado, migraram de outra atividade para a área acadêmica. Em contrapartida, 13% dos que se encontravam vinculados à academia no momento da inscrição migraram para outras áreas, após a conclusão do mestrado. Somando-se ponderadamente esses dois movimentos – de entrada e de saída da área acadêmica – e considerando os percentuais de inativos que são alunos de doutorado e o de doutores que estão no meio acadêmico, verifica-se um percentual médio líquido de 14% de migração de outras áreas para a academia.

Tabela 6.7
Mestres e doutores em Bioquímica: mercado, Estado e academia –
trajetória da inscrição à situação de trabalho atual
(% em relação ao total e marginais)

		Situação e *locus* laboral atualmente					
		Mercado	Estado	Academia	Inativo	Desempregado	Total
a. Mestres							
Situação e *locus* laboral na inscrição	Mercado	4,1	0,9	0,5	3,6		9,0
	Estado	0,5	2,3	0,9	1,4		5,0
	Academia	1,4		7,7	1,4		10,4
	Inativo	6,3	5,0	13,1	47,5	1,4	73,3
	Desempregado			0,9	0,9	0,5	2,3
	Total	12,2	8,1	23,1	54,8	1,8	100,0
b. Doutores							
Situação e *locus* laboral na inscrição	Mercado	0,5		2,4			2,9
	Estado		1,4	0,5			1,9
	Academia	1,0	0,5	24,2	1,4		27,1
	Inativo	1,9	1,4	55,6	7,2	1,0	67,1
	Desempregado			0,5	0,5		1,0
	Total	3,4	3,4	83,1	9,2	1,0	100,0

Em adição a esta reorientação profissional para a área acadêmica, a conclusão do mestrado também orienta fortemente para essa área aqueles estudantes que ingressaram no mestrado sem ter um vínculo profissional definido. Destes, 66% permanecem como inativos após o mestrado, 9% dirigem-se para o mercado, 7% para o Estado e 17% para a academia. Considerando-se que cerca de 3/4[42] dos mestres atualmente inativos deverão estar, dentro de alguns anos, atuando no meio acadêmico, conclui-se que mais de 60% daqueles que ingressaram no mestrado sem vínculo profissional se orientarão profissionalmente para a academia.

Já em relação aos doutores, observa-se que a conclusão do curso não reorienta opções profissionais. Procuram o doutorado em Bioquímica quase que exclusivamente profissionais que já estavam vinculados ao meio acadêmico – e estes assim permanecem após o doutoramento – e estudantes de mestrado, os quais, em sua quase totalidade, quando tornam-se doutores, passam a atuar na área acadêmica. Quando da inscrição ao doutorado, 2/3 dos entrevistados eram inativos. Este fato decorre de que a grande maioria deles, cerca de 3/4, ainda cursava o mestrado nesta época. Os demais entrevistados, em sua quase totalidade, encontravam-se vinculados ao meio acadêmico. Após a conclusão do doutorado, a percentagem de inativos reduz-se a menos de 10% e a de desempregados não alcança 1%. Os que eram inativos agora atuam no meio acadêmico, com poucas exceções, e essas se concentram entre aqueles que permanecem inativos. Os que permanecem hoje como inativos, quase todos, concluíram o doutorado no período 96/98 e ou estão fazendo pós-doutorado ou terminaram o pós-doutorado recentemente. Ademais, eles se concentram entre os titulados pela USP e pela UFRJ, sendo raros na UFMG e na UFRGS.[43]

Cabe ainda um comentário em relação à atividade profissional dos doutores em Bioquímica. Como visto, o doutorado nesta área tem como objetivo precípuo a preparação de profissionais qualificados para o meio acadêmico, o que significa dizer para as universidades, em sua grande maioria. E para as universidades do setor público, uma vez que a pós-graduação no país, em especial em áreas de "hard science" como é a Bioquímica, está concentrada neste setor. Ocorre que, nos últimos anos, o setor das federais praticamente não está admitindo professores e as estaduais paulistas também enfrentam dificuldades nesta questão.[44] A permanecer esta situação por um tempo maior, tal fato poderá ter impacto muito negativo no doutorado em Bioquímica. Seja ocasionando uma redução pronunciada na procura, seja desestimulando os estudos daqueles que, a despeito de uma perspectiva profissional desfavorável, ainda continuarem a procurar o doutorado, em razão da bolsa ou atendendo a uma forte inclinação profissional.

Com relação ao setor de trabalho de mestres e doutores em Bioquímica, antes e depois da titulação, o que se observa é que o término da pós-graduação favorece amplamente a atuação no setor público, conclusão a que se pode chegar cotejando as tabelas 6.4a e 6.6a e as tabelas 6.4b e 6.6b. Antes de iniciarem o mestrado, 29% dos mestres encontravam-se ativos profissionalmente, sendo 16% deles na área pública e 13%, na área privada.[45] Após a conclusão do curso, 49% deles têm vínculo profissional definido, sendo 30% no setor público e 19%, no privado. Os números são ainda mais expressivos, no caso do doutorado. Ao ingressarem no curso, 32% dos doutores eram ativos profissionalmente, sendo 26% na área pública e 6% na privada. Após a conclusão do doutorado, 90% têm vínculo profissional definido, sendo 73% no setor público e 17% no privado.

Quanto estão ganhando os mestres e doutores em Bioquímica?

Solicitou-se aos entrevistados que declarassem sua renda pessoal, classificando-a em uma das seis faixas de valores em reais apresentadas. A menor faixa foi de até R$ 1.500,00 e a maior, superior a R$ 5.500,00. As rendas médias foram calculadas tomando-se o ponto médio do intervalo de valores que definiam a faixa. Para o caso das duas faixas extremas – superior e inferior – adotou-se o critério de manter constante, em R$ 1.000,00, a diferença entre a renda média de duas faixas subseqüentes.

A renda média para os mestres é cerca de R$ 2,4 mil. Os que atuam em IES e na administração pública (e também a pequena parcela dos que trabalham em institutos de pesquisa) têm renda semelhante, em torno de R$ 2,1 mil mensais, conforme descrito no gráfico 6.4, no qual se discriminam apenas os tipos de trabalho relatados por mais de 10% dos mestres. Esse valor é bem abaixo do que o declarado pelos que trabalham em empresas, R$ 3,3 mil. Como seria de se esperar, a renda aumenta com a experiência profissional. Os titulados nos dois primeiros anos da década registram ganhos médios de quase R$ 3,4 mil, contra pouco mais de R$ 2,0 mil, para os que concluíram o mestrado nos dois últimos anos do período considerado. Ou seja, uma diferença de aproximadamente 70%. O aumento da renda média com a experiência profissional é aproximadamente linear, coeficiente de correlação de 0,85, correspondendo a um acréscimo de R$ 240,00, em média, por ano de experiência.

A renda média mensal dos mestres varia expressivamente conforme a instituição que titulou o entrevistado. Aqueles que se formaram pela UFMG e pela UFPE são os que menos ganham, cerca de R$ 2,0 mil. Este valor cresce um pouco para os titulados pela UFRJ e UFRGS, cerca de R$ 2,3 e 2,5 mil, respectivamente. Já os que se formaram pela USP têm renda média bem superior, R$ 3,4 mil. Um dos fatores que explicam estas diferenças é o tipo de atividade desenvolvida pelos mestres titulados em cada instituição.[46] É razoável ainda supor que estas diferenças tenham a ver também com os padrões de remuneração dos diversos estados da federação, uma vez que mais de 90% dos entrevistados residem no mesmo estado onde concluíram o mestrado.

Os mestres que se encontram empregados no setor privado recebem em média 40% a mais do que seus colegas do setor público. Se a comparação for feita com todos aqueles vinculados ao setor privado, incluindo os que exercem atividades autônomas ou empresariais, essa diferença sobe para 50%. Uma diferença de remuneração tão elevada, acredita-se, deveria merecer a atenção das autoridades responsáveis. Na medida em que esta situação se consolide, é possível que o setor público perca a capacidade de atrair os profissionais de melhor desempenho para os seus quadros.

Gráfico 6.4
Mestres e doutores em Bioquímica: médias das classes de renda por principais tipos de trabalho (em reais)

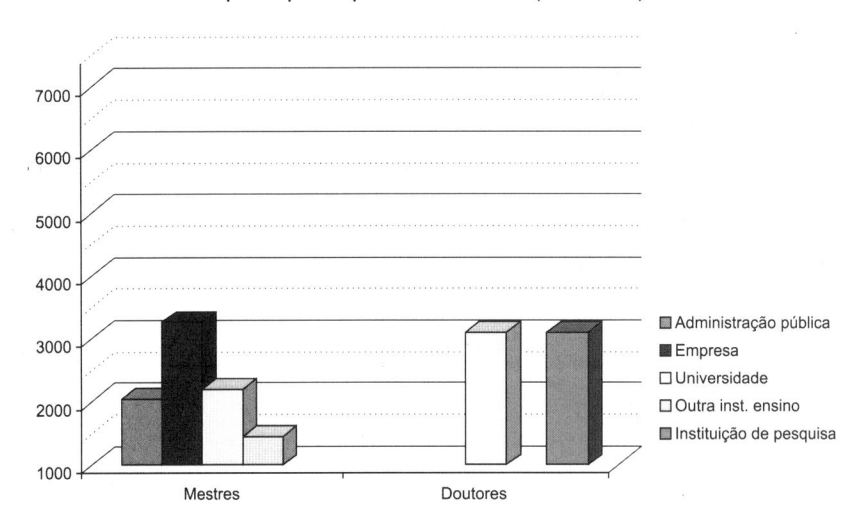

A renda média registrada pelos mestres guarda alguma correlação com a escolaridade de seus pais. Aqueles que são filhos de pais, ou mães, com escolaridade de no máximo o primeiro grau completo,[47] relatam ganhos que são cerca de 20% menores do que os observados para filhos de pais com maior nível de escolaridade. Entretanto, essa diferença praticamente desaparece quando se comparam os filhos de pais que concluíram apenas a escola média com aqueles cujos pais são graduados.

Para os doutores, a renda média é cerca de R$ 3,1 mil, o que corresponde a um acréscimo de 30% em relação à dos mestres. Os maiores rendimentos são auferidos por aqueles poucos que trabalham na administração pública e os menores, pelos também raros empregados de empresas, invertendo-se o observado para o caso dos mestres, cujos salários são maiores nas empresas. É interessante registrar que a renda média dos doutores que trabalham em empresas é cerca de 30% **menor** do que a dos mestres na mesma situação. Ou seja, parece que as empresas valorizam mais os mestres do que os doutores.[48] Instituições de ensino superior e institutos de pesquisa têm padrão salarial similar, conforme se pode verificar no gráfico 6.4. Ao contrário do que se verificou para o caso dos mestres, cuja remuneração é expressivamente maior no setor privado, os rendimentos médios pagos pelos setores público e privado são muito próximos: cerca de 5% maiores na área pública, em comparação com a área privada.

Também ao contrário do que se verificou em relação aos mestres, a renda média é praticamente independente da instituição formadora. Quando tal comparação é feita, observa-se que a diferença entre a maior e a menor remuneração é de 2%. Certamente isso reflete o fato de a quase totalidade dos doutores em Bioquímica trabalharem na área acadêmica e em instituições públicas, com planos de cargos e salários muito similares, se não idênticos.

A renda média dos doutores mostra também tendência de aumentar com a experiência profissional, mas essa tendência é menos pronunciada do que no caso dos mestres. Os doutores da coorte de 1990 percebem apenas 30% a mais do que seus colegas da coorte de 1998, enquanto que no caso dos mestres esta diferença alcança 100%. Não se observa também a dependência linear entre renda média e tempo de experiência profissional. Mais uma vez este comportamento talvez possa ser creditado ao fato de os doutores atuarem, quase todos, no meio acadêmico.

A remuneração média dos doutores, diferentemente do que foi observado para os mestres, não é afetada pelo nível de escolaridade de seus pais. De certa forma, isso seria esperado, tendo em vista que a grande maioria dos doutores atuam na área acadêmica e no setor público, sujeitos a planos de cargos e salários geralmente bem definidos. Essa diferença observada em relação ao verificado para os mestres sugere que a remuneração auferida fora do meio acadêmico possa estar sendo influenciada também por questões de relações pessoais.[49] Talvez essa questão possa ser investigada no futuro, para se agregar um novo elemento, no que diz respeito aos condicionantes que determinam a remuneração de pós-graduados em nosso país.

A remuneração tanto de mestres como de doutores, daqueles mais do que destes, é afetada pelo sexo dos titulados. Seguindo o padrão habitual – comum à maioria das atividades profissionais – as mulheres ganham menos do que os homens. As diferenças percentuais, tomando a remuneração dos homens como referência, é de cerca de 15%, no caso dos doutores e de 30%, no caso dos mestres. Uma explicação sobejamente conhecida para essas diferenças entre gêneros é o caráter "machista" de nossa sociedade, apesar do universalismo da legislação em vigor. No caso em tela, entretanto, apenas esse aspecto talvez seja insuficiente para explicar o que foi observado.

Ocorre que as diferenças de remuneração entre homens e mulheres são observadas em praticamente todo o tipo de atividade desenvolvida por mestres e doutores em Bioquímica, inclusive no ensino superior, ainda que sejam mais expressivas nas empresas e na administração pública. Isso é inesperado, uma vez que no ensino superior, em especial na área pública, existem planos de carreiras bem definidos, que não discriminam as mulheres. É observada ainda em todas as instituições pesquisadas, à exceção dos doutores formados pela UFRJ, para os quais a remuneração das mulheres é 3% maior do que à dos homens. A maior remuneração dos homens não pode ser atribuída ao maior tempo de titulação destes, visto que as diferenças em relação a esse último aspecto, embora existentes, são muito pequenas e sem significado estatístico. Não foi possível encontrar um fator que pudesse representar uma explicação plausível para essa regularidade, com os dados colhidos na pesquisa. Certamente, pode-se imaginar diversas razões que contribuiriam para isso, mas todas elas são de natureza subjetiva e impossíveis de ser comprovadas com as informações de que dispomos.[50]

Contribuições da pós-graduação para o trabalho atual

Uma questão-chave da pesquisa referia-se às relações entre a formação recebida e o trabalho que desenvolviam na época em que foram coletados os dados. Que contribuições teve o curso para o trabalho atual, segundo a percepção dos egressos? As experiências de trabalho após o curso correspondem às expectativas da época da inscrição? Foram apresentados aos entrevistados quatro quesitos para serem avaliados, conforme a contribuição que estariam tendo para o seu exercício profissional atual: *formação teórica, experiência em pesquisa, atualização/reciclagem de conhecimentos* e *contatos acadêmicos e profissionais*. A súmula das respostas a essas questões encontra-se registrada nos gráficos 6.5a e 6.5b, sendo discrimi nadas conforme o tipo de trabalho atual do entrevistado,[51] com registro apenas para aquelas atividades que congregam mais de 10% dos mestres ou dos doutores.

Em geral, os mestres em Bioquímica indicam elevado grau de satisfação com o curso que fizeram. Para 70% deles, a formação teórica e a reciclagem de conhecimentos têm contribuído muito para o seu exercício profissional. Os que são docentes são os que melhor avaliam o impacto desses quesitos. Por outro lado, aqueles que trabalham em empresas ou na administração pública são bem menos otimistas em relação a esses aspectos. Para mais da metade destes últimos, eles não contribuíram muito para o seu exercício profissional.

Gráfico 6.5a
Mestres em Bioquímica: contribuições do curso para os principais tipos de trabalho (% de "contribuiu muito")

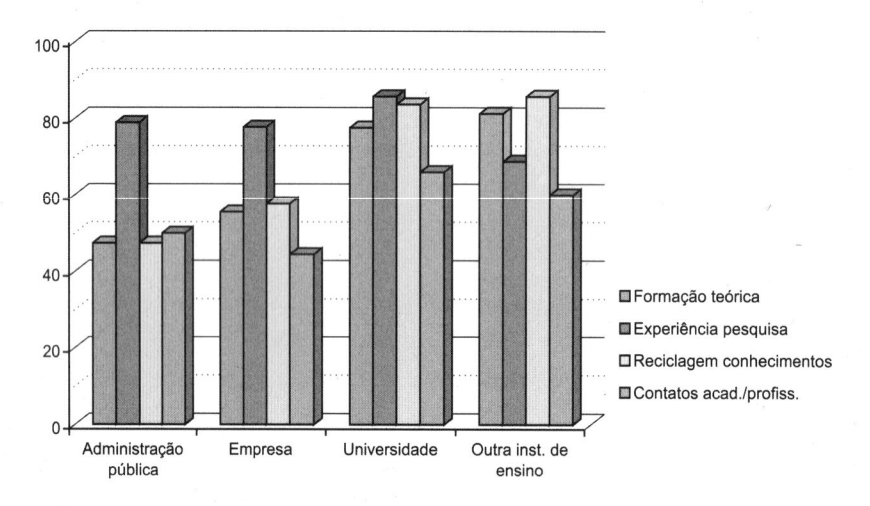

A experiência em pesquisa foi considerada, pelo mestres, como de maior importância do que a formação teórica, trazendo elevada contribuição para as atividades profissionais de quase 80% deles. Em relação a esse quesito, a opinião varia muito pouco, conforme o tipo de trabalho atual: os percentuais correspondentes para a resposta "contribuiu muito" oscilam entre 70% e 85%. Ele foi o fator apontado como o mais importante, para todos os tipos de trabalho considerados, excetuados aqueles que atuam como docentes, mas não no ensino superior. Para estes últimos, provavelmente em sua grande maioria professores do ensino médio, a experiência em pesquisa é superada tanto pela formação teórica, quanto pela reciclagem de conhecimentos, o que parece ser bastante natural. Tal nível de relevância atribuído à variável "experiência em pesquisa" parece coadunar-se com o principal motivo para a busca do mestrado em Bioquímica, qual seja a carreira de pesquisador.

Os contatos acadêmicos e profissionais advindos do mestrado foram identificados como o fator que menos contribuiu para o exercício profissional. No entanto, excetuados os que trabalham em empresa, pelo menos a metade dos entrevistados consideram que eles estão sendo muito importantes para o seu exercício profissional. No caso dos que estão profissionalmente vinculados à administração pública, a importância desse fator foi similar à observada para a formação teórica e para a reciclagem de conhecimentos.

O conjunto das percepções revela, portanto, que o concurso da formação obtida tem sido elevado para o bom desenvolvimento das atividades profissionais dos mestres. Considere-se também que o mestrado teria na qualificação para a docência no ensino superior uma de suas principais finalidades – senão a principal – e que, nesta ordem de idéias, são exatamente os docentes que freqüentemente se destacam na avaliação das relações entre formação e trabalho atual, com as apreciações mais positivas. No entanto, observam-se algumas reiteradas diferenças nos níveis dos aportes da formação teórica e da reciclagem de conhecimentos que o curso propiciou, para as quais os mestres atuando em empresas e na administração pública, nesta ordem, têm avaliações bem inferiores às dos professores. Considerando-se ainda a parcela dos mestres que trabalham em empresas (cerca de 20% daqueles que hoje são ativos profissionalmente) ou na administração pública (aproximadamente 15% do mesmo universo), os resultados parecem sugerir de que haveria espaço para melhorias na formação dos mestres em Bioquímica, talvez introduzindo alguma diversificação que atendesse mais de perto os que futuramente se dirigiriam ao mercado de trabalho das empresas, públicas e privadas, e da administração pública.

O grau de satisfação dos doutores com o curso que fizeram é mais elevado ainda do que o dos mestres. Todos os quesitos apresentados foram indicados pela grande maioria dos entrevistados como tendo contribuído muito para a sua formação. O quesito "experiência em pesquisa" se destaca em relação aos demais, sendo citado como "tendo contribuído muito" por cerca de 95% dos entrevistados. Esse resultado guarda correspondência com o fato de a maior motivação para a procura do doutorado ser o desejo de seguir carreira de pesquisador. Aqueles que atualmente trabalham em empresas são os que menos classificaram esse quesito como "tendo contribuído muito".[52] Isso é coerente com a observação de que são exatamente esses profissionais os que menos desenvolvem atividades de pesquisa hoje.[53]

Gráfico 6.5b
Doutores em Bioquímica: contribuições do curso para os principais tipos de trabalho (% de "contribuiu muito")

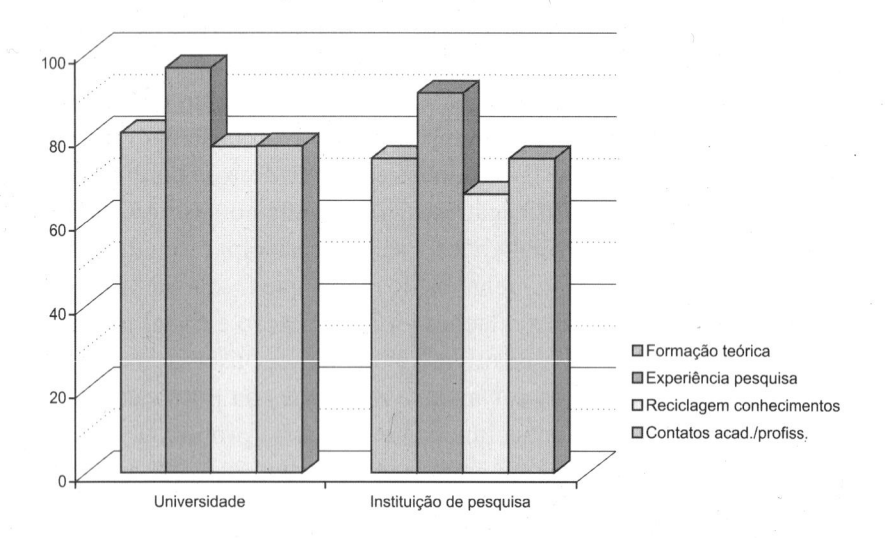

Os outros quesitos sugeridos aos entrevistados mostraram respostas similares: cerca de 3/4 dos doutores classificaram todos eles como "tendo contribuído muito". Aqueles que trabalham em empresas têm avaliações sistematicamente menos positivas. Os que atuam na administração pública não consideraram a formação teórica como um fator tão relevante quanto os seus colegas de outras instituições. Por sua vez, os vinculados a institutos de pesquisa consideraram a reciclagem de conhecimentos como o fator menos relevante para a sua formação, da mesma forma que a grande maioria dos que trabalham em IES, embora a avaliação destes últimos em relação a esse quesito seja melhor do que a dos primeiros. Os contatos acadêmicos e profissionais foram considerados pelos que atuam em IES de forma similar à reciclagem de conhecimentos.

O impacto da pós-graduação na vida profissional – o que muda depois?

Indagou-se também se a formação no mestrado e no doutorado trouxe mudanças em alguns aspectos relevantes do trabalho dos egressos, comparando-se sua situação antes e depois do curso, procurando-se avaliar se ocorreram alterações e, em caso positivo, em que medida estas atenderam às perspectivas que tinham os egressos quando se inscreveram na pós-graduação. Os resultados encontrados[54] estão apresentados nos gráficos 6.6a e 6.6b.

As informações prestadas pelos mestres revelam que o curso teve impactos positivos na vida profissional, sugerindo um cenário de elevada satisfação com as mudanças propiciadas.[55] Cerca de metade dos mestres julga que depois do curso suas oportunidades de trabalho tiveram grande aumento e quase 3/4 entendem que seu trabalho atual, do ponto de vista acadêmico e/ou profissional, é muito melhor do que antes. Destacam-se, nesta apreciação positiva, os que atuam em IES e na administração pública. Quanto ao nível de renda, quase 60% dos mestres entendem que este aumentou muito depois do curso, novamente com destaque para os que hoje atuam nas duas áreas mencionadas anteriormente. Os que trabalham em empresas, em outra instituição de ensino e em institutos de pesquisa são os que identificam impacto menos positivo do mestrado em seu nível de renda. Por outro lado, os docentes do ensino superior são os que mais associam um aumento expressivo da renda com a conclusão do mestrado. De uma maneira geral, os mestres que trabalham em empresa são os menos otimistas na avaliação do curso e os docentes do ensino superior, aqueles que o fazem de forma mais positiva.

Cerca da metade dos mestres também declarou que sua participação em eventos científicos hoje é muito maior do que quando ingressaram no mestrado. Uma fração bem menor, 1/5, julga que ela é apenas um pouco maior. Esses resultados parecem ser coerentes com os demais dados colhidos neste trabalho. Mas, por outro lado, chega a surpreender o fato de 1/3 dos entrevistados considerar que sua participação em eventos hoje não é maior do que antes de sua admissão no mestrado. É bem verdade que estes se concentram entre aqueles cujo vínculo profissional é com empresas ou com instituições de ensino que não são de terceiro grau. Ainda assim, mais de 20% daqueles cujo vínculo profissional atual é com IES também informam que sua participação em eventos não aumentou, quando comparada com a que tinham ao ingressarem no mestrado. E isso, evidentemente, não seria de se esperar.

Gráfico 6.6a
Mestres em Bioquímica: experiência profissional após a titulação por principais tipos de trabalho (% de "melhorou/aumentou muito")

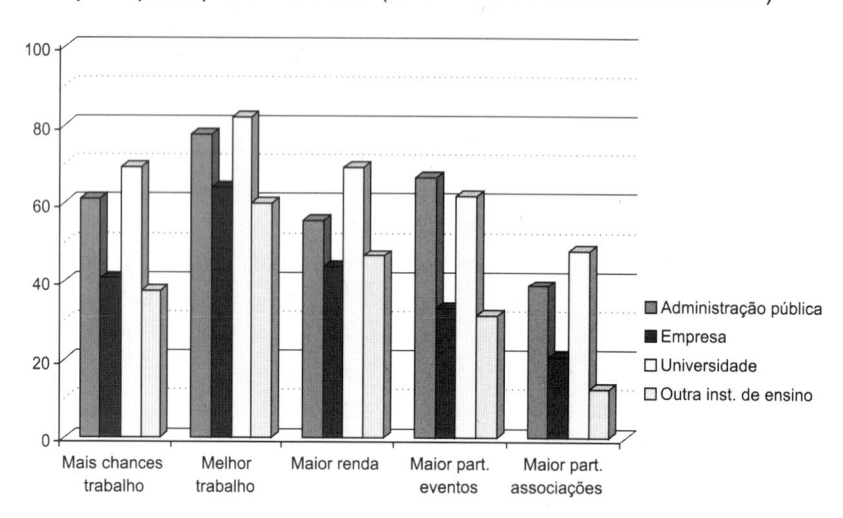

As informações prestadas pelos doutores revelam que o curso teve impactos positivos na vida profissional, sugerindo também um cenário de elevada satisfação com as mudanças propiciadas pelo curso, conforme discriminado no gráfico 6.6b. Cerca de 2/3 dos doutores julgam que depois do curso suas oportunidades de trabalho tiveram grande aumento e quase 3/4 entendem que seu trabalho atual, do ponto de vista acadêmico e/ou profissional, é muito melhor do que antes.[56] Não há diferenças significativas nessa avaliação entre docentes de ensino superior e pesquisadores de institutos de pesquisa.

Mais de 60% dos doutores entrevistados consideraram que a sua renda atual é muito superior à que auferiam antes do doutorado. Os professores do ensino superior avaliam esse quesito de forma um pouco mais positiva do que seus colegas que têm vínculos profissionais com institutos de pesquisa, ainda que a renda média desses dois grupos seja praticamente a mesma.

Avaliações desfavoráveis em todos os quesitos, no entanto, são a tônica entre aqueles que desenvolvem atividades profissionais em empresas. Provavelmente decorrem da remuneração muito baixa desses profissionais, conforme já visto, e do fato de apenas 40% deles desenvolverem atividades de pesquisa atualmente.

Gráfico 6.6b
Doutores em Bioquímica: experiência profissional após a titulação por principais tipos de trabalho (% de "melhorou/aumentou muito")

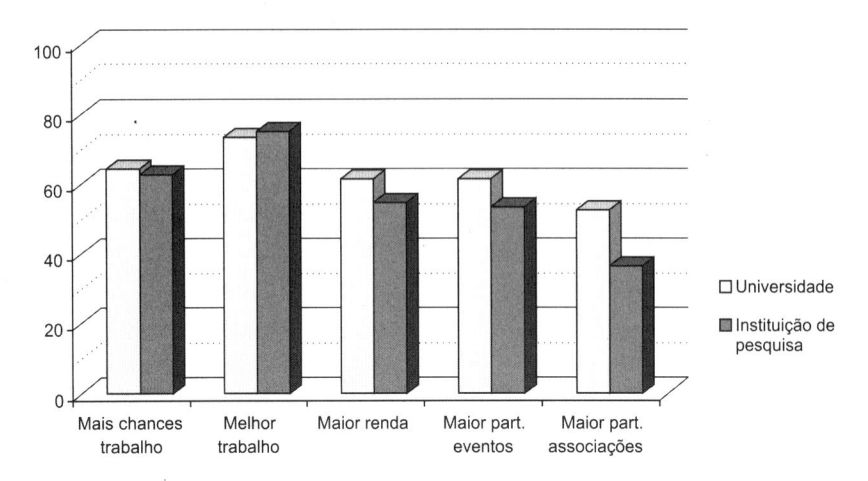

O doutorado contribui apenas medianamente para aumentar a participação em eventos e em associações científicas e profissionais. Muito provavelmente porque a formação do mestrado também já requer uma participação ativa nessas atividades.

Conclusões

Os mestres e doutores em Bioquímica são egressos preferencialmente de cursos de graduação na área de Biologia, mas existe uma contribuição significativa de áreas conexas da graduação, em especial Farmácia, Química e Medicina, sobretudo no caso dos doutores. Entre os titulados na década de 90, há preponderância do sexo feminino: as mulheres correspondem a aproximadamente 3/4 dos mestres e a quase 60% dos doutores.

O ingresso no mestrado ocorre cerca de 3,0 anos após a graduação, mas esta média apresenta grande dispersão, o que caracteriza a coexistência de trajetórias diferentes, embora 70% dos titulados tenham sido admitidos no curso até dois anos após se graduarem. Isso também é observado para o doutorado, que se inicia, em média, cerca de 6,0 anos após a graduação. Aqueles que fizeram anteriormente o mestrado ingressam no doutorado praticamente em seguida à conclusão do mestrado, em torno de 7,0 anos após se graduarem. Os que foram diretamente para o doutorado o fazem cerca de 3,0 anos após concluírem a graduação. Há indícios de que o tempo médio decorrido entre a conclusão da graduação e o ingresso na pós sofreu uma redução nos últimos anos, de aproximadamente 10%, tanto para o mestrado, quanto para o doutorado.

A duração média do mestrado é de 3,0 anos, valor que decresceu expressivamente ao longo da década: cerca de 40%, quando se comparam os anos inicial e final do período estudado. Entretanto, não se verifica diminuição da idade média de titulação, que é de 30 anos. A menor duração do curso e o ingresso no mestrado mais próximo da graduação estão sendo compensados por um acréscimo na idade média de graduação, que passou de cerca de 22 anos para quase 25 anos. Já no caso do doutorado, o curso tem duração média de 4,5 anos, valor que não se alterou significativamente ao longo da década e que praticamente é o mesmo para todas as instituições pesquisadas. A idade média de titulação é cerca de 34 anos. Observa-se uma expressiva diferença nessa média quando se comparam os entrevistados que previamente concluíram o mestrado com os que foram diretamente para o doutorado, respectivamente 35 anos e 31 anos.

Considerando-se o nível de instrução dos pais, a origem socioeconômica dos titulados é bastante diversificada, ao contrário do que se poderia esperar. Cerca 30% dos mestres e de 40% dos doutores são filhos de pai ou mãe com instrução superior. Por outro lado, cerca de 1/3, em ambos os casos, são filhos de pai ou de mãe cuja instrução é, no máximo, a de primeiro grau completo. Apenas 15%, entre os doutores e também entre os mestres, possuem mãe e pai, ambos, com nível de instrução superior. São raros aqueles cujo pai ou mãe fizeram mestrado ou doutorado.

Apenas 1/3 dos mestres tinha vínculo profissional quando se inscreveu para o mestrado. Estes distribuíam-se de forma quase eqüitativa entre os setores público e privado. Quase 20% eram docentes do ensino superior e cerca de 40% desenvolviam atividades de pesquisa. Após a conclusão do mestrado, observa-se que 60% deles permanecem na pós-graduação, agora como estudantes de doutorado, e que a metade tem vínculo profissional, dos quais 2/3 atuam no setor público e 1/3, no privado. Ou seja, o mestrado redireciona ocupações da área privada para a área pública. Da mesma forma, aqueles que passaram a ter atividade profissional após o mestrado encontram-se preferencialmente no setor público. Dos que estão em atividade, 40% atuam em instituições de ensino superior, cerca de 20% trabalham em empresas e mais de 60% declararam que desenvolveram atividades de pesquisa nos últimos 3 anos.

A grande maioria deles (mais de 80%), por meio de projetos com financiamento, mas apenas uma pequena proporção (cerca de 20%) na qualidade de coordenadores destes projetos.

Também apenas 1/3 dos doutores tinha vínculo profissional quando se inscreveu para o doutorado. Mais da metade deles ainda era estudante, a quase totalidade, de mestrado. A grande maioria dos que trabalhavam atuavam no setor público, quase que invariavelmente em universidades ou em institutos de pesquisa. Após a conclusão do doutorado, observa-se que cerca de 90% deles encontram-se em plena atividade profissional, geralmente no setor público e em universidades. São raros os que trabalham em empresas. Mais de 90% desenvolvem pesquisas em seu trabalho atual.

Os mestres em Bioquímica recebem em média cerca de R$ 2,4 mil mensais. Os que atuam em IES, na administração pública ou em institutos de pesquisa têm rendimentos médios similares, da ordem de R$ 2,1 mil, bem menor do que os R$ 3,3 mil relativos aos que trabalham em empresas. O setor público paga bem menos do que o privado (médias respectivamente de R$ 2,0 mil e R$ 3,0 mil). Os doutores em Bioquímica recebem em média cerca de R$ 3,1 mil mensais. Os que atuam em IES e em institutos de pesquisa têm rendimentos médios muito próximos à média global. Os que recebem mais estão na administração pública e a menor remuneração é paga pelas empresas, cerca de R$ 2,4 mil, bem inferior ao que percebem os mestres em Bioquímica que trabalham em empresas. Os setores público e privado remuneram de forma similar, com um pequeno diferencial, de cerca de 5%, a favor do primeiro. Os homens são melhor remunerados do que as mulheres: cerca de 15%, entre os doutores, e aproximadamente 30%, no caso dos mestres.

A motivação para a pós-graduação decorre basicamente do desejo de seguir ou aprimorar carreiras de pesquisador ou docente. Mais de 70% de mestres e de doutores indicaram que esses dois quesitos foram muito importantes para a sua escolha pelo mestrado ou pelo doutorado. Esses percentuais são maiores no caso dos doutores. A vontade de seguir carreira de pesquisador contribuiu mais do que a de seguir carreira docente, especialmente entre os doutores. Exerce também forte influência o desejo de ampliar as oportunidades profissionais e o de obter um melhor trabalho em termos acadêmicos e profissionais. Curiosamente, considerando as motivações associadas às maiores e melhores oportunidades de trabalho, são poucos os entrevistados que identificaram a possibilidade de obter melhor nível de renda e o incentivo da bolsa de estudos como fatores que pesaram muito para sua opção.

Mestres e doutores em Bioquímica avaliam de forma muito positiva o curso que fizeram, realçando, em especial, a experiência em pesquisa e a formação teórica. O primeiro quesito foi considerado por quase 80% dos mestres e por mais de 95% dos doutores como estando contribuindo muito para o seu exercício profissional. O segundo, recebeu a mesma avaliação de aproximadamente 70% dos mestres e de cerca de 85% dos doutores. Foram considerados também muito importantes para o exercício profissional a reciclagem de conhecimentos (70% dos mestres e 80% dos doutores) e os contatos acadêmicos e profissionais (60% dos mestres e mais de 3/4 dos doutores).

Como visto, em todos os quesitos os doutores fazem uma avaliação ainda mais positiva do curso do que os mestres. Em geral, essa avaliação positiva independe do tipo de trabalho atual dos titulados. No entanto, as avaliações menos favoráveis são externadas mais freqüentemente por aqueles que trabalham em empresas, tanto no caso dos mestres quanto dos doutores.

Mestres e doutores, estes mais do que aqueles, também avaliam de forma positiva a contribuição que o curso trouxe para a sua situação profissional. Quase 80% dos mestres e cerca de 85% dos doutores consideram que têm hoje melhores oportunidades de trabalho do que antes de se titularem, sendo que metade dos mestres e aproximadamente 2/3 dos doutores julgam que essas oportunidades são hoje muito melhores do que antes do curso. Cerca de 3/4 dos mestres e mais de 85% dos doutores avaliam que sua renda atual é melhor do que antes de se titularem, sendo que 60% de ambos os grupos julgam que essa renda é hoje muito melhor do que antes do curso. Aproximadamente 85% dos mestres e 90% dos doutores consideram que têm hoje um trabalho melhor, em termos acadêmicos e profissionais, do que antes do curso, sendo que mais de 70% consideram que nesse aspecto a situação hoje é muito melhor do que antes de se titularem.

Os entrevistados também consideram que o título acarretou-lhes maior participação em eventos e em associações científicas e profissionais, em relação à que tinham anteriormente, ainda que a avaliação desses dois quesitos seja um pouco menos positiva do que à daqueles que foram mencionados no parágrafo anterior. Essa avaliação amplamente favorável do impacto do grau acadêmico pós-graduado nas atividades profissionais é observada para quase todos os tipos de atividades profissionais a que os doutores se encontram vinculados, exceto no caso daqueles que estão trabalhando em empresas, que geralmente avaliam de forma negativa este impacto, especialmente no caso dos doutores.

Notas

1. Os autores consultaram especialistas sobre as fontes de referência em relação a esse tema. Foram contatados diretamente os seguintes professores da UFMG: Carlos Alberto Pereira Tavares, coordenador do programa de pós-graduação em Bioquímica, Paulo Sérgio Lacerda Beirão, Pró-Reitor de Pesquisa, e Tomáz Aroldo da Mota Santos, ex-Reitor. De forma indireta, por meio do Professor Beirão, foi também consultado o Professor Carlos Ribeiro Diniz, aposentado pela UFMG, atualmente desenvolvendo pesquisas no Instituto René Rachou, em Belo Horizonte. Esses especialistas indicaram a revista *Ciência e Cultura*, como sendo o periódico que, com maior probabilidade, veicularia esse tipo de "issue". Um levantamento exaustivo em duas décadas desse periódico, de 1980 a 1999, não revelou a existência de sequer um trabalho sobre o tema.
2. Brasil (1999); Brasil (1997a); Brasil (1997b); Brasil (1996a); Brasil (1996b).
3. A esse respeito, ver também Salzano (1979).
4. Hoje, Universidade Federal do Rio de Janeiro.
5. Atualmente, Universidade Federal de Minas Gerais.
6. Atualmente, Universidade Federal do Paraná.
7. Ver Prado, 1978.
8. As primeiras 4 teses de doutorado foram apresentadas em 1942, seguindo-se uma interrupção até 1945 e, a partir desse ano, a produção tornou-se regular: 15 teses nos anos 40, 9 nos anos 50 e 8 nos anos 60, até 1965. A diminuição da produção de teses possivelmente tenha sido reflexo do falecimento de Rheinboldt.
9. Atualmente, Universidade Federal do Estado de São Paulo, UNIFESP.
10. Na Física, são 31 programas e na Química, 37, envolvendo, tanto em uma quanto em outra área, 16 estados da federação e o Distrito Federal.
11. Ver nota 2.
12. Convém aqui mencionar que, na avaliação de 98, enquanto na Bioquímica 25% dos programas (3 em 13) obtiveram conceito 7, na Física e na Química o percentual de programas que obteve esse conceito não chegou a 5% (respectivamente 1 em 31 e 1 em 37).
13. Em relação às áreas de Física e de Química, que eventualmente foram aqui usadas para outras comparações, observa-se que, no período considerado, a área de Bioquímica cresceu bem mais do que a de Física e em proporções similares à verificada na de Química.
14. Esta pesquisa considerou, em seu conjunto, cinco programas de pós-graduação em Bioquímica, que correspondem a cerca de 40% dos programas de pós-graduação do país nessa área. Desses, um foi classificado como 7, dois, como 6, um, como 5 e um, como 4, na avaliação da CAPES referente ao ano de 1998. Todos esses cinco programas começaram a funcionar até 1970, já tendo, portanto, completado 30 anos de atividade.
15. No caso dos mestres, 36% dos entrevistados foram titulados pela UFRJ, 25%, pela UFRGS, 15%, pela UFMG, 14%, pela USP e 10%, pela UFPE. Entre os doutores, 35% dos entrevistados foram titulados pela USP, 30%, pela UFMG, 18%, pela UFRGS e 17%, pela UFRJ.
16. Talvez seja coincidência, mas convém registrar que na área de Química é também na UFRJ que se verifica maior proporção de titulados advindos de áreas conexas da graduação.
17. O presente estudo coletou um grande número de dados, muitos dos quais não foram registrados em tabelas ou gráficos, evitando-se dessa forma alongar o texto em demasia. No entanto, algumas vezes iremos fazer uso dessas apurações complementares, para melhor apresentar os resultados da pesquisa. É o que ocorreu nesse parágrafo.

[18] Para os graduados em 1985, a idade média de graduação foi inferior a 23 anos, passando para 23 anos e meio, entre 1986 e 1990, para 24 anos, no período 1990/1993 e para 25 anos, entre 1994 e 1996.

[19] Quase 90% dos doutores graduaram-se até o final dos anos 80; mais de 50% dos mestres graduaram-se após 1990.

[20] Cita-se o exemplo do curso de Química da UFMG, para o qual uma reforma curricular implantada em 1985 resultou em aumento expressivo das taxas de evasão e em aumento de cerca de 15% a 20% na duração média do curso (ver Braga et alli, 1997).

[21] O banco de dados inclui apenas dois casos da coorte que se formou em 1990 e dez que se formaram em 1991, sendo que, entre estes últimos, um ingressou no mestrado 18 anos após concluir a graduação e outros três, mais de dez anos depois de se graduarem. Estes fatos explicariam a grande diferença observada na variável "tempo entre a graduação e o início do mestrado", para estas duas coortes, em relação ao restante da série. Já o pequeno número de casos destas duas coortes explica-se pelo fato de a grande maioria dos mestres em Bioquímica titulados nestes dois anos já ter concluído o seu doutorado. Foram, portanto, entrevistados como doutores e não como mestres.

[22] Foram 100 entrevistas, para as coortes de 1990 a 1995 e 160, para as coortes de 1996 a 1998. Até onde foi possível apurar, com os dados colhidos na pesquisa, dois são os principais fatores que concorrem para a diferença de população desses dois conjuntos de coortes. O primeiro deles, e que mais contribui para o resultado, é o substancial aumento no número de titulados por ano, a partir sobretudo de 1996. O segundo, é que parte expressiva dos mestres titulados nos anos iniciais da década já se doutorou e, portanto, foi entrevistada como doutor e não como mestre. Considerando que esses mestres, em princípio de melhor desempenho acadêmico, possam ter procurado a pós-graduação mais rapidamente do que os demais, a diminuição do interregno entre a conclusão da graduação e o início da pós poderia estar associado a esse fator e não representar uma tendência. Em uma primeira aproximação, poder-se-ia dizer que o primeiro fator contribui para 60% da diferença e o segundo, para 40% dela.

[23] Registrou-se o ano de fim da graduação e de início da pós e, por subtração, calculou-se o interregno entre os dois eventos. Sendo assim, para aqueles que concluíram a graduação em dezembro de um ano e ingressaram na pós em março do ano subseqüente, o tempo registrado, correspondente a esse interregno, foi de 1 ano. Procedimento similar foi utilizado em todos os cálculos relativos ao tempo decorrido entre dois eventos quaisquer.

[24] Há também uma diferença expressiva nas populações desses dois conjuntos de coortes, respectivamente, 80 e 131. Mas, aqui, ao contrário do caso dos mestres, todos os titulados foram procurados para as entrevistas, independentemente de seus estudos posteriores ao doutorado. Ou seja, a diferença de população deve-se exclusivamente ao aumento do número de titulados, não podendo se imaginar diferenças de desempenho acadêmico desses dois conjuntos de coortes, em razão de sua diferença de população.

[25] Velloso e Velho (2001) fazem referência à idade média para conclusão do doutorado nos EUA e na Itália, em diversas áreas do conhecimento. Para a área biológica, a média estaria, em ambos os países, na faixa de 28 anos, comparável, portanto, à idade de ingresso no doutorado nessa área no Brasil. Mangematin (2000) apresenta estudo referente a 399 PhDs formados pela Universidade de Grenoble, França, nas áreas de ciências exatas e engenharia, no período de 1984 a 1996, no qual a idade média de titulação registrada é também de 28 anos.

[26] Ver nota 23.

[27] Esses autores apresentam dados sobre o desempenho dos graduandos no provão de 1999 demonstrando que ele se vincula muito mais ao tipo de instituição que freqüen-

tou o estudante do que à escolaridade de seus pais. Assim, graduandos de universidades públicas filhos de pais com baixa escolaridade tendem geralmente a obter um melhor desempenho nesse exame do que os filhos de pais mais escolarizados, mas que estudaram em universidades privadas.

[28] Estudo realizado por Braga e colaboradores, referente ao curso de Química da UFMG, revela que os graduados que se dirigem para a pós-graduação apresentam, em média, desempenho acadêmico na graduação superior ao dos demais colegas (ver Braga et alli, 1999).

[29] Mesmo levando-se em conta o mencionado na nota 21 e excluindo-se da análise as coortes de 90 e 91, ainda assim, a tendência de diminuição acentuada na duração do mestrado é nítida.

[30] Uma dessas hipóteses seria a de que a maior dedicação e maturidade dos filhos de pais com menor nível de instrução, advindas de uma maior necessidade de concluírem o curso rapidamente, compensariam o menor preparo que teriam, para prosseguir seus estudos.

[31] O menor valor ocorre na UFMG, 4,4 anos, e o maior na UFRGS, 4,7 anos.

[32] A duração do curso é em média 4,1 anos para os que foram diretamente para o doutorado e 4,7 anos para os demais.

[33] Ver nota 21.

[34] Os valores encontrados foram, em anos: USP, 28,0; UFRJ, 29,0; UFMG, 29,3; UFRGS, 31,5 e UFPE, 32,2.

[35] Convém aqui observar a organização peculiar dos estudos de pós-graduação na Itália, que pode ser verificada em Eco (1999).

[36] A situação se agrava ainda mais, porque a idade de titulação dos que vão diretamente da graduação para o doutorado parece estar aumentando. Ela foi de 29,1 anos, para as coortes de 90 a 94, passando a ser de 32,6 anos, para as coortes de 1995 a 1998.

[37] Neste trabalho foram classificados como pertencentes à academia os profissionais vinculados ao ensino superior e aos institutos de pesquisa.

[38] Nesta pesquisa foram entrevistados 259 mestres titulados nos anos 90, sendo que 131 deles estão cursando o doutorado. Dentre os doutores entrevistados, 73 concluíram anteriormente o mestrado, também na década de 90. Portanto, o universo de mestres titulados nas instituições pesquisadas nos anos 90 foi de 332, sendo que 204 deles, que correspondem a 61% do total, já se doutoraram ou estão se doutorando. É possível ainda supor-se que outros mestres, titulados mais recentemente, ainda irão se vincular a programas de doutorado. Finalmente, os mestres que se encontram residindo no exterior, informação que foi obtida na pesquisa mas ainda não registrada no banco de dados, em boa parte estão fazendo doutorado.

[39] Na realidade, mais de 40% daqueles que não tinham atividade profissional quando da inscrição, passaram a tê-la, com a conclusão do mestrado. No entanto, é preciso abater deste percentual aqueles que relataram atividade profissional antes de ingressarem no mestrado e que agora não a têm.

[40] Como visto, no caso dos mestres, essa opção é mais freqüente, se relacionando quase que exclusivamente ao prosseguimento dos estudos em nível de doutorado. Mas existem também os doutores que, logo em seguida à sua titulação, voltam à universidade, para estágios de pós-doutorado.

[41] Supõe-se aqui que os mestres inativos que ainda não são estudantes de doutorado, como não estão procurando emprego, aguardam apenas uma oportunidade para se vincularem a cursos de doutorado. Hipótese reforçada pelo fato de mais de 80 % deles terem se titulado nos dois últimos anos da coleta de dados, ou seja, em 1997 ou em 1998.

[42] Como visto, mais de 80% dos mestres hoje inativos irão concluir também o doutorado e 90% dos doutores atuam na área acadêmica.

[43] Os atualmente inativos correspondem aos seguintes percentuais: UFRJ, 15%; USP, 11%; UFMG, 5% e UFRGS, 3%.

[44] Este fato explica em parte a concentração dos atuais inativos entre os que se titularam no período 96/98.

[45] Para a análise desse parágrafo, somaram-se os percentuais referentes às categorias de empregado do setor privado, autônomo/consultor e proprietário.

[46] Como vimos, entre aqueles que se formaram na USP e na UFRGS é maior a fração dos que se encontram vinculados a empresas. Mas este fator isoladamente não explica todas as diferenças de remuneração observadas. Se apenas ele fosse levado em conta, seria obtida uma remuneração 20 % maior do que a efetivamente verificada, no caso dos titulados pela UFMG e 20 % menor, para os que se formaram na USP.

[47] Cerca de 1/3 dos mestres e doutores são filhos de pais ou de mães que, no máximo, concluíram o primeiro grau.

[48] Convém registrar que apenas 7 doutores, correspondendo a 3% do universo entrevistado, trabalham em empresas. No caso dos mestres, 27, que correspondem a 10% dos entrevistados, trabalham em empresas. Essa comparação reforça a afirmativa.

[49] No que se refere à importância das relações pessoais na sociedade brasileira, ver MATTA (1983).

[50] Por exemplo, embora tendo tempo de titulação comparável ao dos homens, as mulheres podem ter menor tempo de serviço do que os homens. Ou ocuparem, em menor proporção, cargos de chefia. Ou, as mulheres têm ganho menor na prestação de serviços da instituições públicas de ensino superior. Ou, ainda, as mulheres tendem a subestimar sua renda e os homens, a superestimá-la.

[51] Aqueles que são docentes do ensino superior aparecem no gráfico sob a classificação "universidade". Isso ocorre porque a grande maioria dos que são docentes do ensino superior atuam em instituições universitárias: 90% no caso dos mestres e 94%, no caso dos doutores.

[52] Ainda assim, 85 % dos raros doutores que estão trabalhando em empresas consideraram a experiência em pesquisa como tendo contribuído muito para a sua formação.

[53] No conjunto dos entrevistados, cerca de 90% declararam que desenvolvem pesquisas em seu trabalho atual. No entanto, entre aqueles que hoje trabalham em empresas a percentagem correspondente é cerca de 40 %.

[54] Deve-se ressaltar que estão computadas apenas as respostas dos que declararam vínculo profissional atual, quer estejam em plena atividade ou afastados. O que corresponde a quase 50% dos mestres e a mais de 90% dos doutores.

[55] Note-se que apenas 1/3 dos mestres trabalhava quando se inscreveu para o curso e que atualmente metade deles trabalha (a outra metade, aproximadamente, segue doutorado). Assim, as informações do gráfico 6.6a correspondem à comparação que (i) uma parte dos mestres faz entre o trabalho que antes desenvolviam e o trabalho atual; (ii) outra parte faz entre o que percebiam ser o trabalho que poderiam antes desenvolver e suas atuais atividades hoje.

[56] Aplica-se aos doutores raciocínio similar ao feito para os mestres na nota anterior. Cerca de 1/3 dos doutores tinha vínculo profissional quando ingressou no curso, enquanto que atualmente quase 90% encontram-se nessa situação.

Mestres e doutores em Clínica Médica

ARABELA CAMPOS OLIVEN
CLARISSA ECKERT BAETA NEVES

Introdução

A grande área de Ciências da Saúde concentra o maior número de programas de toda a pós-graduação no Brasil, com 295 cursos de mestrado e 208 cursos de doutorado. A grande maioria são cursos na área de Medicina, com 146 cursos de mestrado e 129 cursos de doutorado (www.capes.gov.br).

A área de Medicina está subdividida em cerca de 62 especialidades, entre elas a área de Pediatria, que conta com o maior numero de programas (treze), seguida da área de Clínica Médica, objeto desta pesquisa, que tem nove cursos de mestrado e sete cursos de doutorado.

Tabela 7.1
Mestrado e doutorado em Clínica Médica: ano de início e conceitos nas avaliações

Instituição	Mestrado		Doutorado	
	Ano de Início	Conceito(*)	Ano de Início	Conceito(*)
USP/RP	1970	5	1970	5
UFRJ	1978	5	1994	5
UNB	1984	1	-----	-----
UFRGS	1985	4	1985	3
FCMSCSP	1988	2	1988	3
UNICAMP	1992	5	1992	5
PUC/RS	1993	4	1999	3
UFC	1995	3	-----	-----
SCMBH	1999	3	1999	3

Notas: (*) Conceitos na avaliação da Capes referente ao período 1998-2000.

O programa de Clínica Médica mais antigo é o da USP/RP, que iniciou suas atividades de mestrado e doutorado em 1970. Ainda nessa década, a UFRJ iniciou seu Mestrado em Clínica Médica em 1978; seu doutorado data de 1994. Na década de 80, foram criados mais três programas de mestrado e dois de doutorado. Já na década de 90, foram iniciados outros quatro programas de mestrado e três de doutorado.

Segundo Dias (1998: 27), *tradicionalmente, a formação de pesquisadores e a produção científica da área da saúde concentrava-se nas chamadas ciências básicas como biofísica, bioquímica e microbiologia, entre outras. Observa-se, a partir daí, como conseqüência natural, uma evolução significativa da pesquisa nestas áreas, bastante dissociada do modelo clínico que insistia em imprimir um caráter de especialização nos seus cursos de mestrado.* Já a partir de meados da década de 80, foram criados novos programas de mestrado e doutorado em Clínica Médica que buscaram a consolidação de linhas de pesquisa produtivas, reorientando os programas curriculares, adequando-os às pesquisas, e teses e priorizando a formação de doutores.

Quem são os mestres e doutores em Clínica Médica?

Origem acadêmica e sexo

Todos os mestres e doutores em Clínica Médica se graduaram em Medicina. Este dado reflete a exclusividade da atividade de Clínica Médica para os médicos (ver tabela 7.2).

A distribuição dos egressos, por sexo (mesma tabela), mostra que, entre os mestres, 59% são mulheres; no *doutorado,* inverte-se essa relação, ou seja, a maioria (61%) dos titulados são homens.[1]

Existe porém variação entre as instituições. Na UFRJ e na USP, é maior a presença feminina entre mestres e doutores, do que nas demais universidades pesquisadas; ou seja, na UFRJ, as mulheres são 72% dos mestres e na USP, 62%; nas demais universidades, o percentual mais elevado é de 58%. No doutorado, este padrão se repete: na UFRJ, a presença feminina é de 50% e, na USP/RP, de 48%; na UFBA, este percentual baixa para 35% e na UFRGS, não chega a 30%.

Tabela 7.2
Mestres e doutores em Clínica Médica: área da graduação e da pós-graduação; sexo por universidade (%)

		Universidade do curso					
		UFBA	UFPE	UFRGS	UFRJ	USP/RP	Total
a. Mestres							
Área na graduação e na pós	Mesma área	100,0	100,0	100,0	100,0	100,0	100,0
	Total	100,0	100,0	100,0	100,0	100,0	100,0
Sexo	Masculino	41,7	50,0	46,8	27,6	38,2	41,0
	Feminino	58,3	50,0	53,2	72,4	61,8	59,0
	Total	100,0	100,0	100,0	100,0	100,0	100,0
b. Doutores							
Área na graduação e na pós	Mesma área	100,0		100,0	100,0	100,0	100,0
	Total	100,0		100,0	100,0	100,0	100,0
Sexo	Masculino	64,7		70,7	50,0	52,1	60,5
	Feminino	35,3		29,3	50,0	47,9	39,5
	Total	100,0		100,0	100,0	100,0	100,0

Idades e prazos de titulação

Mestres e doutores apresentam uma elevação da média de idade ao longo da década de 90, levando-se em conta o período em que realizaram seus cursos. No início da década, a idade ao começar o curso de mestrado era de 30 anos, aumentado para 32 em 1998; já a idade ao concluir o mestrado aumentou de 33 para 35 anos (ver gráfico 7.1a).

Gráfico 7.1a
Mestres em Clínica Médica: idades na trajetória da graduação à titulação por ano de conclusão (médias anuais)

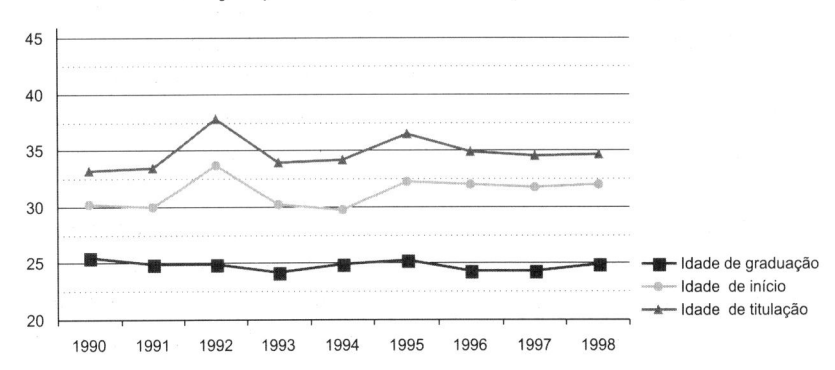

No doutorado, houve um aumento nas médias de idade em torno de quatro anos até meados da década, quando as médias estabilizam-se ou começam a cair (ver gráfico 7.1b). A média de idade ao começar o curso era de 32 anos, aumentando progressivamente para 36 anos no meio da década, baixando para 35 anos, em média, no final da década. A idade ao concluir o curso segue o mesmo padrão. No início da década era de 35 anos, aumentando progressivamente para 40 anos no meio da década, estabilizando-se em 39 anos no final.[2]

Gráfico 7.1b
Doutores em Clínica Médica: idades na trajetória da graduação à titulação por ano de conclusão (médias anuais)

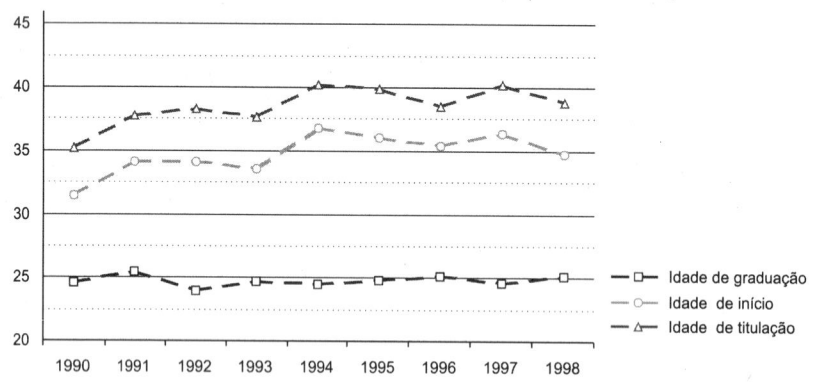

A faixa etária predominante ao concluir o curso no mestrado era de 31 a 35 anos, com cerca de 53% dos titulados. No doutorado, a faixa etária predominante, ao concluir o curso era de 36 a 40 anos, com cerca de 44% dos titulados (ver tabela 7.3).

Desagregando-se os dados por instituição, observa-se que os mestres da USP e UFBA são os mais jovens: cerca de 80% tinham até 35 anos ao se titular, enquanto que, nas demais instituições, apenas a metade encontrava-se nesta faixa etária. Entre os titulados doutores, os mais jovens são os da USP/RP: 43% tinham idade até 35 anos e nenhum tinha mais de 46 anos. Na UFRJ, ao contrário, metade dos titulados tinha mais de 46 anos e nenhum titulado tinha menos de 35 anos ao concluir o curso (ver tabela 7.3).

A duração média do mestrado oscilou ao longo da década, passando de 3 anos, em 1990, para 4 anos e meio em 1994/95, caindo nos últimos anos, para cerca de 2,7 anos. O prazo médio de conclusão era em torno de 3,5 anos. No doutorado, a duração média do curso teve um ligeiro aumento: de 3,8 anos, no início da década, para 4 anos em 1998. Chama atenção o fato de o prazo médio de conclusão do doutorado ser apenas um pouco mais elevado do que o tempo médio despendido na conclusão do *mestrado*, mas este último apresenta tendência de queda na segunda metade da década (ver gráfico 7.2)

Os dados desta pesquisa revelam que a escolaridade do pai não influi sobre o tempo de duração dos cursos de mestrado, conforme indica o gráfico 7.2.1; sendo também muito pequena a variação no nível de doutorado, constatando-se que o menor prazo de duração do curso refere-se aos titulados cujos pais têm segundo grau completo.

Tabela 7.3
Mestres e doutores em Clínica Médica: idade de titulação em grupos etários por universidade (%)

	Universidade do curso					
	UFBA	UFPE	UFRGS	UFRJ	USP/RP	Total
a. Mestres						
Até 30	8,3	10,0	11,5	23,3	20,6	14,2
De 31 a 35	75,0	40,0	39,3	40,0	58,8	52,5
De 36 a 40	12,5	20,0	24,6	23,3	14,7	19,1
De 41 a 45	4,2	30,0	9,8	6,7	2,9	7,7
46 e mais			14,8	6,7	2,9	6,6
Total	100,0	100,0	100,0	100,0	100,0	100,0
b. Doutores						
Até 30			2,4		6,4	3,6
De 31 a 35			17,1		36,2	21,4
De 36 a 40	50,0		34,1	37,5	51,1	43,8
De 41 a 45	25,0		26,8	12,5	6,4	17,0
46 e mais	25,0		19,5	50,0		14,3
Total	100,0		100,0	100,0	100,0	100,0

O tempo despendido entre a conclusão da graduação e o início de um curso de pós-graduação *stricto sensu* apresenta tendência crescente ao longo do período estudado. No caso dos mestrados, o intervalo passa de 5 anos para uma média de 7 anos, e, no doutorado, de 6.8 anos para uma média de 10 anos. Isso seria preocupante, pois significaria um menor tempo de vida economicamente ativa dos titulados, mas já na última coorte de mestres e doutores, os dados indicam um início de queda da duração do referido prazo, especialmente entre os doutores (ver gráfico 7.3).

Com relação à Clínica Médica, cabe registrar que o graduado em Medicina, ao contrário dos demais, antes de iniciar o mestrado, geralmente realiza a residência médica, busca um curso de aperfeiçoamento ou ainda procura inserir-se no mercado de trabalho, o que explicaria o tempo relativamente longo entre a graduação e o início dos cursos de mestrado e doutorado.

Gráfico 7.2
Mestres e doutores em Clínica Médica: duração do curso por ano de conclusão (médias anuais)

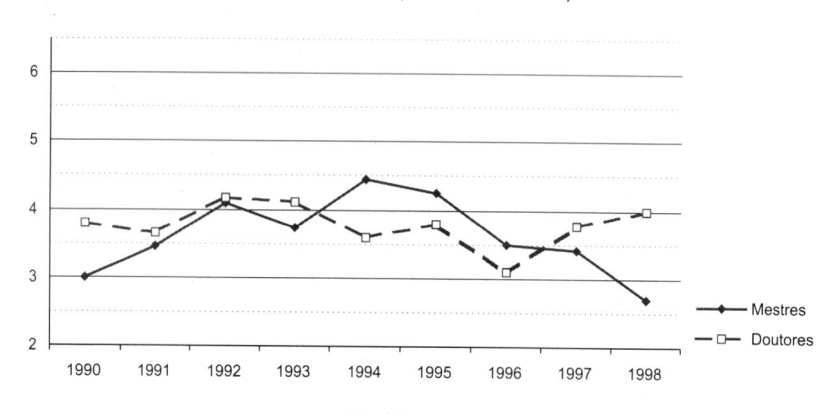

Gráfico 7.2.1
Mestres e doutores em Clínica Médica: duração do curso por escolaridade do pai (médias em anos)

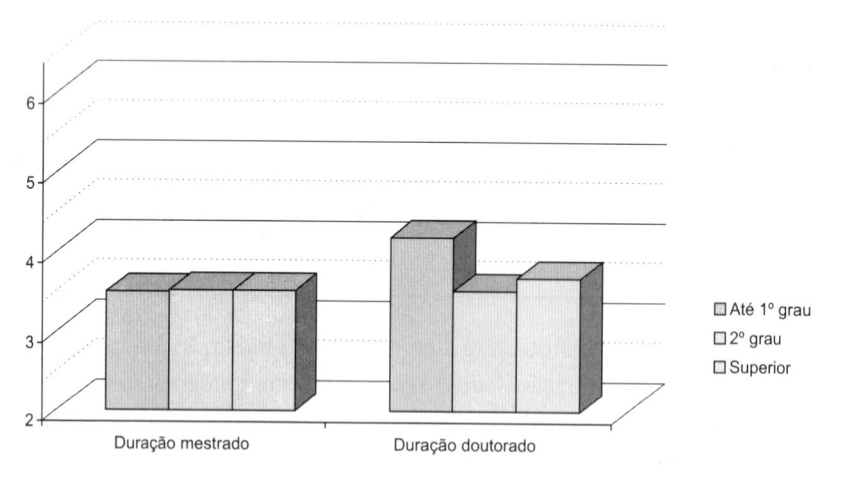

Analisando-se o tempo gasto entre a graduação e o início do curso dos titulados, segundo a escolaridade do pai, verificou-se que não há uma relação significativa. No mestrado, há um pequeno decréscimo do prazo entre os titulados, cujos pais têm nível superior. No doutorado, verifica-se o menor prazo entre os titulados cujos pais têm até primeiro grau completo (ver gráfico 7.3.1).

Gráfico 7.3
Mestres e doutores em Clínica Médica: tempo entre a graduação e o
início do curso por ano de conclusão (médias anuais)

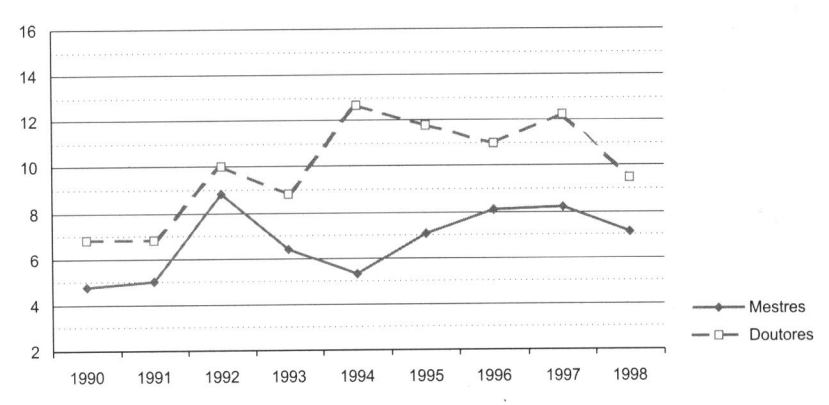

Gráfico 7.3.1
Mestres e doutores em Clínica Médica: tempo entre a graduação e o
início do curso por escolaridade do pai (médias em anos)

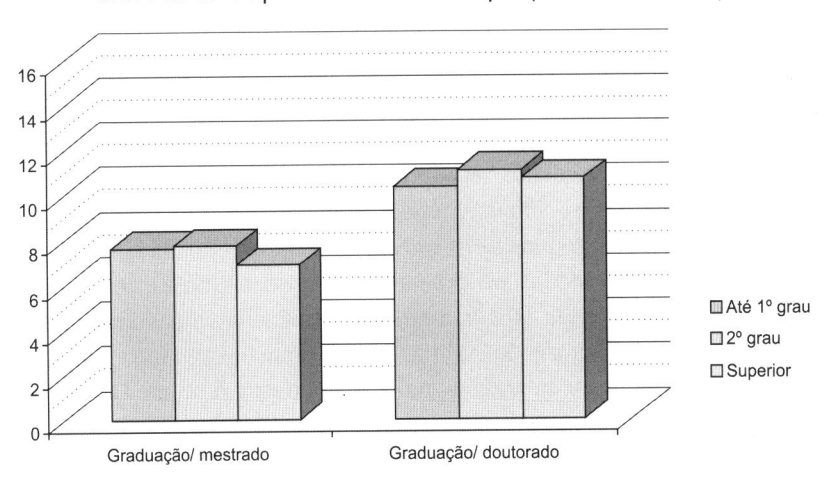

Relacionando-se os dados referentes ao tempo entre a graduação e o início do curso com a situação de trabalho no momento da inscrição no doutorado, observa-se significativa diferença entre os que estavam em plena atividade, que despenderam, em média, 12 anos neste percurso, daqueles que se encontravam na categoria "outra atividade", que levaram, em média, apenas 6 anos da graduação até o doutorado. Isso sugere que os candidatos ao doutorado nesta categoria, concluindo o mestrado ou não, tinham maior vocação ou pretensões acadêmicas.[3]

A pesquisa também identificou se os titulados tiveram algum tipo de bolsa durante o curso. Os alunos que tiveram bolsa de estudos levaram, em média, menos de 6 anos entre a graduação e o início do mestrado, enquanto os não bolsistas levaram, em média, mais de 10 anos no mesmo percurso.

No doutorado, nota-se uma repetição desse padrão, pois os que contaram com bolsa de estudos levaram 9 anos, enquanto os que não contaram com bolsa levaram, em média, 15 anos desde a graduação em Medicina até iniciar o doutorado. Contudo, as bolsas não reduziram substantivamente o prazo de titulação dos mestres em Clínica Médica. No mestrado, os que foram bolsistas concluem o curso em 3,5 anos em média, e os não-bolsistas, em 3,6 anos. Estes dois grupos concluíram seu *doutorado* praticamente no mesmo tempo: não-bolsistas em 3,5 anos e bolsistas em 3,8 anos.

Trajetória: de onde vieram e para onde foram os mestres e doutores em Clínica Médica?

Trabalho na inscrição

Nesta parte da pesquisa serão analisados os dados referentes à situação de trabalho dos entrevistados por ocasião da inscrição nos respectivos cursos. Estes dados serão importantes para a comparação com o tipo de trabalho que estão exercendo depois da titulação.

Analisando-se a situação de trabalho dos mestres ao iniciar o curso, a maioria dos entrevistados estava em plena atividade (66%), com exceção dos da USP/RP, onde 54% encontravam-se em outra atividade e 16%, parcial ou totalmente afastados. Muito poucos eram os que ainda estavam fazendo a graduação; destes, a maioria encontrava-se na UFRJ. O percentual dos que não estavam estudando era de 96% (ver tabela 7.4a).[4]

Quanto à atividade remunerada exercida por ocasião do início do mestrado, a situação é bastante diversa nas diferentes instituições. Enquanto na UFBA, UFRGS e USP/RP cerca da metade dos entrevistados era autônomo, na UFPE e na UFRJ mais de 85% atuava no setor público.

O percentual de entrevistados empregados no setor privado era insignificante, apenas na UFBA e UFPE foram encontrados acima de 10% nesse setor. Em relação ao tipo de trabalho, a maior concentração de entrevistados encontrava-se em empresas (48%), sendo que este percentual entre os mestres da UFBA, UFRGS e USP/RP aumenta para mais de 60%, enquanto que nenhum entrevistado da UFRJ atuava nesse setor.

No setor de administração pública trabalhavam principalmente os mestres que se graduaram na UFPE (67%), enquanto os da UFRJ atuavam principalmente em IES (50%).

Tabela 7.4a
Mestres em Clínica Médica: situação de estudo e trabalho na inscrição por universidade (%)

		Universidade do curso					
		UFBA	UFPE	UFRGS	UFRJ	USP/RP	Total
Estudo na inscrição	Não estudava grad./mest.	100,0	100,0	98,3	83,3	97,3	96,2
	Fazia graduação			1,7	16,7	2,7	3,8
	Total	100,0	100,0	100,0	100,0	100,0	100,0
Trabalho na inscrição	Outra	30,0	10,0	25,4	22,2	54,1	30,7
	Plena atividade	70,0	90,0	74,6	77,8	29,7	66,3
	Parc./tot. afastado					16,2	3,0
	Total	100,0	100,0	100,0	100,0	100,0	100,0
Atividade remunerada na inscrição	Emp. setor público	35,7	88,9	36,4	85,7	47,1	50,0
	Emp. setor privado	19,0	11,1	4,5	7,1	5,9	9,5
	Autônomo/cons.	45,2		59,1	7,1	41,2	39,8
	Proprietário					5,9	0,7
	Total	100,0	100,0	100,0	100,0	100,0	100,0
Tipo de trabalho na inscrição	Admin. públ.	28,6	66,7	25,0	7,1	5,9	23,0
	Empresa	61,9	11,1	60,0		76,5	48,0
	IES	9,5	22,2	15,0	50,0	17,6	20,9
	Outra inst. ens.				7,1		1,3
	Outra				35,7		6,7
	Total	100,0	100,0	100,0	100,0	100,0	100,0
Atividade envolvia pesquisa	Não	81,0	66,7	73,7	35,7	88,2	69,9
	Sim	19,0	33,3	26,3	64,3	11,8	30,1
	Total	100,0	100,0	100,0	100,0	100,0	100,0
Era docente em universidade	Não	92,9	77,8	83,3	50,0	94,1	80,6
	Sim	7,1	22,2	16,7	50,0	5,9	19,4
	Total	100,0	100,0	100,0	100,0	100,0	100,0

É interessante observar que a grande maioria dos entrevistados respondeu que a atividade não envolvia pesquisa, nem docência. A situação da UFRJ difere das demais, pois 64% afirmavam que desenvolviam pesquisa, talvez porque o percentual dos que atuavam em IES era, nessa universidade, maior que nas demais.

Ao inscrever-se para fazer o *doutorado*, a maioria dos entrevistados (72%) não estava estudando, com exceção da USP/RP, onde 65% dos candidatos ao doutorado estavam fazendo *mestrado* (ver tabela 7.3b). No momento da inscrição, quase todos os entrevistados estavam trabalhando (em torno de 70%), chegando esse percentual a mais de 95% na UFBA e UFRGS. Na USP/RP, metade encontrava-se em outra atividade, provavelmente concluindo o *mestrado*, e 15% encontravam-se parcial ou totalmente afastados (ver tabela 7.4b).

Os titulados doutores, ao se inscreverem no curso, exerciam atividade remunerada. No setor público, encontravam-se 83% dos entrevistados, sendo que, na USP/RP, todos estavam ligados a este setor. No setor privado (empregados), atuavam 20% da UFRJ e menos de 7% dos ingressantes na UFBA e UFRGS. Apenas na UFBA e UFRGS havia profissionais autônomos, cerca de 17% dos ingressantes.

Tabela 7.4b
Doutores em Clínica Médica: situação de estudo e trabalho na inscrição, por universidade (%)

		Universidade do curso				
		UFBA	UFRGS	UFRJ	USP/RP	Total
Estudo na inscrição	Não estudava grad./mest.	100,0	97,7	100,0	34,8	71,7
	Fazia mestrado		2,3		65,2	28,3
	Total	100,0	100,0	100,0	100,0	100,0
Trabalho na inscrição	Outra	5,3	2,3	16,7	50,0	23,9
	Plena atividade	94,7	97,7	83,3	34,8	69,7
	Parc./tot. afastado				15,2	6,4
	Total	100,0	100,0	100,0	100,0	100,0
Atividade remunerada na inscrição	Emp. setor públ.	77,8	75,6	80,0	100,0	83,2
	Emp. setor priv.	5,6	7,3	20,0		5,9
	Autônomo/ cons.	16,7	17,1			10,9
	Total	100,0	100,0	100,0	100,0	100,0
Tipo de trabalho na inscrição	Admin. públ.	11,1	27,5	40,0	13,0	21,3
	Empresa	22,2	17,5		26,1	19,4
	IES	66,7	52,5	60,0	56,5	56,9
	Outra inst. de ensino		2,5			1,1
	Instituição de pesquisa				4,3	1,2
	Total	100,0	100,0	100,0	100,0	100,0
Atividade envolvia pesquisa	Não	27,8	37,5	100,0	52,2	44,7
	Sim	72,2	62,5		47,8	55,3
	Total	100,0	100,0	100,0	100,0	100,0
Era docente em universidade	Não	33,3	48,7	40,0	56,5	47,3
	Sim	66,7	51,3	60,0	43,5	52,7
	Total	100,0	100,0	100,0	100,0	100,0

Diferentemente do mestrado, mais da metade dos ingressantes afirmou que atuava em IES (57%), e que sua atividade envolvia pesquisa (55%) e docência (53%). Este quadro não difere muito entre as instituições. Somente na UFRJ a situação mostrou-se distinta, pois 40% atuavam na administração pública, percentual bem acima da média do conjunto de instituições, que era de 21%. Embora 60% fossem docentes na UFRJ, todos os entrevistados afirmaram que a atividade que desempenhavam não envolvia pesquisa.

Motivações para o curso

A presente pesquisa buscou identificar as motivações dos médicos para seguir a pós-graduação *stricto sensu* em Clínica Médica. Na percepção dos mestres, o curso não foi buscado com o intuito de sanar deficiências da graduação, pois apenas 16% deles atribuiu grande importância a tal fator (ver tabela 7.5).

A procura do mestrado tendo em vista uma carreira docente (ou seu aprimoramento) pesou muito na decisão de 80% dos egressos. Tal resultado surpreende diante da pequena parcela dos que têm na docência, no ensino superior, sua principal atividade. Estes, somados aos que ministram aulas em faculdades e universidades como atividade complementar, totalizam menos da metade dos egressos. Entre os que já atuavam como docentes quando se inscreveram para o curso, mais de 90% informaram que a procura do aperfeiçoamento de sua carreira teve grande importância.

A segunda motivação mais relevante para fazer o mestrado foi obter formação que conduzisse à carreira de pesquisador. Este motivo teve muita importância para 58% dos mestres, o que também causa certa surpresa, considerando-se que é pequena a proporção dos que trabalham na academia, bem como dos que fazem pesquisa em sua atual atividade.

A terceira motivação, em ordem de importância, foi a perspectiva de obter-se melhor trabalho em termos acadêmicos e/ou profissionais, a qual pesou muito para 47%, destacando-se, nessa apreciação, os que atuavam em IES (66%). Já a ampliação das oportunidades de emprego pesou muito na decisão de apenas 34% dos titulados, sugerindo que, na Clínica Médica, os horizontes profissionais já estariam relativamente bem definidos quando da inscrição para o curso.

O egresso em Clínica Médica não procurou o mestrado para aumentar sua renda. No conjunto dos egressos, a expectativa de um nível de renda mais elevado depois não pesou/pesou pouco na decisão de 88% dos informantes e, para 92%, o incentivo da bolsa também pesou pouco ou nada na motivação para buscar o mestrado (ver tabela 7.5).

Na opinião dos doutores entrevistados, os fatores que tiveram maior influência na decisão de se inscreverem para o curso foram, em ordem de importância: aprimorar a carreira docente para 89% dos egressos e seguir a carreira de pesquisador para 83%. Para metade dos entrevistados também pesou muito a busca por melhor trabalho acadêmico e profissional (51%). Já os aspectos que tiveram menor importância foram, em ordem decrescente, a correção de deficiências do mestrado, que, para 96% dos egressos contou pouco ou nada como motivação para fazer o doutorado, como também a concessão da bolsa não pesou na decisão para 92% dos entrevistados. Também entre os egressos do doutorado, a realização do *doutorado* para melhorar a renda não pesou na decisão de 80% dos egressos (ver tabela 7.5).

Tabela 7.5
Mestres e doutores em Clínica Médica: motivações para o mestrado e o doutorado por principais tipos de trabalho na inscrição (%)

		Administração pública	Empresa	Universidade	Total (*)
a. Mestres					
Corrigir deficiências da graduação	Pouco/nada	94,3	85,9	75,5	84,1
	Muito	5,7	14,1	24,5	15,9
	Total	100,0	100,0	100,0	100,0
Seguir/ aprimorar carreira docente	Pouco/nada	20,9	26,1	7,7	20,3
	Muito	79,1	73,9	92,3	79,7
	Total	100,0	100,0	100,0	100,0
Seguir carreira de pesquisador	Pouco/nada	42,6	36,4	58,3	42,2
	Muito	57,4	63,6	41,7	57,8
	Total	100,0	100,0	100,0	100,0
Ampliar oportunidades de trabalho	Pouco/nada	68,4	62,9	61,8	65,6
	Muito	31,6	37,1	38,2	34,4
	Total	100,0	100,0	100,0	100,0
Melhor trabalho em termos acadêmicos ou profissionais	Pouco/nada	64,3	59,3	34,3	53,2
	Muito	35,7	40,7	65,7	46,8
	Total	100,0	100,0	100,0	100,0
Melhor nível de renda	Pouco/nada	83,6	91,6	80,0	88,0
	Muito	16,4	8,4	20,0	12,0
	Total	100,0	100,0	100,0	100,0
Incentivo da bolsa	Pouco/nada	87,6	98,6	84,0	91,8
	Muito	12,4	1,4	16,0	8,2
	Total	100,0	100,0	100,0	100,0
b. Doutores					
Corrigir deficiências do mestrado	Pouco/nada	94,7	93,7	98,0	96,5
	Muito	5,3	6,3	2,0	3,5
	Total	100,0	100,0	100,0	100,0
Seguir/ aprimorar carreira docente	Pouco/nada	7,8	23,3	8,3	11,0
	Muito	92,2	76,7	91,7	89,0
	Total	100,0	100,0	100,0	100,0
Seguir carreira de pesquisador	Pouco/nada	19,7	6,3	21,1	17,4
	Muito	80,3	93,7	78,9	82,6
	Total	100,0	100,0	100,0	100,0
Ampliar oportunidades de trabalho	Pouco/nada	78,4	64,2	61,9	65,5
	Muito	21,6	35,8	38,1	34,5
	Total	100,0	100,0	100,0	100,0
Melhor trabalho em termos acadêmicos ou profissionais	Pouco/nada	48,9	59,0	46,4	49,4
	Muito	51,1	41,0	53,6	50,6
	Total	100,0	100,0	100,0	100,0
Melhor nível de renda	Pouco/nada	88,9	87,3	73,9	80,3
	Muito	11,1	12,7	26,1	19,7
	Total	100,0	100,0	100,0	100,0
Incentivo da bolsa	Pouco/nada	88,9	100,0	90,3	92,1
	Muito	11,1		9,7	7,9
	Total	100,0	100,0	100,0	100,0

Nota (*) O total inclui outros tipos de trabalho na inscrição, cada um com menos de 10% dos entrevistados.

O que fazem os mestres e doutores: continuidade dos estudos e trabalho atual

Interessava à pesquisa também saber se os egressos do mestrado prosseguiram em sua formação e em quais atividades atuam, hoje, no mercado de trabalho profissional e/ou acadêmico.

Menos da metade (41%) dos mestres em Clínica Médica prossegue na sua formação pós-graduada *stricto sensu*, conforme indicam os dados (ver tabela 7.6a), sugerindo que a maioria deles dirigiu-se mais ao mercado de trabalho. Do total dos entrevistados, cerca de 37% realizam seu doutorado no país. Este percentual se eleva para mais de 50% entre os mestres de Clínica Médica da UFRGS e UFRJ. Também apenas nestas duas IES encontramos mestres que fazem doutorado sanduíche ou doutorado pleno no exterior: 11% dos mestres da UFRJ e 5% dos que se formaram na UFRGS. É alta a taxa de mestres que não fazia pós-graduação entre os entrevistados que concluíram seu curso na UFBA (88%) e UFPE (90%). Estes resultados retratam a situação em 1999, e, nesta época, uma parte dos antigos mestres já havia concluído seu doutorado, conforme discussão da variável *tipo de pós-graduação depois do curso*,[5] no capítulo 3 deste livro.

Tabela 7.6a
Mestres em Clínica Médica: situação de estudo e trabalho por universidade (%)

		Universidade do curso					
		UFBA	UFPE	UFRGS	UFRJ	USP/RP	Total
Pós-graduação após o mestrado	Faz doutorado no país	11,7	10,0	54,2	55,6	35,1	37,4
	Faz dout. sand./ ou exter.			5,1	11,1		3,5
	Não faz PG	88,3	90,0	40,7	33,3	64,9	59,1
	Total	100,0	100,0	100,0	100,0	100,0	100,0
Trabalho	Outra	1,7		1,7	16,7	2,7	4,2
	Plena atividade	98,3	90,0	96,6	83,3	97,3	94,7
	Parc./tot. afastado		10,0	1,7			1,1
	Total	100,0	100,0	100,0	100,0	100,0	100,0
Atividade remunerada	Emp. setor públ.	32,2	80,0	40,4	60,0	47,2	44,4
	Emp. setor priv.	6,8	20,0	3,5	26,7	5,6	9,0
	Autônomo/ cons.	61,0		56,1	13,3	36,1	44,6
	Proprietário					11,1	2,1
	Total	100,0	100,0	100,0	100,0	100,0	100,0
Tipo de trabalho	Admin. públ.	16,9	40,0	24,1	40,0	5,6	21,7
	Empresa	67,8	20,0	55,6	13,3	69,4	53,6
	IES	15,3	40,0	18,5	40,0	25,0	23,1
	Outra inst. ens.			1,9			0,6
	Outras				6,7		1,0
	Total	100,0	100,0	100,0	100,0	100,0	100,0
Atividade envolve pesquisa	Não	57,6	60,0	42,1	53,3	69,4	54,1
	Sim	42,4	40,0	57,9	46,7	30,6	45,9
	Total	100,0	100,0	100,0	100,0	100,0	100,0
É docente em universidade	Não	84,7	60,0	81,5	66,7	80,6	78,9
	Sim	15,3	40,0	18,5	33,3	19,4	21,1
	Total	100,0	100,0	100,0	100,0	100,0	100,0

Entre os egressos do doutorado da Clínica Médica, a maioria não fez outra pós-graduação (71%). Do total dos entrevistados, apenas 21% dos egressos da UFRGS e 28% dos da USP/RP fizeram pós-doutorado no exterior. No país, fizeram pós-doutorado 17% dos egressos da UFRJ, 7% da USP/RP e apenas 2% dos da UFRGS (ver tabela 7.6b). Entre os egressos entrevistados, alguns fizeram pós-graduação *lato sensu:* 17% dos egressos da UFRJ e menos de 5% dos egressos da UFRGS e da USP. Dos egressos da UFBA, nenhum continuou seus estudos.

Os mestres em Clínica Médica geralmente estão trabalhando, em plena atividade (95%). Dos demais mestres, apenas 4% estão exercendo outra atividade e 1% está parcial ou totalmente afastado. Dos titulados doutores em Clínica Médica praticamente todos (99%) estão em plena atividade. Apenas 2% dos egressos da UFRGS estão procurando trabalho. Apurações complementares às que estão apresentadas na tabela 7.6a indicam que os mestres que fazem doutorado geralmente também continuam no exercício de suas atividades profissionais (88%).

O setor público emprega pouco menos da metade dos mestres (44%), nele predominando os egressos da UFPE e UFRJ. Parcela semelhante dos egressos trabalha como autônomo (45%), provavelmente em consultórios ou clínicas privadas, pois apurações complementares indicam que virtualmente todos estes estão em empresas. Atuando como empregados no setor privado foram registrados apenas 9% dos egressos. Todavia, há uma enorme variação entre os que se formaram nas universidades estudadas. Nenhum mestre formado pela UFPE trabalha como autônomo e apenas 13% dos titulados pela UFRJ são autônomos, enquanto que, nesta categoria, os egressos da UFBA, da UFRGS e da USP/RP alcançam 61%, 56% e 47%, respectivamente.

Analisando-se o tipo de trabalho em que se encontram os mestres em Clínica Médica, a atuação em empresas abrange cerca de metade do total (54%) dos egressos do mestrado, novamente com grandes variações por instituição. É relativamente pequena a fração dos que trabalham em instituições de ensino superior (21%); e dos que atuam na administração pública (22%).

Mais da metade dos mestres em Clínica Médica afirmou que não desenvolve pesquisa em suas atividades profissionais (54%). A pesquisa que é desenvolvida provavelmente não tem caráter acadêmico, pois somente 21% dos egressos são docentes no ensino superior, em sua atividade principal (a maioria em tempo parcial).

Já entre os doutores, analisando-se os dados sobre o trabalho atual dos egressos, a situação é inversa, pois 85% dos titulados atuam no setor público, 70% trabalham em IES e atuam como docentes atualmente; e 85% também desenvolvem pesquisa na atividade principal (ver tabela 7.6b).

Tabela 7.6b
Doutores em Clínica Médica: situação de estudo e trabalho por universidade (%)

		Universidade do curso				
		UFBA	UFRGS	UFRJ	USP/RP	Total
Pós-graduação após o doutorado	Não fez	100,0	72,1	66,7	60,9	71,1
	Fazendo pós-dout.		2,3			0,8
	Fez pós-dout. país		2,3	16,7	6,5	4,8
	Fez pós-dout. exterior		20,9		28,3	19,4
	Fez PG *lato sensu*		2,3	16,7	4,3	3,8
	Total	100,0	100,0	100,0	100,0	100,0
Trabalho	Procurava trabalho		2,5			0,9
	Plena atividade	100,0	97,5	100,0	100,0	99,1
	Total	100,0	100,0	100,0	100,0	100,0
Atividade remunerada	Emp. setor púbI.	89,5	85,4	83,3	84,8	85,6
	Emp. setor priv.		7,3	16,7		3,7
	Autônomo/ cons.	10,5	7,3		10,9	8,8
	Proprietário				4,3	1,9
	Total	100,0	100,0	100,0	100,0	100,0
Tipo de trabalho	Admin. púbI.	5,3	9,8	50,0	10,9	12,4
	Empresa	10,5	4,9		26,1	14,5
	IES	84,2	80,5	50,0	60,9	70,5
	Outra inst. ens.		4,9			1,7
	Inst. pesq.				2,2	0,9
	Total	100,0	100,0	100,0	100,0	100,0
Atividade envolve pesquisa	Não	15,8	7,3	16,7	19,6	14,5
	Sim	84,2	92,7	83,3	80,4	85,5
	Total	100,0	100,0	100,0	100,0	100,0
É docente em univresidade	Não	15,8	16,2	50,0	41,3	29,8
	Sim	84,2	83,8	50,0	58,7	70,2
	Total	100,0	100,0	100,0	100,0	100,0

Desagregando-se os dados por instituição onde se titularam, observa-se que o setor privado absorve 17% dos titulados da UFRJ e apenas 7% da UFRGS; e nenhum titulado da UFBA e USP/RP. Como autônomos, atuam em torno de 10% dos titulados da UFBA e da USP/RP, 7% dos da UFRGS e nenhum da UFRJ. Apenas na USP, entre os titulados, encontram-se proprietários na atividade atual.

Em relação ao tipo de trabalho desenvolvido, constata-se que a maioria atua em IES; cerca de 80% dos egressos da UFBA e da UFRGS, 50% dos da UFRJ e 60% dos da USP/RP. Já em empresas, o maior contingente é de egressos da USP/RP (26%), apenas 10% dos da UFBA e 5% dos da UFRGS. Dos egressos da UFRJ, nenhum atua em empresa. Surpreende a parcela de egressos (metade) da UFRJ que atua na administração pública, enquanto nas outras instituições geralmente ela não excede a 1/10. Em outras instituições de ensino, desenvolvem atividades atualmente apenas 5% dos egressos da UFRGS; e em instituições de pesquisa, apenas 2% dos egressos da USP/RP.

Na atividade atual, os doutores em Clínica Médica em sua grande maioria desenvolvem atividades de pesquisa. Em torno de 80% dos egressos da UFBA, UFRJ e USP/RP, e 90% dos egressos da UFRGS. Em torno de 80% dos titulados pela UFBA e UFRGS e apenas metade dos titulados pela UFRJ e USP/RP atuam como docentes em IES.

Um aspecto significativo que dados complementares apontam é que mais da metade dos titulados doutores atualmente coordena projetos de pesquisa com financiamento, tanto os que se encontram em IES (60%) como na administração pública (57%). Essa relação se inverte considerando-se os que trabalham em empresas, dos quais apenas 6% atuam em pesquisa como coordenador com financiamento. Considerando-se os titulados doutores que atuam em pesquisa, com ou sem financiamento, coordenando ou apenas participando de pesquisa, o percentual sobe para 92%. Novamente, a relação se inverte entre os que trabalham em empresas, onde 43% dos titulados não participa de pesquisa.

Mobilidade de mestres e doutores no mercado de trabalho

Outra questão de interesse do projeto refere-se às características da trajetória dos egressos após sua titulação: para onde foram? A resposta à indagação para os mestres em Clínica Médica indica que o rumo dominante é o mercado e não a academia, conforme os resultados da tabela 7.7. Ao se inscreverem para o mestrado, 37% dos futuros mestres estavam inseridos no mercado e, hoje, 55% dos titulados estão neste segmento. Mesmo aumentando a parcela dos que atuam na academia, de 14% para 24%, a proporção ainda é pequena. Crescimento menor foi constatado entre aqueles que atuam no Estado, de 17% para 19%. Os resultados sugerem que o principal papel do mestrado em Clínica Médica não vem sendo o de qualificar para a docência no ensino superior, mas o de preparar o profissional para o mercado.

Se compararmos os dados sobre a trajetória dos egressos do *doutorado* com os egressos do *mestrado*, novamente a relação se inverte. Os titulados doutores em Clínica Médica estão, prioritariamente, na academia (73%), em comparação aos 24% de mestres também atuantes na academia (ver tabela 7.7).

Ao se inscreverem para o doutorado, quase metade dos candidatos ao curso já atuava na academia; hoje, este percentual aumentou consideravelmente, localizando-se 73% dos titulados neste setor.

A grande migração ocorrida, do período de inscrição no mestrado ao da época da realização da entrevista, parece ter sido da situação de inativo (ou seja, não estavam trabalhando) para o mercado. Talvez os dados estejam mostrando a situação de precariedade do médico recém-formado, que tem dificuldade em exercer sua profissão em grandes cidades, sem contar com uma credencial que o diferencie.

Uma hipótese é a de que o mestrado seja uma possibilidade maior de inserção do médico no mercado, principalmente no caso das médicas, que são maioria no conjunto dos universos estudados. Entre os entrevistados, o percentual de inativos por ocasião de ingresso no mestrado era de 32% e na situação atual é de apenas 2% (ver tabela 7.7).

Tabela 7.7
Mestres e doutores em Clínica Médica: mercado, Estado e academia – trajetória da inscrição à situação de trabalho atual
(% em relação ao total e marginais)

		Situação e *locus* laboral atualmente					
		Mercado	Estado	Academia	Inativo	Desempregado	Total
a. Mestres							
Situação e *locus* laboral na inscrição	Mercado	31,4	3,8	1,3	0,6		37,2
	Estado	4,5	10,3	2,6			17,3
	Academia	1,3		12,2			13,5
	Inativo	17,9	5,1	7,7	1,3		32,1
	Desempregado						
	Total	55,1	19,2	23,7	1,9		100,0
b. Doutores							
Situação e *locus* laboral na inscrição	Mercado	3,7		10,1			13,8
	Estado		8,3	8,3			16,5
	Academia	2,8		42,2			45,0
	Inativo	8,3	3,7	11,9		0,9	24,8
	Desempregado						
	Total	14,7	11,9	72,5		0,9	100,0

Dos 25% de inativos no início do curso de doutorado, atualmente menos de 1% está desempregado. Grande parte do contingente dos que eram inativos, ao se inscrever para o curso, migrou para a academia. Reduziu-se um pouco a proporção dos que atuavam na esfera pública e manteve-se quase a mesma proporção dos que trabalhavam no mercado. A atuação na academia, hoje, abrange quase 73% dos doutores em Clínica Médica. Estes dados revelam que o doutorado em Clínica Médica realmente vem qualificando para a docência no ensino superior.

Quanto estão ganhando os mestres e doutores

Nesta seção são analisados os perfis de renda dos mestres e doutores em Clínica Médica.

Os níveis mais elevados de rendimento, entre os mestres, são os dos egressos que atuam em empresas, em torno de R$ 5.200,00, seguidos pelos egressos atuando na administração pública, R$ 4.500,00 (ver gráfico 7.4).

Os docentes no ensino superior têm rendimentos em torno de R$ 4.300,00 mensais, inferiores à média geral que é de R$ 4.800,00 e também menores dos que os níveis auferidos pelos que atuam em empresas.

Gráfico 7.4
Mestres e doutores em Clínica Médica: médias das classes de renda por principais tipos de trabalho (em reais)

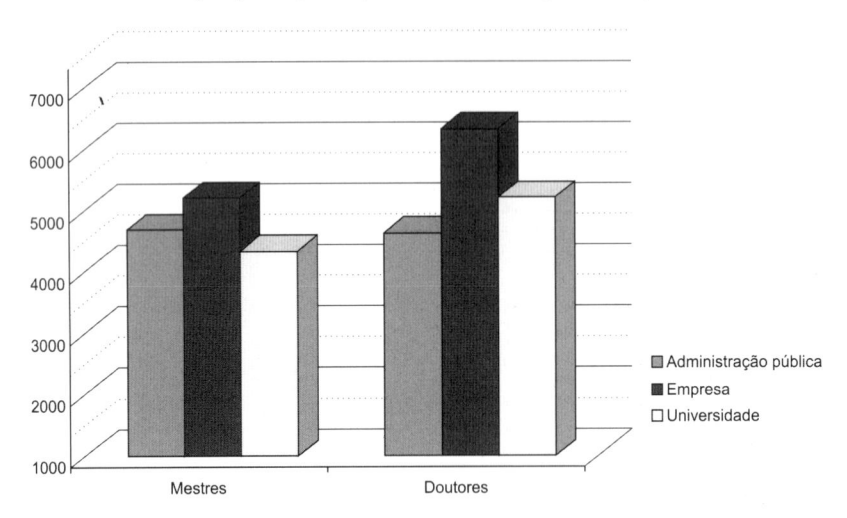

A média de renda atual dos titulados doutores é de R$ 5.300,00. A renda é mais baixa no setor público (R$ 5.200,00), enquanto no setor privado, bem como em outras atividades, considerando-se todos os tipos de trabalho nesses setores, é em torno de R$ 6.000,00.

Novamente, os níveis mais elevados de rendimento por tipo de trabalho são os dos egressos que atuam em empresas (R$ 6.300,00). Já os docentes em IES têm rendimento em torno de R$5.200,00; na administração pública, R$ 4.600,00; e em instituições de pesquisa, R$ 4.000,00.

Analisando-se a renda e o ano de conclusão do mestrado e doutorado, registra-se uma variação de ano para ano e uma queda na última coorte investigada. Se levarmos em conta a renda por ano de conclusão do curso, quanto maior o tempo de titulação, maior é a média de renda, refletindo, provavelmente, a experiência profissional.

Contribuições do curso para as atividades atuais

A questão-chave da pesquisa referia-se às relações entre formação recebida e trabalho hoje desenvolvido. Interessava conhecer os efeitos da formação pós-graduada na vida profissional ou acadêmica dos titulados. Assim, desejava-se saber se aspectos como a formação teórica ou a experiência em pesquisa, por exemplo, contribuem para as atuais atividades dos profissionais. Desejava-se também saber se as experiências de trabalho após o curso correspondiam às expectativas dos egressos quando se inscreveram. No intuito de simplificar a exposição, as análises adiante se referem ao conjunto dos egressos que trabalham e, quando julgado pertinente, aos tipos de trabalho nos quais concentram-se os informantes: empresas, administração pública e docência no ensino superior.

Os mestres em Clínica Médica geralmente demonstram um bom nível de satisfação com o curso que fizeram. Os aspectos analisados têm trazido boa contribuição para o trabalho dos mestres. Para 65% dos mestres em Clínica Médica, a formação teórica obtida no curso tem contribuído muito para o trabalho atual. Há algumas diferenças conforme o tipo de trabalho que desenvolvem, demonstradas no gráfico 7.5a.

Gráfico 7.5a
Mestres em Clínica Médica: contribuições do curso para os principais tipos de trabalho (% de "contribuiu muito")

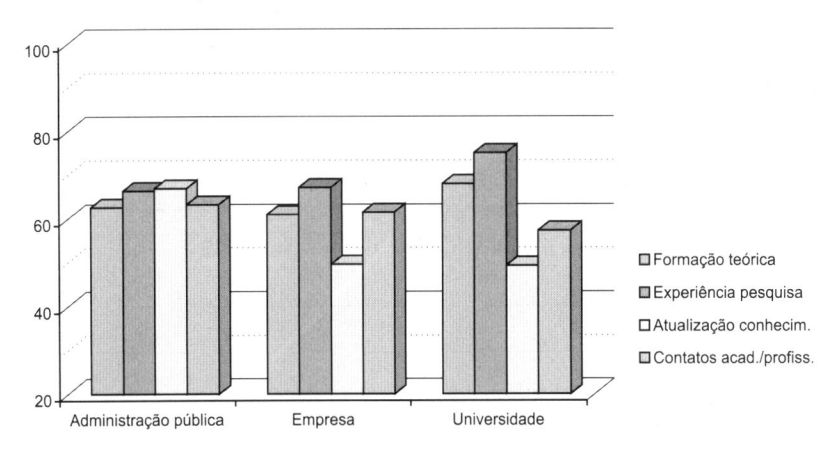

A experiência em pesquisa recebeu apreciação semelhante à da formação teórica, aportando grande contribuição para o trabalho de 70% dos mestres. No caso da experiência em pesquisa, no entanto, há diferenças mais nítidas conforme o tipo de trabalho: cerca de 75% dos docentes do ensino superior atribuem grande importância a tal experiência, enquanto apenas 67% dos que estão na administração pública ou em empresas tem este entendimento.

O mestrado, enquanto reciclagem ou renovação de conhecimentos, tem sido muito importante para o trabalho que realizam 55%

dos mestres; porém, tem sido especialmente relevante para os que atuam na administração pública (67%).

Como se viu, a importância da experiência anterior em pesquisa é bem maior para os docentes, enquanto que a renovação de conhecimentos propiciada pelo curso tem mais relevância para os que estão na administração pública. Estes resultados permitem levantar a hipótese de que, se o mestrado em Clínica Médica viesse a apresentar uma formação mais diferenciada do que oferece atualmente, seus efeitos, na vida profissional dos futuros titulados, possivelmente seriam ainda melhor avaliados.

Entre os egressos doutores foi a experiência em pesquisa a que mais contribuiu para as atuais atividades (79%) seguido do item contatos acadêmicos profissionais (66%). Já a formação teórica e a reciclagem dos conhecimentos teria contribuído muito para apenas metade dos entrevistados.

Analisando-se os dados por tipo de trabalho atual (ver gráfico 7.5b.), nota-se que aqueles que estão na administração pública tendem a valorizar especialmente a experiência em pesquisa, bem como a reciclagem de conhecimentos como tendo contribuído muito para as suas atividades atuais, enquanto que a formação teórica contribuiu para 70% dos egressos. Já os contatos acadêmicos foram importantes para a metade desses titulados

Gráfico 7.5b
Doutores em Clínica Médica: contribuições do curso para os principais tipos de trabalho (% de "contribuiu muito")

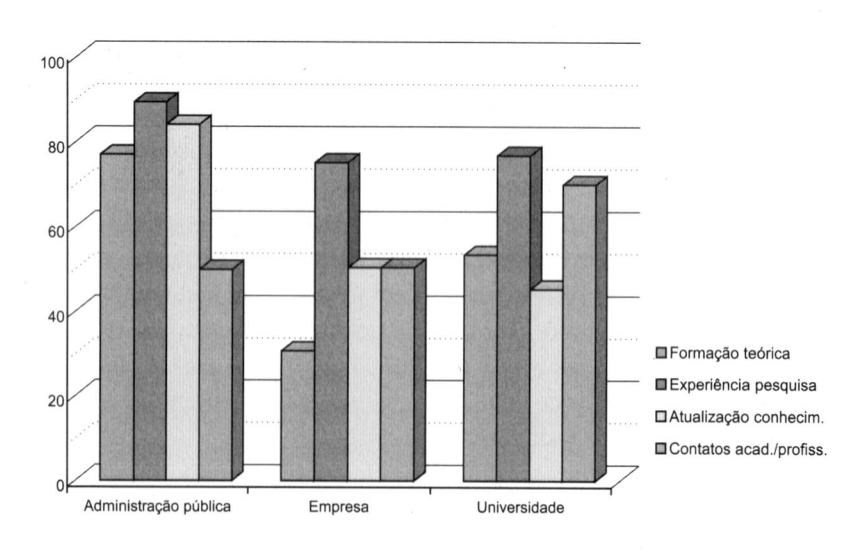

Os titulados que atuam em empresas também valorizaram muito a experiência de pesquisa (75%) e relativamente pouco a formação teórica (apenas 30%). Isso talvez se deva ao caráter mais aplicado das pesquisas desenvolvidas nas empresas.

Os titulados que atuam em IES valorizaram igualmente mais a experiência de pesquisa (77%), seguida da valorização dos contatos acadêmicos e/ou profissionais (70%). É interessante observar que a formação teórica e a reciclagem de conhecimento contribuiu pouco ou nada, para a metade dos entrevistados.

A totalidade dos que atuam em instituições de pesquisa respondeu que a experiência de pesquisa, reciclagem de conhecimentos e os contatos acadêmicos contribuíram muito. A formação teórica, segundo eles, não tem contribuído. Para aqueles que atuam em outras instituições de ensino, a valorização dos itens foi muito positiva com relação à formação teórica, experiência de pesquisa e contatos acadêmicos. Na reciclagem de conhecimentos as opiniões se dividiram.

De modo geral, pode-se concluir que o doutorado em Clínica Médica serviu, segundo a avaliação dos titulados, independentemente dos setores em que atuam, principalmente para aumentar a experiência em pesquisa. Já com relação aos demais fatores, ocorreram valorizações muito diferenciadas em função do tipo de trabalho atualmente realizado.

Impacto do mestrado e do doutorado na vida profissional

Em sua maioria, os mestres em Clínica Médica informam que o curso trouxe alterações muito positivas para sua vida profissional. Quase 65% dos mestres entendem que, hoje, seu trabalho, em termos acadêmicos ou profissionais, é muito melhor do que antes. O nível de renda cresceu muito para quase 40% dos mestres. Já a variedade de oportunidades de trabalho aumentou muito para apenas 23% dos titulados. A hierarquia dos efeitos do curso de mestrado apresenta algumas coincidências com a hierarquia de motivações para fazê-lo; a busca do mestrado tendo em vista melhores oportunidades de trabalho foi mais importante do que a motivação de aumentar a renda e esta, por sua vez, teve mais relevo do que a ampliação do leque de oportunidades profissionais (ver gráfico 7.6a).

Analisando-se a relação entre o grau de influência do *doutorado* e as experiências de trabalho, observa-se que, para 70% dos titulados, o doutorado melhorou muito o trabalho acadêmico e profissional, especialmente para aqueles que atuam em IES e outras instituições de pesquisa, seguido da possibilidade de maior participação em eventos (55%) (ver gráfico 7.6b).

Gráfico 7.6a
Mestres em Clínica Médica: experiência profissional após a titulação
por principais tipos de trabalho (% de "melhorou/aumentou muito")

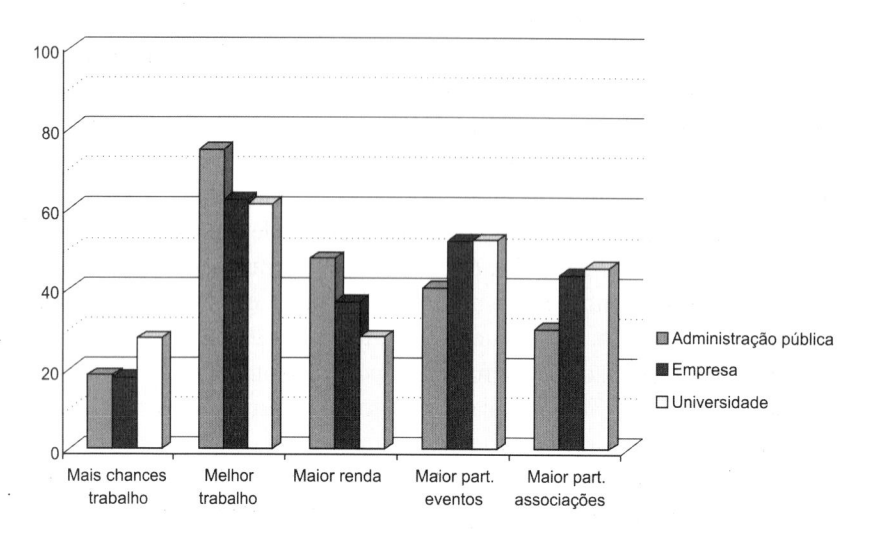

Gráfico 7.6b
Doutores em Clínica Médica: experiência profissional após a titulação
por principais tipos de trabalho (% de "melhorou/aumentou muito")

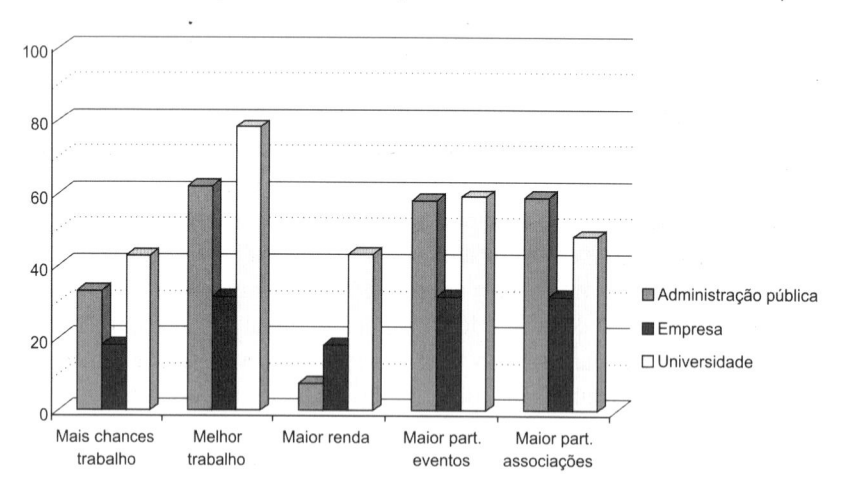

Maiores oportunidades de trabalho, maior nível de renda e maior participação em associações científicas e profissionais, após o doutorado, foi significativo especialmente para aqueles que trabalham em IES, sendo pouco relevante para os que atuam em empresas.

Os dados analisados pela presente investigação tendem a indicar uma avaliação altamente positiva do impacto dos cursos de mestrado e doutorado sob o trabalho atual, revelando que a formação pós-graduada melhorou muito o trabalho tanto acadêmico quanto profissional dos egressos na área de Clínica Médica.

Conclusões

Considerando-se a exclusividade da Clínica Médica para os graduados em Medicina, todos os mestres e doutores fizeram a graduação na mesma área. Entre os egressos do mestrado há predominância do sexo feminino, com destaque para a UFRJ, onde as mulheres chegam a 3/4 dos titulados. Já no doutorado, a distribuição é inversa, com a predominância do sexo masculino, menos na UFRJ e USP, que tem igual número de homens e mulheres.

Os mestres e doutores em Clínica Médica atualmente estão iniciando e concluindo seus cursos mais velhos do que no início da década de 90. A diferença está em torno de 2 a 4 anos, no mestrado e no doutorado. Isso se deve à tendência crescente do tempo entre a graduação e o início do mestrado, de 5 para 7 anos; e do doutorado, de 7 para 10 anos. É significativa a diferença destes dados, considerando a variável *bolsa de estudo*. Os que foram bolsistas no mestrado iniciaram seus cursos 6 anos depois da conclusão da graduação e os não-bolsistas levaram 10 anos para iniciar seu mestrado; já os doutores bolsistas levaram 9 anos para iniciar seu curso e os não-bolsistas, 15 anos.

Cabe observar que o graduado em Clínica Médica, antes de iniciar a pós-graduação, realiza a residência médica, busca cursos de aperfeiçoamento, ou, ainda, procura inserir-se no mercado de trabalho, o que explicaria o tempo relativamente longo entre a graduação e o início do curso de mestrado e doutorado.

A idade média no momento da titulação dos mestres hoje é de 35 anos, e dos doutores, 39 anos. Na USP, concentram-se os doutores mais jovens e, na UFRJ, os mais velhos.

A duração média do curso no mestrado e doutorado, está, nos últimos anos, em torno de 2,7 e 4 anos, respectivamente.

Ao se inscreverem nos respectivos cursos, a maioria dos candidatos estava trabalhando e não estava estudando. Na inscrição ao doutorado, a exceção foi a USP, onde mais da metade dos candidatos estava fazendo mestrado.

Os mestres atuavam principalmente no setor público ou como autônomos e estavam vinculados a empresas, na sua grande maioria. A atividade não envolvia pesquisa nem docência para a grande maioria dos ingressantes. Entre os doutores, a maioria dos entrevistados atuava no setor público, em IES, e a atividade envolvia pesquisa e docência.

Em relação à continuidade dos estudos, menos da metade dos mestres seguiu outra formação pós-graduada. A maioria dos egressos do doutorado também não realizou outra pós-graduação.

Quanto à situação de trabalho atual, praticamente a totalidade dos mestres encontra-se trabalhando, cerca da metade no setor público e parcela idêntica como autônomo, o que permanece semelhante à situação no início do curso. Ocorreu, no entanto, um redirecionamento quanto aos tipos de trabalho dos mestres. Atualmente, apenas metade dos mestres atua em empresas, ocorrendo um pequeno acréscimo dos que atuam em IES e na administração pública. Os doutores também encontram-se em plena atividade. Destes, a grande maioria atua no setor público, trabalha em IES, atua como docente e desenvolve atividade de pesquisa, semelhante à situação no início do curso.

O rumo dominante para os mestres em Clínica Médica foi o mercado, seguido de uma parcela que migrou para a academia e para o Estado. Esta trajetória, no doutorado, é distinta, pois a grande maioria encontra-se na academia, e poucos no mercado ou no Estado.

Os mestres em Clínica Médica que atuam em empresas têm o rendimento mais elevado. Os demais, seja na administração pública ou em IES, têm rendimentos menores. A mesma situação foi encontrada entre os egressos doutores. Os que atuam em empresas percebem os salários mais elevados, seguidos dos docentes em IES e na administração pública.

A motivação, tanto dos mestres como dos doutores, para a realização da pós-graduação decorreu principalmente do desejo de seguir e aprimorar a carreira docente e de pesquisador. Tal resultado surpreende no que se refere aos mestres, pois apenas uma pequena parcela tem como atividade principal a docência e a pesquisa. É interessante observar que, para a maioria dos mestres e doutores, a melhoria da renda, as deficiências da graduação e o incentivo da bolsa não foram relevantes na decisão de fazer a pós-graduação.

Os diferentes aspectos da sua formação acadêmica foram avaliados positivamente pela maioria dos mestres. Especialmente a formação teórica recebida, a experiência em pesquisa e os contatos acadêmicos profissionais contribuíram muito para a profissão atual. A reciclagem de conhecimentos contribuiu em grau menor. Entre os egressos doutores, novamente a experiência em pesquisa e os contatos acadêmicos profissionais foram os que mais contribuíram para o desenvolvimento das atividades atuais. A reciclagem de conhecimentos e a formação teórica também contribuíram, mas em escala menor.

Os mestres em Clínica Médica, em sua maioria, informaram que o curso trouxe alterações positivas para sua vida profissional. Para mais da metade deles, o seu trabalho, hoje, seja em termos acadêmicos ou profissionais, é muito melhor e há mais chances de participação em eventos e em associações profissionais e científicas. O mestrado, para estes, não significou maior nível de renda e nem melhores oportunidades de trabalho. Para a maioria dos doutores, houve uma melhora significativa do trabalho acadêmico e profissional, bem como a possibilidade de participação em eventos e em associações profissionais e científicas, após o doutorado. Igualmente, o doutorado não trouxe maiores oportunidades de trabalho, nem maior nível de renda.

Notas

[1] Em pesquisa realizada sobre a trajetória de formação de mestrandos e doutorandos por área de conhecimento (meados dos anos noventa), os dados obtidos revelam que tem aumentado a proporção de mulheres matriculadas nos mestrados. Especialmente na área de Saúde, foi constatada uma distribuição equitativa entre os sexos, com uma presença de 49% de mulheres estudantes e 51% de estudantes do sexo masculino. No doutorado não foi observada a mesma igualdade de proporções entre homens e mulheres. Nas Ciências da Saúde, a matrícula era de 63% de estudantes masculinos e apenas 37% de estudantes femininos (Velloso e Velho, 2001: 36 e 37).

[2] Os alunos de mestrado e doutorado na área de Saúde têm, em geral, uma idade média acima daquela verificada para o conjunto das áreas e são também os que levam mais tempo a ingressar na pós-graduação, gastando em torno de 7 anos para chegar ao mestrado e 12 para o doutorado.

[3] Os dados da pesquisa sobre mestrandos e doutorandos – trajetória de formação (Velloso e Velho, *op. cit.*: 40) revelaram que quase 20% dos alunos passaram da graduação diretamente para o doutorado *sugerindo que, nesta área, a prática profissional tem maior importância para admissão no doutorado do que nas demais áreas.*

4 Na área da Saúde, ao contrário das demais áreas de conhecimento, constata-se que tanto os alunos mestrandos como os doutorandos estão, em sua grande maioria, inseridos regularmente no mercado de trabalho (Velloso e Velho, *op. cit.*:55 e 56).

5 Na pesquisa sobre mestrandos e doutorandos – trajetória de formação, ao ser questionada sobre as perspectivas profissionais após a titulação, a maioria dos alunos, seja do mestrado como do doutorado, apontou como aspirações profissionais de longo prazo, o ensino superior e a pesquisa. É interessante observar que estas expectativas se confirmaram apenas para os doutores na pesquisa cujos resultados estão sendo apresentados agora, pois os mestres, em sua maioria, inseriram-se no mercado de trabalho (Velloso e Velho, *cit*: 84 e 85).

Mestres e doutores em Engenharia Civil: da empresa à academia?

HELENA SAMPAIO
JACQUES VELLOSO

Introdução

Quando a presente pesquisa foi realizada, existiam no país vinte e cinco programas de mestrado na área de Engenharia Civil, oferecidos em vinte diferentes instituições. Com exceção do programa do Instituto Pesquisas Tecnológicas sediado no *campus* da USP, em São Paulo, todos os demais estavam em universidades; e com exceção do mestrado em Engenharia Civil da PUC-RJ, os outros se situavam em universidades públicas (Brasil, 1999).

Os três programas de mestrado em Engenharia Civil mais antigos foram instituídos na década de sessenta (o da PUC-RJ, o mais antigo, é de 1965, seguido do da UFRJ, de 1967). Na década de setenta, foram criados mais sete programas de mestrado, três deles na USP, nos *campi* de São Paulo e de São Carlos. Nos anos oitenta, mais três, sendo dois na UnB e um na UFMG. Foi, contudo, na última década que ocorreu forte expansão no número de programas de mestrado em Engenharia Civil no país, com a criação de mais onze cursos.

O número de cursos de mestrado em Engenharia Civil hoje no país, e principalmente, a recente expansão da matrícula em várias instituições, localizadas em diferentes regiões geográficas, têm relação direta com uma questão de interesse do presente estudo: o aumento da oferta de cursos de mestrado em Engenharia Civil estaria, de algum modo, respondendo a mudanças mais amplas que eventualmente estariam ocorrendo, nas últimas décadas, na formação do engenheiro civil e no mercado de trabalho onde esse profissional atua?

Na realidade, essa questão apóia-se em considerações genéricas sobre o caráter e origem do curso de Engenharia Civil no Brasil. Como já sabido, este é um dos cursos de graduação mais antigos no país; foi criado na mesma leva, ainda no século XIX, que instituiu outros cursos superiores, como Direito e Medicina. Todos eles apresentam uma característica comum: em suas origens, estavam voltados para a formação de profissionais (Schwartzman, 1990), dirigidos ao exercício de uma profissão liberal e/ou ao preenchimento de quadros qualificados do Estado. Essa característica não é uma peculiaridade do Brasil; ao contrário, ela própria é uma transposição do caráter profissionalizante desses cursos em outros países europeus.[1]

Voltando-se ao caso brasileiro, indaga-se: se um dos principais objetivos da pós-graduação é qualificar e titular docentes para atuar em instituições de ensino superior, o que estaria por trás desse movimento recente de criação de mestrados em Engenharia Civil? O público desses mestrados seria predominantemente constituído por profissionais que têm por objetivo seguir a carreira acadêmica? Ou, ao contrário, é formado por profissionais que, empregados em empresas públicas ou privadas, ou sendo autônomos, estariam em busca de aperfeiçoamento profissional?

Questões como essas, por vezes comuns a outras áreas do conhecimento, orientaram a formulação presente pesquisa. São, por assim dizer, o pano de fundo de outras mais específicas, cujas respostas permitem delinear o perfil dos mestres em Engenharia Civil que se titularam ao longo da década de noventa e levantar subsídios para discutir mudanças que estão eventualmente ocorrendo na formação e no mercado de trabalho do Engenheiro Civil no Brasil.

No que se refere ao doutorado, a pós-graduação no país contava, na época da pesquisa, com oito programas em Engenharia Civil, concentrados em cinco universidades – uma comunitária (PUC-RJ) e quatro públicas (UFRGS, UFRJ, UnB e USP). O mais antigo é o da UFRJ, iniciado em 1968, um ano depois da instituição do programa de mestrado naquela instituição. Por ordem de antigüidade, seguem dois dos três programas oferecidos pela USP (um no *campus* de São Paulo e outro no de São Carlos) criados em 1970, no mesmo ano em que foram criados seus programas de mestrado.

Dessa forma, com exceção desses três programas de doutorado em Engenharia Civil (UFRJ e USP), criados praticamente na seqüência da instituição de seus respectivos mestrados, e do recente programa em Geotecnia, iniciado em 1995 na UnB, os demais foram instituídos na década de 80. São, portanto, relativamente jovens e, de modo geral, distam em cerca de vinte anos do início dos cursos de mestrado em suas respectivas instituições.

A matrícula nos mestrados e doutorados em Engenharia Civil vem se expandindo a passos largos nos últimos anos, acompanhada ou mesmo superada pelo crescimento do número de titulados. Na tabela 1 registram-se esses e outros indicadores da evolução no último qüinqüênio da década passada. O alunado nos mestrados cresceu mais de 40%, porém o número de titulados aumentou mais ainda, quase dobrando, certamente refletindo uma utilização mais intensa dos recursos humanos e materiais disponíveis. A matrícula nos doutorados, com tendência de crescimento mais forte do que nos mestrados, alcançou a taxa de 77% no período, enquanto o índice de aumento da titulação de doutores ficou em 44%, subindo bem menos. A aparente discrepância entre essas duas taxas de expansão certamente se deve aos prazos médios de titulação, de cinco anos ou mais, associados com a época em que a matrícula nos doutorados deu um salto maior, de quase 50%, entre 1998 e 1999. Como o maior crescimento do alunado ocorreu em anos recentes, os dados de titulação para 2000 ainda *não* incluem os doutores que ingressaram nesses anos e que irão se diplomar em 2003 ou depois.

Tabela 8.1
Engenharia Civil: indicadores da Capes para a pós-graduação no Brasil, 1996-2000

(base 1996 = 100)

Indicador	Ano da avaliação					
	1996	1997	1998	1999	2000	
					índice	n
Mestres titulados	100	125	141	180	190	385
Doutores titulados	100	114	96	124	144	72
Matrículas no mestrado	100	108	116	127	144	702
Matrículas no doutorado	100	123	123	180	177	122
Total de alunos matriculados	100	110	117	134	148	824
Tempo médio do mestrado, em meses	100	83	88	83	88	36
Tempo médio do doutorado, em meses	100	98	97	103	98	63
Publicações em periódicos nacionais indexados	100	58	66	100	101	74
Publicações em periódicos internacionais indexados	100	104	113	164	234	131
Doutores no corpo docente permanente	100	121	121	135	132	481

Fonte: Capes

Os prazos de titulação oscilaram um pouco, com tendência declinante para os mestres, quando se considera o ano de 1996 e os demais do qüinqüênio, e com tendência de estabilidade para os doutores. A questão dos prazos de titulação será novamente examinada adiante, com mais vagar, mas desde logo convém anotar que os dados da tabela 1 cobrem período diverso do abrangido pela presente pesquisa, que compreende titulados entre 1990 e 1998. As publicações em periódicos nacionais indexados variaram bastante, mas sem grandes alterações entre o início e o fim do qüinqüênio, ao passo que os artigos em periódicos internacionais indexados mostram um expressivo aumento de 134%. O corpo docente permanente cresceu cerca de 1/3, porém bem menos que a matrícula nos mestrados e doutorados, sinalizando, ainda uma vez, para uma utilização mais intensa dos recursos existentes. Resumindo, os indicadores considerados revelam notável expansão da pós-graduação em Engenharia Civil, além de indicar uma crescente eficiência no emprego dos recursos humanos e materiais dos programas.

Considerando-se que existiam 25 programas de mestrado em Engenharia Civil, distribuídos em vinte instituições diferentes com relativa dispersão regional, e apenas oito programas de doutorado, não é difícil supor-se, nessa área, a ocorrência de deslocamento de mestres para as poucas universidades, concentradas nas regiões Sudeste, Sul e Centro-Oeste, que oferecem continuidade de cursos pós-graduados em nível de doutorado. Dados de estudo anterior, adiante discutidos, permitem identificar linhas desses deslocamentos, ajudando a compreender melhor a trajetória de formação analisada na pesquisa.

Além de traçar um panorama da origem institucional e regional dos mestres e doutores em Engenharia Civil, este capítulo apresenta o perfil dos que se titularam, nas instituições selecionadas, entre 1990 e 1998, iniciando-se por suas características pessoais, como gênero e idade. A crescente presença feminina nos cursos de graduação em Engenharia Civil também se verificaria nos estudos pós-graduados? Existiriam diferenças pronunciadas no que tange ao gênero dos titulados entre as instituições pesquisadas? A recente expansão da oferta de programas de mestrado em Engenharia Civil estaria repercutindo na idade média dos titulados e no tempo que eles despenderam entre o término da graduação e o início de seus cursos de pós-graduação *stricto sensu*? Quantos anos os egressos na década de noventa despenderam para concluir o curso? Além desses aspectos, interessava também saber das expectativas dos titulados na época em que se inscreveram no mestrado e no doutorado.

Outra dimensão importante da pesquisa refere-se à trajetória acadêmica e profissional dos titulados. Assim, a questão é saber se a obtenção do título teve algum impacto, em termos financeiros e em relação à posição ocupacional, na vida acadêmica e profissional do engenheiro civil. Interessa, pois, conhecer o percurso profissional do titulado – onde se encontrava antes da obtenção do título e onde, atualmente, depois de formado, ele desenvolve suas atividades profissionais. O conjunto de informações prestadas pelos mestres e doutores em Engenharia Civil sobre as ocupações que exercem – setor de atividade, tipo de trabalho, renda, vínculo com atividades de pesquisas – é que nos permite traçar a trajetória profissional desses titulados. Com base nessa trajetória é possível discutir, de forma menos impressionista, a efetiva contribuição da pós-graduação para a formação de docentes e pesquisadores destinados às instituições de ensino superior (IES) e de pesquisa, e também para a formação de profissionais direcionados para outros setores do mercado de trabalho, considerando-se a especificidade de uma área tradicionalmente profissionalizante como a de Engenharia Civil.

A última dimensão da pesquisa trata de aspectos da experiência profissional dos mestres e doutores em Engenharia Civil. O curso correspondeu às expectativas que os titulados tinham ao ingressarem? Que aspectos os titulados mais e menos valorizam no curso tendo em vista a situação profissional atual? Suas avaliações variam conforme o tipo de ocupação que eles, titulados, desempenham?

Para essas e outras questões seguem os principais resultados da pesquisa com os egressos de mestrados e doutorados em Engenharia Civil, no país, na década de noventa.

Sexo, origem acadêmica e idade dos mestres e doutores

Com a expansão do sistema de ensino superior no final dos anos sessenta e início dos setenta ampliou-se o contingente de mulheres nesse nível de educação. Diversas carreiras antes tidas como tipicamente masculinas, entre as quais a de Engenharia Civil, passaram a registrar crescimento da presença feminina entre os alunos. O crescimento da pós-graduação *stricto sensu*, sobretudo a partir dos anos oitenta, em algumas áreas estaria passando por processo análogo. O aumento da participação feminina nos estudos pós-graduados provavelmente iniciou-se mais cedo em países de maior tradição pós-graduada. Nos Estados Unidos, por exemplo, no mestrado, as mulheres estudantes já haviam alcançado igualdade numérica em relação aos homens há mais de uma década (Sutherland, 1988).[2] Contudo, tal equidade entre os estudantes não havia sido atingida nem entre mestres tampouco entre doutores de países cientificamente centrais. Dados sistematizados por Stirati e Cesaratto (1995) indicam que, entre os doutores titulados em todas as áreas do conhecimento, aproximadamente na virada da década, as mulheres correspondiam a 36% nos Estados Unidos, 24% na Alemanha e 18% na Suécia; na Itália, 43%, em época um pouco mais recente. No Brasil, resultados para os estudantes de mestrado e de doutorado em todas as áreas, no país, em meados da década de noventa, mostram proporções bem mais elevadas do que as constatadas em países cientificamente centrais: 49% de mulheres no mestrado e 46% no doutorado (Velloso e Velho, 2001). As diferenças podem ser atribuídas em parte à maior participação, na pós-graduação brasileira, de áreas que tradicionalmente, desde a graduação, contam com maior presença feminina, como Letras, Educação, entre outras; todavia, se estiverem corretos os argumentos de Entwisle, Alexander e Olson (1994) e de Stirati e Cesarato (*cit.*), por exemplo, os desequilíbrios na distribuição entre os gêneros também teriam origens em outros aspectos e de maiores relevos.[3]

No Brasil, a participação feminina entre mestres e graduados em Engenharia Civil é semelhante. Com efeito, dos formandos na área – cerca de 5,6 mil – que realizaram o Exame Nacional de Cursos em 2000, 27% eram mulheres (Brasil, 2000). Entre mais de 300 mestres em Engenharia Civil formados a partir de 1990 e entrevistados na presente pesquisa, um terço é do sexo feminino. É no mínimo curiosa essa ligeira diferença percentual entre mulheres egressas da graduação em Engenharia Civil no ano 2000 e mulheres egressas do mestrado nos anos noventa. Apesar de não termos os dados de graduandas em Engenharia Civil para toda a década de noventa, a maior proporção de mestras tituladas nessa década, ligeiramente superior à das formandas em 2000, sugere que está se mantendo a proporção entre homens e mulheres e esta ainda tende a diminuir a favor das mulheres no nível de pós-graduação em uma área tradicionalmente tão masculina como Engenharia Civil. Deve ser notado, porém, que a presença feminina, tanto na graduação como no mestrado, varia muito entre instituições e regiões. As graduandas de Engenharia Civil em 2000, por exemplo, encontram-se em proporções ligeiramente menores nas instituições federais (por volta de um quarto) do que nas estaduais, municipais e particulares (em torno de 27%); as mulheres também estão proporcionalmente mais representadas nas regiões Nordeste (29%), Norte e Sul (28%) do que nas regiões Sudeste e Centro-Oeste (cerca um quarto) (Brasil, 2000). No caso do mestrado, constata-se também uma oscilação da presença feminina.

Enquanto na USP, por exemplo, as mulheres não chegam a um quarto dos egressos do curso de mestrado, na UFRJ elas constituem quase a metade dos titulados (tabela 8.2).

Tabela 8.2
Mestres e doutores em Engenharia Civil: área da graduação e da pós-graduação; sexo por universidade (%)

		Universidade do curso						
		UFMG	UFPE	UFRGS	UFRJ	UnB	USP	Total
a. Mestres								
Área na graduação	Mesma área	83,3	100,0	87,7	100,0	84,0	80,7	89,3
e na pós	Outra área	16,7		12,3		16,0	19,3	10,7
	Total	100,0	100,0	100,0	100,0	100,0	100,0	100,0
Sexo	Masculino	66,7	62,5	64,0	55,3	72,0	78,0	65,8
	Feminino	33,3	37,5	36,0	44,7	28,0	22,0	34,2
	Total	100,0	100,0	100,0	100,0	100,0	100,0	100,0
b. Doutores								
Área na graduação	Mesma área			64,7	100,0		87,3	90,4
e na pós	Outra área			35,3			12,7	9,6
	Total			100,0	100,0		100,0	100,0
Sexo	Masculino			81,3	74,1		79,8	77,7
	Feminino			18,8	25,9		20,2	22,3
	Total			100,0	100,0		100,0	100,0

Já entre os doutores a presença feminina é menos expressiva. Do conjunto de quase 220 doutores em Engenharia Civil entrevistados na década de noventa, nas três instituições pesquisadas, as mulheres não perfazem um quarto, sendo que o percentual de mulheres é um pouco maior na UFRJ e menor na UFRGS e na USP (tabela 8.2).

Os egressos da pós-graduação em Engenharia Civil provêm quase que invariavelmente de curso de graduação na mesma área. Entre os mestres, cerca de 90% encontram-se nessa situação, mas com algumas diferenças entre as instituições nas quais se formaram. Enquanto todos os mestres formados na UFPE e na UFRJ em Engenharia Civil são oriundos desse curso na graduação, nas demais instituições pesquisadas os percentuais correspondentes variam entre 80% e 90% (tabela 8.2).

Para os doutores, o cenário é parecido, porém há variações maiores entre as instituições. No conjunto, exatamente 90% fizeram a graduação na mesma área do doutorado. Todos os doutores titulados na UFRJ seguiram a graduação em Engenharia Civil mas, na

UFRGS, 35% de seus titulados são provenientes de outras áreas, porcentagem bem mais alta que a maior observada entre os mestres.

Em relação à área do conhecimento e às instituições onde os doutores fizeram o mestrado, esta pesquisa não levantou informações, mas resultados de estudo anterior (Velloso e Velho, *cit.*) permitem discutir aspectos da mobilidade geográfica e institucional dos doutores em Engenharia. Esse estudo, que abrangeu os estudantes de mestrados e doutorados no país em meados da década, constatou que praticamente todos os doutorandos da grande área das Engenharias haviam passado pelo mestrado. Constatou também que a grande maioria deles fez o doutorado na mesma instituição e na mesma área em que fizera o mestrado. Tal nível de concentração, que é alta, revela que é relativamente pequeno o deslocamento de mestres para outras instituições e, certamente, resulta da notável expansão dos mestrados ocorrida nos anos noventa. Ainda com a base de dados do referido estudo, observa-se que nas regiões onde é *menor* a oferta de doutorados em Engenharias, *maior* é a mobilidade entre as instituições – o que é de alguma forma previsível. Apurações especiais daquele estudo mostram também que a existência de um programa com mestrado e doutorado na mesma universidade induz o mestre a permanecer, como doutorando, na área das Engenharias.

A idade de ingresso no curso para os titulados em Engenharia Civil é bastante jovem para os padrões nacionais, particularmente no caso dos mestres, mas ainda é algo tardia para níveis de países cientificamente centrais. Tomando como referência ilustrativa a Itália, que não se situa na ponta desse bloco de nações, os estudantes começam o *doutorado* aos 28 anos, em média, considerando-se todas as áreas do conhecimento, inclusive aquelas em que a progressão até a pós-graduação costuma ser mais lenta (Stirati e Cesaratto, *cit.*).

No caso brasileiro, entretanto, os estudantes das Engenharias situam-se entre os que mais rapidamente progridem da graduação à pós-graduação *stricto sensu*. Com efeito, o estudo anteriormente mencionado (Velloso e Velho, *op. cit.*) revelou que, em meados da década de noventa, considerando-se todas as grandes áreas do conhecimento, enquanto a idade média de ingresso no mestrado era de 30 anos, a dos alunos da grande área de Engenharias era de 28 anos, a menor entre todas as áreas. Dados da presente pesquisa para a área de Engenharia Elétrica, também abrangendo mestres formados nos anos noventa no país, indicou que os títulos eram obtidos, em média, aos 30 anos (ver o capítulo de Carvalho e Ivo, neste livro).

Não surpreende, portanto, que os mestres em Engenharia Civil do presente estudo se titulem, em média, aos 31 anos (um ano mais velhos que seus colegas da Engenharia Elétrica) e que cerca de 2/3 deles o façam até os 30 anos de idade (tabela 8.3).[4] Entre universidades, entretanto, as trajetórias diferem bastante. Na UFRJ e na UnB encontram-se maiores proporções de mestres titulados mais jovens, ao passo que na USP concentram-se os mestres titulados mais velhos.

Ao longo do período estudado, a idade de média de titulação caiu um pouco. Dividindo-se os egressos em dois grupos, o primeiro abrangendo os que se titularam até 1994, e o segundo compreendendo os que obtiveram seu título depois, apurou-se que a idade média de titulação diminuiu de 31,2 para 30,5 anos, devido à redução semelhante na duração do curso, adiante discutida. As idades de conclusão da graduação e de início do mestrado oscilaram ao longo da década, mas suas médias mantiveram-se essencialmente estáveis nesses dois grupos de egressos.[5] O perfil dessas três idades, ao longo dos anos noventa, está ilustrado no gráfico 8.1a.

Gráfico 8.1a
Mestres em Engenharia Civil: idades na trajetória da graduação à titulação, por ano de conclusão (médias anuais)

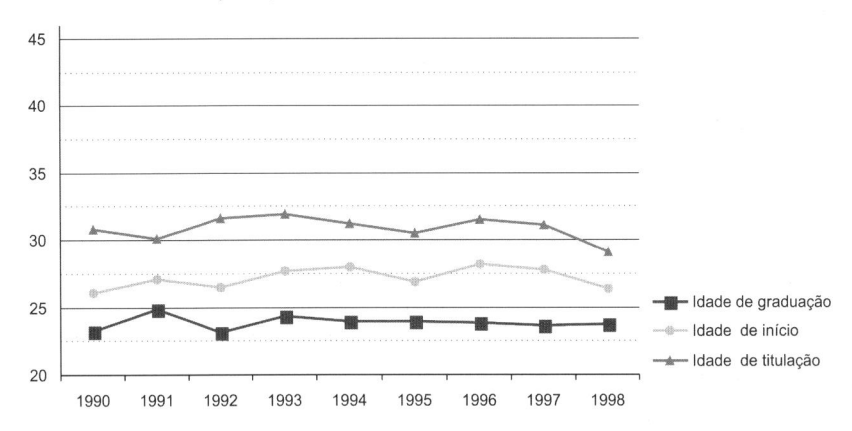

Quanto aos doutores em Engenharia Civil, eles estão se titulando, em média, em torno dos 39 anos e quase 1/3 deles obteve o título até os 35 anos (tabela 8.3). Nos dados da pesquisa para os doutores em área próxima, a de Engenharia Elétrica, constatou-se que eles se formavam, em média, aos 38 anos de idade, ainda um ano mais moços que os colegas da Engenharia Civil (ver o capítulo de Carvalho e Ivo). Esses dados, com efeito, estão em conformidade com os resultados do estudo de Velloso e Velho, já mencionado, sobre alunos da pós-graduação *stricto sensu* no país, no qual se observou que a idade média de ingresso nos doutorados das Engenharias estava entre as menores de todas as áreas. Contudo, tal como ocorre com os mestres, a concentração por faixas de idade de conclusão do doutorado varia bastante de universidade para universidade. Assim, enquanto na UFRJ, pouco menos da metade obteve o título de doutor até 35 anos, na UFRGS e na USP, quase que simetricamente, cerca da metade dos doutores concluiu o curso bem mais velhos, com 41 anos e mais.

Tabela 8.3
Mestres e doutores em Engenharia Civil: idade de titulação em grupos etários, por universidade (%)

	Universidade do curso						
	UFMG	UFPE	UFRGS	UFRJ	UnB	USP	Total
a. Mestres							
Até 30	50,0	57,1	74,0	78,2	79,2	42,7	64,5
De 31 a 35	22,2	14,3	15,1	15,4	16,7	19,5	17,0
De 36 a 40	16,7	14,3	8,2	5,1		17,1	9,9
De 41 a 45	11,1		2,7		4,2	15,9	6,4
46 e mais		14,3		1,3		4,9	2,1
Total	100,0	100,0	100,0	100,0	100,0	100,0	100,0
b. Doutores							
Até 30			5,9	1,3		2,5	2,4
De 31 a 35			23,5	45,5		19,5	29,2
De 36 a 40			17,6	32,5		28,8	29,2
De 41 a 45			41,2	9,1		28,8	22,6
46 e mais			11,8	11,7		20,3	16,5
Total			100,0	100,0		100,0	100,0

A idade média de conclusão do doutorado variou pouco durante a maior parte da década de noventa, mas aumentou nos últimos anos do período. Essa tendência é preocupante e será discutida mais adiante. A idade de início do curso teve comportamento semelhante, embora a idade de conclusão da graduação não tenha se alterado no período. O gráfico 8.1b ilustra o comportamento das idades na década.

Gráfico 8.1b
Doutores em Engenharia Civil: idades na trajetória da graduação à titulação por ano de conclusão (médias anuais)

Prazos de titulação dos mestres e doutores em Engenharia Civil

Como vêm se comportando os prazos de titulação na Engenharia Civil? Essa questão tem sido objeto das políticas das agências de fomento para todas as áreas do conhecimento. O tempo de duração do curso de mestrado tem clara tendência declinante, constatando-se ponderáveis diferenças entre os que se titularam no início e no final da década de noventa. Na primeira metade do período, o prazo médio de titulação foi de 3,8 anos, caindo para 3,1 entre os que se formaram depois de 1994. A redução média foi da ordem de 8 meses, e o prazo de conclusão continuava caindo nos últimos anos, conforme ilustra o gráfico 8.2.

Gráfico 8.2
Mestres e doutores em Engenharia Civil: duração do curso por ano de conclusão (médias anuais)

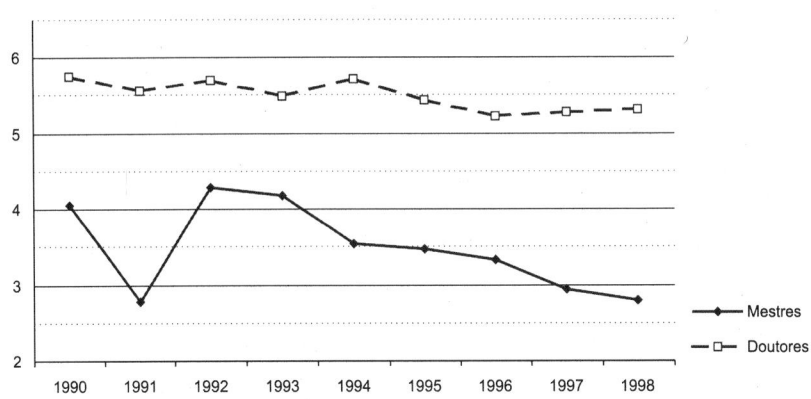

Com efeito, desde a segunda metade da década de noventa, as agências de fomento, especialmente a Capes, vêm desenvolvendo políticas visando incentivar a produtividade dos cursos de pós-graduação *stricto sensu*, sendo que o tempo despendido para concluí-los constitui-se em uma das principais variáveis dessa política. Nesse sentido, dados relativos ao tempo de duração do mestrado em Engenharia Civil são indicadores relevantes (ainda mais porque são setoriais) do êxito das referidas políticas.

O tempo de transição entre a graduação e o início do curso variou um pouco durante a década, como mostra o gráfico 8.3, mas a tendência geral aponta para uma estabilidade em torno da média de 3,5. Esse prazo situa-se exatamente na média do conjunto dos estudantes de mestrado da grande área das Engenharias, no país, conforme identificado pelo já mencionado estudo sobre mestrandos e doutorandos, e é um tempo relativamente curto para os padrões nacionais, pois segundo este estudo a média para todas as áreas do conhecimento é de 5 anos entre a conclusão da graduação e o início do mestrado.

Gráfico 8.3
Mestres e doutores em Engenharia Civil: tempo entre a graduação e o início do curso por ano de conclusão (médias anuais)

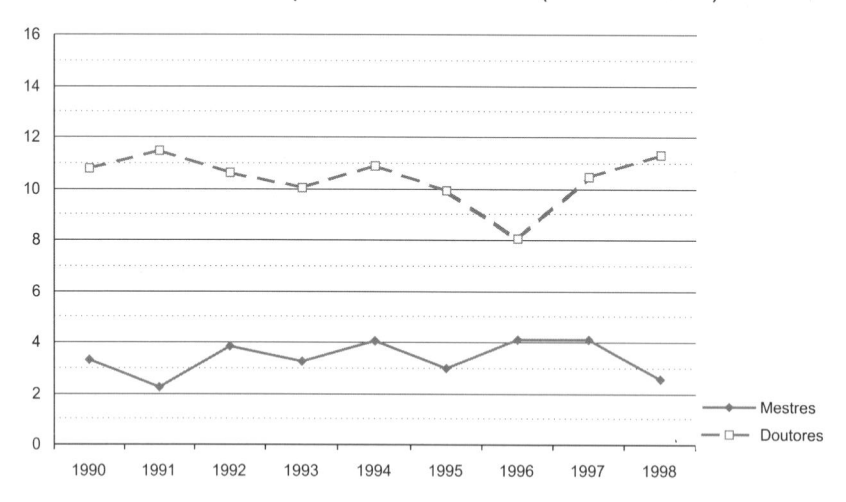

Quanto aos doutores em Engenharia Civil, o prazo de titulação apresenta leve tendência decrescente a partir de meados da década de noventa (gráfico 8.2), com médias de 5,6 anos para os que se formaram há mais tempo e de 5,3 anos para os que se titularam mais recentemente, uma diferença da ordem de 4 meses. A redução manifesta-se sobretudo a partir de 1995, o que testemunha, mais uma vez, a favor dos efeitos das políticas das agências de fomento.[6]

A despeito dessa tendência, nos últimos dois anos do período aumentou o tempo de transição entre a graduação e o doutorado, refletindo-se numa elevação da média de idade de início do curso e na de titulação. Esse alongamento do percurso de formação é preocupante; se for mantido nos anos vindouros significará menos tempo de vida economicamente ativa para os futuros doutores em Engenharia Civil e, conseqüentemente, menos tempo de contribuição ao desenvolvimento da ciência e tecnologia na área.

Na literatura nacional e internacional[7] que trata da educação em seu contexto social é recorrente a associação positiva entre nível de escolaridade de pais e filhos. Com feito, essa associação aparece em vários estudos estatísticos realizados no Brasil e em outros países. Recente estudo, realizado por Sampaio, Limongi e Torres (2000) com base nos dados da PNAD de 1997, mostrou que enquanto um jovem filho de pai ou mãe com até três anos de escolaridade tinha em torno de 11% de probabilidade de completar o ensino médio (onze anos de estudo e mais), essa probabilidade era superior a 60% para os filhos de pais e mães que tinham concluído o ensino médio. Assim, jovens que completam o ensino médio e que estão, portanto, aptos para ingressar no ensino superior, provêm, em geral, de famílias mais ricas do que a média da população e são filhos de pais com mais escolaridade do que a média. Quando se considera apenas os jovens com idade entre 18 e 24 anos que já concluíram a graduação, os resultados são mais impressionantes. O estudo mostrou ainda que nessa faixa etária os poucos jovens (1%) que já tinham concluído a graduação eram quase todos brancos (87%), provinham de famílias com renda familiar elevada (média de R$ 3,4 mil) e tinham pais com escolaridade relativamente alta (11 anos), muito acima da média da população. Esses resultados constatam o que já se sabe na experiência: a cada nível mais elevado de escolaridade, o sistema educacional torna-se mais seletivo.

De fato, tanto entre mestres como entre doutores em Engenharia Civil, a pesquisa apurou que cerca de 40% dos titulados têm pai com formação superior.[8] Entre graduandos em Engenharia Civil em 2000 que têm pai com nível superior, a proporção é semelhante, apenas ligeiramente maior – 45% (Brasil, 2000). Uma comparação mais precisa da escolaridade paterna desses graduandos com a dos mestres e doutores deve considerar, apenas, os pósgraduados que fizeram a graduação na mesma área. E daí o quadro não se altera. Entre esses mestres e doutores, cerca de 41% têm pai com formação superior. Os resultados não deixam de ser inesperados, pois sugerem que o prosseguimento nos estudos pós-graduados não significa maior afunilamento do sistema educacional. Os dados indicam que em Engenharia Civil, embora haja seletividade acadêmica, o ingresso na pós-graduação não responde à seletividade sócioeconômica, pelo menos da forma como ocorre nos níveis mais anteriores do sistema educacional, no nível superior inclusive.

Entretanto, a seletividade sócioeconômica parece operar de outros modos na pós-graduação. De fato, conforme os dados da pesquisa, o nível educacional do pai influi na duração do mestrado e do doutorado em Engenharia Civil. Embora os efeitos não sejam lineares, esse prazo é sempre menor para os egressos que têm pai com nível superior (gráfico 8.3.1). A escolaridade paterna também influi no prazo de transição entre a graduação e o mestrado, o qual é menor para os titulados que têm pai com 2º grau completo ou mais (gráfico 8.3.2), porém isso não ocorre entre doutores.

Gráfico 8.3.1
Mestres e doutores em Engenharia Civil: duração do curso por escolaridade do pai (médias em anos)

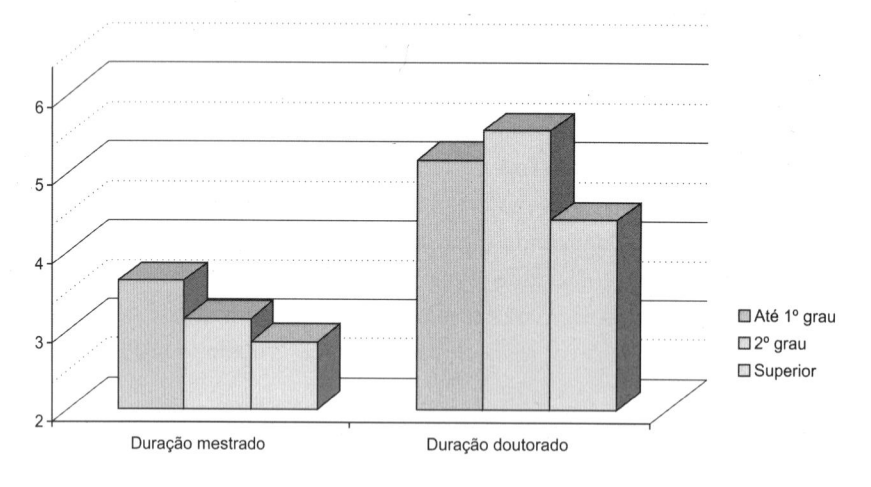

Estudo e trabalho na época da inscrição para o curso

No intuito de conhecer a trajetória de formação dos mestres e doutores, interessava saber o que faziam quando se inscreveram para o curso. Quem eram eles?

Gráfico 8.3.2
Mestres e doutores em Engenharia Civil: tempo entre a graduação e o início do curso por escolaridade do pai (médias em anos)

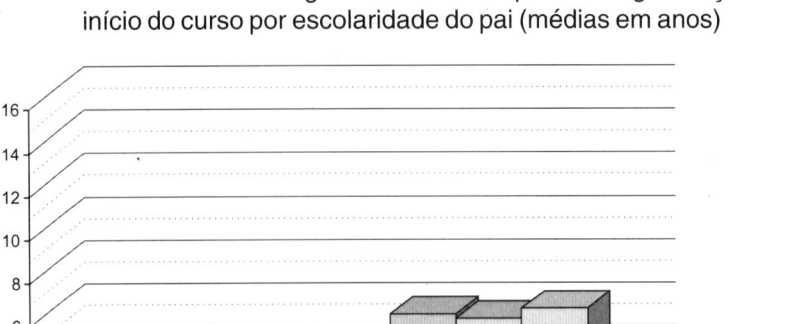

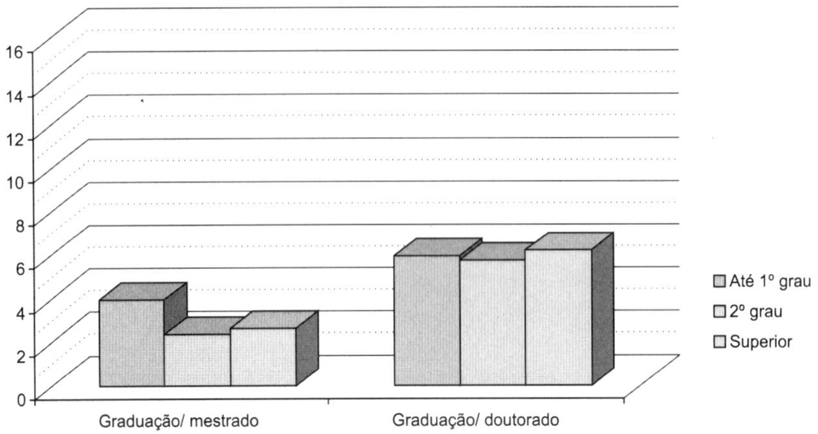

Entre os mestres, a grande maioria já havia terminado a graduação na época da inscrição para o curso (70%), porém há marcante variação entre as instituições. Na UFPE, na USP e na UFMG são maiores as proporções de engenheiros civis que começaram a vida profissional antes de ingressarem no mestrado; já na UFRJ, expressiva parcela buscou o mestrado quando ainda estava cursando a graduação (tabela 8.4a).

Mais da metade dos mestres estava em plena atividade na época da inscrição para o curso. Trabalhavam principalmente no setor privado (50%), em empresas,[9] exceto os egressos da UFPE e da UFRGS, que atuavam sobretudo no setor público. Uma parcela ponderável (quase 40%) encontrava-se em "outra" situação de trabalho, seja porque faziam graduação, seja porque se preparavam para a seleção do mestrado. Com efeito, segundo indicam apurações complementares, para os que estavam na categoria "outra", 90% deles ingressaram no mestrado em até um ano após a graduação.

Na época da inscrição para o mestrado, era pequena a parcela dos que atuavam em IES, sobretudo públicas, e menos de 1/10 tinha na docência superior sua principal atividade remunerada.[10] O envolvimento em pesquisa nas atividades profissionais era bem maior do que a participação na docência. Abrangia 30% dos então candidatos – provavelmente assistentes de pesquisa – que na época trabalhavam tanto em IES como em empresas, mas também em institutos de pesquisa e em outros tipos de atividade.

Tabela 8.4a
Mestres em Engenharia Civil: situação de estudo e trabalho na inscrição por universidade (%)

		Universidade do curso						
		UFMG	UFPE	UFRGS	UFRJ	UnB	USP	Total
Estudo na inscrição	Não estudava grad./mest.	82,5	90,0	76,5	56,9	70,4	84,5	72,9
	Fazia graduação	17,5	10,0	23,5	43,1	29,6	15,5	27,1
	Total	100,0	100,0	100,0	100,0	100,0	100,0	100,0
Trabalho na inscrição	Procurava trabalho	7,5		1,5	15,3	9,3	1,7	6,7
	Outra	32,5	35,0	52,2	44,4	35,2	17,2	37,7
	Plena atividade	60,0	50,0	46,3	40,3	55,6	81,0	55,3
	Parc./tot. afastado		15,0					0,4
	Total	100,0	100,0	100,0	100,0	100,0	100,0	100,0
Atividade remunerada na inscrição	Emp. setor público	33,3	50,0	48,4	37,9	20,0	29,8	35,7
	Emp. setor privado	50,0	25,0	35,5	55,2	53,3	55,3	49,5
	Autônomo/consultor	8,3	25,0	16,1	6,9	16,7	10,6	11,8
	Proprietário	8,3				10,0	4,3	3,0
	Total	100,0	100,0	100,0	100,0	100,0	100,0	100,0
Tipo de trabalho na inscrição	Administração pública	4,2	25,0	22,6	20,7	6,7	8,5	14,4
	Empresa	62,5	25,0	54,8	58,6	70,0	63,8	60,0
	IES	29,2	16,7	19,4	10,3	10,0	14,9	15,4
	Outra inst. de ensino		8,3				2,1	1,0
	Instituição de pesquisa			3,2	3,4		8,5	4,8
	Outros	4,2	25,0		6,9	13,3	2,1	4,4
	Total	100,0	100,0	100,0	100,0	100,0	100,0	100,0
Atividade envolvia pesquisa	Não	70,8	75,0	75,0	72,4	83,3	61,7	69,8
	Sim	29,2	25,0	25,0	27,6	16,7	38,3	30,2
	Total	100,0	100,0	100,0	100,0	100,0	100,0	100,0
Era docente em universidade	Não	75,0	91,7	90,3	96,6	100,0	89,4	91,2
	Sim	25,0	8,3	9,7	3,4		10,6	8,8
	Total	100,0	100,0	100,0	100,0	100,0	100,0	100,0

Em suma, o típico mestre em Engenharia Civil, quando se inscreveu para o curso, era um profissional em plena atividade, trabalhando principalmente em empresas, sobretudo do setor privado. Entre os que não trabalhavam, a grande maioria ainda estudava na graduação ou preparava-se para o exame de seleção do mestrado.

Os doutores, quando se inscreveram para o curso, tal como os mestres, encontravam-se majoritariamente em plena atividade (77%). Uma pequena parte deles (20%) ainda fazia o mestrado quando se inscreveu, sendo que essa parcela era bem maior entre os titulados pela UFRJ (tabela 8.4b). Tal característica dos doutores formados pela UFRJ, aliada ao percentual relativamente elevado de mestres da instituição que ainda estudavam na graduação quando se inscreveram (como se viu na tabela anterior), sugerem um perfil peculiar dos titulados por essa universidade: eles tendem a buscar formação pós-graduada *stricto sensu* bem mais cedo que os egressos de outras instituições.

Tabela 8.4b
Doutores em Engenharia Civil: situação de estudo e trabalho na inscrição por universidade (%)

		Universidade do curso			
		UFRGS	UFRJ	USP	Total
Estudo na inscrição	Não estudava grad./mest.	89,5	70,7	82,1	78,2
	Fazia mestrado	10,5	29,3	17,9	21,8
	Total	100,0	100,0	100,0	100,0
Trabalho na inscrição	Procurava trabalho		1,8		0,7
	Outra	25,0	28,1	7,8	16,8
	Plena atividade	70,0	64,9	85,8	76,7
	Parc./tot. afastado	5,0	5,3	6,4	5,9
	Total	100,0	100,0	100,0	100,0
Atividade remunerada na inscrição	Emp. setor públ.	80,0	75,0	78,3	77,3
	Emp. setor priv.	20,0	17,5	17,8	17,9
	Autônomo/consultor		7,5	2,3	3,9
	Proprietário			1,6	0,9
	Total	100,0	100,0	100,0	100,0
Tipo de trabalho na inscrição	Administração pública	13,3	15,0	11,5	12,8
	Empresa	6,7	25,0	16,9	18,8
	IES	80,0	45,0	54,6	53,2
	Outra inst. de ensino		5,0		1,6
	Instituição de pesquisa		5,0	16,2	11,4
	Outros		5,0	0,8	2,1
	Total		100,0	100,0	100,0
Atividade envolvia pesquisa	Não	13,3	27,5	21,5	22,9
	Sim	86,7	72,5	78,5	77,1
	Total	100,0	100,0	100,0	100,0
Era docente em universidade	Não	20,0	70,0	45,0	51,4
	Sim	80,0	30,0	55,0	48,6
	Total	100,0	100,0	100,0	100,0

Mais de 3/4 dos doutores em Engenharia Civil atuavam no setor público na época da inscrição, diferentemente dos mestres, que se concentravam no setor privado. Além disso, cerca de metade dos doutores era docente universitário,[11] principalmente em IES públicas, o que contrasta com menos de um décimo dos mestres nessa atividade. Mas os setores de atuação da principal ocupação remunerada variavam entre doutores de uma e de outra instituição. Assim, se entre titulados pela UFRGS havia ampla predominância dos que já eram professores de nível superior, entre os egressos da UFRJ encontrava-se a maior parcela dos que eram empregados em empresas e, entre os formados pela USP, estavam quase todos os que trabalhavam em institutos de pesquisa (provavelmente no Instituto de Pesquisas Tecnológicas – IPT de São Paulo).

O envolvimento com pesquisa alcançava 77% dos futuros doutores. Grande parte deles atuava como docentes em IES, uma parcela trabalhava na administração pública e, naturalmente, abrangia todos os que estavam em institutos de pesquisa.

Por que fizeram mestrado e doutorado?

O que motivou os mestres e doutores em Engenharia Civil a realizarem o curso? Um dos objetivos deste capítulo é conhecer fatores associados ao interesse dos entrevistados pela pós-graduação.

Sabe-se que os egressos da pós-graduação *stricto sensu,* em uma área com características tão profissionalizantes como a de Engenharia Civil, correspondem a uma parcela muito reduzida dos que se formam engenheiros civis no país. Para se ter uma idéia, graduaram-se nessa área perto de 6 mil estudantes em 2000, enquanto titularam-se mestres, no país, menos de 400 profissionais no mesmo ano. Com efeito, são muito poucos, no conjunto de formandos, os que se dirigem para estudos pós-graduados, sendo da ordem de 6% do total, nos diversos campos do conhecimento.[12] A título de curiosidade, dos graduandos em Engenharia Civil que realizaram o Exame Nacional de Cursos em 2000, apenas 28% manifestaram intenção de fazer curso de mestrado e doutorado na área de Engenharia Civil, enquanto pouco mais da metade demonstrou interesse em fazer cursos de aperfeiçoamento e de especialização (Brasil, 2000). Note-se que se trata apenas de intenções vagas de continuidade dos estudos e não propriamente de uma decisão já tomada. Em outra perspectiva, entretanto, se fazer mestrado ou doutorado já constava, para alguns poucos, do elenco de possibilidades futuras ao término da graduação, que aspectos, efetivamente, influem na decisão quando o estudante se inscreve no curso para obter um novo título acadêmico? Indagou-se, assim, aos egressos dos cursos de mestrado e de doutorado pesquisados, acerca da importância que atribuíam a um elenco de possíveis motivos para prosseguir os estudos.

No caso dos mestres, os resultados mostram que os motivos assinalados variam de acordo com o tipo de trabalho na época em que se inscreveram para o curso (tabela 8.5). Os motivos "seguir carreira docente" (ingressar ou melhorar na posição) ou "seguir carreira de pesquisador" – ambos, em geral, associados nas respostas de quase a metade dos egressos – pesaram muito. Esses motivos, para os mestres que já atuavam em instituições de ensino superior, como esperado, chegam a ter 72% e 66% das respostas, respectivamente. Em contrapartida, também como previsto, entre os mestres cujas principais atividades se situavam na administração pública e em empresas, a importância atribuída à possibilidade de seguir carreira docente foi bem menor.

Com efeito, as principais motivações atribuídas pelos titulados para terem feito o mestrado referem-se ao campo de trabalho que o curso propiciaria. Nesse sentido, para cerca de 70% dos titulados, a expectativa de ampliação do leque das oportunidades de emprego pesou muito na decisão de realizarem o mestrado. Constata-se, contudo, que tal expectativa teve incidência menor entre os que já atuavam em IES (56%), sugerindo que, para esse grupo, as opções de carreira profissional apresentavam-se mais delineadas do que para os colegas que não atuavam no ensino superior.

Ainda sobre a decisão de se fazer mestrado, quanto influem expectativas de melhoria financeira, de seguir uma carreira, de realização pessoal? Influem muito. Para a grande maioria dos mestres (80%), a expectativa de obter melhor trabalho em termos acadêmicos e/ou profissionais teve grande importância na disposição para fazer o curso, destacando-se, nesse conjunto de respostas, as dos engenheiros que atuavam na administração pública (88%). Já a expectativa de alcançar nível de renda mais elevado após a titulação teve alguma importância, mas em grau bem menor do que os aspectos relacionados à carreira acadêmica, às expectativas de ampliação do leque de oportunidades de emprego e à qualidade do futuro trabalho. Constata-se também que, entre engenheiros que já atuavam em IES quando se inscreveram para o mestrado, talvez com boa dose de realismo, para cerca de 80% deles a expectativa de melhoria salarial *não* influiu ou influiu *pouco*.

O item "corrigir deficiências da graduação" foi a opção menos importante do conjunto, com algumas diferenças entre candidatos nos três tipos de trabalho considerados.

Em suma, o que mais motivou os futuros mestres em Engenharia Civil, já empregados na administração pública ou atuando em empresas, a se inscreverem para o curso, foram suas expectativas de ampliar as oportunidades de emprego e de melhorar a qualidade do trabalho. Já para o engenheiro que atuava em IES, a expectativa de melhoria na qualidade das atividades profissionais teve igual importância que a expectativa de aprimoramento na carreira docente em curso.

Tabela 8.5
Mestres e doutores em Engenharia Civil: motivações para o mestrado e o doutorado por principais tipos de trabalho na inscrição (%)

		Administração pública	Empresa	Universidade	Total (*)
a. Mestres					
Corrigir deficiências da graduação	Pouco/nada	68,4	74,6	87,3	76,0
	Muito	31,6	25,4	12,7	24,0
	Total	100,0	100,0	100,0	100,0
Seguir/ aprimorar carreira docente	Pouco/nada	56,6	59,5	27,9	54,6
	Muito	43,4	40,5	72,1	45,4
	Total	100,0	100,0	100,0	100,0
Seguir carreira de pesquisador	Pouco/nada	59,0	58,2	33,8	51,7
	Muito	41,0	41,8	66,2	48,3
	Total	100,0	100,0	100,0	100,0
Ampliar oportunidades de trabalho	Pouco/nada	28,4	27,6	44,3	30,0
	Muito	71,6	72,4	55,7	70,0
	Total	100,0	100,0	100,0	100,0
Melhor trabalho em termos acadêmicos ou profissionais	Pouco/nada	11,9	21,1	24,2	19,7
	Muito	88,1	78,9	75,8	80,3
	Total	100,0	100,0	100,0	100,0
Melhor nível de renda	Pouco/nada	55,3	63,9	77,4	63,6
	Muito	44,7	36,1	22,6	36,4
	Total	100,0	100,0	100,0	100,0
Incentivo da bolsa	Pouco/nada	77,7	86,4	94,7	85,6
	Muito	22,3	13,6	5,3	14,4
	Total	100,0	100,0	100,0	100,0
b. Doutores					
Corrigir deficiências do mestrado	Pouco/nada		100,0	92,8	95,2
	Muito			7,2	4,8
	Total		100,0	100,0	100,0
Seguir/ aprimorar carreira docente	Pouco/nada		56,2	12,2	28,3
	Muito		43,8	87,8	71,7
	Total		100,0	100,0	100,0
Seguir carreira de pesquisador	Pouco/nada		53,8	19,1	29,5
	Muito		46,2	80,9	70,5
	Total		100,0	100,0	100,0
Ampliar oportunidades de trabalho	Pouco/nada		30,9	48,7	42,5
	Muito		69,1	51,3	57,5
	Total		100,0	100,0	100,0
Melhor trabalho em termos acadêmicos ou profissionais	Pouco/nada		7,4	30,1	22,6
	Muito		92,6	69,9	77,4
	Total		100,0	100,0	100,0
Melhor nível de renda	Pouco/nada		65,4	51,1	58,4
	Muito		34,6	48,9	41,6
	Total		100,0	100,0	100,0
Incentivo da bolsa	Pouco/nada		95,7	87,0	87,9
	Muito		4,3	13,0	12,1
	Total		100,0	100,0	100,0

Nota (*) Os dados da col. Total incluem outros tipos de trabalho na época da inscrição (ver tabelas 8.4a e 8.4b).

Quanto aos doutores, os motivos que eles atribuem para terem feito o curso, tal como ocorre com os mestres, variam muito em função de suas expectativas na época em que se inscreveram, as quais evidentemente, estão muito associadas ao tipo de instituição onde estavam trabalhando na ocasião (tabela 8.5). Os motivos "seguir carreira docente" (ingressar ou melhorar na posição) ou "seguir carreira de pesquisador" – ambos, em geral, associados nas respostas –, tiveram grande influência para mais de 70% dos titulados. Entre os que atuavam em IES, como esperado, mais de 80% atribuem elevada importância a esses aspectos. Para os então candidatos que estavam empregados em empresas, a relevância atribuída a esses fatores, ainda que menor comparativamente, chegou a cerca de 45% das respostas; tais resultados sugerem que esse grupo de profissionais, quando se decidiu pelo doutorado, já vislumbrava a perspectiva de migrar, no futuro, para a atividade acadêmica. De fato, conforme revelam outros dados da pesquisa, entre os empregados em empresas que indicaram relevância do motivo "seguir ou ingressar na carreira docente", bem mais da metade, depois de obter o título, migrou para universidades ou institutos de pesquisa; entre os que atribuíram importância ao item "seguir carreira de pesquisador", quase metade depois ingressou na academia.

Motivos relacionados à ampliação das oportunidades profissionais que o título de doutor poderia proporcionar não constam, para os doutores, como foram constatados para os mestres, entre os principais interesses para prosseguimento dos estudos. Se, conforme apresentado anteriormente, para cerca de 70% dos mestres, a expectativa de ampliação do leque das oportunidades de emprego pesou muito na decisão de fazerem o mestrado, para os doutores, o percentual de respostas para essa motivação cai para menos de 60%. Constata-se, entre os doutores, que essa mesma expectativa obteve maiores proporções de respostas entre os candidatos que, na época, trabalhavam em empresas (70%). Esses dados sugerem que para esse grupo haveria uma expectativa de mudar a trajetória profissional, rumo à academia, com a obtenção do título de doutor. Com efeito, outros dados da pesquisa mostram que, depois da titulação, uma expressiva parcela desse grupo (40%) migrou para a academia.

Quanto pesaram, na decisão de fazer doutorado, expectativas de melhoria financeira, de carreira e de realização pessoal? Existem algumas nuanças considerando-se os diferentes segmentos profissionais onde estavam empregados os então candidatos. Embora, para elevada parcela dos informantes, a expectativa de obter melhor trabalho em termos acadêmicos e/ou profissionais tivesse contado muito na disposição para cursar o doutorado entre os que já atuavam em IES (70%), essa motivação obteve menor proporção de respostas comparativamente aos empregados em empresas (93%). Parece que a previsibilidade da carreira acadêmica em universidade contribui para que diminua a expectativa de melhores oportunidades no campo de atuação.[13]

Já a expectativa de alcançar nível de renda mais elevado após o doutorado foi considerada como importante para apenas cerca de 40% dos titulados. Entre os que já atuavam em instituições de ensino superior na época da inscrição para o curso, talvez devido ao conhecimento da relativa progressão de rendimentos com base na titulação, encontramos, em relação à porcentagem total, uma proporção ligeiramente maior de respostas (50%) para a motivação "expectativa de melhor nível de renda".

O item "corrigir deficiências do mestrado" entre os doutores recebeu importância ainda menor do que havia recebido entre os mestres em relação à graduação. Cerca de 90% ou mais dos doutores em empresas e universidades informaram que tal razão pesou pouco ou nada na decisão de seguir o curso.

Em suma, candidatos ao doutorado trabalhando em empresas quando se inscreveram no curso foram motivados, fundamentalmente, pela perspectiva de melhorar as condições de trabalho e de ampliar as oportunidades de emprego. Já para os candidatos que atuavam na universidade, os motivos que mais pesaram na decisão foram o prosseguimento ou aprimoramento da profissão acadêmica e o desenvolvimento da carreira de pesquisador em curso.

Continuidade dos estudos e o trabalho dos egressos

Entre as questões da presente pesquisa destacam-se dois grandes temas: formação e trabalho. Interessa saber, por exemplo, se os mestres deram ou estão dando continuidade aos estudos pós-graduados depois do término do mestrado. Que atividades eles estariam desenvolvendo atualmente no mercado de trabalho, profissional e acadêmico? Da perspectiva do mestre, qual seria seu principal trabalho hoje? Em que tipos de instituições eles estariam empregados: na universidade ou no mercado profissional extramuros? Quem seriam seus principais empregadores – o Estado, a iniciativa privada?

A continuidade dos estudos na pós-graduação *stricto sensu* é bastante freqüente no caso dos mestres. Para os doutores, o aperfeiçoamento profissional após a obtenção do título é mais raro.

Quase metade dos mestres entrevistados em Engenharia Civil está atualmente fazendo doutorado (46%). Entre estes, praticamente todos seguem programas no país, sendo diminuta a fração dos que fazem doutorado no exterior, pleno ou na modalidade sanduíche (tabela 8.6a). O típico mestre que é doutorando está exercendo atividades profissionais, geralmente no ensino superior.[14]

Tabela 8.6a
Mestres em Engenharia Civil: situação de estudo e trabalho por universidade (%)

		Universidade do curso						
		UFMG	UFPE	UFRGS	UFRJ	UnB	USP	Total
Pós-graduação após o mestrado	Faz PG *lato sensu*				1,4	1,9	1,7	1,0
	Faz doutorado no país	20,0	10,0	44,9	54,2	33,3	46,6	44,9
	Faz dout. sand./ ou exter.		10,0	2,9		1,9		1,2
	Não faz PG	80,0	80,0	52,2	44,4	63,0	51,7	52,9
	Total	100,0	100,0	100,0	100,0	100,0	100,0	100,0
Trabalho	Procurava trabalho	5,0		4,6	1,4	5,6		2,4
	Outra	10,0	20,0	13,8	33,3	24,1	10,5	19,7
	Plena atividade	85,0	70,0	69,2	63,9	68,5	86,0	72,9
	Parc./tot. afastado		10,0	12,3	1,4	1,9	3,5	5,0
	Total	100,0	100,0	100,0	100,0	100,0	100,0	100,0
Atividade remunerada	Emp. setor públ.	35,3	68,8	63,6	44,7	65,8	30,8	47,4
	Emp. setor priv.	50,0		25,5	40,4	23,7	46,2	36,2
	Autônomo /cons.	2,9	25,0	7,3	10,6	7,9	9,6	9,1
	Proprietário	11,8	6,2	3,6	2,1	2,6	13,5	6,7
	ONG/entidades				2,1			
	Total	100,0	100,0	100,0	100,0	100,0	100,0	100,0
Tipo de trabalho	Administração pública	3,1	18,8	19,6	17,0	39,5	11,8	17,1
	Empresa	53,1	18,8	25,0	36,2	26,3	51,0	37,2
	IES	40,6	37,5	51,8	29,8	31,6	25,5	35,8
	Outra inst. de ensino		12,5		2,1		2,0	1,5
	Instituição de pesquisa			1,8	6,4	2,6	3,9	3,5
	Outros	3,1	12,5	1,8	8,5		5,9	4,9
	Total	100,0	100,0	100,0	100,0	100,0	100,0	100,0
Atividade envolve pesquisa	Não	38,2	25,0	44,6	44,7	42,1	54,9	46,6
	Sim	61,8	75,0	55,4	55,3	57,9	45,1	53,4
	Total	100,0	100,0	100,0	100,0	100,0	100,0	100,0
É docente em universidade	Não	61,8	87,5	51,8	76,6	68,6	78,4	68,8
	Sim	38,2	12,5	48,2	23,4	31,4	21,6	31,2
	Total	100,0	100,0	100,0	100,0	100,0	100,0	100,0

Entre os doutores em Engenharia Civil, poucos estão seguindo pós-doutoramento ou já o fizeram, no país. Maior, porém ainda modesto, é o percentual de doutores que cursaram pós-doutorado no exterior (7%). Esses dados, de todo modo, sinalizam clara preferência pela atualização profissional fora do país por parte dos doutores titulados no Brasil (tabela 8.6b).[15]

Tabela 8.6b
Doutores em Engenharia Civil: situação de estudo e trabalho por universidade (%)

		Universidade do curso			
		UFRGS	UFRJ	USP	Total
Pós-graduação após o doutorado	Não fez	95,0	86,2	84,4	85,9
	Fazendo pós-dout.			2,1	1,2
	Fez pós-dout. país		1,7	1,4	1,4
	Fez pós-dout. exterior	5,0	5,2	7,8	6,6
	Fez PG *lato sensu*		6,9	4,3	5,0
	Total	100,0	100,0	100,0	100,0
Trabalho	Procurava trabalho			0,7	0,4
	Outra			2,9	1,6
	Plena atividade	100,0	100,0	96,4	98,1
	Total	100,0	100,0	100,0	100,0
Atividade remunerada	Emp. setor públ.	90,0	86,0	74,3	80,0
	Emp. setor priv.	10,0	8,8	11,8	10,5
	Autônomo /cons.		1,8	7,4	4,6
	Proprietário		3,5	6,6	4,9
	Total	100,0	100,0	100,0	100,0
Tipo de trabalho	Administração pública	5,0	10,3	7,4	8,3
	Empresa		15,5	16,9	15,1
	IES	85,0	67,2	66,2	68,0
	Outra inst. de ensino	5,0			0,4
	Instituição de pesquisa	5,0	6,9	7,4	7,0
	Outros			2,2	1,2
	Total	100,0	100,0	100,0	100,0
Atividade envolve pesquisa	Não		20,7	16,9	17,1
	Sim	100,0	79,3	83,1	82,9
	Total	100,0	100,0	100,0	100,0
É docente em universidade	Não	21,1	32,8	33,1	32,1
	Sim	78,9	67,2	66,9	67,9
	Total	100,0	100,0	100,0	100,0

A situação profissional dos mestres em Engenharia Civil titulados nos anos noventa caracteriza-se pela diversidade. Quando se inscreveram para o mestrado, era possível descrever em breves traços o típico candidato, como se viu anteriormente: um profissional em plena atividade, trabalhando principalmente em empresas, sobretudo do setor privado. Uma vez titulados, passam a se distribuir numa gama mais variada de atividades.

Geralmente, os mestres encontram-se em plena atividade (73%) ou estão parcial ou totalmente afastados de seus empregos em razão do doutorado em curso (Tabela 8.6a). A proporção dos que procuram trabalho é muito pequena (2%) comparativamente às taxas de desemprego vigentes no país, mas é possível que o percentual efetivo seja um pouco maior, pois no contingente que informou estar em "outra" situação (20%), alguns não seguiam programa de doutoramento. Quase a metade está empregada no setor público, predominando aí os egressos da UFPE, UFRGS e UnB. No setor privado, estão pouco mais de 1/3 dos mestres e os autônomos não perfazem 10% dos entrevistados.

O tipo de instituição em que estão empregados revela novamente a diversidade de atuação profissional dos mestres em Engenharia Civil. O mercado de trabalho no ensino superior e em empresas (quase todas privadas)[16] absorve, em parcelas praticamente iguais, mais de 70% do conjunto dos egressos. Os titulados pela UFMG e pela USP atuam predominantemente em empresas, enquanto os mestres formados na UFRGS trabalham sobretudo em IES. Na administração pública encontram-se cerca de 20% dos titulados.

Os docentes em universidades[17] abrangem cerca de 1/3 dos mestres economicamente ativos, enquanto mais da metade dos egressos têm trabalho que envolve pesquisa.[18] As atividades de investigação em Engenharia Civil muitas vezes são realizadas mediante projetos de pesquisa e desenvolvimento, não tendo cunho propriamente acadêmico, mesmo quando conduzidas na universidade; como boa parte do trabalho que envolve pesquisa, informado pelos egressos, situa-se fora da universidade, as investigações que são conduzidas nesses ambientes de trabalho provavelmente têm cunho aplicado ou são projetos de P&D.

Uma questão de interesse em relação à docência no ensino superior diz respeito ao comportamento do mercado de trabalho nesse setor, no período analisado. Houve estabilidade na proporção dos mestres que se dirigem para a docência? Como evoluiu, na década de noventa, a absorção de mestres em Engenharia Civil por parte dos setores público e privado de ensino superior?

Na segunda metade dos anos noventa, a forte expansão da matrícula no ensino superior no país contribuiu para ampliar as vagas no mercado de trabalho para docentes universitários. Esse crescimento certamente ocasionou um aumento da demanda por pós-graduados, conforme se discutiu no capítulo 2, mas não foi só isso. Com a nova legislação e as normas conexas, promulgadas e editadas a partir de 1996, que passaram a regular o ensino superior, o reconhecimento de cursos passou a ser efetivamente periódico. Foi instituída a avaliação das condições de oferta dos cursos e a titulação dos professores passou a integrá-la como um dos indicadores da potencial qualidade do ensino. Tal avaliação, ao lado de outros instrumentos, é item importante na renovação do reconhecimento dos cursos superiores. O Exame Nacional de Cursos – Provão – é outro instrumento da avaliação da qualidade para o controle do sistema de ensino superior. Desde que foi instituído, também em 1996, o Provão incluiu a graduação em Engenharia Civil, por esta ser uma das áreas com maior número de cursos e matrículas no país. Tais inovações, ao lado do crescimento da matrícula, teriam também contribuído para aumentar a absorção de mestres e de doutores por parte das instituições privadas, nas quais, em geral, predominavam graduados e especialistas – com exceção de algumas poucas instituições confessionais. Já o virtual congelamento do número de vagas nas instituições de ensino superior federais contribuiu no sentido de estabilizar a demanda de pós-graduados. Nesse cenário, supunha-se que desde meados dos anos noventa viesse aumentando a absorção de mestres e de doutores em Engenharia Civil pelo ensino superior, especialmente no setor privado. O que dizem os dados da pesquisa?

De fato, considerando-se os dois períodos de titulação já aludidos, até 1994 e depois desse ano, os dados da pesquisa revelam marcantes alterações no mercado de trabalho dos mestres em Engenharia Civil.

A primeira mudança diz respeito ao destino profissional dos titulados na área. Está diminuindo a proporção dos mestres que se dirigem ao ensino superior e aumentando a parcela dos que vão para a administração pública e, secundariamente, para empresas. Entre os titulados no primeiro e no segundo períodos, a participação dos egressos, na docência no ensino superior, caiu de 40% para 24%. A tendência continuou nos dois últimos dois anos analisados pela pesquisa, 1997 e 1998. Comparando-se os dois grandes períodos já mencionados, com estes dois últimos anos, os dados sugerem que a tendência já havia se manifestado em meados da década passada, apenas continuando seu curso nos anos seguintes.

A segunda mudança é igualmente notável. Os mestres que são professores no ensino superior foram absorvidos, em parcelas crescentes, por instituições privadas. Entre os entrevistados que são docentes e se titularam na primeira metade do período, 28% atuam no ensino particular, mas, entre os formados na segunda metade do período, essa proporção sobe para 40%. A tendência intensificou-se nos últimos dois anos estudados, quando a parcela de mestres contratados pelo setor privado de ensino superior cresceu novamente, tornando-se maioria e alcançando 53% dos professores. A intensificação do recrutamento por parte do ensino superior privado nos anos mais recentes parece em sintonia com a nova legislação. Com efeito, a partir de 1997, essa arquitetura legal e os novos instrumentos de supervisão do Estado, nela compreendidos, começaram a produzir efeitos sobre o ensino superior. Nesse sentido, além das possíveis conseqüências da contenção do preenchimento de vagas nas universidades federais, que explicariam em parte a menor absorção de titulados mais recentes por esse segmento, os dados de egressos da pós-graduação em Engenharia Civil possivelmente já refletem impactos da nova sistemática do reconhecimento periódico de cursos, associada, por sua vez, à avaliação das condições de oferta e aos conceitos obtidos pelos graduandos no provão, ambos informando a questão da titulação docente. Essas novas regras do reconhecimento para as instituições de ensino superior, certamente atuam no sentido de intensificar a competição entre elas, especialmente entre as particulares; na busca do reconhecimento oficial para a permanência no sistema de ensino superior, a contratação de titulados, mestres e doutores, torna-se uma importante estratégia.

A situação profissional dos doutores em Engenharia Civil, ao contrário do caso dos mestres, permite definir com facilidade quem é o típico titulado. Se, antes de começarem o curso, cerca de 77% dos então candidatos estavam trabalhando, depois de titulados praticamente todos exercem atividades profissionais. Se, na época da inscrição, quase 4/5 atuavam no setor público, essa proporção praticamente não se alterou depois da obtenção do diploma. O trabalho no setor público alcança porcentagens mais elevadas entre os doutores da UFRGS e da UFRJ, ao passo que a pequena proporção dos que atuam no setor privado concentra-se entre os egressos da USP (tabela 8.6b).

O tipo de trabalho desenvolvido pelos doutores em Engenharia Civil contribui, novamente, para caracterizá-los tipicamente como professores universitários. Os docentes, abrangendo 2/3 dos doutores que trabalham, atuam principalmente em instituições públicas.[19] Parte relativamente pequena (15%) trabalha em empresas, todos oriundos da UFRJ e da USP, sendo menor ainda a parcela dos que atuam na administração pública. O trabalho em institutos de pesquisa, de inexpressiva presença entre os mestres, já dobra entre os doutores, embora ainda permaneça em pequena proporção.

Algumas informações sobre a inserção profissional de mestres e doutores na área de Engenharia em outros países podem ser úteis, a título ilustrativo, para comparações com os a situação de trabalho dos entrevistados nesta pesquisa. Dados da National Science Foundation (2000) para os mestres e doutores em Engenharia Civil, na população economicamente ativa dos Estados Unidos em 1997, indicam que 65% daqueles trabalham em empresas e 63% destes têm o mesmo tipo de atividade profissional. Mesmo considerando-se esses dados com certa reserva, pois remetem a um mercado de trabalho profundamente diferente do mercado brasileiro, e referem-se a todos os mestres e doutores na população economicamente ativa, os contrastes saltam aos olhos. Em relação aos entrevistados da nossa pesquisa, as proporções de 65% e de 63% equivalem a quase o dobro da parcela de mestres empregados em empresas e a mais de quatro vezes a de doutores. Outro contraste diz respeito à proporção de doutores atuando em faculdades e universidades.[20] Os dados norte-americanos revelam que apenas 24% dos Ph.Ds. em Engenharia Civil, com até seis anos de formados, são docentes no ensino superior,[21] ao passo que 2/3 dos doutores no Brasil entrevistados nesta pesquisa desenvolvem esse tipo de atividade. Aquela mesma fonte indica ainda que entre os doutores com até nove anos de formados que quase 80% trabalhavam em pesquisa e desenvolvimento como atividade principal ou secundária. Essa proporção é praticamente idêntica à encontrada entre os doutores entrevistados no Brasil (tabela 8.6b) que têm envolvimento com pesquisa.[22] Nesse caso, o contraste não está na proporção dos que trabalham com projetos de pesquisa ou de P&D, mas no local onde a atividade se realiza. Enquanto nos EUA, país cientificamente central com altos investimentos na geração de novas tecnologias e elevado nível de demanda das mesmas, a atividade de pesquisa se concentra no setor empresarial privado, que emprega cerca de 2/3 da força de trabalho de doutores, no Brasil, com a conhecida e baixa demanda de C&T por parte das empresas, a atividade está centralizada na universidade.[23] Os dados não surpreendem, embora existam diversas iniciativas de êxito para aproximar o setor produtivo da universidade (L. Velho, 1998); e conforme mostram estudos específicos sobre o tema (S. Velho, 1996), empresas brasileiras, ou outras, atuando no país, tipicamente não desenvolvem projetos de P&D.

Dados de outra origem, abrangendo a grande área das Engenharias, mas restritos a uma instituição formadora, podem igualmente ilustrar contrastes entre o emprego de doutores no Brasil e em países cientificamente centrais. Um estudo sobre egressos das Ciências das Engenharias (*Engineering Sciences*) na Universidade de Grenoble, na França, verificou que 44% dos doutores entrevistados[24] haviam sido recrutados pelo setor acadêmico, 37% trabalhavam com pesquisa no setor privado e cerca de 13% desempenhavam outras funções no setor público ou privado (Mangematin, 2000). Diferentemente do que ocorre na força de trabalho norte-americana, os doutores em *Engineering Sciencies* de Grenoble dirigem-se em proporção muito maior para o setor acadêmico; porém tal proporção é bem inferior aos 3/4 dos titulados brasileiros que atuam em universidades e institutos de pesquisa. Por outro lado, embora o nível de envolvimento dos doutores com projetos de pesquisa e de P&D nas três fontes de dados seja semelhante, na França, país também cientificamente central, onde o setor produtivo demanda geração de novas tecnologias, é expressiva a parcela dos egressos que desenvolvem P&D em empresas.

Tendo em vista que a principal finalidade do doutorado no Brasil é formar para a pesquisa independente e qualificar para a docência no ensino superior, os dados desta pesquisa, antes discutidos, referentes ao destino profissional dos doutores titulados no país, são indicadores de êxito. Vistos de outra perspectiva, quando comparados a alguns indicadores internacionais, são inquietantes os níveis de inserção dos doutores no mercado de trabalho não acadêmico em área tecnológica como a Engenharia Civil. Se o ensino e a pesquisa nas universidades brasileiras ainda precisam elevar a qualificação de seus quadros, demandando aumento das oportunidades de formação no doutorado, a ampliação da pesquisa e do desenvolvimento tecnológico extramuros – ou extra*campi* -, no setor produtivo, ou neste em articulação com a universidade, também é um requisito do desenvolvimento econômico e social do país. A questão, já posta há algum tempo, evidentemente ultrapassa o âmbito da universidade e das decisões das políticas de pós-graduação, mas espera-se que os dados obtidos na presente pesquisa contribuam para seu melhor equacionamento.

Dados referentes ao trabalho dos doutores em Engenharia Civil, no país, quando cotejados com os dos mestres, revelam com clareza diferenças quanto ao nível de titulação e respectiva inserção profissional. Conforme vimos anteriormente, a porcentagem dos mestres docentes em IES equivale a menos da metade da proporção de doutores que são professores no ensino superior. Com efeito, o título de doutor continua ainda respondendo a uma necessidade da carreira acadêmica desenvolvida, principalmente, mas não exclusivamente, na universidade pública, ao passo que o de mestre, especialmente em Engenharia Civil, estaria atendendo a exigências do mercado do trabalho em geral, não se vinculando necessariamente à profissão acadêmica.

Quantos são os mestres em Engenharia Civil que atuam na academia e que a ela estarão vinculados no futuro? A fim de obter estimativas que respondam a questão, admite-se que os dados obtidos na pesquisa, retratando a situação de trabalho e estudo no final dos anos noventa, também indicam tendências para anos futuros. Como se viu anteriormente, um bom número de mestres faz doutorado. Considera-se então que, entre os doutorandos que não atuam em universidade ou instituto de pesquisa, uma vez titulados, 3/4 deles irão ocupar postos de trabalho nesses segmentos ocupacionais, tal como ocorre com os doutores entrevistados. Somando-se as proporções dos que já atuam em universidade ou instituto de pesquisa com os que irão para esses segmentos, tem-se que 56% dos mestres entrevistados irão para a academia no futuro ou nela já se encontram.[25] Estima-se, portanto, que mais de 40% mestres já têm, ou terão, destino profissional diverso da academia. Com efeito, essa constatação é um convite para a área e para as políticas de pós-graduação no sentido de repensarem a concepção e formato originais dos mestrados, tema que será retomado adiante.

Trajetória: de onde vieram e onde estão os mestres e doutores

O destino profissional dos mestres em Engenharia Civil divide-se entre mercado (empresas) e academia (universidades e institutos de pesquisa). Quando se inscreveram para o mestrado, 40% dos mestres eram economicamente inativos – geralmente estudando na graduação ou preparando-se para o curso –, cerca de 1/3 trabalhava no segmento mercado e pouco mais de 10% atuavam na academia (tabela 8.7).[26] Concluído o curso, a fração dos que atuam na academia quase triplicou, incorporando principalmente os que antes estavam inativos, atingindo quase 1/3 do total. Foi na categoria academia que ocorreu maior crescimento na absorção de mestres. A categoria mercado manteve-se quase inalterada, abrigando, depois da titulação, parcela de mestres equivalente à da academia. Em suma, pode-se dizer que os dois principais destinos dos mestres em Engenharia Civil são o mercado e a academia. Considerando que a categoria academia foi a que mais cresceu, e que um dos principais objetivos da política de titulação de mestres ainda é a qualificação para a docência universitária, os resultados sugerem que tal política tem tido êxito. Entretanto, tomando em conta que a academia recruta tantos mestres quanto o segmento mercado, que menos de 60% dos egressos do mestrado têm como horizonte profissional a vida acadêmica – conforme se discutiu anteriormente –, e que ao longo da década têm diminuído a proporção dos que se tornam docentes universitários, o êxito deve ser relativizado e as finalidades do mestrado possivelmente ampliadas.

Tabela 8.7
Mestres e doutores em Engenharia Civil: mercado, Estado e academia
– trajetória da inscrição à situação de trabalho atual
(% em relação ao total e marginais)

		Situação e *locus* laboral atualmente					
		Mercado	Estado	Academia	Inativo	Desempregado	Total
a. Mestres							
Situação e *locus*	Mercado	16,8	3,2	8,6	5,0	0,4	34,1
laboral na inscrição	Estado	1,4	4,3	1,4	0,7		7,9
	Academia	0,4		8,6	1,8	0,7	11,5
	Inativo	10,0	5,7	11,1	11,5	1,1	39,4
	Desempregado	2,9	0,7	1,4	1,8	0,4	7,2
	Total	31,5	14,0	31,2	20,8	2,5	100,0
b. Doutores							
Situação e *locus*	Mercado	7,8	1,0	6,9			15,7
laboral na inscrição	Estado	1,0	5,4	4,4			10,8
	Academia	4,4	1,0	49,0	1,0		55,4
	Inativo	1,5	1,5	13,2	1,0	0,5	17,6
	Desempregado			0,5			0,5
	Total	14,7	8,8	74,0	2,0	0,5	100,0

Entre os doutores, o destino profissional dominante é a academia, mas a trajetória deles é bem diversa da dos mestres. Conforme mostra a tabela 8.7, cerca da metade dos então candidatos ao doutorado atuava no ensino superior; concluído o curso, 3/4 dos titulados foram trabalhar na academia, que absorve principalmente os que não eram economicamente ativos. É nítido, portanto, o caminho percorrido. Considerando que outro importante objetivo da política de titulação de doutores, além da qualificação para a docência universitária, é a formação de pesquisadores para atuar na área de C&T, os dados indicam que na Engenharia Civil – mesmo sendo esta uma área eminentemente profissional – tal política tem apresentado êxito.

Quanto ganham os mestres e doutores em Engenharia Civil?

As diferenças de rendimentos médios mensais são expressivas, conforme o tipo de atividade profissional. Os dados também sugerem que o trabalho na universidade não tem como razão primeira o atrativo de remuneração que ele oferece (gráfico 8.4).

Gráfico 8.4
Mestres e doutores em Engenharia Civil: médias das classes de renda por principais tipos de trabalho (em reais)

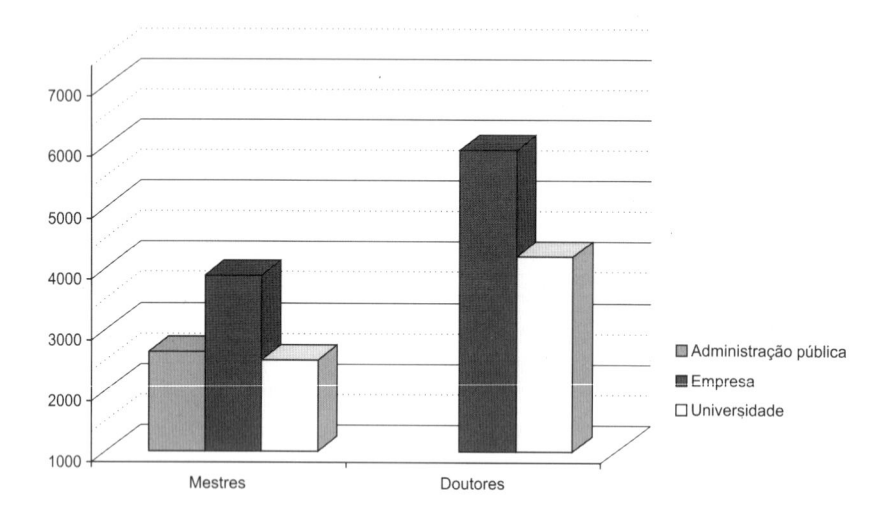

Para os mestres, a primeira e nítida distância nos rendimentos situa-se entre os que atuam em IES e na administração pública, ganhando em torno de 2,5 mil reais, e os que estão em empresas, com ganhos 60% mais elevados, percebendo em média quase 4 mil reais. Esses níveis de rendimentos indicam fortes diferenciais de competitividade a favor dos que trabalham em empresas.

Uma segunda comparação de interesse é entre os ganhos dos egressos de mestrado atuando no setor público e no setor particular do ensino superior. Os dados revelam que os rendimentos dos mestres que atuam na universidade pública são, em média, de 2,4 mil reais, 15% menores do que no ensino privado, assim ampliando o diferencial de competitividade dos salários pagos em empresas.[27]

Nos principais tipos de trabalho dos doutores, empresas e universidades, as rendas médias são bem mais elevadas do que as dos mestres nos mesmos tipos de trabalho, como previsível. Contudo, o cenário das diferenças de rendimentos entre os doutores é diverso daquele registrado entre os mestres. Os doutores que atuam em empresas, com a média mensal de quase 6 mil reais, ganham 40% a mais do que os docentes universitários, com 4,2 mil reais por mês. A diferença proporcional é bem menor que a verificada no caso dos mestres, sugerindo diferenciais de ganhos declinantes, análogos a retornos decrescentes em termos de titulação.

Doutores que são docentes na universidade pública, tal como ocorre com os mestres, também ganham menos que seus colegas que estão no ensino superior privado. Enquanto os primeiros têm um ganho médio de 4,1 mil reais, os doutores em instituições de ensino superior privadas têm de 5,8 mil reais, o que os aproxima dos doutores do setor empresarial, e equivale a uma diferença superior a 40%. Nesse quadro, do ponto de vista puramente da renda privada, para um doutor em Engenharia Civil, as opções de trabalhar no setor empresarial, ou atuar como docente no ensino superior particular, são equivalentes. Assim, e a despeito de políticas educacionais para o setor federal, as quais corretamente vêm valorizando a titulação acadêmica mais elevada, e de estratégias com a mesma orientação adotadas em várias instituições estaduais, os dados sugerem que salários pagos pela universidade pública aos doutores em Engenharia Civil têm competitividade muito baixa quando comparados à remuneração que esses doutores podem auferir em empresas e em instituições de ensino superior privadas.

Contribuições do mestrado e do doutorado em Engenharia Civil para o trabalho

Questão-chave da pesquisa, em grande medida associada ao tema da motivação, refere-se às relações entre a formação que mestres e doutores receberam no curso e o trabalho atual. Como os egressos avaliam os efeitos da pós-graduação em suas vidas profissionais e/ou acadêmicas? Na opinião deles, que contribuições – em termos de formação teórica e/ou experiência em pesquisa, por exemplo – o mestrado e o doutorado trouxeram para o trabalho que desenvolvem? Como corolário dessas questões, cabe indagar: as atividades profissionais exercidas correspondem às expectativas que tinham ao se inscreverem para o curso?

As percepções dos egressos acerca dessa última questão certamente conjugam expectativas postas no passado e uma avaliação do presente, em termos de grau de satisfação com as contribuições do curso. Nesse sentido, é provável que a situação profissional e o nível de rendimentos dos entrevistados influenciem suas apreciações acerca das contribuições do curso. Em outras palavras, muito possivelmente as percepções dos titulados acerca da importância das contribuições do mestrado e do doutorado estão associadas às expectativas que nutriam no passado e às realizações do presente. Quais são, então, as opiniões dos titulados sobre as contribuições do curso que fizeram?

Mestres em Engenharia Civil demonstram, em geral, elevado nível de satisfação com o curso, quer trabalhem na administração pública, em empresas ou na universidade. Assim, entre 70% e 80% dos mestres opinam que a formação teórica recebida durante o curso tem contribuído muito para suas atividades profissionais – uma avaliação altamente positiva e bastante homogênea (gráfico 8.5a). Já a experiência em pesquisa e a atualização de conhecimentos propiciadas pelo curso têm graus de importância mais variados, conforme o tipo de trabalho desenvolvido.[28] Os contatos acadêmicos ou profissionais obtidos durante o curso, por seu turno, têm importância menor, além de apresentarem variação bem mais elevada entre os principais tipos de trabalho dos mestres. O resultado é previsível, pois a natureza acadêmica dos mestrados em Engenharia Civil facilitaria o desenvolvimento de contatos e referências da mesma natureza, certamente menos úteis para a vida profissional em empresas e na administração pública. Nesse aspecto, o resultado é uma medida do êxito dos mestrados na área.

O elenco das diversas contribuições para a vida profissional dos titulados sugere que os cursos de mestrado estão mais voltados para a formação de docentes do ensino superior, de pesquisadores e de profissionais que atuarão na administração pública. Assim, enquanto 80% dos mestres que atuam na universidade e na administração pública vêem grande contribuição do aprendizado em pesquisa para o trabalho que desenvolvem, apenas cerca de 60% dos que trabalham em empresas lhe atribuem igual importância. Embora ambas as avaliações sejam muito positivas, entre elas existe uma expressiva diferença de 20 pontos percentuais. Convém ressaltar que a formação em pesquisa tem integrado, ao longo dos anos, o rol dos itens privilegiados nas avaliações dos mestrados no país.

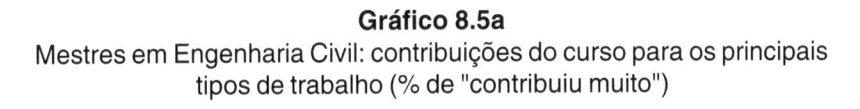

Gráfico 8.5a
Mestres em Engenharia Civil: contribuições do curso para os principais tipos de trabalho (% de "contribuiu muito")

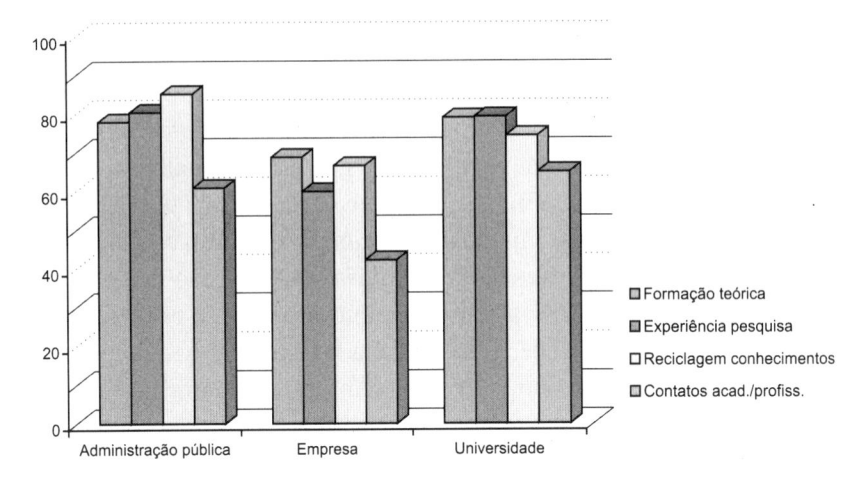

[Gráfico de barras com três grupos — Administração pública, Empresa, Universidade — e quatro séries: Formação teórica, Experiência pesquisa, Reciclagem conhecimentos, Contatos acad./profiss.]

Que implicações têm as principais diferenças constatadas? Os dados sugerem que a formação recebida nos mestrados em Engenharia Civil atende melhor às necessidades acadêmicas/profissionais dos que trabalham na universidade e na administração pública, ficando algo a dever aos egressos que atuam em empresas. Mesmo que a qualificação e o aperfeiçoamento de quadros para a docência sejam, no país, a principal finalidade do mestrado, não se deve perder de vista, como já apresentado anteriormente, que uma parcela expressiva dos titulados (quase 40%) está trabalhando em empresas, que a proporção dos que se dirigem ao ensino superior vem diminuindo, e que apenas pouco mais da metade dos egressos têm a vida acadêmica como horizonte profissional. Com base nas percepções dos mestres, são inegáveis as contribuições que o curso traz para suas atividades profissionais. No entanto, a leitura conjugada dos dados indica também que é possível diversificar a formação, particularmente no que concerne à experiência em pesquisa. Certamente não se sugere a substituição dos mestrados na área por outros, profissionais. Todavia, parece conveniente que além de uma sólida formação, alicerçada nas bases atuais, sejam também oferecidas oportunidades adicionais de estudos para que futuros mestres, trabalhando em empresas, atribuam, ao aprendizado em pesquisa, relevância semelhante à percebida pelos docentes universitários.

Doutores em Engenharia Civil, até com mais intensidade que os mestres, demonstram, em geral, elevada satisfação com o curso (gráfico 8.5b). Assim, para os doutores em universidade e em empresas, entre 70% e 90% opinam que a formação teórica, a experiência em pesquisa e a atualização de conhecimentos, propiciadas pelo curso, têm contribuído muito para o trabalho que desenvolvem.[29] Já as respostas referentes à contribuição do doutorado em termos de contatos acadêmicos ou profissionais para as atividades de trabalho apresentam níveis inferiores, tal como ocorre com os mestres na universidade e em empresas. Assim, em três importantes aspectos analisados – formação teórica, experiência em pesquisa e atualização de conhecimentos –, constatam-se considerações muito positivas por parte dos que atuam na universidade. Esses resultados indicam que os programas de doutorado em Engenharia Civil têm sido efetivamente eficazes em cumprir o papel para o qual foram idealizados.

Gráfico 8.5b
Doutores em Engenharia Civil: contribuições do curso para os principais tipos de trabalho (% de "contribuiu muito")

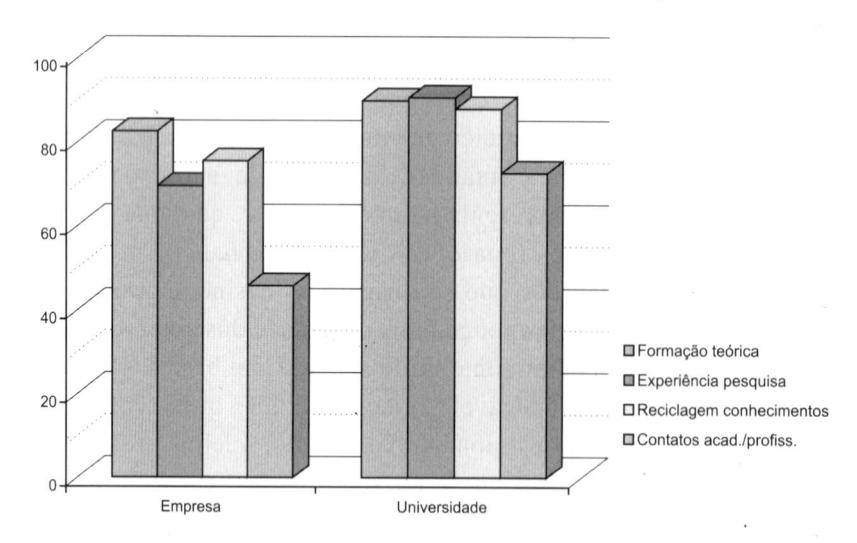

Embora os índices de satisfação entre os doutores sejam, em geral, muito elevados, constatam-se notáveis variações entre as respostas dos que trabalham em empresas e dos docentes em universidades. Por ordem de relevância, destacam-se as respostas sobre treinamento em pesquisa. Assim, enquanto 90% dos docentes em universidades atribuem grande importância às contribuições da experiência em pesquisa para suas atividades profissionais, apenas 70% dos que estão em empresas compartilham essa opinião, uma diferença de 20% pontos percentuais, igual à encontrada entre os mestres. Essa expressiva distância indica que a experiência em pesquisa tem sido menos útil para os profissionais de empresas que para os docentes.

A orientação central dos doutorados em Engenharia Civil no país certamente deve ser a qualificação para a pesquisa científica e tecnológica independente, como de fato vem sendo feito. Admitindo-se que os doutores entrevistados não sejam atípicos em relação ao conjunto dos que se titularam no país na década de noventa, as mencionadas diferenças apontam para a conveniência de uma reflexão, por parte dos coordenadores dos programas e demais atores envolvidos com a política de pós-graduação no país, sobre o aprimoramento da formação hoje oferecida, melhor contemplando a diversidade dos futuros campos de atuação de seus estudantes.

O impacto do mestrado e do doutorado na vida profissional – o que muda depois

Que mudanças positivas o curso trouxe para a vida profissional de um engenheiro civil? Em que medida as mudanças, se ocorreram, correspondem às expectativas desses profissionais quando se inscreveram para o curso?

O conjunto das informações fornecidas pelos mestres desenha um cenário bastante positivo de impactos do curso sobre a vida profissional em geral (gráfico 8.6a). Cerca de 2/3 ou mais dos titulados julgam que o trabalho atual, do ponto de vista acadêmico e/ou profissional, é muito melhor do que o anterior ao curso. Em torno da metade dos mestres entrevistados avalia que depois do curso suas oportunidades de trabalho aumentaram muito. Os dados mostram impactos igualmente positivos, porém menores, sobre o nível de renda dos titulados – os rendimentos aumentaram muito, depois do curso, para metade ou menos dos mestres. A participação em eventos acadêmicos ou científicos da área e a participação em associações da mesma natureza aumentaram também de forma significativa depois do curso.

As percepções dos mestres acerca dos efeitos do curso são bastante diferenciadas conforme a atuação profissional. A melhoria de trabalho em termos acadêmicos e/ou profissionais, por exemplo, foi grande para mais de 80% dos egressos que atuam na universidade –

efeito esperado da titulação. No entanto, parcela bem menor (2/3) dos que atuam na administração pública e em empresas partilha essa opinião. O nível de renda aumentou muito para metade dos que trabalham em IES e em empresas, mas para apenas 2/5 dos que estão na administração pública. Como era previsível, diante da natureza acadêmica dos mestrados, diferenças ainda maiores são observadas no caso da participação em eventos acadêmicos ou profissionais. Enquanto a participação nesses eventos cresceu muito na percepção de grande parcela dos que atuam em IES (2/3), aumentou menos na visão dos que estão na administração pública e em empresas. Situação semelhante ocorre em relação à participação em associações da área.

Gráfico 8.6a
Mestres em Engenharia Civil: experiência profissional após a titulação por principais tipos de trabalho (% de "melhorou/aumentou muito")

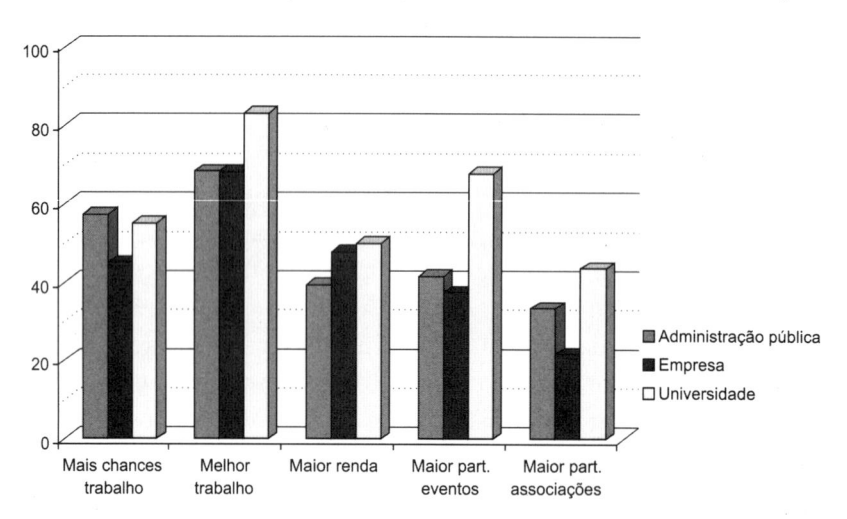

Entre os doutores, a formação pós-graduada em geral teve impacto muito positivo na experiência profissional, havendo, como no caso dos mestres, algumas notáveis diferenças conforme o tipo de trabalho que desenvolvem. Quanto à questão se o doutorado ampliou as oportunidades de emprego, as diferenças são marcantes entre, de um lado, os que trabalham em empresas e, de outro, os que estão na universidade. Enquanto para os primeiros, considerações que indicam satisfação obtêm respostas inferiores a 50%, para 70% dos docentes na universidade foi grande o impacto do doutorado para ampliar as oportunidades de trabalho (gráfico 8.6b).

Gráfico 8.6b
Doutores em Engenharia Civil: experiência profissional após a titulação
por principais tipos de trabalho (% de "melhorou/aumentou muito")

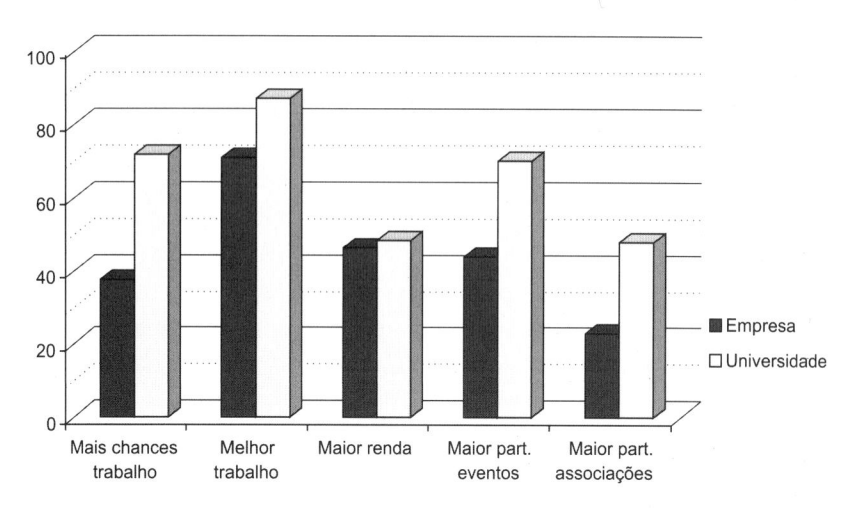

Já a melhoria do trabalho em termos acadêmicos/profissionais apresenta outros contornos. É bem menor a diferença entre as respostas dos que atuam em empresas e dos docentes universitários. Além disso, os níveis de satisfação nesses dois grupos são mais elevados. Quase 90% dos doutores em universidades informaram que, do ponto de vista acadêmico e/ou profissional, o trabalho que desenvolvem atualmente é muito melhor que o realizado antes da obtenção do título, enquanto para os doutores que atuam em empresas, a proporção correspondente é de 70%. Nesse sentido, para os docentes universitários, o doutorado teve efeitos altamente positivos no que concerne à abertura de novas oportunidades de emprego e à melhoria qualitativa no trabalho realizado; para os que atuam em empresas, tais efeitos se fizeram sentir no que concerne à melhoria da qualidade do trabalho profissional.

Em dois outros aspectos analisados, por motivos análogos, as diferenças entre os grupos são semelhantes às registradas no caso dos mestres. Para 70% dos professores universitários e para pouco mais de 40% dos que trabalham em empresas, o doutorado propiciou expressivo aumento na participação deles em eventos acadêmicos ou científicos da área. Já o aumento na participação em associações da área ocorreu em níveis menores, com diferenças proporcionais semelhantes entre os dois grupos. Deve ser ressaltado que menos da metade dos doutores docentes considera que essa participação aumentou muito; em outros termos, para a maioria deles o engajamento na vida associativa da área cresceu apenas um pouco, depois da titulação. Note-se também que resultados muito parecidos foram obtidos para os mestres que atuam em instituições de ensino superior, sugerindo, ademais, que o ingresso na vida associativa depende menos da titulação pós-graduada que de outros fatores como características pessoais, origem e vínculo institucionais, etc.

Por fim, as percepções dos titulados acerca do impacto do doutorado no nível de renda são muito semelhantes. Depreciado, ou pouco valorizado pela maioria dos entrevistados em empresas e na universidade, esse impacto pode ser lido de dois modos. Primeiro, de uma forma menos otimista, pode-se sugerir que existe uma insatisfação ou reduzida satisfação salarial dos doutores (mais de 50 % das respostas) frente às expectativas anteriores. Trata-se de uma insatisfação generalizada que não pode ser vinculada a setores ou a instituições específicas de atuação dos titulados. A segunda leitura é mais otimista: em um contexto de sucessivos anos com baixos níveis de crescimento econômico no país, é até de certa forma surpreendente que quase metade dos doutores que trabalham hoje em empresas e na universidade percebam um importante impacto da titulação sobre seus rendimentos.

É ilustrativo comparar alguns resultados de impactos do mestrado com dados de motivações correlatas para fazerem o curso. No que concerne às motivações, conforme já dito, perguntou-se aos mestres que peso tiveram, na decisão de fazer o curso, aspectos como ampliação das oportunidades de emprego, melhoria da qualidade do trabalho e aumento do nível de renda. Embora essas perguntas não se referissem explicitamente às expectativas dos titulados em relação aos efeitos do curso na vida profissional, suas respostas são, de algum modo, indicativas de perspectivas futuras.

A discussão dos impactos da formação pós-graduada toma como referência os principais tipos de trabalho dos titulados. Como se viu anteriormente, a mobilidade entre situações ocupacionais antes e depois do curso é, em geral, bastante elevada. Assim, nas comparações entre efeitos do curso e motivações correlatas é conveniente usar resultados para todos os entrevistados. Os dados referentes a motivações de *todos* os entrevistados constam da tabela 8.5, e dados análogos para os impactos do curso, relativos também a *todos* os mestres e doutores, mas que não constam dos gráficos, apresentam-se na discussão que segue.

Ao se comparar respostas sobre motivações para o curso com respostas sobre impactos do mestrado na vida profissional, constata-se que a expectativa de ampliação de oportunidades de emprego pesou muito na decisão de fazer o curso para 70% dos mestres. Todavia, apenas metade entende que essas oportunidades, de fato, aumentaram muito com a obtenção do título. Nesse sentido, pode-se dizer que as expectativas, indicadas nas motivações, se frustraram para aproximadamente 20% dos mestres. No que diz respeito a dois outros aspectos – melhoria da qualidade do trabalho e obtenção de maior renda –, constata-se que a avaliação das experiências depois do curso está no mesmo patamar ou em nível superior ao das perspectivas iniciais. Assim, o primeiro aspecto pesou muito na decisão de 80% dos titulados e 75% deles, grandeza comparável, considera que efetivamente obteve trabalho qualitativamente melhor depois do mestrado. Com relação ao segundo aspecto, este foi muito importante na decisão de quase 40% dos titulados e proporção ainda maior, quase metade deles, afirma que seus rendimentos, efetivamente, aumentaram muito depois do curso. Considerados os três, o balanço final é positivo na relação expectativas/impactos do curso.

Entre os doutores, quando são comparadas perspectivas futuras e efeitos do curso, nesses três aspectos, o cenário é ainda mais favorável. Quase 60% dos doutores informaram que a ampliação de oportunidades de emprego pesou muito na decisão de fazer o curso e proporção semelhante (65%) considera que, de fato, essas oportunidades cresceram muito depois da titulação. A perspectiva de obter trabalho melhor, do ponto de vista qualitativo, teve grande importância para quase 80% dos candidatos ao doutorado e 81% dos doutores avaliam que o trabalho que desenvolvem hoje é realmente muito superior em qualidade ao que exerciam antes do curso. A procura do doutorado visando aumento de renda teve peso elevado na decisão de 42% dos candidatos e, para 46% dos doutores – uma proporção comparável –, seus rendimentos aumentaram muito após a titulação. O balanço final das comparações é mais positivo para os doutores que para os mestres; certamente isso está associado a horizontes profissionais mais bem delineados para os doutores que para os mestres na época da inscrição. Conforme verificado, a mobilidade entre segmentos ocupacionais, considerando-se o período que compreende desde a inscrição para o curso até a realização das entrevistas, é bem menor para os doutores, especialmente entre os já estavam na academia. Quase todos os candidatos ao doutorado que já atuavam em universidades e em institutos de pesquisa na época da inscrição permaneceram na academia após a titulação. Também é provável, para o conjunto dos doutores em todos os segmentos ocupacionais, que o maior tempo de experiência profissional, assim como a socialização propiciada pelo mestrado que praticamente todos seguiram, tenham contribuído para melhor ajustar suas expectativas aos efeitos que o curso poderia efetivamente produzir, mas essa é uma hipótese que demanda outras investigações.

Em Conclusão

Predominantemente homens e oriundos da mesma área da graduação, mestres e doutores em Engenharia Civil titularam-se, respectivamente, em torno de 31 e 39 anos. Certamente, esse perfil geral apresenta variações, considerando-se as diversas instituições onde mestres e doutores pesquisados se titularam. Mesmo assim, e apesar das pequenas discrepâncias nacionais, valem algumas comparações. A minoria feminina, sobretudo no nível de doutorado, parece seguir a tendência da área. Nos Estados Unidos, por exemplo, os homens que se doutoraram na área das Engenharias nos últimos nove anos correspondem a quase 90% dos Ph.Ds. economicamente ativos (National Science Foundation, *cit.*). Na França, estudo com os doutores em *Engineering Sciences* (Mangematin, *cit.*) formados pela universidade de Grenoble, mostra que eles são também majoritariamente (3/4) do sexo masculino. Porém, em relação à idade de titulação, são bem mais jovens quando comparados aos doutores brasileiros: em Grenoble estão se titulando com uma média de idade de 28 anos, a exemplo do que ocorre em outros países industrializados da Europa e nos Estados Unidos. No Brasil, com essa idade, os engenheiros estão ingressando no curso de mestrado.

Mas há sinais positivos. O tempo de duração da pós-graduação nessa área, no país, diminuiu ao longo da década de noventa, assinalando uma média de 3,3 anos para o mestrado e de 5,5 anos para o doutorado. Porém, comparando-se esses resultados com dados internacionais, constata-se que, mesmo com essa tendência decrescente no tempo de duração da pós-graduação, aqui os mestres em Engenharia Civil ainda estão despendendo, em média, o mesmo tempo que doutores franceses levam para obterem o seu diploma. Em Grenoble, mais uma vez, a média de tempo de duração do doutorado em *Engineering Sciences* é de 3,3 anos, prazo de titulação bem menor do que o despendido pelos Ph.Ds. em Engenharias nos Estados Unidos (Velloso e Velho, *cit*.).

    Deve ser ainda lembrado que a redução no tempo de titulação no Brasil não está levando, conforme poder-se-ia esperar, à diminuição da idade com que os doutores – ou mesmo os mestres – se titulam. E isso vem ocorrendo possivelmente em razão de outra tendência paralela: o alargamento do intervalo de tempo entre o término da graduação e o ingresso na pós-graduação. Isso significa que, mesmo obtendo o título em menos tempo, a média de idade dos egressos da pós-graduação tende a se manter mais elevada em relação às médias internacionais para a área. Assim, são reduzidas as chances de, para breve, termos no Brasil doutores em Engenharia Civil com menos de 30 anos, como ocorre em outras partes na área das Engenharias.

    No Brasil, contudo, há que se argumentar a existência de um ainda longo mestrado como rito de acesso oficial para ingressar no doutorado, este sim, em geral, reta final dos estudos. De fato, ao contrário do que ocorre com os mestres em Engenharia Civil que, em boa parte (45%), estão dando continuidade aos estudos pós-graduados, são raros os doutores na área que fizeram ou fazem pós-doutorado, seja no Brasil ou no exterior. Sendo reta final dos estudos, os doutores dirigirem-se para o mercado de trabalho.

    Além desses contornos mais gerais sobre os egressos dos mestrados e dos doutorados em Engenharia Civil no Brasil, na década de noventa, este estudo tratou de questões mais específicas, relativas a motivações e expectativas do estudante para prosseguir os estudos no nível de pós-graduação e à trajetória acadêmica e profissional que eles vêm traçando desde então. Em que setores mais se empregam? As mudanças que porventura ocorreram na vida profissional estão aquém ou além das expectativas que mestres e doutores nutriam antes da titulação? Sob que aspectos, e para que setores de atividades, o mestrado e o doutorado em Engenharia Civil provocam mais impactos? Em suma, considerando-se os três principais destinos profissionais dos mestres e dos doutores em Engenharia Civil – a academia, o mercado e o Estado – em qual deles a formação pós-graduada está contando mais e em que aspectos ela faz diferença para o desempenho profissional?

    As motivações para fazer a pós-graduação *stricto sensu* são diferentes para mestres e para doutores. Entre estes, ampla parcela pautou suas decisões para fazer o doutorado tendo em vista trabalhar na academia, ao passo que entre os primeiros menos da metade buscou o mestrado visando seguir carreira docente no ensino superior ou carreira de pesquisador. A situação inverte se quando se considera o aspecto das oportunidades de trabalho: a grande maioria dos entrevistados, e com maior intensidade entre os mestres, decidiu fazer o curso motivados pela possibilidade de tê-las ampliadas. Já a busca de um melhor trabalho em termos acadêmicos ou profissionais foi motivação muito importante para cerca de 80% dos entrevistados, tanto para doutores como para mestres. As motivações dos egressos freqüentemente estão em sintonia com aspectos da experiência profissional após a titulação. Se mestres e doutores buscavam obter trabalho qualitativamente melhor, quase 80% percebem que tiveram êxito. Se procuravam ampliar as oportunidades de emprego após o curso, quase 2/3 dos doutores e uma proporção pouco menor de mestres tiveram satisfeitas suas expectativas iniciais.

Existem outras nuances e mesmo algumas diferenças em relação à inserção dos egressos no mercado de trabalho que merecem ser discutidas; primeiro, diferenças entre mestres e doutores titulados no Brasil; depois, entre doutores em Engenharia Civil titulados no Brasil e Ph.Ds. dessa área e também da grande área das Engenharias, formados no exterior.

O típico doutor em Engenharia Civil é um docente universitário e o setor público é o principal patrão dos doutores na área, absorvendo 4/5 dos entrevistados. São diminutas as parcelas cabíveis ao Estado como empregador direto, porque ele o faz principalmente por meio das universidades públicas. Em empresas, sobretudo privadas, atuam apenas 15% dos doutores entrevistados e nos institutos de pesquisa, públicos ou privados, a proporção nem chega a isso.

Já os mestres, ao contrário dos doutores, distribuem-se de forma bem mais equilibrada entre os setores: 36% dos que são economicamente ativos atuam em instituições de ensino superior, principalmente públicas, e 37% estão em empresas, sobretudo privadas. Quase metade dos mestres segue programa de doutorado, a maioria deles enquanto trabalha em universidades e apenas 20% não estão inseridos na força de trabalho, quase todos fazendo doutorado.

Se o típico doutor é um professor universitário, parcelas cada vez menores de mestres vêm se dirigindo para o ensino superior. Entre os mestres titulados até 1994, 40% atuam no ensino superior, mas entre os que se formaram depois, apenas 24% trabalham na universidade. Ao lado disso, o ensino superior privado vem recrutando crescentes proporções dos que vão para a docência. Entre os que atuam na universidade e se titularam até 1994, somente 28% estão no ensino privado, ao passo que entre os formados depois, essa proporção sobe para 40%, sendo ainda mais elevada nos dois últimos anos do período estudado. Os resultados sugerem que as políticas para o ensino superior da segunda metade da década de noventa têm emprestado forte contribuição para esse deslocamento dos mestres docentes em direção ao ensino privado.

Um segundo tipo de comparação enseja uma perspectiva adicional sobre trabalho dos mestres e doutores no país. Dados do relatório da National Science Foundation (cit.), por tipo de trabalho dos mestres e dos doutores engenheiros civis nos EUA, permitem comparações inquietantes com o que constatamos no Brasil. Em primeiro lugar, saltam aos olhos as elevadas proporções de mestres (65%) e de doutores (63%) nos EUA que trabalham em empresas. Essas proporções equivalem a quase o dobro da proporção de mestres e a mais de quatro vezes a de doutores empregados em empresas no Brasil. Destaca-se ainda a pequena fração (24%) de doutores em Engenharia Civil, com até seis anos de formados, atuando no ensino superior naquele país. No Brasil, quase 70% dos doutores estão na universidade, uma forte concentração nesse tipo de atividade profissional.

Se considerarmos o fluxo de mobilidade profissional, antes e depois da titulação, constata-se que a pós-graduação favorece o trabalho na academia (universidades e institutos de pesquisa) tanto para mestres como para doutores, mas especialmente no caso destes. Para os mestres, houve alguma migração entre os tipos de trabalho que desenvolviam antes do curso, na época da inscrição, e as atividades profissionais que passaram a exercer após a titulação. As proporções dos que estavam no mercado (empresas) ou no Estado (órgãos públicos), na época da inscrição no curso, mudaram pouco entre os mestres já titulados. Já a proporção dos que trabalham na academia cresceu bastante, principalmente mediante absorção dos que antes eram inativos, geralmente estudantes. Apesar desse crescimento, as proporções de mestres que estão na academia e no mercado são equivalentes.

Cabe notar, ainda, que quase metade dos mestres faz doutorado, o que provavelmente conduzirá boa parte deles à academia. Estima-se que 54% dos mestres têm a academia como destino profissional, considerando-se os que nela já atuam e os que nela provavelmente irão trabalhar assim que o doutorado for concluído.

É muito diversa a situação profissional dos doutores, que tinham e têm na academia o seu destino preferencial. Dos 16% que estavam no mercado (empresas) quando se inscreveram para o curso, quase metade migrou para a academia. O Estado, como setor empregador direto, quase não perde nessa trajetória: empregando 11% dos doutores quando da inscrição para o curso, diminuiu para 9% após a titulação. Por sua vez, a academia, que já empregava 55% dos candidatos a doutores na época da inscrição, passou a recrutar 75% depois da titulação, absorvendo quadros que atuavam no mercado e no Estado, além de ampla parcela dos que antes estavam inativos – geralmente estudantes.

Em suma, na trajetória laboral dos doutores, o sentido do movimento é para a academia. Desejável ou mesmo buscado, não é essa a questão. Ao contrário, tendo em vista o objetivo precípuo da formação pós-graduada no Brasil, que é qualificar para a docência superior e para a pesquisa, esses resultados expressam êxito. Em outra perspectiva, porém, a baixa absorção de doutores pelo mercado de trabalho não acadêmico em uma área tecnológica como engenharia, e comparativamente a alguns indicadores internacionais, enseja preocupações.

Dados do estudo já citado, realizado com os Ph.Ds. em *Engineering Sciences* da Universidade de Grenoble, permitem algumas comparações. Entre as questões desse estudo, uma refere-se à situação de trabalho dos doutores logo após a obtenção do título (primeiro emprego) e depois de algum tempo, quando foram entrevistados. Logo após a titulação, menos de 30% dos Ph.Ds. formados em Grenoble estavam empregados no setor acadêmico e 35% atuavam com pesquisa no setor privado. E pouco mais de 30% ou tinham contratos de trabalho de curta duração[30] ou estavam mesmo desempregados. Quando foram entrevistados, em 1997, 44% estavam empregados no setor acadêmico, 37% trabalhavam com pesquisa no setor privado e pouco mais de 10% desempenhavam outras funções no setor público ou no privado. A proporção de doutores desempregados ou com contratos curtos de trabalho havia se reduzido para bem menos de 10%. Relevando os diferentes instantes dessas trajetórias que a nossa pesquisa com os egressos no Brasil e que o estudo na França selecionaram, os dados apontam para várias similaridades e também para significativas diferenças entre a trajetória profissional dos doutores em Engenharia Civil no Brasil e a dos Ph.Ds. das Engenharias em Grenoble.

O primeiro ponto comum, certamente, é o impacto do doutorado na reversão de situações de desemprego – no caso do Brasil – ou de instabilidade no trabalho. Outra semelhança é o sentido do trajeto profissional rumo à academia. Na França, nem 30% dos recém-doutores tiveram como primeiro emprego o setor acadêmico; porém, alguns anos depois, 44% estavam empregados nesse setor. No Brasil, vimos que quando se inscreveram para o doutorado, pouco mais da metade dos doutores atuavam na academia; ao serem entrevistados, os doutores empregados na universidade e em institutos de pesquisa eram cerca de 3/4. É verdade que existe uma grande diferença entre absorver menos da metade dos egressos, como ocorre com os Ph.Ds. de Grenoble, e recrutar 75%, como se constata com os doutores em Engenharia Civil no Brasil entrevistados nesta pesquisa.

O estudo da França, além de mapear os setores que empregaram os doutores na área das Engenharias, procura também explicar que fatores estariam por trás dessa distribuição. Com esse propósito, o autor identifica características dos titulados e aspectos do doutorado que, no seu entender, estariam associados à absorção diferenciada pelo mercado de trabalho e, nesse sentido, estariam, de algum modo, direcionando suas trajetórias profissionais ou acadêmicas. O autor mostra, com base nos dados levantados, que o critério de recrutamento dos Ph.Ds. pela academia difere do critério utilizado pelo setor privado. Embora ambos os setores valorizem a pesquisa,[31] a academia tende a valorizar mais os resultados de pesquisa em termos de publicação, ao passo que o setor privado privilegia a colaboração do estudante, durante o doutorado, com parceria privada, em geral com a indústria. Assim sendo, é a colaboração com o setor privado ao longo da pesquisa de doutorado que, na interpretação de Mangematin, aumenta as chances do futuro Ph.D. obter um emprego estável no setor privado, seja em atividades de pesquisa ou não. Por sua vez, para obter uma posição na academia é mais importante o valor dos resultados de pesquisa publicados.

No fundo, o que se discute é a organização dos estudos doutorais nas Engenharias e os problemas daí decorrentes, tendo em vista os diferentes critérios de recrutamento dos Ph.Ds. por parte da academia e do setor produtivo. Assim, aqueles que pretendem trabalhar na academia publicam mais que os colegas que planejam obter um emprego no setor privado. Em contrapartida, aqueles que querem um emprego no setor privado colaboram com esse setor desde o início da pesquisa de doutorado, enfatizando menos as publicações.

Para o autor do estudo, a trajetória profissional do doutor é construída durante o curso e nem sempre os caminhos que levam à academia ou ao setor privado estão igualmente acessíveis ou facilitados. Nesse contexto, o orientador de tese desempenha importante papel para o relativo equilíbrio da distribuição dos estudantes nos dois setores considerados. Na realidade, trata-se de um jogo complexo, pois se baseia fundamentalmente nas escolhas dos atores envolvidos e no cálculo das conseqüências dessas escolhas. Se o objetivo do orientador for somente a visibilidade científica mediante publicações e se o treinamento dos doutorandos estiver voltado exclusivamente para a academia, o número de Ph.Ds. vai diminuir para se ajustar às oportunidades de trabalho na academia. Se as relações com empresas privadas não forem incentivadas durante o doutorado, os contatos entre setor privado e academia serão reduzidos. Se os Ph.Ds. não buscarem também emprego fora da academia, a transferência tecnológica será reduzida, especialmente para as empresas cuja capacidade de inovação tecnológica é mais lenta (Zucker *at al.*, 1997; Mangematin e Nesta, 1998).

Essas considerações são pertinentes para uma área tecnológica como as Engenharias. No Brasil, particularmente, sabendo-se da concentração dos doutores em Engenharia Civil na academia (e a reduzida absorção deles pelo mercado de trabalho não acadêmico), cabe perguntar se as empresas do setor privado também utilizam um critério de recrutamento de doutores em Engenharia Civil diferente daquele utilizado na academia e, em caso positivo, qual seria esse critério? Nossa pesquisa não levantou dados específicos a esse respeito; no entanto, dados acerca dos aspectos de contribuição do curso na percepção dos doutores por setor de atividade trazem alguns elementos para a discussão. Tomando apenas a experiência em pesquisa e as relações acadêmicas e profissionais estabelecidas durante o curso, viu-se que esses aspectos são de longe mais valorizados pelos doutores que trabalham na universidade do que por aqueles que atuam em empresas. Enquanto 90% dos primeiros consideram que a experiência em pesquisa está contribuindo muito para as atividades profissionais, apenas 70% dos que estão em empresas têm a mesma opinião. No que se refere à contribuição das relações acadêmicas e profissionais estabelecidas durante o curso, as discrepâncias de avaliação de um e de outro grupo são ainda maiores; enquanto mais de 70% dos doutores empregados na academia avaliam que esses contatos têm contribuído muito, menos da metade dos doutores que trabalham em empresas pensa o mesmo.

No caso dos mestres, o quadro é ainda mais preocupante, considerando-se que eles se encontram em proporções equivalentes na empresa e na universidade (em torno de 36%) e que a grande distância entre as percepções sobre a contribuição da experiência em pesquisa no curso, para o trabalho que desenvolvem, não é muito animadora: apenas 60% daqueles consideram esse aprendizado de grande valia, contra 80% dos empregados em IES.

Esses resultados ensejam considerações. Embora sejam conhecidos – e notáveis – alguns esforços na área das Engenharias no sentido de aproximar a formação pós-graduada do setor produtivo (Castro, 1991; Castro e Balán, 1994, L. Velho, *cit.*; S. Velho, *cit.*), a relação entre ambos os setores, conforme se depreende dos dados obtidos na presente pesquisa, ainda é incipiente no Brasil. O destino profissional do doutor em Engenharia Civil ainda é, predominantemente, a academia. Isso talvez se explique, recorrendo à análise dos Ph.Ds. de Grenoble, pela ausência de uma construção de trajetória profissional durante o doutorado. Ou seja, uma vez que a colaboração com o setor privado, mediante pesquisa de doutoramento, é pouco desenvolvida e diversificada nos cursos de pós-graduação no Brasil, torna-se difícil, inspirando-nos nas considerações de Mangematin, para o doutorando, ter ampliadas, ainda durante o curso, suas oportunidades de ser recrutado pelo setor privado, ou melhor, de construir uma trajetória profissional que não seja quase compulsoriamente acadêmica.

No perfil que o mestrado e o doutorado em Engenharia Civil têm no Brasil, a formação em pesquisa parece voltar-se para a atuação na academia como se os egressos, em sua totalidade, se dirigissem para esse setor. Esse formato de pós-graduação legitima-se por meio das avaliações internas da comunidade acadêmica, articuladas e supervisionadas pela Capes, e, desse nodo, vai se disseminando como o modelo a ser seguido na expansão dos cursos de pós-graduação na área. Vimos que tanto doutores como mestres (e esses em maior proporção) que atuam em empresas estão menos satisfeitos com a contribuição, para seu trabalho, da experiência em pesquisa que tiveram no curso. Essa avaliação menos positiva não é devida à ausência de envolvimento com atividades de investigação. Ao contrário, mais de 80% dos doutores que atuam em empresas participam de projetos de pesquisa ou de P&D. No caso dos mestres, até mesmo o fato de a proporção deles envolvida com pesquisa, em empresas, ser menor (cerca de 30%), pode ser indício de uma eventual inadequação do aprendizado recebido na academia diante do que é feito em termos dessa atividade no setor privado.

Em suma, com base nos dados da pesquisa realizada com egressos da pós-graduação em Engenharia Civil, é possível depreender um distanciamento entre a academia e o setor produtivo em pelo menos três aspectos:
- presença reduzida de egressos, especificamente de doutores, no setor produtivo;
- menor importância da contribuição da experiência em pesquisa durante o curso para as atividades dos mestres e dos doutores que trabalham em empresas;
- proporções ainda reduzidas, comparativamente aos padrões internacionais, de mestres e doutores no setor produtivo envolvidos com atividades de pesquisa.

Certamente, esses aspectos do distanciamento não podem ser atribuídos apenas a um autoreferenciamento acadêmico ou a uma espécie de endogenia da pós-graduação em Engenharia Civil no país. Há de se considerar também o lado do setor produtivo. Embora as relações que se estabelecem entre academia e setor produtivo sejam muito heterogêneas (Crow e Bozeman, 1987; Joly e Mangematin, 1996; S. Velho, *cit.*), o fato de este setor não recrutar doutores em Engenharia Civil na mesma proporção que emprega mestres, e de apenas 30% desses mestres participarem de projetos de investigação ou de P&D, certamente refletem o estágio de desenvolvimento das atividades de pesquisa no setor produtivo do país.

Os mestrados em Engenharia Civil têm trazido inegáveis contribuições para o trabalho da maioria de seus titulados, de acordo com suas próprias percepções. Porém, a formação recebida, segundo os entrevistados, está mais ajustada às necessidades acadêmicas da docência e da investigação universitária, ficando a dever aos profissionais que atuam em empresas. Tendo em vista a finalidade precípua dos mestrados no país, a de qualificar e aperfeiçoar quadros para o ensino superior, devem ser ainda levados em conta três outros relevantes aspectos: ponderável parcela dos mestres, quase 40%, trabalha em empresas; a proporção dos que se dirigem ao ensino superior está diminuindo; apenas pouco mais da metade dos egressos têm o trabalho acadêmico como horizonte profissional. A leitura desses resultados sugere a oportunidade de se buscar diversificar a formação pós-graduada, particularmente no que concerne à experiência em pesquisa.

Para finalizar, não se trata absolutamente de reduzir o número de mestrados acadêmicos na área ou de substituí-los por outros, profissionais. Ao contrário, os mestrados profissionais devem surgir por acréscimo aos existentes. Havendo consenso de que é desejável manter, fortalecer a ampliar os programas acadêmicos, parece não restar nenhum entrave à diversificação da formação nesses programas pós-graduados. Os resultados desta pesquisa não deixam dúvidas sobre a necessidade de uma maior flexibilização da formação pós-graduada com o objetivo de oferecer, com base em uma sólida formação já garantida nas bases atuais, oportunidades adicionais de estudo. Só assim, poderemos ouvir de futuros mestres trabalhando em empresas depoimentos tão satisfeitos com o aprendizado que tiveram em pesquisa como os que registramos de seus colegas que atuam na academia.

No doutorado, cujo fim é a qualificação para a investigação independente, para a docência universitária e a formação de quadros de alto nível, os dados do estudo indicam êxito da concepção e formato dos programas. Quando comparados a alguns indicadores internacionais, esses dados também mostram um lado inquietante, considerando-se especialmente os níveis de inserção dos doutores no mercado de trabalho não acadêmico em área tecnológica como a Engenharia Civil. Se o ensino e a pesquisa nas universidades brasileiras ainda precisam elevar a qualificação de seus quadros, demandando aumento das oportunidades de formação no doutorado, ampliar os projetos de P&D e incentivar o avanço tecnológico extramuros, no setor produtivo ou na sua articulação com a universidade, também constituem requisitos fundamentais para o desenvolvimento econômico e social do país. A questão, como sabemos, não é nova e evidentemente ultrapassa o âmbito da universidade e das decisões das políticas de pós-graduação, mas espera-se que os dados desta pesquisa e a discussão que eles suscitaram contribuam para aprofundar o debate em torno desse tema tão fundamental e, quem sabe, para desencadear novas proposições para o seu equacionamento.

Notas

[1] A denominação "civil" na qualificação de engenheiro é recente. Surgiu na França somente no século XIX para diferenciar engenheiros, bem como outros grupos de profissionais – arquitetos, artesãos, empreendedores privados e membros do parlamento – que buscavam autonomia, *status* e poder. No caso específico do aposto *civil* à profissão de engenheiro, a denominação servia para distingui-los do

"engenheiro do Estado", grupo que se desenvolveu e consolidou como "Corps de Ponts et Chassés" durante o Estado napoleônico (Weiss, 1984).

[2] Dados recentes para os Estados Unidos ilustram a mudança, mesmo numa grande área tipicamente masculina como as Engenharias. Em 1997, entre os mestres titulados nas diversas Engenharias e formados até nove anos antes, 17% eram mulheres, ao passo que entre os formados há mais tempo a proporção do sexo feminino era de 6% (National Science Foundation, 2000: tabela A-153).

[3] Um breve resumo dos argumentos e uma sucinta discussão da situação brasileira são encontrados em Velloso e Velho (*cit.*).

[4] Ao longo do presente capítulo, quando for conveniente para ilustrar o argumento, serão usados dados apurados pela presente pesquisa mas que *não* estão contidos nas tabelas e gráficos ora apresentados. Esse é o caso, por exemplo, da média de idade de titulação do conjunto dos mestres em Engenharia Civil, a qual não consta da tabela 8.3.

[5] A idade média de graduação nos dois grupos é de aproximadamente 24 anos e, a de início do mestrado, de 28 anos.

[6] A pesquisa identificou os titulados que tiveram algum tipo de bolsa (como de formação, ou de assistente de pesquisa) durante o curso. Entre os mestres em Engenharia Civil, os que foram bolsistas titularam-se no prazo médio de 3 anos, enquanto seus colegas não beneficiados com esse auxílio tardaram, em média, 5 anos para concluir o curso. Entre os doutores, os efeitos das bolsas também são positivos; os prazos médios são, respectivamente, de 5 e 6 anos. Em virtude de uma associação de fatores, os titulados que foram bolsistas despendem menos tempo da graduação à pós-graduação. Além disso, os efeitos das bolsas tendem a ser cumulativos e notáveis (Velloso e Velho, 1997).

[7] Ver Sampaio, Limongi e Torres (2000); Maggie (2001).

[8] A proporção de nível superior inclui uma pequena parcela com mestrado ou doutorado.

[9] Cerca de 3/4 das empresas eram do setor privado.

[10] Quase 20% dos mestres davam aulas em IES como atividade remunerada complementar, concentrados entre os candidatos da UFMG e da USP.

[11] A docência como atividade adicional à principal ocupação remunerada era exercida por mais de 20%. Assim, estavam envolvidos com a docência, como atividade principal ou secundária, cerca de 70% dos então candidatos ao doutorado.

[12] A estimativa foi feita considerando-se um prazo médio de 4 anos entre a conclusão da graduação e o ingresso no mestrado (Velloso, 2000).

[13] A propósito de trabalho futuro, verifica-se grande semelhança entre candidatos ao mestrado ao doutorado que já atuavam em IES na época da inscrição em seus respectivos cursos. Em ambos os casos, observa-se que a motivação "ampliar as oportunidades de trabalho" teve muita relevância para pouco mais da metade dos entrevistados, o que contrasta com maiores proporções de respostas em outros segmentos profissionais para essa mesma questão.

[14] Cerca de 60% dos mestres que fazem doutorado estão em IES e aproximadamente 20% estão em empresas.

[15] Note-se que resultados sobre a continuidade da formação dos mestres, em nível de doutorado, e acerca da atualização profissional para os doutores, em nível de pós-doutorado, devem ser vistos como limites inferiores. Entre os mestres e os doutores que não foram localizados na época da coleta de dados, parte encontrava-se no exterior e, entre eles, provavelmente uma parcela seguia curso de doutorado e programa de pós-doutorado. A propósito, veja-se a discussão no capítulo 3.

16 Entre os que estão em empresas, 69% são empregados em firmas privadas, cerca de 18% são proprietários, 9% são autônomos/consultores e o restante está em empresas públicas.

17 Quase 90% dos docentes que trabalham em instituições de ensino superior estão em universidades, principalmente federais; o restante trabalha em faculdades e centros universitários.

18 Cerca de 55% dos mestres que atuam em IES informaram que sua atividade envolve pesquisa; entre os egressos em empresas, a proporção correspondente é de 22% e, entre os empregados na administração pública, 13%. No conjunto dos entrevistados, apurou-se ainda que 1/3 participou em projetos de pesquisa ou de P&D na condição de coordenadores ou de membros da equipe de coordenação.

19 Cerca de 55% dos doutores são docentes em instituições federais, 34% em estaduais (perfazendo quase 90% no setor público) e 11% em IES privadas. A proporção de doutores que são docentes universitários permaneceu basicamente constante entre os titulados até 1994 e depois desse ano, mas cresceu a absorção por instituições privadas.

20 Nos Estados Unidos, como o passaporte para a docência no ensino superior é o título de doutorado (e, recentemente, em algumas áreas e instituições, também o pós-doutorado), não são apresentadas comparações para os mestres. Os dados para o ensino superior nos Estados Unidos referem-se a universidades e a faculdades com cursos de quatro e mais anos (assim excluindo os *junior colleges* e os *community colleges*).

21 A proporção para o total de Ph.Ds. na força de trabalho, na área, é 13%.

22 Apurou-se também que 85% dos doutores entrevistados haviam participado de projeto de pesquisa e desenvolvimento nos últimos três anos (até a época da entrevista, excluída a tese de doutorado) e, entre estes, mais da metade havia atuado como coordenador de projeto.

23 Entre os doutores que trabalham em empresas, mais da metade informou que seu trabalho envolvia pesquisa, porém no conjunto dos entrevistados, as empresas respondem por apenas 15% dos que têm fazem pesquisa.

24 Na amostra desse estudo foram entrevistados 300 Ph.Ds. em *Engineering Sciences* titulados desde 1984. Quando foram entrevistados, em 1997, os que haviam se titulado entre 1984 e 1990 tinham uma carreira de cerca de 10 anos; os que se formaram entre 1991 e 1994, tinham apenas 4 anos e os mais recentes, titulados em 1995 e 1996, tinham apenas 2 anos.

25 Note-se que a simples soma de 3/4 dos que fazem doutorado com os que atuam na academia, conforme os dados da tabela 8.6a, não coincide com a proporção apresentada, pois boa parte dos doutorandos estão empregados em IES ou institutos de pesquisa.

26 Note-se que os percentuais das linhas "total" da tabela 8.7 são calculados em relação ao conjuntos dos mestres e doutores entrevistados, incluindo os inativos (geralmente estudantes) e desempregados, ao passo que as proporções dos tipos de trabalho nas tabelas anteriores são computados em relação aos que tinham/têm atividade remunerada.

27 A diferença é sugestiva de uma maior absorção de mestres por parte do setor privado, conforme se discutiu anteriormente; mas a pesquisa não coletou dados em diferentes momentos no tempo, o que permitiria verificar, a partir de meados da década, um eventual aumento dos salários pagos no setor privado em relação aos do setor público.

28 No conjunto de todos mestres entrevistados, 75% opinaram que a formação teórica têm contribuído muito para o seu trabalho e cerca de 70% atribuíram o mesmo nível de nível de importância à experiência em pesquisa e à atualização de conhecimentos.

[29] A proporção para o conjunto de todos os doutores entrevistados é de aproximadamente 85% para cada um desses três aspectos.

[30] Esse elevado percentual, segundo o autor, pode estar relacionado ao processo de recrutamento das universidades francesas que normalmente só contratam titulados com tese defendida em um determinado período do ano. Nem sempre, como observa o autor, o calendário de término da tese coincide com estipulado pelas universidades para efetuar a seleção e contratação dos Ph.Ds.

[31] De acordo com os dados do autor, o doutorando investe na pesquisa durante sua formação não só tendo em mente a academia como futuro profissional, mas também pensando em conseguir trabalho no setor privado.

Caminhos cruzados: entre mercado e academia. Trajetória de mestres e doutores em Engenharia Elétrica*

ANETE BRITO LEAL IVO
INAIÁ MARIA MOREIRA DE CARVALHO

Introdução

A análise do perfil e das trajetórias dos mestres e doutores na Engenharia Elétrica não se restringe, apenas, às características e processos individuais de mobilidade profissional de cada grupo pesquisado, cabendo analisá-las, antes, à luz de transformações mais amplas tanto no sistema de ensino pós-graduado como na dinâmica do mercado de trabalho. É desta perspectiva que este texto pretende analisar os titulados como mestres e doutores em Engenharia Elétrica no Brasil, no período de 90/97.

Neste caso, parecem condicionar a expansão do ensino pós-graduado no Brasil, nesta área, processos como: (i) a natureza orgânica que a área mantém com o mercado extra-universitário, com primazia do setor empresarial; (ii) as tendências recentes de requalificação dos profissionais no mercado de trabalho dos engenheiros em geral, como efeito do processo de reestruturação da economia brasileira; e (iii) o crescimento do ensino de terceiro grau no Brasil, nas últimas décadas, e os esforços de institucionalização da profissionalização acadêmica. Neste sentido, tem plena vigência a clássica tese de Bourdieu (1998 [1978]: 159), de que *o valor vinculado do ponto de vista objetivo e subjetivo de um título só se define na totalidade dos usos sociais que dele podem ser feitos*, que, neste caso, estão condicionados tanto pelo efeito das mudanças estruturais do mercado e do avanço tecnológico como pela institucionalização e expansão do sistema de pós-graduação brasileiro.

Efetivamente, os engenheiros constituíram-se atores relevantes da modernização da sociedade brasileira, liderando um conjunto de ações do setor público e privado na implantação de grandes investimentos em obras de infraestrutura básica, capazes de viabilizar a integração do território nacional e o desenvolvimento urbano-industrial do país. Formados a partir de uma perspectiva universalizante própria do conhecimento 'politécnico', especializaram-se em novos campos do saber técnico,[1] acompanhando o processo de diferenciação do mercado de trabalho, que, especialmente nas décadas de 60/70, apresentava tendências de crescimento e expansão das oportunidades e postos de trabalho para esses profissionais.

O impacto tecnológico dos anos 80/90 parece ter reorientado a dinâmica evolutiva dos engenheiros no âmbito do trabalho e o valor e significados que a titulação pós-graduada têm nesta grande área. Transformações estruturais no volume e na dinâmica do mercado de trabalho alteram qualitativamente o perfil exigido de quadros de nível superior mais qualificados, como os engenheiros, em um patamar de competitividade acelerada pelas novas exigências do mercado de trabalho. Pesquisa realizada pelo Datafolha com 159 empresas de médio e grande porte na Grande São Paulo, incluindo engenheiros eletricistas, engenheiros civis, advogados, analistas de sistema e outros profissionais de nível superior, constatou que o tempo de serviço já não é mais decisivo para as promoções e os aumentos de salários, e que a hierarquia interna pode ser driblada por profissionais de nível júnior. Isso porque as empresas agora avaliam cada funcionário em termos do desempenho e da capacidade de assumir responsabilidades, considerando, ainda, a velocidade da aprendizagem, o currículo acadêmico e a participação em treinamentos internos à organização (*Folha de São Paulo*, 20/06/1999, p. 6-12). Esta avaliação sugere um processo de seleção permanente e, entre outros efeitos, estimula a busca de uma maior capacitação profissional, induzindo à procura de formação pós-graduada, mesmo por segmentos vinculados ao setor empresarial.

Estas novas exigências de qualificação para acesso e crescimento no âmbito profissional conduzem esses profissionais de nível superior a investirem na sua requalificação como condição de "empregabilidade", por meio da busca do que Bourdieu (1998) denomina como uma *competência escolarmente garantida*. Compreende-se, portanto, que a dinâmica do mercado tem afetado de forma continuada a reprodução profissional dos engenheiros elétricos na linha da interseção entre o mercado e a profissionalização acadêmica.

Além disso, acompanhando o processo de diferenciação e modernização da sociedade brasileira, o ensino de terceiro grau vem experimentando uma expansão e transformação significativas, instituindo novos princípios de legitimidade, tanto associados à sua racionalidade frente ao desenvolvimento nacional como às necessidades específicas de expansão do próprio sistema universitário, através da profissionalização acadêmica e da constituição de um sistema nacional de pesquisa e pós-graduação.

Analisando esse fenômeno, Martins (1999) assinala como até os anos sessenta o Brasil contava aproximadamente com uma centena de instituições de ensino universitário, a maioria delas de pequeno porte, voltadas basicamente para as atividades de transmissão de conhecimentos, com um corpo docente pouco profissionalizado, atendendo à cerca de 100 mil alunos. Embora o sistema federal permanecesse praticamente estável, a partir da década de oitenta houve um crescimento bastante expressivo das universidades estaduais e, principalmente, dos estabelecimentos privados (cujo incremento chegou a 220% entre 1980-1996), com um claro movimento de interiorização e de regionalização do ensino.

Conformou-se, assim, uma rede de estabelecimentos muito mais ampla, complexa e heterogênea, com formatos organizacionais e tamanhos variados (Sampaio, 2000), que, já em 1996, absorvia 1,8 milhões de alunos na graduação e aproximadamente 70 mil nos 1.180 cursos de mestrado e 627 programas de doutorado de todas as áreas do conhecimento.

Nesse processo, não apenas se ampliaram as oportunidades ocupacionais na docência universitária como se registrou uma busca de padrões acadêmicos mais elevados, exigindo-se dos candidatos à docência maior titulação, inclusive nos estabelecimentos privados. A própria legislação concernente ao ensino superior contribui para isto, na medida em que o artigo 45 da nova LDB estabelece que as universidades devem possuir um corpo docente com pelo menos um terço de mestres e doutores, assim como de docentes trabalhando em tempo integral. Considerando-se, ademais, que quase 60% dos 148 mil professores universitários em exercício não possui qualquer título de pós-graduação *stricto sensu;* que os mestres e doutores representam apenas 25% e 16% desses profissionais; e que estão concentrados nas universidades federais, nas estaduais paulistas e na região Centro-Sul, pode-se concluir que o número de mestres e doutores tende a se ampliar bastante no Brasil.

Na grande área das Engenharias, a implantação da pós-graduação possui singularidades que fogem ao modelo clássico: ela institui-se no começo da década de sessenta sob o impulso do desenvolvimento tecnológico, consolidando-se e mantendo estreita vinculação com o setor empresarial (público e privado) na estrutura dessa formação. Vale ressaltar que a pós-graduação na área em discussão foi bastante precoce, com a instalação de cursos do ITA e da PUC-RJ, criados, respectivamente, em 1961 e em 1963. No entanto, a maioria dos mestrados da área foi implantada na década de setenta, com uma expansão gradativa de novos cursos nas décadas de oitenta e noventa, que conformam hoje um sistema de formação com 26 mestrados e 11 doutorados, representando cerca de 18% do total dos cursos e programas de pós-graduação da grande área das Engenharias.

A maioria dos cursos de pós-graduação *stricto sensu* (ou seja, 65% dos mestrados e 54% dos doutorados) vincula-se à rede de instituições federais de ensino superior. Como se sabe, porém, a participação das universidades estaduais também é relevante, especialmente no caso dos doutorados, onde as mesmas absorvem 41% dos inscritos, pela participação das universidades estaduais paulistas, as quais destacam-se tanto pelo número de alunos realizando a pós-graduação e de titulados, quanto pela qualidade dos seus cursos, muitos com conceito máximo na avaliação da Capes.[2] Atentando para as exigências do avanço tecnológico do país, vários mestrados foram instalados no eixo São Paulo/Rio de Janeiro antes mesmo da expansão do sistema nacional de pós-graduação, consolidando-se, em fins da década de setenta, com a implantação do Programa Institucional de Capacitação Docente, contribuindo para a conformação de um polo de formação tecnológica em nível pós-graduado na área das Engenharias, no Sudeste/Sul do país.

Com um universo total de 8.215 alunos de mestrado e 3.984 de doutorado em 1997, representando 17% e 16% respectivamente do total de alunos inscritos na pós-graduação no Brasil, esta grande área se desdobra numa diversidade de áreas de especialização,[3] mantendo forte concentração dos cursos oferecidos na região Sudeste, pela centralidade desta região no conjunto do sistema de pós-graduação no Brasil, agregando 63% dos 142 cursos ou programas das Engenharias, 66% dos alunos de mestrado e 80% em doutorado desta grande área.

No processo seqüencial, os cursos de doutorado também começaram a ser implantados no final da década de sessenta, em instituições universitárias mais consolidadas do Sudeste, especialmente de São Paulo e do Rio de Janeiro. Observam-se intervalos seqüenciais bastantes variados na implantação dos dois níveis da pós-graduação (mestrado e doutorado) nas diferentes instituições, configurando três grupos: a) um primeiro, que abrange a USP e a UNICAMP, onde os doutorados se instalaram com menos de dois anos após a instalação dos mestrados; b) um segundo, onde isso se deu após um tempo médio de 8 anos, englobando o ITA-SP, a PUC-RJ, UFRJ e a UFPB-Campina Grande; e c) um terceiro grupo, com intervalo médio de 21 anos, em que se encontram as demais instituições (UFMG; BFEI; PUC-RJ e UFSC).

Evoluindo ao longo das três últimas décadas, a área de Engenharia Elétrica constitui hoje um campo bem consolidado, destacando-se pela elevada produtividade acadêmica, especialmente em títulos publicados no exterior.[4] Dados da Capes referentes ao período de 1996-2000 expressam essa consolidação, caracterizada especialmente pela notável expansão do doutorado, cujo número de titulados cresceu 57%, junto com o aumento do número de matrículas também neste nível (47%). São menores, no entanto, os percentuais de expansão dos titulados e da matrícula dos mestres, com 25% e 18%, respectivamente. A redução do tempo médio de duração dos cursos de mestrado e doutorado em termos de meses e o número significativo de publicações, tanto no Brasil como no exterior, são outros indicativos do grau de eficiência e maturidade do sistema, inclusive num patamar de integração da produção científica no âmbito internacional, conforme a tabela 9.1.[5]

Tabela 9.1
Engenharia Elétrica: indicadores da Capes para a pós-graduação no Brasil, 1996-2000

(base 1996 = 100)

Indicador	Ano da avaliação					
	1996	1997	1998	1999	2000	
					Índice	n
Mestres titulados	100	126	112	127	125	470
Doutores titulados	100	119	120	160	157	143
Matrículas no mestrado	100	97	114	127	118	843
Matrículas no doutorado	100	129	136	145	147	268
Total de alunos matriculados	100	104	118	130	124	111
Tempo médio do mestrado, em meses	100	97	94	91	86	30
Tempo médio do doutorado, em meses	100	108	87	93	89	54
Publicações em periódicos nacionais indexados	100	100	3300	2900	3600	36
Publicações em periódicos internacionais indexados	100	100	13900	13800	30400	304
Doutores no corpo docente permanente	100	105	107	118	123	696

Fonte: Capes

Após essas considerações sobre o sistema de pós-graduação no Brasil e especialmente sobre a sua evolução na área de Engenharia Elétrica, vejamos o que nos dizem os dados da pesquisa realizada em 1998 sobre os seus titulados: Quem são os mestres e doutores em Engenharia Elétrica no Brasil? Quanto tempo levaram para se titular? De onde vieram e o que faziam? Quais as motivações de ingresso na pós-graduação? Quanto ganham, para onde foram e qual o grau de satisfação com os cursos? Como se deu o processo de mobilidade e reconversão entre as diversas áreas de atividade?

Quem são os mestres e doutores? Algumas características gerais

Engenharia Elétrica é reconhecidamente uma profissão masculina, na qual os homens representam 88% do total de mestres e 91% dos doutores, sendo esta participação ainda mais elevada nos cursos da UFMG e da UFSC (tabela 9.2), embora, no mestrado da UFPE, as mulheres tenham a inusitada presença de 27%.[6] As mulheres participam com dois pontos percentuais a menos no doutorado de Engenharia Elétrica em relação à proporção dos mestres. Este fenômeno contraria a tendência observada por Velloso e Velho (2001), de aumento relativo do percentual das mulheres no nível dos doutorados na grande área das Engenharias, em um quadro em que as mulheres ainda são minoritárias.[7] Considerando a expansão da participação das mulheres no mercado de trabalho, retomamos aqui a questão levantada por estes autores sobre a necessidade de se investigar os eventuais processos de socialização que têm restringido o acesso das mulheres nesta área de formação pós-graduada.

Refletindo uma tendência própria às carreiras mais profissionais ou às áreas já submetidas a processos de diferenciação e especialização mais acentuada,[8] como é o caso da grande área das Engenharias, a área de Elétrica caracteriza-se por uma formação continuada, ou seja, por forte superposição da área de formação da graduação com a da pós-graduação: 91% dos mestres fizeram graduação na mesma área e 78% dos doutores fizeram o mesmo curso na graduação e no mestrado. A menor superposição da área de graduação e a do doutorado resulta possivelmente da pouca setorialização das Engenharias ao nível do doutorado, fazendo com que o doutorado de Elétrica receba um percentual maior de pessoas de outras áreas que o mestrado.[9]

Tabela 9.2
Mestres e doutores em Engenharia Elétrica: área da graduação e da pós-graduação; sexo por universidade (%)

		Universidade do curso						
		UFMG	UFPE	UFRJ	UFSC	UnB	USP	Total
a. Mestres								
Área na graduação e na pós	Mesma área	90,6	76,9	90,0	95,0	100,0	85,4	90,6
	Outra área	9,4	23,1	10,0	5,0		14,6	9,4
	Total	100,0	100,0	100,0	100,0	100,0	100,0	100,0
Sexo	Masculino	89,6	73,1	91,3	85,9	95,2	89,9	88,4
	Feminino	10,4	26,9	8,8	14,1	4,8	10,1	11,6
	Total	100,0	100,0	100,0	100,0	100,0	100,0	100,0
b. Doutores								
Área na graduação e na pós	Mesma área			57,9	91,3		78,1	77,6
	Outra área			42,1	8,7		21,9	22,4
	Total			100,0	100,0		100,0	100,0
Sexo	Masculino			93,1	88,2		90,6	90,5
	Feminino			6,9	11,8		9,4	9,5
	Total			100,0	100,0		100,0	100,0

Os mestres em Engenharia Elétrica constituem uma população das mais jovens entre as áreas estudadas, sem grandes variações nas idades de graduação, início do mestrado e titulação 1990/97, conforme o gráfico 9.1a. Registra-se, no entanto, um comportamento atípico de aumento na idade de início do curso no ano de 1995, que decresce para o patamar anterior em 1996/97. Em média, os mestres em Engenharia Elétrica concluíram a graduação entre os 23/24 anos, iniciaram o mestrado com 26/27 anos, titulando-se em torno de trinta anos. Embora 64% deles tenha se titulado até os 30 anos, 20% o fez dos 30 aos 35 anos, 11% titularam-se mais velhos, na faixa dos trinta e seis aos quarenta anos e 5% mesmo acima dessa idade (tabela 9.3). Considerando-se as diferenças institucionais observa-se uma tendência à titulação mais tardia entre os originários da UFPE, enquanto os da UFSC concluem o curso com menor idade.

No caso dos doutores, apesar de pequenas variações nas idades de início do curso e de titulação, elas caem entre 1990 e 1991, com tendência ascendente nos anos seguintes, acabando por situar-se em um patamar levemente mais elevado que 1991, como ilustra o gráfico 9.1.b. Em decorrência da relação seqüencial quase obrigatória que se estabeleceu entre o mestrado e doutorado no

Brasil, da descontinuidade entre esses cursos e do ingresso mais tardio de boa parcela desses profissionais no doutorado, há um intervalo de quase dez anos entre o início do doutorado e a graduação (gráfico 9.1b).[10]

Gráfico 9.1a
Mestres em Engenharia Elétrica: idades na trajetória da graduação à titulação por ano de conclusão (médias anuais)

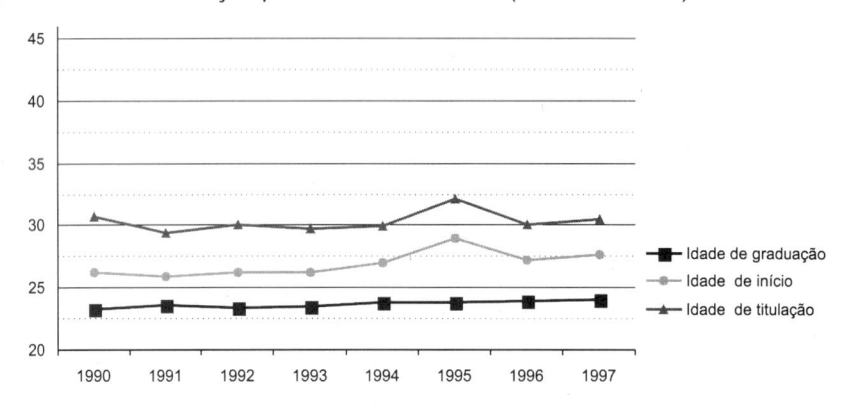

Tabela 9.3
Mestres e doutores em Engenharia Elétrica: idade de titulação em grupos etários por universidade (%)

	Universidade do curso						
	UFMG	UFPE	UFRJ	UFSC	UnB	USP	Total
a. Mestres							
Até 30	64,9	53,8	64,9	78,5	54,8	49,7	64,0
De 31 a 35	17,0	7,7	17,5	15,7	28,6	28,9	20,4
De 36 a 40	11,7	26,9	15,8	5,2	11,9	11,9	10,7
De 41 a 45	5,3	3,8		0,5	4,8	6,9	3,5
46 e mais	1,1	7,7	1,8			2,5	1,4
Total	100,0	100,0	100,0	100,0	100,0	100,0	100,0
b. Doutores							
Até 30			13,6	6,1		1,9	4,3
De 31 a 35			13,6	30,3		24,5	24,2
De 36 a 40			50,0	51,5		41,5	44,7
De 41 a 45			18,2	9,1		24,5	20,5
46 e mais			4,5	3,0		7,5	6,2
Total			100,0	100,0		100,0	100,0

Gráfico 9.1b
Doutores em Engenharia Elétrica: idades na trajetória da graduação à titulação por ano de titulação (médias anuais)

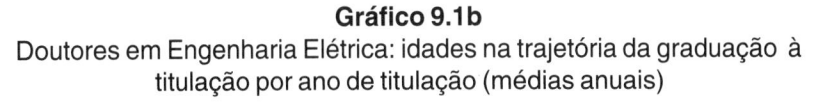

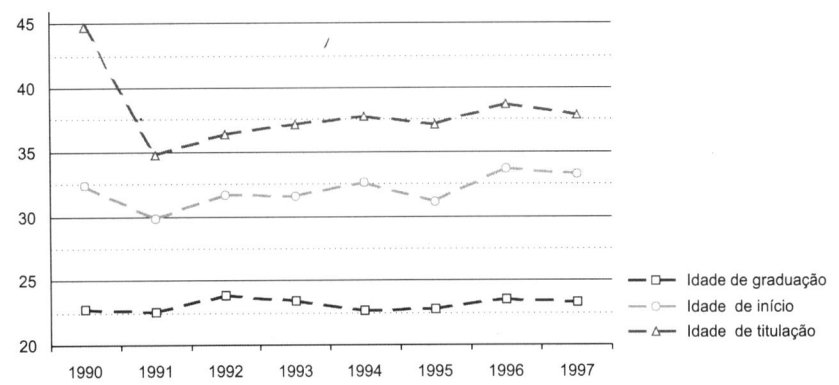

Do total dos doutores, boa parte (45%) se titulou entre 36 e 40 anos, ou seja, seis anos depois da idade média de conclusão do mestrado, enquanto 27% concluiu o doutorado com idade superior aos 40 anos, com um intervalo de dez anos da idade média de conclusão do mestrado. É significativo, no entanto, que 28% dos doutores tenham se titulado até 35 anos, ou seja, cinco anos após a média de idade de titulação dos mestres da área. É provável que este contingente tenha se definido claramente por uma carreira acadêmica, dando uma seqüência imediata aos cursos de mestrado e doutorado em função dessa aspiração. Considerando-se as instituições pesquisadas, verifica-se que os egressos da UFSC concluem o curso mais cedo que os da UFRJ e, principalmente, os da USP, provavelmente porque essas duas últimas universidades atendem a uma clientela bem mais ampla e diferenciada, como será visto posteriormente (tabela 9.3).[11]

Apesar das idades de início do curso e de titulação variarem pouco, os dados relativos à duração do curso por ano de conclusão evidenciam uma redução do tempo de formação dos profissionais pesquisados, com uma diminuição da duração dos cursos de mestrado e de doutorado. O mestrado apresenta uma queda constante, passando de mais de 4 anos, em 1990, para menos de 3 anos em 1997. No caso do doutorado, essa redução é menos expressiva, caindo de cinco anos e meio para pouco menos de cinco anos no período analisado, conforme o gráfico 9.2. As tendências apresentadas no gráfico 9.3. revelam uma evolução ascendente mais linear relativa ao intervalo entre a graduação e o início do curso mestrado, com uma variação atípica em 1995; diferentemente do que ocorre no doutorado, cujo intervalo de tempo cresce até 1994, reduzindo-se em 1995, para estabilizar-se em 1996 e 1997 em torno de 10 anos. Esses dados ressaltam a importância de se investir na formação de doutores mais jovens, de forma a que o sistema acadêmico e a pesquisa nacionais possam se beneficiar por mais tempo dos investimentos e capacitação desses profissionais qualificados.

Gráfico 9.2
Mestres e doutores em Engenharia Elétrica: duração do curso por ano de conclusão (médias anuais)

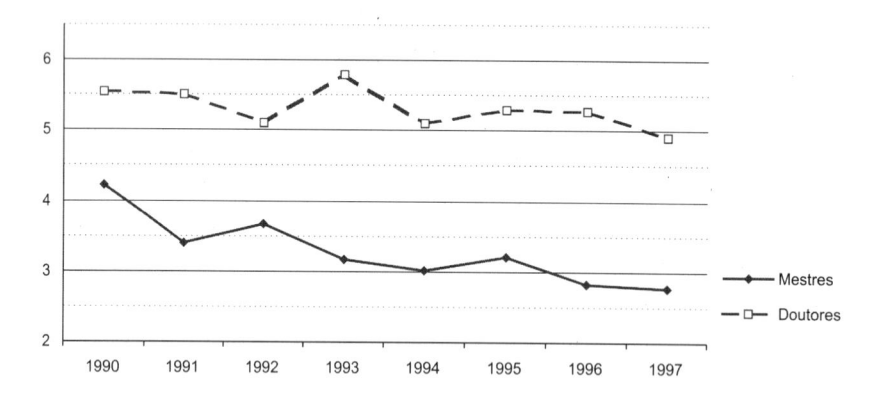

Como se sabe, a tendência à redução do tempo de formação de mestres e doutores está associada às políticas desenvolvidas pela Capes. Melhorias profissionais e financeiras propiciadas pela titulação e a própria consolidação do sistema de pós-graduação na área (inclusive com o aumento dos cursos de doutorado, viabilizando uma continuidade entre os dois níveis da pós-graduação para segmentos mais jovens e direcionados para a academia) também podem estar contribuindo para maior eficiência do sistema em responder mais rapidamente à formação de seus quadros.

Observadas as relações entre indicadores sóciodemográficos e o processo de formação, titulação e duração dos cursos, vejamos qual a situação dos titulados ao inscreverem-se nos respectivos cursos. Pouco mais da metade dos mestres (51%), ao ingressarem na pós-graduação, encontrava-se no mercado de trabalho e em plena atividade, enquanto 42% se encontrava no que foi classificado como "outra" condição: geralmente estudando ou preparavam-se para a pós-graduação; os demais procuravam emprego (4%) ou se mantinham parcial ou totalmente afastados do trabalho (3%).

Gráficos 9.3
Mestres e doutores em Engenharia Elétrica: tempo entre a graduação e o início do curso por ano de conclusão (médias anuais)

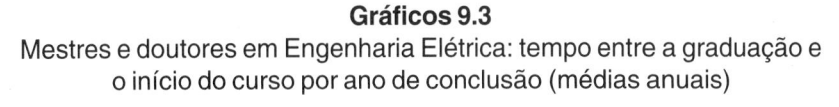

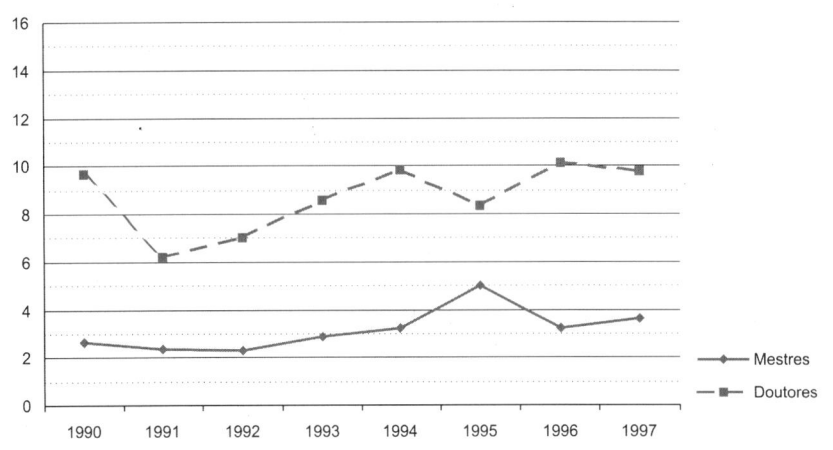

Entre os já inseridos no mercado, metade trabalhava no setor público (50%), sendo bastante significativo (45%), também, o peso dos empregados no setor privado. Quanto ao tipo de trabalho, 19% se encontravam integrados às IES, sendo menor o percentual daqueles dedicados à docência em outras instituições de ensino (6%). Apesar da reduzida inserção nas IES, observa-se uma freqüência elevada de 48% dos inscritos no curso de mestrado, cujas tarefas supunham a realização de pesquisa, expressando, em certa medida, um envolvimento dos setores público e privado com esta atividade. Variações nessa distribuição entre as universidades indicam maior freqüência relativa na categoria "outra" na UFSC (57%) e na UFMG (54%); de maior vínculo à administração pública entre os que ingressaram na UnB (61%) e na UFPE (56%). Na USP, na UFRJ e na UFMG os empregados em empresas alcançavam maior expressão (respectivamente, 62%, 47% e 46%), provavelmente em razão das características socioeconômicas dos seus contextos regionais, onde a maioria dos candidatos deve ser recrutada.

A condição prévia de mestre redefine completamente o perfil dos profissionais que se dirigem ao doutorado. Ao se inscrever no curso, 80% do total dos candidatos a doutor encontravam-se em plena atividade, vinculados predominantemente ao setor público (82%), desenvolvendo suas atividades em IES (64%), envolvidos tanto com a pesquisa, (76%) como com a docência universitária

(59%), confirmando a orientação fundamental do doutorado para a academia. Ainda assim, conforme os dados da tabela 9.4b, 15% dos entrevistados eram empregados no setor privado e 3% como autônomos e consultores ao se inscreverem no curso, o que provavelmente define um percentual de quase 19% dos candidatos a doutor que se encontravam em atividade no setor empresarial. Dos ingressantes, 13% estavam em "outra" situação e 6% encontravam-se parcial ou totalmente afastados do trabalho.

Tabela 9.4a
Mestres em Engenharia Elétrica: situação de trabalho na inscrição por universidade (%)

		Universidade do curso						
		UFMG	UFPE	UFRJ	UFSC	UnB	USP	Total
Trabalho na inscrição	Procurava trabalho	4,2		2,5	2,6	14,6	3,1	3,7
	Outra	54,2	30,8	38,8	57,6	22,0	25,2	42,2
	Plena atividade	41,7	69,2	53,8	37,2	63,4	67,3	51,4
	Parc./tot. afastado			5,0	2,6		4,4	2,7
	Total	100,0	100,0	100,0	100,0	100,0	100,0	100,0
Atividade remunerada na inscrição	Emp. setor público	52,5	72,2	71,7	50,7	61,5	34,2	50,2
	Emp. setor privado	45,0	22,2	28,3	46,7	19,2	58,8	44,5
	Autônomo/consultor	2,5	5,6		2,7	19,2	5,3	4,7
	Proprietário						0,9	0,3
	ONG/entidades						0,9	0,3
	Total	100,0	100,0	100,0	100,0	100,0	100,0	100,0
Tipo de trabalho na inscrição	Administração pública	20,5	55,6	17,0	18,7	61,5	6,3	19,9
	Empresa	46,2	27,8	46,8	38,7	34,6	62,5	48,3
	IES	25,6	5,6	8,5	26,7	3,8	21,4	18,9
	Outra instit. de ensino	5,1	11,1	2,1	14,7		2,7	6,0
	Instituição de pesquisa	2,6		25,5	1,3		6,3	6,6
	Outros						0,9	0,3
	Total	100,0	100,0	100,0	100,0	100,0	100,0	100,0
Atividade envolvia pesquisa	Não	43,6	66,7	37,0	49,3	56,0	59,6	52,1
	Sim	56,4	33,3	63,0	50,7	44,0	40,4	47,9
	Total	100,0	100,0	100,0	100,0	100,0	100,0	100,0
Era docente em universidade	Não	74,4	94,4	86,7	71,6	100,0	92,1	85,1
	Sim	25,6	5,6	13,3	28,4		7,9	14,9
	Total	100,0	100,0	100,0	100,0	100,0	100,0	100,0

Em termos institucionais, há uma maior participação relativa tanto de estudantes (maioria da categoria "outra") como de professores de instituições de ensino superior entre os titulados pela UFRJ e pela UFSC. Confirmando mais uma vez a diversidade da demanda atendida pelos vários programas de pós-graduação, o contingente ocupado no setor empresarial é bem mais expressivo entre os que se inscreveram no doutorado da USP, como se observa pela tabela 9.4b.

Tabela 9.4b
Doutores em Engenharia Elétrica: situação de trabalho na inscrição por universidade (%)

		Universidade do curso			
		UFRJ	UFSC	USP	Total
Trabalho na inscrição	Procurava trabalho	3,4			0,6
	Outra	20,7	14,7	10,5	13,1
	Plena atividade	69,0	73,5	85,7	80,4
	Parc./tot. afastado	6,9	11,8	3,8	6,0
	Total	100,0	100,0	100,0	100,0
Atividade remunerada na inscrição	Emp. setor públ.	100,0	93,1	73,7	81,5
	Emp. setor priv.		6,9	21,1	15,1
	Autônomo/consultor			5,3	3,4
	Total	100,0	100,0	100,0	100,0
Tipo de trabalho na inscrição	Administração pública		3,4	4,2	3,4
	Empresa	18,2	3,4	25,3	19,9
	IES	72,7	86,2	55,8	64,4
	Outra instit. de ensino		6,9	5,3	4,8
	Instituição de pesquisa	9,1		9,5	7,5
	Total	100,0	100,0	100,0	100,0
Atividade envolvia pesquisa	Não	18,2	24,1	25,3	24,0
	Sim	81,8	75,9	74,7	76,0
	Total	100,0	100,0	100,0	100,0
Era docente em universidade	Não	31,8	17,2	50,5	41,1
	Sim	68,2	82,8	49,5	58,9
	Total	100,0	100,0	100,0	100,0

Motivações, mobilidade e satisfação dos mestres e doutores

Ao discutir as motivações dos entrevistados para o ingresso no mestrado ou no doutorado em Engenharia Elétrica, sua avaliação do curso e o próprio significado mais amplo e atual da pós-graduação, é preciso levar em conta a influência decisiva do mercado nesta área de formação profissional, na qual o setor empresarial (público e privado) tem peso relevante. Além disso, a própria expansão de ensino de terceiro grau no Brasil nas últimas décadas tem atuado significativamente na expansão de oportunidades nesta área, estimulando mudanças profissionais na direção de uma profissionalização acadêmica, como visto na primeira parte. Em que pese a estreita articulação da formação com o mercado e o papel primordial que ele exerceu no estímulo à criação do sistema de pós-graduação, a recente reestruturação econômica vem redefinindo os padrões de organização, produção e qualificação profissionais, na direção de uma maior competitividade no mercado de trabalho e de busca de qualificação pós-graduada complementar.

Por isso mesmo, indagados sobre os fatores que motivaram a procura do curso, qualquer que fosse a sua situação ou instituição de trabalho, os mestres destacaram sobretudo a necessidade de melhorar sua competitividade no mercado (61%) e de seguir/aprimorar carreira de pesquisador (46%). A aspiração de seguir ou aprimorar uma carreira docente ficou logo abaixo, expressa no percentual de 35%, sendo bastante valorizada pelos já vinculados à universidade (59%) ou a outras instituições de ensino (65%). A importância do mestrado para seguir carreira de pesquisador foi ressaltada em todos os campos profissionais, destacando-se, obviamente, entre aqueles vinculados a outras instituições de ensino (77%) e às IES (65%). Contudo, é interessante observar-se como esta motivação de qualificação pós-graduada também se mostrou relevante para profissionais que trabalhavam em setores extra-universitários, como na administração pública (42%) e no setor empresarial (32%), o que leva a pensar nas novas funções do mestrado para além do universo acadêmico. A correção de deficiências da graduação e o incentivo da bolsa[12] foram menos valorizados, com diferenças associadas às instituições de trabalho, conforme registrado na tabela 9.5.

Já entre os doutores, o desejo de seguir uma carreira de pesquisador ou de docente, foram as motivações decisivas (apontadas como tendo pesado muito por, respectivamente, 78% e 71% dos profissionais entrevistados), embora a procura de maior competitividade profissional também não possa ser menosprezada: do total dos doutores, 40% considerou que este aspecto pesou muito na sua decisão, sendo esta a motivação predominante entre aqueles vinculados ao setor empresarial (59%) (ver tabela 9.5). A correção das deficiências da graduação não chega a ser relevante (9%) e o incentivo da bolsa, em termos gerais, tem expressão reduzida (13%). No entanto, vale lembrar que a maioria dos 13% dos doutores na categoria "outra" ingressou no curso logo após o mestrado (ver tabela 9.4b), sem se inserir no mercado de trabalho dependendo, certamente, da disponibilidade de bolsa. Além disso, para os profissionais vinculados às IES esse benefício tem grande importância, constituindo complemento mais estável de renda, necessário, sobretudo, quando a realização do doutorado implica deslocamento da sua universidade.

Nas circunstâncias antes assinaladas, os resultados da pesquisa deixaram bastante claro o valor da pós-graduação enquanto estratégia de inserção e de qualificação profissional. No caso dos mestres, no momento em que se inscreveram no curso, apenas 51% dos atuais titulados encontrava-se em plena atividade, no setor empresarial (48%), seguindo-se a administração pública (20%) e as IES (19%)

(ver tabela 9.4a). Com a sua titulação, a ocupação cresceu e se diversificou e o desemprego praticamente desapareceu. Aqueles plenamente ocupados representam, atualmente, 85% desses profissionais (ver tabela 9.6a), enquanto os demais dão continuidade à sua formação (afastados parcialmente do trabalho ou em outra situação, ou seja, ainda fora do mercado), realizando o doutorado no país ou no exterior, ou participando de outros cursos de pós-graduação.

Tabela 9.5
Mestres e doutores em Engenharia Elétrica: motivações para o mestrado e o doutorado por principais tipos de trabalho na inscrição (%)

		Admin. pública	Empresa	Universidade	Outra inst. ensino	Total (*)
a. Mestres						
Corrigir deficiências da graduação	Pouco /nada	93,2	84,5	70,4	82,4	84,3
	Muito	6,8	15,5	29,6	17,6	15,7
	Total	100,0	100,0	100,0	100,0	100,0
Seguir/ aprimorar carreira docente	Pouco /nada	72,9	70,4	40,7	35,3	64,5
	Muito	27,1	29,6	59,3	64,7	35,5
	Total	100,0	100,0	100,0	100,0	100,0
Seguir carreira de pesquisador	Pouco /nada	57,6	67,6	35,2	23,5	53,9
	Muito	42,4	32,4	64,8	76,5	46,1
	Total	100,0	100,0	100,0	100,0	100,0
Melhorar a competitividade no mercado	Pouco /nada	33,9	35,9	42,6	58,8	38,6
	Muito	66,1	64,1	57,4	41,2	61,4
	Total	100,0	100,0	100,0	100,0	100,0
Incentivo da bolsa	Pouco /nada	94,9	94,3	90,7	82,4	92,8
	Muito	5,1	5,7	9,3	17,6	7,2
Total	Total	100,0	100,0	100,0	100,0	100,0
b. Doutores						
Corrigir deficiências da graduação	Pouco /nada		100,0	87,2		91,1
	Muito			12,8		8,9
	Total		100,0	100,0		100,0
Seguir/ aprimorar carreira docente	Pouco /nada		51,7	13,8		28,8
	Muito		48,3	86,2		71,2
	Total		100,0	100,0		100,0
Seguir carreira de pesquisador	Pouco /nada		48,3	11,7		21,9
	Muito		51,7	88,3		78,1
	Total		100,0	100,0		100,0
Melhorar a competitividade no mercado	Pouco /nada		41,4	63,8		60,3
	Muito		58,6	36,2		39,7
	Total		100,0	100,0		100,0
Incentivo da bolsa	Pouco /nada		93,1	83,9		86,9
	Muito		6,9	16,1		13,1
Total	Total		100,0	100,0		100,0

Nota: (*) as porcentagens da coluna total incluem as motivações de todos os mestres e doutores que trabalhavam na época da inscrição mas cujos tipos de trabalho representavam menos de 10% do total.

Tabela 9.6a
Mestres em Engenharia Elétrica: situação de estudo e trabalho por universidade (%)

		Universidade do curso						
		UFMG	UFPE	UFRJ	UFSC	UnB	USP	Total
Pós-graduação após o mestrado	Faz PG *lato sensu*	1,0	7,7	6,3	5,7	2,4	3,1	4,2
	Faz dout. país	13,5	34,6	23,8	23,4		46,5	26,9
	Faz dout. sand. ou exter.				4,7	2,4		1,7
	Faz outra PG			8,8				1,2
	Não faz PG	85,4	57,7	61,3	66,1	95,2	50,3	66,1
	Total	100,0	100,0	100,0	100,0	100,0	100,0	100,0
Trabalho	Procura trabalho				1,3	2,1		0,8
	Aposentado				1,3			0,2
	Outra	3,1	3,8	6,3	14,8		12,7	9,7
	Plena atividade	96,9	88,5	87,3	72,5	100,0	87,3	85,1
	Parc./tot. afastado		7,7	3,8	10,6			4,2
	Total	100,0	100,0	100,0	100,0	100,0	100,0	100,0
Atividade remunerada	Emp. setor públ.	44,1	84,0	63,0	58,9	57,1	33,8	51,3
	Emp. setor priv.	52,7	8,0	30,1	36,1	28,6	50,4	40,0
	Autônomo/cons.	1,1	8,0	2,7	1,3	9,5	7,2	4,0
	Proprietário	2,2		2,7	3,2	4,8	7,9	4,2
	ONG/entidades			1,4	0,6		0,7	0,6
	Total	100,0	100,0	100,0	100,0	100,0	100,0	100,0
Tipo de trabalho	Administração pública	7,8	32,0	18,3	13,5	43,6	7,4	14,7
	Empresa	46,7	12,0	40,8	30,8	38,5	57,8	41,7
	IES	37,8	36,0	22,5	34,6	17,9	25,2	29,8
	Outra inst. de ensino	7,8	20,0	1,4	20,5		1,5	9,1
	Instituição de pesquisa			15,5			7,4	4,1
	Outros			1,4	0,6		0,7	0,6
	Total	100,0	100,0	100,0	100,0	100,0	100,0	100,0
Atividade envolve pesquisa	Não	46,2	48,0	47,9	40,3	66,7	62,3	50,6
	Sim	53,8	52,0	52,1	59,7	33,3	37,7	49,4
	Total	100,0	100,0	100,0	100,0	100,0	100,0	100,0
É docente em universidade	Não	64,0	68,0	84,5	69,7	92,3	84,1	76,2
	Sim	36,0	32,0	15,5	30,3	7,7	15,9	23,8
	Total	100,0	100,0	100,0	100,0	100,0	100,0	100,0

O setor público permanece como o maior empregador, ocupando 51% do total dos mestres, embora a inserção em empresas privadas seja particularmente expressiva,[13] atingindo 40% dos pesquisados e predominando entre os titulados pela UFMG (53%) e pela USP (50%). O percentual de consultores e autônomos manteve-se praticamente estável, surgindo uma nova categoria – a dos proprietários – com uma freqüência de 4%.[14] Especificidades regionais antes assinaladas refletem-se em fenômenos como: maior continuidade dos estudos ao nível de doutorado para os mestres titulados pela USP (47%); maior participação em empregos do setor público para egressos da UFPE (84%) e do setor privado para os egressos da UFMG (53%); um maior peso relativo da nova categoria de "proprietário" entre os que realizaram o curso na USP (8%).

Quanto ao tipo de trabalho, vale ressaltar como as empresas foram responsáveis pela absorção do maior percentual de mestres pesquisados (42%), notadamente nos casos dos egressos da USP e da UFMG, (tabela 9.6a) suplantando o campo do ensino universitário e colocando em pauta discussões sobre o novo caráter e significado desta titulação.

No caso dos doutores, 99% se encontram em plena atividade, vinculados fundamentalmente ao setor público (86%) e ao ensino universitário (80%), conforme a tabela 9.6.b. Apenas os titulados pela USP apresentam um perfil mais diversificado, uma vez que 16% são empregados no setor privado e 5% atua como profissionais autônomos, consultores ou proprietários, o que não ocorre entre os titulados pela UFRJ e UFSC. Com a opção pela carreira acadêmica, 12% dos doutores continuou a estudar após essa titulação, realizando estágios de pós-doutorado ou outros cursos, conforme os dados da tabela 9.6b.

Tabela 9.6b
Doutores em Engenharia Elétrica: situação de estudo e trabalho por universidade (%)

		Universidade do curso			
		UFRJ	UFSC	USP	Total
Pós-graduação após o doutorado	Não fez	89,7	100,0	84,0	88,1
	Fazendo pós-dout.			1,9	1,2
	Fazendo PG *lato sensu*	6,9		3,8	3,6
	Fez pós-dout. país			2,8	1,8
	Fez pós-dout. exterior	3,4		6,6	4,8
	Fez PG *lato sensu*			0,9	0,6
	Total	100,0	100,0	100,0	100,0
Trabalho	Procura trabalho			0,9	0,6
	Plena atividade	100,0	100,0	99,1	99,4
	Total	100,0	100,0	100,0	100,0
Atividade remunerada	Emp. setor públ.	96,6	97,0	79,0	85,6
	Emp. setor priv.	3,4	3,0	16,2	11,4
	Autônomo/cons.			3,8	2,4
	Proprietário			1,0	0,6
	Total	100,0	100,0	100,0	100,0
Tipo de trabalho	Administração pública			4,0	2,5
	Empresa	7,1		15,8	11,2
	IES	85,7	100,0	71,3	79,5
	Instituição de pesquisa	7,1		8,9	6,8
	Outros				
	Total	100,0	100,0	100,0	100,0
Atividade envolve pesquisa	Não	10,3	6,1	19,0	15,0
	Sim	89,7	93,9	81,0	85,0
	Total	100,0	100,0	100,0	100,0
É docente em universidade	Não	17,2		31,7	23,0
	Sim	82,8	100,0	68,3	77,0
	Total	100,0	100,0	100,0	100,0

Com a elevação do nível de atividade redefiniram-se os campos de engajamento dos profissionais de Engenharia Elétrica titulados como mestres e como doutores, mudando a sua posição frente ao mercado, o Estado e a academia. Entre os mestres que já se encontravam no mercado de trabalho a mobilidade não chega a ser significativa. Dos 28% no mercado à época da inscrição no curso 18% permanece no mesmo setor; 7% dos empregados em empresas redefiniu seus vínculos, em favor da academia, que perdeu alguns raros profissionais para o setor empresarial. A maioria dos inativos, porém, foi absorvida por esse setor (17%) ou pela academia (12%) restando ao Estado um papel menos relevante como instância de inserção desses titulados.

Tabela 9.7
Mestres e doutores em Engenharia Elétrica: mercado, Estado e academia – trajetória da inscrição à situação de trabalho atual (% em relação ao total e marginais)

		Situação e *locus* laboral atualmente					
		Mercado	Estado	Academia	Inativo	Desempregado	Total
a. Mestres							
Situação e *locus* laboral na inscrição	Mercado	17,9	1,6	6,5	2,4		28,3
	Estado	2,8	5,9	2,0	0,8		11,4
	Academia	2,2	0,8	10,6	1,0	0,4	14,9
	Inativo	17,5	5,1	12,2	6,9	0,6	42,2
	Desempregado	0,8	1,2	1,2			3,1
	Total	41,1	14,5	32,4	11,0	1,0	100,0
b. Doutores							
Situação e *locus* laboral na inscrição	Mercado	8,4	0,6	8,4			17,5
	Estado	0,6	1,9	0,6			3,2
	Academia	2,6		63,0			65,6
	Inativo			12,3		0,6	13,0
	Desempregado			0,6			0,6
	Total	11,7	2,6	85,1		0,6	100,0

Esse conjunto de movimentos reduziu a importância da administração pública na ocupação atual dos mestres em Engenharia Elétrica. Ampliou-se, sobretudo, a participação relativa do mercado (de 28% dos inscritos para 41% dos titulados), assim como a da academia, que passou de 15% dos inscritos para 32% dos titulados, como visto na tabela 9.7.

No que se refere aos doutores fica patente um redirecionamento fundamental para a academia, que, além dos (66%) integrados a este próprio setor, absorve mais todo o contingente dos que se encontravam inativos à época da inscrição (13%) – a maioria estudando – e uma parte menos expressiva dos que se encontravam no mercado (8%). É significativo porém notar-se como este setor continuou a reter 12% dos doutores titulados, evidenciando a necessidade de profissionais de Engenharia Elétrica com alto nível de qualificação para o mercado. Além disso, cerca de um terço dos mestres e quase 80% dos doutores com esta vinculação apontaram o desenvolvimento de projetos de pesquisa ou de pesquisa e desenvolvimento entre as suas atividades (Ivo e Carvalho, 2000).

Em termos de renda, a pesquisa identificou que os mestres pesquisados obtêm uma renda média de R$ 3.029,00, valor este elevado pelos maiores ganhos dos profissionais que trabalham em empresas e na administração pública. Os que trabalham em universidades ou em outras instituições de ensino têm remunerações bem mais baixas, como se observa no gráfico 9.4.

Gráfico 9.4
Mestres e doutores em Engenharia Elétrica: médias das classes de renda por principais tipos de trabalho (em reais)

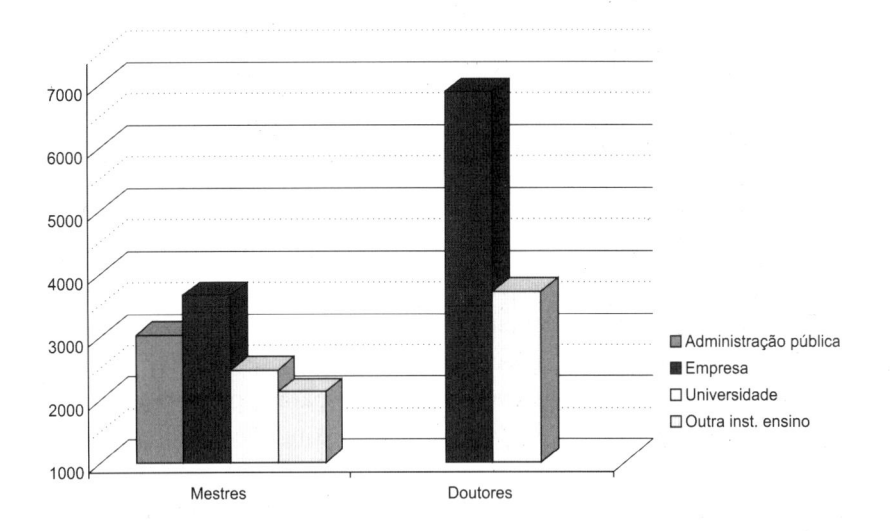

Por outro lado, os dados também deixam patente como a obtenção do título de doutor tem efeitos bastante expressivos, seja pela maior empregabilidade (anulando o desemprego), seja pelo nível de qualificação e das remunerações, segundo o tipo de atividade. Na época em que foi realizada esta pesquisa (outubro/dezembro de 1998), os doutores em Engenharia Elétrica percebiam, em média, R$ 4.101,00, com uma enorme diferença entre a renda dos professores universitários e dos doutores vinculados à área empresarial, no que pese o reduzido número de pessoas aí vinculadas. A renda média daqueles vinculados ao setor empresarial praticamente dobra em relação aos inseridos nas universidades, conforme pode-se observar no gráfico 9.4.

A importância da pós-graduação para o desenvolvimento de pesquisas cresce, entre os que ingressaram na carreira universitária, como seria de esperar. Como a grande maioria desses mestres trabalha em regime de tempo integral ou de dedicação exclusiva, 49% participa de projetos de pesquisa ou de pesquisa e desenvolvimento. No caso dos doutores, 85% coordena ou participa desses projetos, na maioria dos casos amparados por financiamentos.

O valor da pós-graduação: contribuições e significado dos títulos

Como foi visto anteriormente, recebendo uma clientela mais diversificada, com uma participação expressiva, tanto de recém-graduados como de profissionais mais velhos e experientes, com variados tipos de inserção, o mestrado vem sendo procurado como oportunidade de melhoria, diferenciação ou reciclagem profissional, capaz de ampliar a competitividade frente a um mercado de trabalho agora mais exigente, em todos os setores de ocupação,[15] ou como um primeiro passo para a realização de um projeto acadêmico. Já os cursos de doutorado, onde ingressam sobretudo professores do ensino superior e outros empregados do setor público, além dos graduados ou mestres que pretendem se profissionalizar na área do ensino superior ou da pesquisa, a procura tem um claro sentido acadêmico. Respondem às exigências de qualificação para a pesquisa e a docência, redefinidas e ampliadas tanto nas instituições públicas como em uma parte das instituições privadas.

Uma vez que os cursos estão viabilizando as aspirações dos seus egressos, os mestres e doutores em Engenharia Elétrica avaliam de forma bastante positiva a sua pós-graduação. No caso dos mestres, entre aqueles que atualmente trabalham em empresas públicas e privadas ou na administração pública, o curso foi valorizado sobretudo pela experiência em pesquisa e pela oportunidade de reciclagem de conhecimentos, que muito estariam contribuindo para o exercício de suas atividades. Os vinculados às universidades ou a outras instituições de ensino ou de pesquisa também destacam a referida experiência, assim como a formação teórica obtida no mestrado. Os contatos acadêmicos profissionais aparecem como a contribuição relativamente menos apreciada, com uma natural prevalência dos professores das instituições de ensino superior entre os que destacaram a sua relevância.

Quanto aos doutores, a satisfação é ainda mais elevada, possivelmente pelo caráter mais estável e integrado das atividades de ensino e pesquisa. O reconhecimento de uma grande contribuição do curso para o exercício das atividades destaca, sobretudo, a experiência de pesquisa, a formação teórica e a atualização dos conhecimentos. O valor atribuído pelos mestres e doutores às contribuições do curso, conforme a sua inserção ocupacional, pode ser visto nos gráficos que se seguem.

Gráfico 9.5a
Mestres em Engenharia Elétrica: contribuições do curso para os principais tipos de trabalho (% de "contribuiu muito")

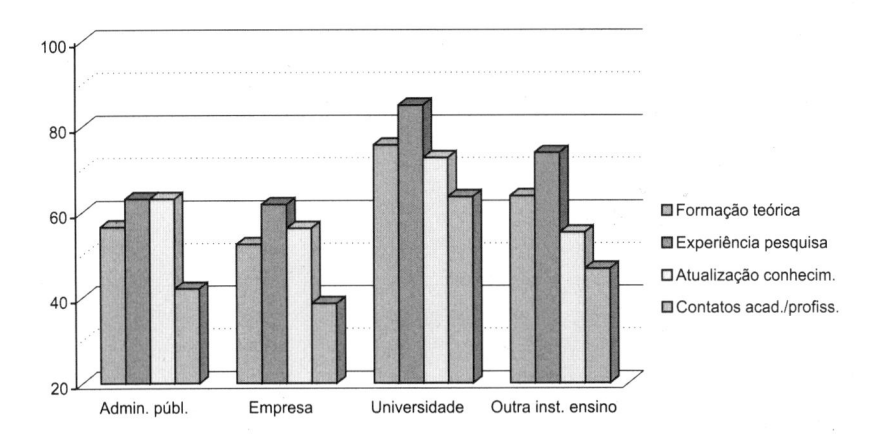

Além disso, mestres e doutores reconhecem que a realização do curso aumentou a sua competitividade profissional ou acadêmica, dentro ou até acima do esperado, encontrando-se entre os docentes do ensino superior e entre os que trabalham em empresas aqueles mais satisfeitos com os resultados da pós-graduação, conforme os gráficos 9.6a e 9.6b.

Gráfico 9.5b
Doutores em Engenharia Elétrica: contribuições do curso para os principais tipos de trabalho (% de "contribuiu muito")

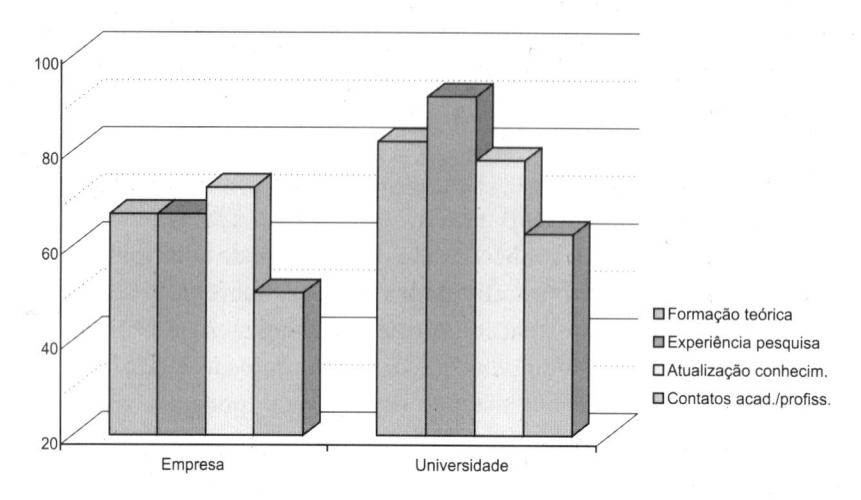

- Formação teórica
- Experiência pesquisa
- Atualização conhecim.
- Contatos acad./profiss.

Gráfico 9.6a
Mestres em Engenharia Elétrica: aumento da competitividade profissional/acadêmica por principais tipos de trabalho (% de "dentro/acima do esperado")

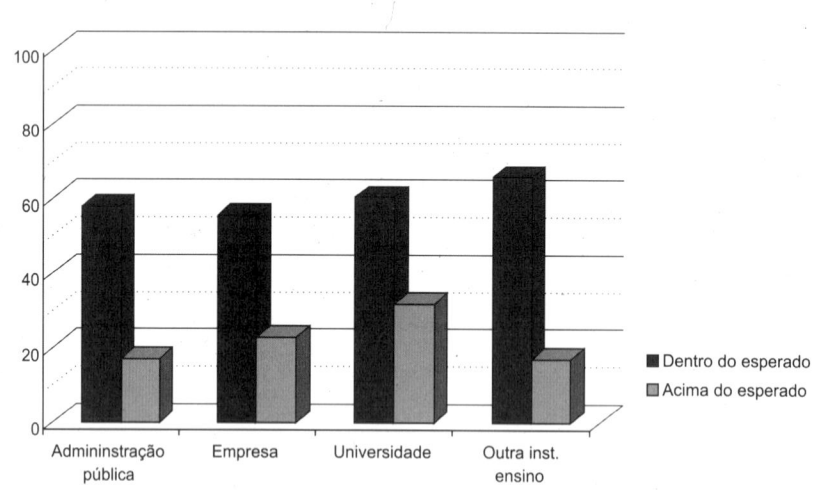

- Dentro do esperado
- Acima do esperado

Ainda no que se refere à satisfação com a pós-graduação, vale assinalar que a remuneração relativamente mais baixa dos professores, principalmente no caso dos mestres, não parece interferir de forma desfavorável na sua avaliação do curso, provavelmente, porque: a) a opção acadêmica pode estar associada à perspectiva de uma maior garantia de emprego e de uma maior autonomia em termos de escolha dos temas de pesquisa e horário de trabalho, ao tipo de atividade exercida ou a valores de caráter simbólico; b) operando como um mecanismo diferencial de inserção de jovens no mercado de trabalho, a titulação representaria, por si mesma, um valor positivo de integração, mobilidade e diferenciação profissional num mercado altamente competitivo. Esta mobilidade pode ser perseguida através da realização do doutorado, mais direcionado para a carreira docente, mas com significativas melhorias de renda, também, no mercado extra universitário. (Ivo, Carvalho, 2000).

Gráfico 9.6b
Doutores em Engenharia Elétrica: aumento da competitividade profissional/acadêmica por principais tipos de trabalho
(% de "dentro/acima do esperado")

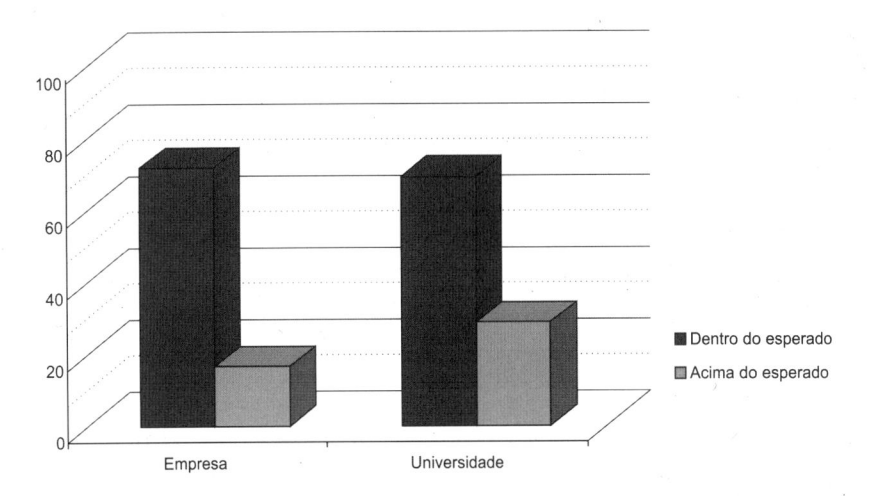

Observações finais

A partir das constatações desta pesquisa pode-se afirmar como o sistema de pós-graduação no Brasil, construído exitosamente em um esforço de décadas, vem adquirindo novas funções e relevância, que ultrapassam o papel exclusivo de profissionalização acadêmica e de reprodução do próprio ensino superior, interferindo como elemento de qualificação e requalificação para o mercado de trabalho mais amplo, como se observa na área da Engenharia Elétrica. Concebido, inicialmente, como instrumento de formação de professores para o ensino de terceiro grau, os mestrados passaram a acolher profissionais de diferentes setores (empresas públicas e privadas, universidades estaduais, federais e particulares, entidades de pesquisa e de consultoria) e em vários estágios da trajetória ocupacional, atendendo a exigências que dizem respeito à reconfiguração do mercado de trabalho.

Para os mais jovens, recém-graduados ou em busca de emprego, frente a um mercado mais exigente até mesmo pela ampliação do ensino universitário e do número de graduados, o mestrado pode funcionar como uma estratégia de qualificação e diferenciação que amplia a sua competitividade e possibilidades de ascensão profissional. Para aqueles já inseridos e experientes, sobretudo na área empresarial, o curso passou a representar uma oportunidade de atualização e de ajuste a um novo perfil, que exige reciclagem e qualificação mais abrangente, viabilizando a mobilidade, em um contexto afetado por grandes mudanças.[16]

A expansão e a valorização do doutorado, que, por sua vez, são mais articuladas à reprodução interna do sistema acadêmico de ensino e pesquisa universitários, sinalizam para a importância da capacitação para o ingresso ou o avanço na estrutura universitária, com novas exigências e em um processo de expansão, cuja dinâmica e dimensão já foram antes assinaladas. Vale ainda observar o papel do doutorado para além do sistema universitário (em empresas públicas e privadas), ainda que em proporções minoritárias. Considerando-se, no entanto, o papel que a titulação de mestre tem junto ao setor empresarial, a pequena parcela dos que mesmo com o doutorado permanecem vinculados a empresas merece consideração especial, induzindo a considerar-se as funções ampliadas hoje exercidas pela pós-graduação no âmbito do mercado, seja na requalificação de um novo tipo de profissional, seja pelo desenvolvimento da pesquisa em âmbitos extra-universitários.

Levando-se em conta, ademais, a insuficiência da qualificação e titulação da maioria dos professores no heterogêneo sistema de ensino superior do Brasil e o relativo e recente crescimento da demanda de profissionais pós-graduados por parte do ensino privado (tanto em decorrência das disposições legais como da própria competição entre as instituições privadas e das suas estratégias para atrair ou manter as suas clientelas) parece ampliar-se a relevância do sistema de pós-graduação e da formação por ele ministrada. Neste sentido, ainda que a plena realização de uma carreira acadêmica suponha, agora, cada vez mais o doutorado, o mestrado mantém seu valor distintivo e, em diversos casos, constitui um ponto terminal da formação para a docência universitária, notadamente nas instituições privadas.

Reafirma-se, portanto, o caráter consolidado da pós-graduação na área de Engenharia Elétrica, promissora em desdobramentos e expansão, especialmente se forem levados em conta alguns fatores adicionais. Entre eles o de que os programas de pós-graduação têm um papel essencial na manutenção e ampliação da capacidade de pesquisa e de inovação tecnológica no Brasil, que permanece concentrada fundamentalmente em algumas universidades públicas, federais e estaduais. No caso da Engenharia Elétrica isto tem um papel estratégico para o enfrentamento de questões críticas, como a provisão de energia ou o desenvolvimento de tecnologias inovadoras e alternativas, indispensáveis à retomada e sustentabilidade do desenvolvimento. E, se a titulação do corpo docente ainda precisa ser ampliada, notadamente em universidades das regiões menos desenvolvidas do país e nas instituições privadas, vale ressaltar, mais uma vez, como a relevância de formação direcionada às atividades acadêmicas na área em apreço não destitui o papel do setor empresarial, público e privado. Ao contrário, este mantém forte articulação com o sistema pós-graduado, redefinindo e atualizando essa relação segundo a dinâmica do mercado, diversamente do que ocorre com várias das outras profissões pesquisadas.

Notas

[*] As autoras agradecem ao professor Jacques Velloso as valiosas críticas e sugestões incorporadas ao presente texto.
[1] A grande área da Engenharia, desdobra-se em 13 áreas: Engenharia Espacial, Biomédica, Civil, Materiais, Minas, Produção, Transportes, Elétrica, Mecânica, Naval, Nuclear, Química, Sanitária.
[2] Referimo-nos à UNICAMP.
[3] Ver nota nº 1.
[4] Do total de 1.683 títulos publicados no exterior pela grande área da Engenharia, registrados no sistema da Capes, 411 títulos, ou seja, 24% da produção, é originária da área de Engenharia Elétrica. Segue-se à área de Materiais e a de Metalurgia, com 20%. Quanto aos títulos publicados no país, 25% origina-se da área de Engenharia de Produção, 22% da área de Engenharia Civil, sendo que a Engenharia Elétrica participa com 10%, aproximadamente.
[5] Agradecemos a Bráulio Porto, do Nesub/Ceam/UnB, a elaboração e sugestão da incorporação, às analises deste texto, da tabela 9.1.

[6] Além disso, há uma marcada diferença na ocupação das mulheres, absorvidas, sobretudo, pelo setor público e pelas universidades. A dedicação das engenheiras ao ensino tende a ampliar o seu envolvimento com a pesquisa e a reduzir os seus rendimentos, uma vez que, como será visto posteriormente, a média salarial mais baixa encontra-se nas instituições de ensino superior.

[7] Retomando aqui observação de Moore (1987) *apud* Velloso e Velho (2001): *Mesmo nos antigos países socialistas, nos quais se identificou que as mulheres participam de maneira muito semelhante aos homens na Matemática e nas Ciências, elas ainda são uma minoria nas Engenharias.*

[8] Conforme hipótese desenvolvida por Braga (2001) sobre a forte superposição da área de Engenharia Elétrica.

[9] Hipótese aventada por Braga (*cit.*).

[10] Este fato também pode estar condicionado pela temporalidade média de intervalo na criação entre os níveis de mestrado e doutorado que, como vimos, para muitas instituições, é de 8 anos.

[11] Dos 169 doutores que compõem o universo estudado, 17,2% foram formados pela UFRJ; 20,1% pela UFSC; e 62,7% pela USP. Mais tradicional, atendendo a uma demanda bem mais ampla, diversificada e nacional, a USP apresentou valores acima dos globais tanto no que diz respeito aos doutores mais jovens, titulados entre os 31 a 35 anos, como entre aqueles mais velhos, que concluíram o curso com 45 e mais anos. Vale destacar, também, que 13% dos doutores ingressou no curso imediatamente após o mestrado. Em termos globais, o intervalo entre os dois cursos foi de até um ano para 53,3% dos doutores; de até dois anos para 66,9%; e de até cinco anos para 77,5%. Dos profissionais entrevistados, 8% entrou no doutorado com mais de oito anos de conclusão do mestrado.

[12] Apesar disso é preciso considerar que as bolsas são uma condição necessária para que muitos alunos possam realizar o curso, principalmente em áreas que possuem um perfil mais acadêmico no Brasil, qualificando para a universidade ou para instituições de pesquisa. Cálculos do professor Mauro Braga mostram que se encontravam sem vínculo profissional, ao se inscrever no mestrado, 27% dos titulados em Agronomia, 31% em Química, 48% em Bioquímica e 58% em Física.

[13] Essa inserção pode ter-se elevado mais recentemente, com o avanço do processo de privatização de empresas estatais da área.

[14] Esta tendência pode estar associada aos novos padrões de reestruturação das relações contratuais de trabalho, através da terceirização desses profissionais.

[15] Ver dados apresentados na pesquisa da *Datafolha* na primeira parte deste capítulo (Folha de São Paulo, 20/06/1999, p. 6-12). Esta transformação nas exigências contemporâneas do mercado de trabalho, pode tornar-se um processo de seleção permanente, estimulando, entre outros efeitos, a busca da pós-graduação.

[16] Eventualmente, o emprego de pós-graduados em alguns setores pode estar associado a uma seletividade excessiva no recrutamento de profissionais ou à subutilização da sua capacidade. Contudo, pelo menos em áreas em que a mudança e a inovação tecnológica são muito aceleradas, como a própria Engenharia Elétrica, a atuação desses profissionais pode ter grande relevância, sendo significativos, por exemplo, o emprego de mestres e até doutores, e o seu envolvimento em projetos de pesquisa e pesquisa e desenvolvimento no campo empresarial, ainda que isto ocorra fundamentalmente em regiões de perfil sócio-econômico mais desenvolvido do país, como o estado de São Paulo.

Mestres e doutores em Física

ARABELA CAMPOS OLIVEN
CLARISSA ECKERT BAETA NEVES
GLAUCIA VILLAS BÔAS
MARIA LIGIA DE OLIVEIRA BARBOSA
YVONNE MAGGIE

Introdução

Quando Joaquim da Costa Ribeiro escreveu o capítulo sobre a Física no livro As Ciências no Brasil, organizado por Fernando de Azevedo em 1953, resumiu a história da Física em três períodos (Costa Ribeiro, 1994).

O primeiro período, cujo início foi fixado quando do aparecimento das primeiras memórias de Gomes de Souza em 1855, caracterizou-se pela produção de poucos trabalhos esparsos e de pesquisadores isolados, que foram verdadeiros pioneiros, trabalhando sobretudo nos domínios da Física-Matemática, mas que não formaram escolas nem deixaram colaboradores ou seguidores. Em continuação a esse período e prolongando-se com importantes desenvolvimentos no domínio da Física experimental, vamos encontrar, nas escolas profissionais superiores, alguns professores notáveis.

O segundo período iniciou-se em 1934, com a fundação das primeiras faculdades de Ciências em São Paulo e no Rio de Janeiro, e caracterizou-se pelo aparecimento de grupos de pesquisadores, cada um deles trabalhando em equipe, em torno de uma figura de relevo e experiência, que desempenhava as funções de orientador e estimulador de jovens que iniciam sua atividade científica. Neste período destacaram-se os trabalhos das equipes do Departamento de Física da Faculdade de Filosofia Ciências e Letras da Universidade de São Paulo, a Divisão de Eletricidade e Medidas Elétricas do Instituto Nacional de Tecnologia (INT) do Rio de Janeiro e inclui-se a criação do Instituto de Biofísica da Universidade do Brasil (1945) e do Centro Brasileiro de Pesquisas Físicas (1949).

O terceiro período foi definido, indiscutivelmente, segundo Joaquim da Costa Ribeiro, pela criação do Conselho Nacional de Pesquisas (Conselho Nacional de Desenvolvimento Científico e Tecnológico, CNPq) em 1951. Pode-se acrescentar ainda, no mesmo período, a criação da Capes,[1] que também teve impacto importante no desenvolvimento deste grupo profissional.

Na atualidade, vivemos um quarto período, de crescimento ainda maior, a partir da criação do sistema de pós-graduação, no final da década de 60, que permitiu o surgimento de pesquisadores formados em cursos mais bem-estruturados e abriu a possibilidade de intensificação de pesquisas.[2]

Hoje, segundo a avaliação da área feita em 2001 por uma equipe de físicos que está participando da elaboração do plano de Ciência e Tecnologia para o setor, o Brasil conta com mais de 6.000 físicos (2.500 com doutorado), sendo cerca de 46% experimentais e 54% teóricos, distribuídos por todas as áreas de pesquisa, re-agrupadas conforme a tabela 10.1 a seguir:

Tabela 10.1
Distribuição dos físicos brasileiros, segundo área de pesquisa (%)

Físicos Áreas	Experimentais %	Teóricos %	Total %
Partículas e campos	2,6	10,4	13,0
Astrofísica	4,5	7,7	12,2
Nuclear	2,7	3,6	6,3
Atômica e molecular	3,4	4,7	8,1
Matéria condensada e ótica	30,0	19,2	49,2
Plasmas	0,8	1,2	2,0
Biofísica	1,0	1,0	2,0
Estatística e computacional	-	7,2	7,2

O desempenho em pesquisa da Física brasileira levou-a a um grau de maturidade que a coloca na liderança do cenário científico nacional. Ao lado das ciências biomédicas, ela exibe os maiores índices de impacto do país: o número de citações por artigo de física tem estado entre 2 e 3, nos últimos vinte anos, um número respeitável por padrões internacionais, como dizem os autores do relatório antes citado.

A maturidade e a qualidade da Física brasileira explicam participação cada vez maior em grandes projetos internacionais.

É igualmente importante avaliar a produtividade dos físicos brasileiros no ensino, ou seja, na formação de novos quadros para a ciência e tecnologia. Os pesquisadores participam a cada ano, através da docência nas chamadas disciplinas de serviço, da formação de milhares de futuros cientistas (matemáticos, químicos, geólogos, biólogos etc.) e engenheiros, além de serem responsáveis pela formação de novos físicos. No caso destes últimos, devemos ressaltar que, em 1999, 655 estudantes formaram-se na disciplina, o que representa apenas 5,8% das 11.184 matrículas nos cursos de Física. Esse número é revelador do *funil de exclusão* da educação brasileira, como dizem os autores do relatório para o Plano do C&T já citado.

Apesar de todo o imenso conjunto de problemas que se verifica nos níveis de ensino fundamental e médio e na graduação no Brasil, e da preocupação mencionada acima, em 1998 havia 1.600 estudantes de pós-graduação em Física, o que equivalia a um aumento de quase 100% no número de estudantes de pós-graduação ao longo dos 10 anos anteriores. No mesmo período, o número de doutores em Física no Brasil passou de 600 para 2.400; portanto, este quadruplicou. Tomando o período de 1970 a 1998, o número de doutores em Física no Brasil aumentou por um fator 12. Na realidade, essa capacidade de resposta superou as expectativas mais otimistas, como demonstrou o estudo feito, em 1992, pelo físico Sérgio Machado Rezende, da UFPE:[3] o autor fez uma extrapolação linear do número de doutores em Física e projetou um aumento de 100% até 2006; além dessa projeção, outra, considerada otimista pelo autor, projetava um aumento de 160%; *o número de doutores hoje indica que mesmo o prognóstico mais otimista para 2006 será superado*, segundo o relatório do plano de C&T. Iniciativas como a da SBF, ao organizar olimpíadas de Física para os estudantes de ensino médio, são vistas pelo autor como uma forma de aumentar ainda mais o número de doutores na área.

A tabela 10.2, a seguir, mostra a evolução dos indicadores da CAPES para a pós-graduação na área de Física, nos últimos anos.

Como se verifica, há certa estabilidade no número de mestres titulados, mas uma pequena tendência de crescimento entre os doutores. O crescimento das matrículas é bastante expressivo. As demais informações serão tratadas ao longo deste capítulo de forma mais detalhada, mas, de modo geral, constata-se um fortalecimento nos indicadores de produção e qualidade na área.

A pesquisa realizada com os egressos da pós-graduação, que descreveremos a seguir, revela dados que demonstram a importância do sistema de pós-graduação para a formação de físicos e, sobretudo, para o fortalecimento da pesquisa e do ensino desta ciência no Brasil. Os dados revelam que, a despeito das inúmeras dificuldades do sistema de C&T, o país superou as expectativas no que tange à produção de pesquisadores.

Tabela 10.2
Física: indicadores da Capes para a pós-graduação na área no país, 1996-2000

Indicador	Ano da avaliação				
	1996	1997	1998	1999	2000
Mestres titulados	197	228	217	199	228
Doutores titulados	132	136	150	173	169
Matrículas no mestrado	272	264	258	250	313
Matrículas no doutorado	172	213	223	190	229
Total de alunos matriculados	444	477	481	440	542
Tempo médio do mestrado, em meses	33	30	30	29	29
Tempo médio do doutorado, em meses	62	59	60	53	53
Publicações em periódicos nacionais indexados	67	24	0	0	0
Publicações em periódicos internacionais indexados	1325	1393	1779	1962	1821
Doutores no corpo docente permanente	801	877	851	911	983

Fonte: Capes

Quem são os mestres e doutores em Física

Os mestres e doutores em Física formam um grupo bastante homogêneo, quanto ao curso de origem: mais de 95% deles fizeram o curso de graduação em Física. A USP é a universidade que apresenta o maior grau de homogeneidade nesse aspecto (98% dos seus mestres e 99% dos seus doutores graduaram-se em Física). O curso de mestrado da UFMG é o que possui maior abertura para alunos provenientes de outras áreas (13% fizeram outros cursos de graduação que não o de Física).

Este é um grupo também predominantemente masculino, tendência que é mais forte no caso dos doutores: 70% dos mestres e 79% dos doutores entrevistados são homens. Nota-se, no entanto, uma inversão desse padrão no caso da UFRJ, onde o percentual do sexo feminino entre os doutores (43%) é maior do que entre os mestres (35%). Sendo assim, a presença feminina é maior na UFRJ entre os doutores e, na USP, entre os mestres, onde elas são 40% dos casos. Sob este aspecto, encontramos uma ligeira superioridade em relação à pós-graduação européia: na Alemanha, apenas 9% dos doutores que se titularam em 1996 eram mulheres, e, no Reino Unido, esta taxa sobe para 25 % no mesmo ano (Kiniven, Ahola e Kaipainen, 1999).

Tabela 10.3
Mestres e doutores em Fisica: área da graduação e da pós-graduação; sexo por universidade (%)

		Universidade do curso						
		UFMG	UFPE	UFRGS	UFRJ	UnB	USP	Total
a. Mestres								
Área na graduação e na pós	Mesma área	87,0	95,8	94,4	96,6	96,4	98,4	95,2
	Outra área	13,0	4,2	5,6	3,4	3,6	1,6	4,8
	Total	100,0	100,0	100,0	100,0	100,0	100,0	100,0
Sexo	Masculino	74,5	79,2	77,8	65,5	85,7	59,7	69,7
	Feminino	25,5	20,8	22,2	34,5	14,3	40,3	30,3
	Total	100,0	100,0	100,0	100,0	100,0	100,0	100,0
b. Doutores								
Área na graduação e na pós	Mesma área	96,2	92,3	97,9	91,9		99,2	97,1
	Outra área	3,8	7,7	2,1	8,1		0,8	2,9
	Total	100,0	100,0	100,0	100,0		100,0	100,0
Sexo	Masculino	92,3	100,0	78,7	56,8		81,3	79,3
	Feminino	7,7		21,3	43,2		18,7	20,7
	Total	100,0	100,0	100,0	100,0		100,0	100,0

Na próxima tabela 10.4 encontramos os dados relativos à idade de titulação dos pós-graduados em Física. Pode-se verificar que 75% dos mestres titularam-se antes dos 30 anos e que 57% dos doutores o fizeram antes dos 35 anos. A Universidade de Pernambuco destaca-se aqui pois apresenta proporções muito elevadas, tanto de mestres quanto de doutores, que obtêm o título em faixas de idade bem baixas. Se compararmos a média de idade do grupo de mestres e de doutores quando se graduaram e concluíram o mestrado, observamos que os que concluíram o doutorado são estudantes que apresentam trajetória educacional mais rápida. Eles, em média, se graduam e concluem o seu mestrado mais jovens, quando comparados aos que são apenas mestres.

Os pós-graduados da área de Física são relativamente jovens, comparados à média nacional de outros cursos, ao obterem o grau de mestre (em torno de 29 anos) e de doutor[4] (em média 35 anos). Apesar da posição favorável dentro do quadro nacional, esta idade média ainda é bem alta quando comparada, por exemplo, à França: neste país, 75% dos doutores obtêm seu título antes de completar 33 anos, no caso do conjunto dos titulados. Para os que se formam na área de ciências, a idade é ainda menor (Paul e Perret, 1999). No Brasil, os físicos têm reduzido de forma significativa a sua idade média de titulação, como podemos verificar nos gráficos 10.1a e 10.1b. No primeiro, temos a trajetória dos mestres, segundo sua idade ao concluir a graduação e o mestrado, além da idade ao iniciar este último.

Tabela 10.4
Mestres e doutores em Física: idade de titulação em grupos etários por universidade (%)

	Universidade do curso						
	UFMG	UFPE	UFRGS	UFRJ	UnB	USP	Total
a. Mestres							
Até 30	69,1	87,5	74,1	70,4	78,6	76,0	75,1
De 31 a 35	10,9	12,5	22,2	18,5	14,3	16,5	16,2
De 36 a 40	12,7		1,9		3,6	5,0	4,9
De 41 a 45			1,9	11,1	3,6	1,7	2,3
46 e mais	7,3					0,8	1,6
Total	100,0	100,0	100,0	100,0	100,0	100,0	100,0
b. Doutores							
Até 30	23,1	30,8	19,6	8,8		26,0	22,3
De 31 a 35	23,1	46,2	34,8	29,4		36,6	34,3
De 36 a 40	34,6	7,7	21,7	32,4		18,7	22,3
De 41 a 45	15,4	7,7	19,6	11,8		11,4	13,2
46 e mais	3,8	7,7	4,3	17,6		7,3	7,9
Total	100,0	100,0	100,0	100,0		100,0	100,0

O quadro de redução da idade de titulação, ao longo do período estudado, também se repete entre os doutores, como mostra o gráfico 10.1b.

No caso, a relativa juventude dos titulados se deve, principalmente, ao breve intervalo de tempo que levam entre a graduação e o início de seus cursos de pós-graduação. Este tempo se reduziu no período analisado: para os mestres, a distância média entre o término da graduação e o início do mestrado passou de 4 anos para 2 anos. No caso dos doutores, houve uma redução de 7 para 6 anos de distância entre a graduação e o doutorado. Concorre também para esse fato o tempo médio que levam para realizar o mestrado e a curta distância entre o mestrado e o doutorado (2,3 anos). É importante frisar que o tempo para conclusão do mestrado vem diminuindo se compararmos os que se graduaram no início da década de 90 (média de quase 4 anos) com os que se graduaram nos anos 96 e 97; estes levaram, em média, menos do que três anos. A queda entre os doutores foi menos significativa: de 5,3 para 4,9 anos (gráficos 10.2 e 10.3).

Gráfico 10.1a
Mestres em Física: idades na trajetória da graduação à titulação por ano de conclusão (médias anuais)

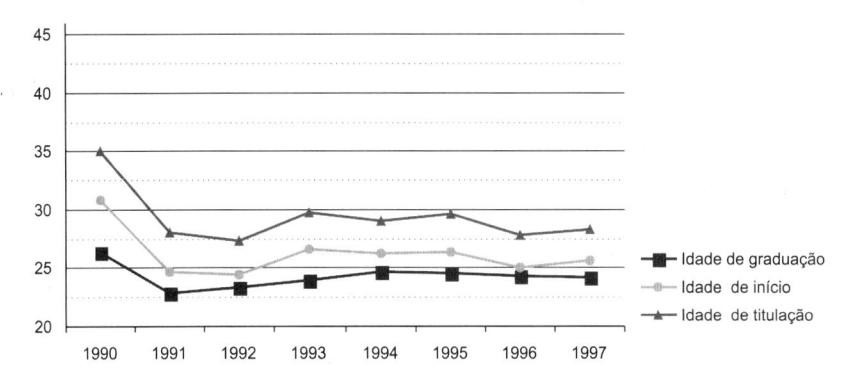

Gráfico 10.1b
Doutores em Física: idades na trajetória da graduação à titulação por ano de conclusão (médias anuais)

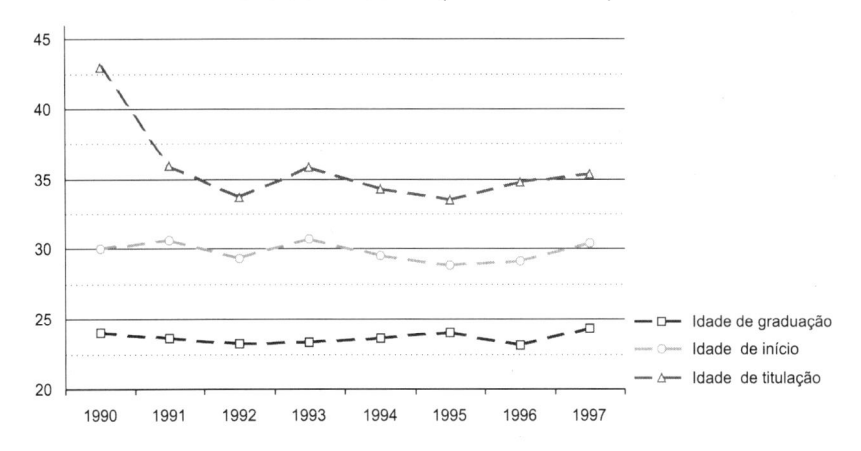

Gráfico 10.2
Mestres e doutores em Física: duração do curso por ano de conclusão
(médias anuais)

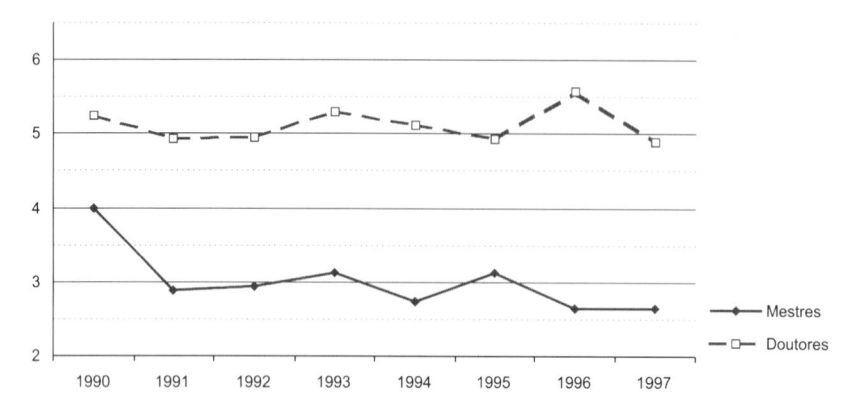

Uma possível explicação para essa agilidade na formação acadêmica dos físicos poderia ser buscada nos mecanismos de seleção e progressão nos dois níveis dos cursos. Em algumas instituições há possibilidade de se matricular diretamente no doutorado ao sair da graduação, sem exigência do título de mestre, como ocorre no MIT, onde a média de tempo para conclusão do doutorado é de cinco anos. Por outro lado, os arranjos institucionais da pesquisa nessa área podem favorecer carreiras mais rápidas.

Gráfico 10.3
Mestres e doutores em Física: tempo entre a graduação e o início do curso por ano de conclusão (médias anuais)

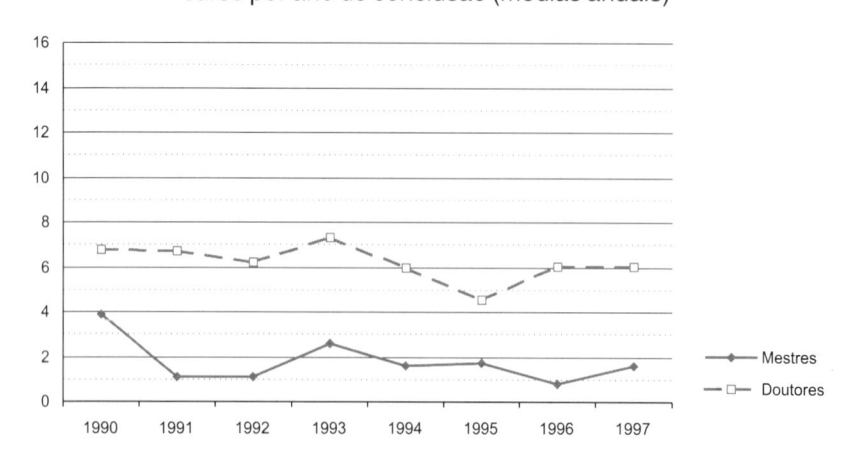

Trajetória: de onde vieram e para onde foram os mestres e doutores em Física?

Nesta pesquisa buscou-se investigar o que faziam os mestres e doutores quando se inscreveram nos respectivos cursos e qual sua situação de trabalho atual, para que se pudessem estabelecer trajetórias que delimitassem um sentido específico para a pós-graduação realizada.

Mestres

Os dados sobre a situação dos mestres em Física, ao inscreverem-se nos respectivos cursos, indicam que em plena atividade se encontravam apenas cerca de 20% dos egressos, com proporções maiores entre os ingressantes na UFMG (27%) e UFRGS (21%). Parcialmente ou totalmente afastados encontravam-se 2%; destes a maioria na UFPE: 8%. Procuravam trabalho ao ingressar no curso 2% dos mestres, a maioria na UnB: 11% (ver tabela 10.5a).

Cerca de 76% dos titulados afirmaram estar em "outra" situação ao inscrever-se no mestrado; isto, em verdade, significava que não estavam trabalhando, sugerindo que estavam provavelmente terminando o seu curso de graduação Essa hipótese se confirmaria pelo fato de que, entre esses profissionais (76% em "outra" situação de trabalho à época da inscrição), 34% entraram no mestrado no mesmo ano em que se graduaram e 94% começaram o mestrado até o ano seguinte àquele em que terminaram a graduação. Isso significa que praticamente todos eles eram estudantes quando se inscreveram.

Analisando-se as instituições de trabalho mencionadas quando iniciaram o curso, 32% dos mestres estavam vinculados a outras instituições de ensino, 26% em universidades e 10% a instituições de pesquisa, ou seja, 68% estavam ligados à instituições de ensino e pesquisa, 23% estavam atuando em empresas e 10%, na administração pública. Quando perguntados se a atividade envolvia pesquisa 73% responderam que não, e se eram docentes em instituições de ensino superior 77% responderam que não.

Quem mais empregava os mestres em Física ao iniciarem o curso era o setor público (59%), enquanto o setor privado empregava 36%. Deve-se ressaltar, entretanto, que o percentual de mestres que trabalhava à época da inscrição era mínimo: menos de 20%.

Tabela 10.5a
Mestres em Física: situação de trabalho na inscrição por universidade (%)

		Universidade do curso						
		UFMG	UFPE	UFRGS	UFRJ	UnB	USP	Total
Trabalho na inscrição	Procurava trabalho				6,9	10,7	1,6	2,2
	Outra	72,7	91,7	79,2	72,4	67,9	76,6	76,4
	Plena atividade	27,3		20,8	17,2	17,9	20,2	19,5
	Parc./tot. afastado		8,3		3,4	3,6	1,6	1,9
	Total	100,0	100,0	100,0	100,0	100,0	100,0	100,0
Atividade remunerada na inscrição	Emp. setor público	50,0	100,0	50,0	100,0	66,7	55,6	59,4
	Emp. setor privado	50,0		40,0		33,3	37,0	35,9
	Autônomo/consultor			10,0				1,6
	Proprietário						7,4	3,1
	Total	100,0	100,0	100,0	100,0	100,0	100,0	100,0
Tipo de trabalho na inscrição	Admin. públ.	8,3		20,0	20,0	16,7	3,7	9,7
	Empresa	25,0		30,0	20,0		25,9	22,6
	IES	25,0	50,0	20,0	20,0	16,7	29,6	25,8
	Outra inst. ens.	25,0	50,0	30,0		66,7	33,3	32,3
	Inst. Pesquisa	16,7			40,0		7,4	9,7
	Total	100,0	100,0	100,0	100,0	100,0	100,0	100,0
Atividade envolvia pesquisa	Não	85,7	50,0	81,8	40,0	83,3	69,2	73,4
	Sim	14,3	50,0	18,2	60,0	16,7	30,8	26,6
	Total	100,0	100,0	100,0	100,0	100,0	100,0	100,0
Era docente em universidade	Não	78,6	50,0	63,6	60,0	83,3	85,2	76,9
	Sim	21,4	50,0	36,4	40,0	16,7	14,8	23,1
	Total	100,0	100,0	100,0	100,0	100,0	100,0	100,0

Comparando-se os dados anteriores com os referentes aos mestres já titulados (tabela 10.7a, adiante), constata-se que 36% destes encontravam-se em plena atividade, enquanto na categoria "outra", 54%. Apurações complementares revelaram que virtualmente todos os mestres nessa categoria seguiam doutorado no país. Os mestres já titulados que trabalham em universidades são 55%; em outras instituições de ensino, 17%; em instituições de pesquisa, 11%. Em empresas estão 11% dos entrevistados.

Doutores

Do total de doutores em Física investigados, 51% estavam na categoria "outra" atividade quando se inscreveram (tabela 10.5b), a maior parte deles provavelmente fazendo mestrado ou preparando-se para a seleção do doutorado.[5] Observando a situação a partir das instituições, o maior percentual de doutores que estavam na categoria "outra" ocorreu na UFPE (69%) e, o menor, na UFRJ (27%).

Tabela 10.5b
Doutores em Física: situação de trabalho na inscrição por universidade (%)

		Universidade do curso					
		UFMG	UFPE	UFRGS	UFRJ	USP	Total
Trabalho na inscrição	Procurava trabalho				2,7	0,9	0,9
	Outra	56,0	69,2	53,3	27,0	55,0	51,1
	Plena atividade	44,0	30,8	44,4	62,2	39,6	44,2
	Parc./tot. afastado			2,2	8,1	4,5	3,9
	Total	100,0	100,0	100,0	100,0	100,0	100,0
Atividade remunerada na inscrição	Emp. setor públ.	72,7	75,0	90,5	92,3	75,0	81,8
	Emp. setor priv.	27,3	25,0	9,5	7,7	20,8	16,4
	Autônomo/consultor					4,2	1,8
	Total	100,0	100,0	100,0	100,0	100,0	100,0
Tipo de trabalho na inscrição	Administração públ.	10,0		4,8		6,4	4,6
	Empresa	10,0	25,0			4,3	3,7
	IES	70,0	75,0	81,0	88,5	68,1	75,9
	Outra inst. de ensino	10,0		14,3	3,8	6,4	7,4
	Instituição de pesquisa				7,7	14,9	8,3
	Total	100,0	100,0	100,0	100,0	100,0	100,0
Atividade envolvia pesquisa	Não	40,0	25,0	38,1	7,7	45,8	33,9
	Sim	60,0	75,0	61,9	92,3	54,2	66,1
	Total	100,0	100,0	100,0	100,0	100,0	100,0
Era docente em universidade	Não	30,0	25,0	14,3	3,8	29,2	20,2
	Sim	70,0	75,0	85,7	96,2	70,8	79,8
	Total	100,0	100,0	100,0	100,0	100,0	100,0

Ao ingressarem no doutorado, 44% dos respondentes estavam em plena atividade; um número muito pequeno, 3,9%, encontrava-se parcial ou totalmente afastado; destes, a maioria era da UFRJ; e apenas 0,9% procurava trabalho. Foi também na UFRJ que se constatou maior percentual de pessoas que estavam em plena atividade (62%), sendo que, nas demais instituições, encontramos um quadro homogêneo: menos da metade dos titulados, em torno de 40%, estava trabalhando (USP, UFMG e UFRGS) e esse valor passa para apenas 30% na UFPE. A situação de desempregados na época de ingresso no curso apareceu apenas na UFRJ (2,7%) e na USP (0,9%), e era inexistente nas demais instituições. Aqui seria importante destacar um dado que reforça o caráter acadêmico do grupo profissional: 93,5% dos doutores que tinham trabalho à época da inscrição eram empregados em instituições de ensino ou de pesquisa, sendo que 66% já estavam envolvidos em atividades de pesquisa. Entre os mestres, esse percentual é de 68% e apenas 27% do total de mestres faziam pesquisa na época em que se inscreveram para a pós-graduação.

O setor que mais empregava os doutores em Física por ocasião do início do seu curso era o setor público (82%), seguido do setor privado (16%). Apenas 2% eram consultores autônomos, todos da USP. Os doutores que se inscreveram na UFRGS e UFRJ atuavam quase exclusivamente no setor público, 91% e 92% respectivamente. Entre os doutores que se inscreveram na UFMG na UFPE e na USP, um número maior atuava no setor privado 27%, 25% e 21%, respectivamente.

A grande maioria dos doutores trabalhava em universidades, ou 76% deles. Os demais trabalhavam em instituições de pesquisa (8%), outros em instituições de ensino (7%); administração pública (5%) e empresa (4%). Oitenta por cento dos doutores em Física atuavam como docentes, sendo que 76% eram vinculados à uma universidade. Realizavam pesquisa na sua atividade profissional 66% dos entrevistados.

Motivações para cursar a pós-graduação e satisfação com os resultados

Uma primeira observação que se pode fazer a partir da tabela 10.6 é que a pós-graduação não foi feita, na maioria dos casos, para corrigir deficiências da graduação e é independente do tipo de trabalho que se realizava no momento de inscrição nos respectivos cursos. Já a vontade de seguir carreira de pesquisador destaca-se como o mais forte incentivo à entrada dos doutores no curso de pós-graduação, seguida de perto pela vontade de seguir ou aprimorar carreira docente. Esta última, aliás, aparece como motivação forte mesmo entre aqueles profissionais que se encontram em institutos de pesquisa. Uma observação importante diz respeito à pouca importância atribuída à bolsa de estudos como motivação para fazer o curso, tanto entre mestres quanto entre doutores.

A situação de trabalho atual

Na tabela 10.7a, podemos ver que 76% dos mestres em Física dedicam-se atualmente ao doutorado no país e mais 1% no exterior. Apenas 4,5% deles procuram trabalho e 56% dos que possuem atividade remunerada são empregados do setor público. É interessante verificar que, entre os titulados de Brasília, apenas 29% estão no setor público, taxa que se eleva a 90% entre os pernambucanos. Profissionais titulados em qualquer uma das seis universidades encontram, nas instituições de ensino superior, o seu maior empregador, que, no total, responde por 55% dos empregos de mestres, seguido das outras instituições de ensino, com 17%. As empresas e institutos de pesquisa oferecem a mesma porcentagem (11%) dos empregos nesta área, sendo que os egressos da UFRJ têm a situação mais diversificada de trabalho. No total, 51% dos mestres realizam atividades de pesquisa e a mesma proporção tem trabalho como docente em universidades. Aqui, temos um indicador que merece uma certa atenção: realizando pesquisa na atividade atual temos 51% dos mestres e encontramos 55% deles empregados como docentes em universidade. Isso parece indicar que boa parte deles, quando trabalhando em instituições de ensino superior, não faz pesquisa, pois devemos supor que todos os profissionais dos institutos de pesquisa (11% dos mestres) estariam realizando esta atividade.

Tabela 10.6
Mestres e doutores em Física: motivações para o mestrado e o doutorado por principais tipos de trabalho na inscrição (%)

		Empresa	Universidade	Outra inst. ens.	Instituição de pesquisa (*)	Total (**)
a. Mestres						
Corrigir deficiências da graduação	Pouco /nada	100,0	91,7	85,7	100,0	94,3
	Muito		8,3	14,3		5,7
	Total	100,0	100,0	100,0	100,0	100,0
Seguir/ aprimorar carreira docente	Pouco /nada	66,7	25,0	28,6	16,7	34,3
	Muito	33,3	75,0	71,4	83,3	65,7
	Total	100,0	100,0	100,0	100,0	100,0
Seguir carreira de pesquisador	Pouco /nada		16,7			5,7
	Muito	100,0	83,3	100,0	100,0	94,3
	Total	100,0	100,0	100,0	100,0	100,0
Melhorar a competitividade no mercado	Pouco /nada	50,0	66,7	57,1	50,0	57,1
	Muito	50,0	33,3	42,9	50,0	42,9
	Total	100,0	100,0	100,0	100,0	100,0
Incentivo da bolsa	Pouco /nada	100,0	90,9	100,0	83,3	94,1
	Muito		9,1		16,7	5,9
Total	Total	100,0	100,0	100,0	100,0	100,0
b. Doutores						
Corrigir deficiências da graduação	Pouco /nada		93,8		100,0	95,2
	Muito		6,3			4,8
	Total		100,0		100,0	100,0
Seguir/ aprimorar carreira docente	Pouco /nada		26,3		44,4	30,5
	Muito		73,8		55,6	69,5
	Total		100,0		100,0	100,0
Seguir carreira de pesquisador	Pouco /nada		6,3		11,1	8,6
	Muito		93,8		88,9	91,4
	Total		100,0		100,0	100,0
Melhorar a competitividade no mercado	Pouco /nada		65,0		44,4	59,0
	Muito		35,0		55,6	41,0
	Total		100,0		100,0	100,0
Incentivo da bolsa	Pouco /nada		87,5		88,9	84,6
	Muito		12,5		11,1	15,4
Total	Total		100,0		100,0	100,0

Notas (*) Instituições de pesquisa: 10% dos mestres e 8% dos doutores.
 (**) Os dados da col. Total incluem outros tipos de trabalho na época da inscrição (ver tabelas 10.5a e 10.5b)

Tabela 10.7a
Mestres em Física: situação de estudo e trabalho por universidade (%)

		Universidade do curso						
		UFMG	UFPE	UFRGS	UFRJ	UnB	USP	Total
Pós-graduação após o mestrado	Faz PG lato *sensu*	1,8					1,6	1,0
	Faz dout. país	63,6	79,2	88,9	55,2	75,0	80,6	76,1
	Faz dout. sand. ou exter.			1,9		3,6	0,8	1,0
	Não faz PG	34,5	20,8	9,3	44,8	21,4	16,9	22,0
	Total	100,0	100,0	100,0	100,0	100,0	100,0	100,0
Trabalho	Procura trabalho		4,2		17,2	10,7	4,0	4,5
	Outra	43,6	54,2	71,7	27,6	39,3	61,3	54,3
	Plena atividade	56,4	20,8	22,6	48,3	39,3	31,5	35,8
	Parc./tot. afastado		20,8	5,7	6,9	10,7	3,2	5,4
	Total	100,0	100,0	100,0	100,0	100,0	100,0	100,0
Atividade remunerada	Emp. setor públ.	73,3	90,0	53,3	50,0	28,6	47,6	55,9
	Emp. setor priv.	20,0	10,0	46,7	43,8	71,4	50,0	40,9
	Autônomo/consultor	3,3			6,3		2,4	2,4
	Proprietário	3,3						0,8
	Total	100,0	100,0	100,0	100,0	100,0	100,0	100,0
Tipo de trabalho	Admin. públ.	3,8	10,0	6,7	6,3	14,3		4,9
	Empresa	7,7			12,5	14,3	19,0	11,4
	IES	42,3	80,0	80,0	43,8	35,7	59,5	55,3
	Outra inst. ens.	26,9		13,3	25,0	35,7	7,1	17,1
	Inst. pesq.	19,2	10,0		12,5		14,3	11,4
	Total	100,0	100,0	100,0	100,0	100,0	100,0	100,0
Atividade envolve pesquisa	Não	46,7	44,4	46,7	50,0	78,6	42,9	49,2
	Sim	53,3	55,6	53,3	50,0	21,4	57,1	50,8
	Total	100,0	100,0	100,0	100,0	100,0	100,0	100,0
É docente em universidade	Não	53,3	20,0	20,0	56,3	61,5	57,5	49,2
	Sim	46,7	80,0	80,0	43,8	38,5	42,5	50,8
	Total	100,0	100,0	100,0	100,0	100,0	100,0	100,0

O quadro da situação de trabalho atual dos doutores permite constatar que a característica mais acadêmica da profissão se conjuga com a vocação institucional da pós-graduação brasileira que é a de investir na formação de quadros para as universidades. Entre os doutores, 87% trabalham como docentes em instituições de ensino superior, enquanto apenas 5% trabalham em instituições de pesquisa e 4%, em empresas. Para se ter uma idéia do significado deste dado, é interessante comparar com a distribuição, pelo tipo de emprego, dos titulados em Física na Inglaterra, em 1996 e 1997: 22,4% na indústria, 21,9% em atividades de pesquisa e desenvolvimento do seu próprio negócio, 8,2% em outra parte do setor privado, 38,4% no setor de educação – sendo que, entre estes, 90% estavam em universidades – 1,5% na área de saúde e serviços sociais, 3,6% na administração pública, 4,1% em outros empregos ou sem informação (Baudauf, 1999). Se, na Europa, já encontramos alguma competição do setor privado, que busca os Físicos para si, nos Estados Unidos essa situação parece ser bem mais complicada, oferecendo um contraste marcante com a situação brasileira. Naquele país, a competição das empresas industriais pelos profissionais recém-formados na área, e mesmo a "caça" aberta aos físicos, realizada por essas empresas dentro dos cursos de pós-graduação, de onde retiram estudantes que ainda não se titularam, tem reduzido o número de teses defendidas e tem dificultado o preenchimento de vagas em departamentos de Física e institutos de pesquisa. Ou seja, a Física acadêmica americana parece estar perdendo terreno para as outras instâncias de trabalho desses profissionais (ver Kirby, Czujko e Mulvey, 2001).

No Brasil, a grande maioria (85%) dos físicos doutores desenvolve pesquisa na atividade principal, 84% são docentes em universidades e 83% são empregados no setor público. Apenas 15% atuam no setor privado. Uma característica importante do grupo é o elevado percentual de doutores que fez, ou está fazendo, algum pós-doutorado: 43%.

Tabela 10.7b
Doutores em Física: situação de estudo e trabalho por universidade (%)

		Universidade do curso					
		UFMG	UFPE	UFRGS	UFRJ	USP	Total
Pós-graduação após o doutorado	Não fez	65,4	23,1	46,8	64,9	55,3	54,5
	Fazendo pós-dout.	7,7		4,3	2,7	8,9	6,5
	Fazendo PG *lato sensu*		7,7		8,1		1,6
	Fez pós-dout. país	11,5	30,8	2,1	13,5	16,3	13,4
	Fez pós-dout. exterior	15,4	38,5	46,8	10,8	17,1	22,8
	Fez PG *lato sensu*					2,4	1,2
	Total	100,0	100,0	100,0	100,0	100,0	100,0
Trabalho	Procura trabalho		10,0	2,3	2,7	4,1	3,3
	Plena atividade	92,3	90,0	86,4	91,9	85,2	87,4
	Parc./tot. afastado			4,5		0,8	1,3
	Outra	7,7		6,8	5,4	9,8	7,9
		100,0	100,0	100,0	100,0	100,0	100,0
Atividade remunerada	Emp. setor públ.	95,8	100,0	79,1	97,1	75,5	83,1
	Emp. setor priv.	4,2		20,9	2,9	20,8	15,1
	Autônomo/consultor					1,9	0,9
	Proprietário					1,9	0,9
	Total	100,0	100,0	100,0	100,0	100,0	100,0
Tipo de trabalho	Admin. públ.				5,9	4,0	2,8
	Empresa					7,9	3,8
	IES	86,4	100,0	100,0	88,2	79,2	86,7
	Outra inst. ens.	9,1				2,0	1,9
	Inst. pesq.	4,5			5,9	6,9	4,7
		100,0	100,0	100,0	100,0	100,0	100,0
Atividade envolve pesquisa	Não	12,5		4,7	5,9	24,5	15,1
	Sim	87,5	100,0	95,3	94,1	75,5	84,9
		100,0	100,0	100,0	100,0	100,0	100,0
É docente em universidade	Não	21,7		2,4	11,8	24,3	16,4
	Sim	78,3	100,0	97,6	88,2	75,7	83,6
		100,0	100,0	100,0	100,0	100,0	100,0

Em resumo, pode-se afirmar que os doutores em Física são, majoritariamente, pesquisadores que trabalham em universidades ou instituições de pesquisa, ligados ao setor público. A capacidade de absorção deste pessoal altamente qualificado pelas empresas é, no Brasil, praticamente insignificante, cobrindo apenas 4% do total dos entrevistados, todos eles formados pela USP.

O mercado, a academia e o Estado entre os físicos

Comparando-se os mestres com os doutores poderemos ver que o percentual de absorção dos primeiros na academia é bem mais baixo (apenas 29%), reforçando a idéia de que existe uma necessidade forte, nas carreiras mais acadêmicas, de se investir por anos a fio na própria formação, antes de entrar efetivamente no mercado profissional propriamente dito ou reconhecido como tal (no caso, a academia). No entanto, deve-se observar que este percentual converte-se em 67% (e não apenas 29%) quando incluímos apenas os mestres que trabalham. Entre estes, como foi visto na tabela 10.7.a, 11,4% trabalham em institutos de pesquisa e 55,3% são contratados por universidades.

Tabela 10.8
Mestres e doutores em Física: mercado, Estado e academia – trajetória da inscrição à situação de trabalho atual (% em relação ao total e marginais)

		Situação e *locus* laboral atualmente					
		Mercado	Estado	Academia	Inativo	Desempregado	Total
a. Mestres							
Situação e *locus* laboral na inscrição	Mercado	1,9		0,4	3,1		5,4
	Estado		0,4	0,8	0,8		1,9
	Academia	0,4		6,5	1,5		8,4
	Inativo	2,7	1,1	20,7	54,8	3,4	82,8
	Desempregado			0,4	0,4	0,8	1,5
	Total	5,0	1,5	28,7	60,5	4,2	100,0
b. Doutores							
Situação e *locus* laboral na inscrição	Mercado			1,4	0,5		1,9
	Estado	0,5	0,5	1,4			2,3
	Academia	0,9	0,9	39,1	0,9		41,9
	Inativo	1,4	0,9	39,5	7,4	3,7	53,0
	Desempregado			0,9			0,9
Total		2,8	2,3	82,3	8,8	3,7	100,0

Nota-se também, nesta tabela, que a academia absorve 82% dos doutores, atraindo para si inclusive aqueles que não tinham outra atividade antes de ingressar na pós-graduação.

Analisando-se estes dados da perspectiva da situação dos titulados ao inscrever-se no curso de doutorado, a grande mobilidade deu-se em direção à academia: pode-se observar que, do total dos titulados que se encontravam na academia (42%), houve uma pequeníssima migração de um ponto percentual tanto para o mercado quanto para o Estado e para a inatividade. Já do total dos inativos (53%), ou seja, os que apenas estudavam no início do doutorado, 40 pontos percentuais (equivalentes a 74% entre os sem atividade) migraram para a academia; sete pontos percentuais aposentaram-se; um ponto percentual dirigiu-se ao mercado, e um ponto percentual ao Estado. Também entre aqueles que estavam ligados ao Estado (2%) ou ao mercado (2%), a maior parte foi atraída pela academia. Pode-se supor que esta é uma característica de grupos profissionais cujos membros investem fortemente na formação acadêmica.

Podemos concluir que a academia é realmente o *locus* de trabalho da grande maioria dos físicos brasileiros, seja como docente e/ou pesquisador. Conclui-se também que os mestres e doutores em Física, em sua maioria, não trabalharam durante o curso, obtendo, provavelmente, bolsa de estudos, dirigindo-se prioritariamente para a academia após a conclusão do curso.

Quanto ganham mestres e doutores

No gráfico 10.4 apresentamos as informações sobre o rendimento (em classes de renda) dos profissionais da área de Física, segundo os principais tipos de trabalho.

A média de rendimentos dos doutores (aproximadamente R$ 3.200,00) é mais do que cinqüenta por cento acima da dos mestres (pouco mais que R$ 2.100,00). Seria normal esperar essa diferença, visto ser a Física uma profissão bastante acadêmica e, portanto, capaz de fazer valer critérios acadêmicos – como a titulação mais elevada – para o estabelecimento dos seus padrões de remuneração.

Entre os mestres, o trabalho em empresas leva a uma remuneração significativamente mais elevada. Os físicos que trabalham em outras instituições de ensino, não universitárias, também são ligeiramente melhor remunerados que seus colegas de universidades e institutos de pesquisa. Este seria um claro indicador da existência um mercado para jovens mestres em escolas de segundo grau. No caso dos doutores, há pouca diferença entre os que trabalham nas duas instituições que concentram esses profissionais, a universidade e os institutos de pesquisa, existindo uma pequena vantagem para os últimos.

Gráfico 10.4
Mestres e doutores em Física: médias das classes de renda por principais tipos de trabalho (em reais)

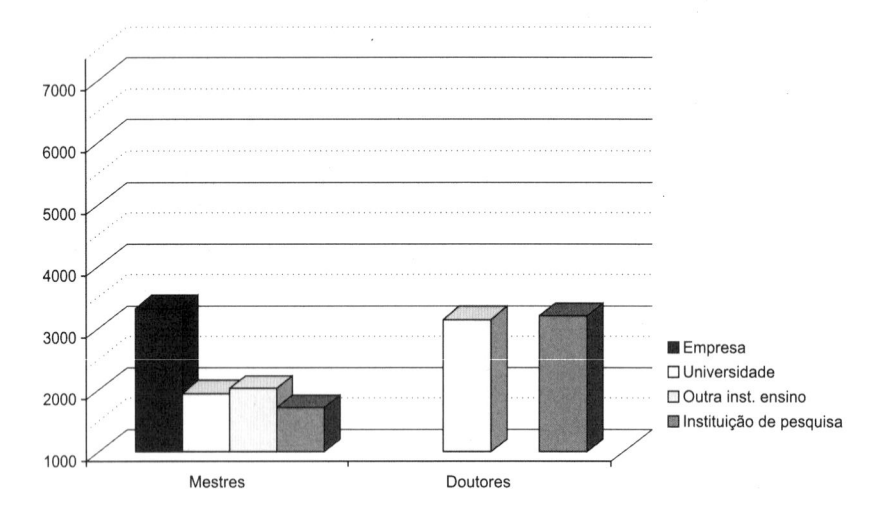

- Empresa
- Universidade
- Outra inst. ensino
- Instituição de pesquisa

As contribuições do curso

Os mestres e doutores que trabalham em universidades, na sua grande maioria, afirmaram que tanto a formação teórica (82% dos mestres e dos doutores) como a experiência de pesquisa (87% dos mestres e 93% dos doutores) têm contribuído muito para as suas atuais atividades.[6] No gráfico 10.5. a, relativo aos mestres, é fácil constatar a importância da formação teórica, qualquer que seja a instituição em que o profissional trabalhe atualmente. Contudo, se a experiência de pesquisa é extremamente importante para os físicos que estão inseridos na universidade ou nos institutos de pesquisa (que apresentam um percentual superior a 80% de respostas "a experiência de pesquisa contribuiu muito para o trabalho atual"), ela não tem a mesma consideração entre os profissionais de empresas ou ligados à educação básica (com um percentual significativamente menor, oscilando em torno dos 50%). Mesmo considerando que tal percentual não é tão baixo, pode-se tomar esta informação como um indicativo de que o mercado de trabalho dos físicos apresenta alguma diversificação e que esta tem efeitos sobre as demandas e a avaliação que estes fazem da pós-graduação.

Gráfico 10.5a
Mestres em Física: contribuições do curso para os principais tipos de trabalho (% de "contribuiu muito")

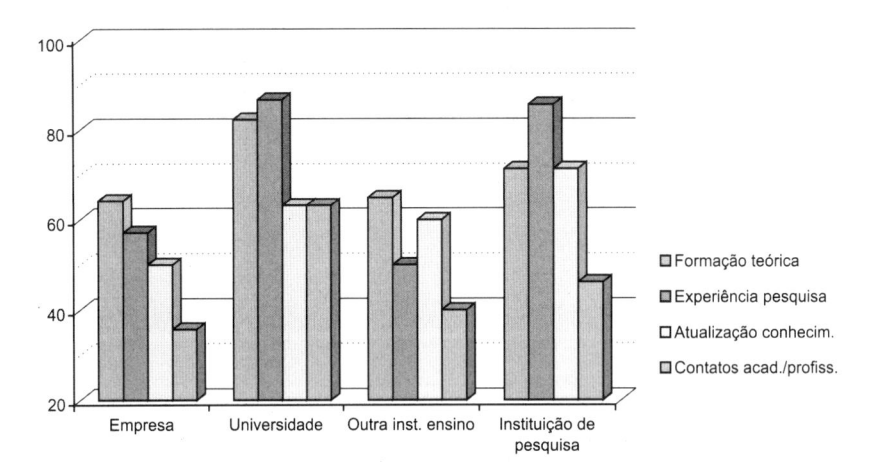

[Gráfico de barras com categorias: Empresa, Universidade, Outra inst. ensino, Instituição de pesquisa. Legenda: Formação teórica, Experiência pesquisa, Atualização conhecim., Contatos acad./profiss.]

Os doutores concentram-se nos institutos de pesquisas e nas universidades. Nos dois tipos de instituição, a avaliação dos profissionais é muito semelhante quanto à importância da experiência de pesquisa (com os mais elevados percentuais de resposta "contribuiu muito") e da formação teórica. No entanto, o tipo de inserção no mercado de trabalho afeta a percepção desses profissionais no que diz respeito aos contatos acadêmico-profissionais (sensivelmente mais valorizados pelos doutores que trabalham em institutos de pesquisa) e à reciclagem de conhecimentos (mais apreciada entre aqueles que estão nas universidades). Essa diferença poderia estar associada às distintas estruturas de carreiras nas duas instituições (hipótese que não podemos testar com nossos dados), mas pode também ser mais um indicador da complexidade das situações de trabalho às quais a pós-graduação tem que responder.

Gráfico 10.5b
Doutores em Física: contribuições do curso para os principais tipos de trabalho (% de "contribuiu muito")

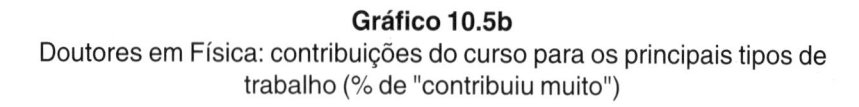

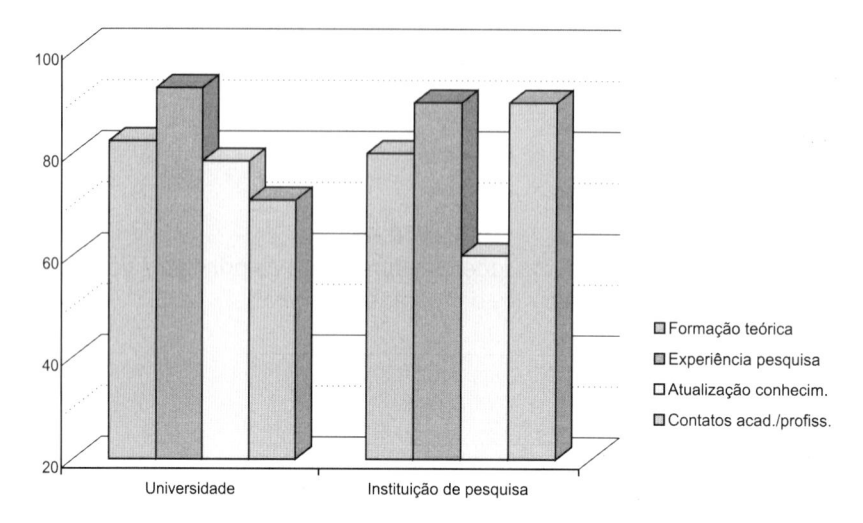

(Gráfico de barras com categorias: Universidade e Instituição de pesquisa; legendas: Formação teórica, Experiência pesquisa, Atualização conhecim., Contatos acad./profiss.)

A contribuição da pós-graduação para a competitividade profissional

A expectativa de que o curso aumentasse a competitividade profissional ou acadêmica dentro do esperado foi confirmada por mestres e doutores. As respostas dadas pelos mestres encontram-se no gráfico a seguir, onde se verifica que, entre aqueles que trabalham em empresas e na universidade, há uma avaliação mais positiva da contribuição do curso. Mas, na universidade, nas outras instituições de ensino e nos institutos de pesquisa encontramos um alto percentual (em todos os casos acima de 60%) de físicos que avaliam que a pós-graduação deu a contribuição esperada para o aumento da competitividade no mercado de trabalho.

É interessante notar que a avaliação nos dois níveis é bastante similar, o que pode indicar um alto grau de consenso no interior do grupo, em seu ramo acadêmico, quanto aos valores relevantes na vida profissional. Entre os doutores, é bastante forte a avaliação de que a contribuição da pós-graduação deu-se dentro de padrões esperados. Apenas alguns profissionais, vinculados às universidades, consideraram esta contribuição acima do esperado.

Gráfico 10.6a
Mestres em Física: aumento da competitividade profissional/
acadêmica por principais tipos de trabalho
(% de "dentro/acima do esperado")

Eixo X: Empresa, Universidade, Outra inst. ensino, Instituição de pesquisa
Legenda: Dentro do esperado / Acima do esperado

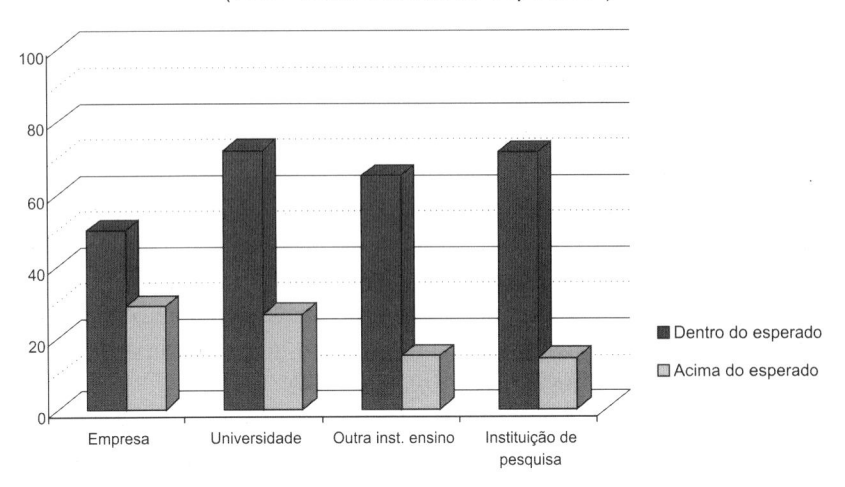

Gráfico 10.6b
Doutores em Física: aumento da competitividade profissional/
acadêmica por principais tipos de trabalho
(% de "dentro/acima do esperado")

Eixo X: Universidade, Instituição de pesquisa
Legenda: Dentro do esperado / Acima do esperado

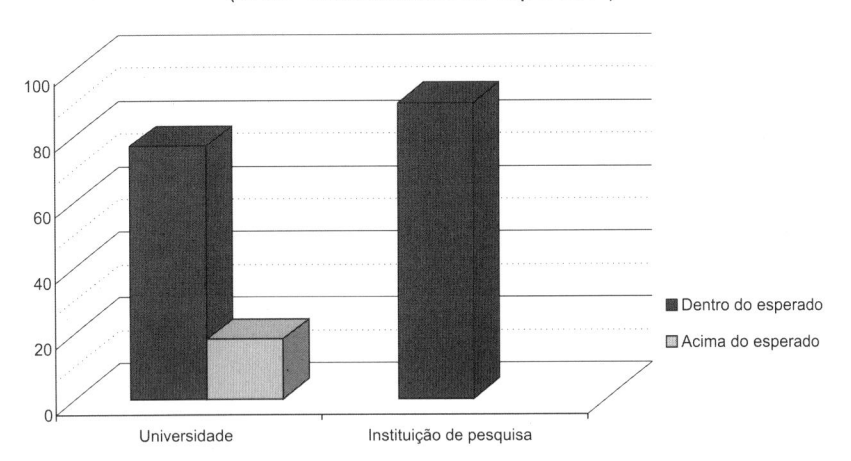

Conclusão

Com um grupo profissional de elevado grau de maturidade e qualidade, a Física se constitui num dos modelos de funcionamento da pós-graduação no país. Nossos dados permitem ver um grau bastante elevado de homogeneidade entre eles. A maioria dos mestres e doutores é graduada em Física. Trata-se também de um grupo com forte predomínio masculino, exceto no Rio de Janeiro. É possível verificar não apenas a juventude dos titulados em Física como também uma tendência à redução da idade média de conclusão da pós-graduação.

Quanto ao trabalho no início do curso, apenas 20% dos mestres e 44% dos doutores estavam empregados nesta época. Entre as motivações para fazer o curso de mestrado ou de doutorado, destaca-se a vontade de seguir carreira de pesquisador como o incentivo mais forte, qualquer que seja o tipo de trabalho atual.

Os doutores em Física são, majoritariamente, pesquisadores que trabalham em universidades ou instituições de pesquisa, ligados ao setor público, tendo o setor privado baixíssima capacidade para absorver esses profissionais. Encontramos, nas diferenças de rendimentos entre mestres e doutores, mais um indicador da prevalência, dentro do grupo, de critérios acadêmicos, pois os salários dos doutores são superiores aos dos mestres, numa proporção relativamente elevada.

A academia mostrou-se como o principal ponto de chegada para o trabalho da grande maioria dos físicos, seja como docente e/ou pesquisador. Também pudemos verificar que os mestres e doutores em física, em sua maioria, não trabalharam durante o curso, obtendo, provavelmente, bolsa de estudos, dirigindo-se prioritariamente para a academia após a conclusão do curso.

Finalmente, algumas diferenças, entre esses profissionais, especialmente entre os mestres, quanto à visão que têm do curso e das contribuições do mesmo para sua trajetória profissional, parecem indicar uma diversidade de situações de trabalho que poderia ter efeitos sobre o significado que a pós-graduação pode assumir.

Notas

[1] Para uma visão da história da Física, de uma perspectiva quase autobiográfica, ver o interessante livro de Leite Lopes (1998). Também o livro de Rezende (1987) oferece importante contribuição para o tema.

[2] Os dados sobre o que denominamos de quarto período foram retirados do trabalho apresentado para o plano de Ciência e Tecnologia (C&T) – conhecido como Livro Verde do MCT – elaborado pelos físicos Alaor Silvério Chaves (UFMG), Humberto Siqueira Brandi (UFRJ), Luiz Nunes de Oliveira (USP, São Carlos), Marcus Vinícius Cougo Pinto (UFRJ), Paulo Murilo de Castro Oliveira (UFF) e Sérgio Machado Rezende (UFPE). O trabalho foi coordenado por Carlos Alberto Aragão de Carvalho Filho (UFRJ), responsável pela redação final.

[3] Ver Rezende (1993).

[4] Os dados relativos aos mestres e aos doutores, no total, estão nas tabelas 3.1 e 3.2 deste livro; pormenores estão no relatório preliminar desta pesquisa: Velloso e colaboradores (2000a).

[5] Os doutores nesta categoria despenderam 0,7 anos entre a graduação e o doutorado, ao passo que a média para todos os doutores em Física é de 2,4 anos, ou seja, mais do triplo desse prazo.

[6] Os dados sobre o total de profissionais, mestres e doutores, são provenientes do relatório citado anteriormente.

Mestres e doutores em Química

Mauro Mendes Braga
Sérgio de Azevedo

Introdução

O início da atividade química no Brasil remonta aos tempos coloniais. Há registros de atividades nessa área desenvolvidas regularmente no país já na segunda metade do século XVIII, em especial nos setores da mineração e da agricultura, destacando-se como precursores os nomes do baiano Alexandre Rodrigues Ferreira e do mineiro Vicente Coelho de Seabra Silva Telles (Rheinboldt, 1994).

Ainda no período colonial, cria-se, em 1812, a primeira instituição química do país, o Laboratório Químico Prático do Rio de Janeiro, de vida efêmera, mas seguido em 1818 pelo Laboratório Químico do Museu Nacional, de maior importância e vida bem mais duradoura (Mathias, 1979). Duas das mais importantes figuras políticas do país à época do Império demonstraram interesse e realizaram estudos e pesquisas em química, em algum momento de suas vidas: José Bonifácio de Andrada e Silva e o imperador Dom Pedro II (Filgueiras, 1986, 1988). A despeito da queixa de Mathias (1979), relativa ao descaso de diversos homens públicos do Império para com o desenvolvimento científico do país, citando especificamente o nome de José Bonifácio, é possível que o interesse desses dois expoentes tenha contribuído para a imigração de importantes químicos alemães, iniciando-se assim uma influência da escola alemã nessa área, que se estendeu por cerca de cem anos. Entre aqueles que mais contribuíram, nesse período, para o desenvolvimento dessa ciência no Brasil, devem ser mencionados os nomes de Theodor Péckolt, que reorganizou e dirigiu o Laboratório Químico do Museu Nacional, Wilhelm Michler, que foi professor da Escola Politécnica do Rio de Janeiro e F. Dafter, organizador da estação agronômica de Campinas (Schwartzman, 1979).

A Química no ensino superior, entretanto, durante muitos anos esteve restrita a atividades suplementares nos cursos médicos e nas escolas politécnicas. Somente em 1918, foi criado o Instituto de Química do Rio de Janeiro, uma instituição de ensino superior especificamente destinada à formação de profissionais dessa área. Esse instituto foi concebido como um centro de pesquisa e ensino, propiciando uma formação com cunho rigorosamente científico (Schwartzman 1979 : 118). A despeito desse propósito, no entanto, o instituto, assim como o Curso de Química da Escola Politécnica de São Paulo, criado no mesmo ano, limitaram-se a preparar mão-de-obra para a incipiente indústria nacional (Mathias, 1979: 102).

O ano de 1934 assiste a duas iniciativas fundamentais para o desenvolvimento da Química no Brasil. No Rio de Janeiro, funda-se a Escola Nacional de Química, inicialmente vinculada ao Departamento Nacional de Produção Mineral, órgão do Ministério da Agricultura àquela época, mas logo incorporada à Universidade do Brasil, em 1937. Essa escola orienta sua atuação preferencialmente para a formação de recursos humanos para a indústria aqui instalada, fornecendo inicialmente o diploma de Químico Industrial e, a partir de 1951, também o de Engenheiro Químico. Nesse mesmo ano, começa a atuar em cursos de pós-graduação – aperfeiçoamento, especialização e doutorado – e de extensão (Rheinboldt, 1994).

Também em 1934, o governo de Armando Sales de Oliveira instala a Universidade de São Paulo, criando um departamento especificamente dedicado à Química, o Departamento de Química da Faculdade de Filosofia, Ciências e Letras. Para chefiar esse departamento, o governo de Armando Sales de Oliveira traz um experimentado professor alemão, docente da Universidade de Bonn, então com 43 anos: Heinrich Rheinboldt. A escolha não foi casual. Pelo decreto de sua criação, a Universidade de São Paulo foi concebida como uma instituição capaz de *promover, pela pesquisa, o progresso da ciência* (Schwartzman, 1979: 118). Sendo assim, vários professores estrangeiros, de diferentes países, foram convidados para liderarem esse processo, em suas respectivas áreas do conhecimento, cuidando-se para priorizar, em cada campo, professores dos países considerados mais desenvolvidos cientificamente naquela área (Schwartzman, 1979: 199).

A chegada de Rheinboldt à USP reforça a influência da escola alemã na atividade química desenvolvida no país, a qual já se consolidara, nas primeiras décadas do século XX, com a vinda de profissionais tais como Alfred Schaeffer, organizador do Laboratório de Análise do Estado, em Belo Horizonte, Otto Rothe, professor de Engenharia da Escola de Engenharia de Porto Alegre, e Erick Schrim (Schwartzman, 1979:114). Essa influência se estende também ao ensino superior, uma vez que Rheinboldt trouxe vários compatriotas, para auxiliá-lo na tarefa de construir aqui uma instituição de ensino e pesquisa em Química.[1] Sob sua liderança, estabelece-se uma tradição de pesquisa científica no Departamento de Química da USP, fundamentada na tradição alemã, mesclando sólidos conteúdos experimentais com uma ampla formação de cultura geral, nas Ciências, nas Artes e na Filosofia (Mathias,1979: 103). Associada à pesquisa científica estava, de acordo com a tradição alemã, a formação pós-graduada. No final dos anos 60, quando se organiza o ensino de pós-graduação em nosso país – e o Departamento de Química da USP se separa da Faculdade de Filosofia, para constituir o Instituto de Química – já se haviam formado cerca de 40 doutores nesse departamento (Mathias, 1979: 106).

A despeito das iniciativas da USP e de casos isolados em uma ou outra instituição de ensino superior, a pós-graduação, como parte integrante do sistema de formação no ensino superior brasileiro, só irá se institucionalizar com a reforma universitária de 1968, que estabelece as bases e os instrumentos para o seu desenvolvimento e a sua consolidação. A reforma, mesmo estabelecida de forma centralizadora e autoritária, em um momento de grande repressão política, que atingiu profundamente a instituição universitária,[2] acabou por incorporar várias propostas de modernização da universidade brasileira, que eram defendidas por jovens professores e inclusive algumas veiculadas pelo movimento estudantil. Entre estas, encontravam-se a indissociabilidade entre ensino e pesquisa, a extinção da cátedra, a criação dos departamentos, dos institutos básicos e do regime de dedicação exclusiva para os professores e a institucionalização da pós-graduação (Morel, 1979). A partir daí, a pós-graduação e a pesquisa científica tornam-se metas do ensino superior brasileiro (Morel, 1979: 59), tendo sido estabelecidos diversos incentivos que, associados à atuação consistente da Capes e do CNPq, possibilitaram o seu rápido desenvolvimento.

Na área de Química, o progresso foi acelerado. Em 1968, existiam apenas cinco cursos de pós-graduação funcionando no país: três na UFRJ, um na UFBA e um na UFMG, sendo que três deles só ofereciam o mestrado. Menos de cinco anos depois, em 1972, esse número havia triplicado, sendo que nove ofereciam mestrado e doutorado. Quando da primeira avaliação da Capes,[3] em 1980, já existiam vinte e dois cursos de pós-graduação em Química no país, onze deles oferecendo mestrado e doutorado,[4] que foram classificados da seguinte forma: *mestrado* – nove cursos A, sete cursos B, cinco cursos C e um curso D ; *doutorado* – sete cursos A, dois cursos B, um curso C e um curso E (Brockson e Andrade, 1997).

Na primeira avaliação bienal, referente aos anos 83-84, o quadro que se revelou na área de Química foi o descrito a seguir. No mestrado, onze cursos foram avaliados como A, oito, como B, e dois, como C; no doutorado, oito cursos foram avaliados como A, dois, como B, e um, como C. Dez anos depois, na avaliação referente ao biênio 94/95, os números foram ainda mais expressivos. No mestrado foram avaliados trinta e três cursos, sendo quatorze A, onze B, e três C, além de outros três que não foram avaliados por serem cursos novos. No doutorado, onze cursos foram classificados como A, quatro, como B, dois, como C, enquanto oito não foram avaliados por serem cursos novos. Em termos de número de cursos, o crescimento foi de 50%, no mestrado, e de quase 150%, no doutorado, quando se comparam os dois biênios.[5]

A tabela 11.1 apresenta uma súmula dos indicadores da área nessas duas avaliações. Em dez anos, o número de titulados, no mestrado, cresceu 100% e no, doutorado, quase 300%. O número de matrículas cresceu também quase 300%, no doutorado, e cerca de 70%, no mestrado. Os tempos médios de titulação foram reduzidos em pouco mais de 10%, tanto no mestrado quanto no doutorado. O número de publicações nacionais cresceu em cerca de 100% e o de internacionais, quase 200%. A razão entre o número de publicações internacionais e o número de publicações nacionais, que era de 3:1, em 83/84, passou a ser, dez anos depois, de 3,5:1.

O fortalecimento da pesquisa científica e da pós-graduação na área de Química levou, ainda no final dos anos 70, à criação de uma sociedade científica nacional congregando os pesquisadores da área, a Sociedade Brasileira de Química, SBQ, cuja assembléia de fundação realizou-se em 1977. Já no ano seguinte, em janeiro de 1978, publicava-se o primeiro número da revista Química Nova, com tiragem de 1.500 exemplares. Esse periódico, destinado a publicar artigos científicos e outras matérias de interesse dos químicos, apesar de inúmeros percalços e dificuldades, teve publicação regular ao longo de todo esse período. Em suas páginas vêm sendo, eventualmente, veiculados artigos apresentando dados sobre a evolução da pós-graduação em Química no Brasil.[6] Esses trabalhos, com raras exceções, são essencialmente descritivos, não se propondo a realizar uma análise comparativa e mais detalhada das informações que registram. Uma dessas raras exceções é o artigo publicado por Gagnin (1988), que discute o fomento à pesquisa científica no Brasil na perspectiva de uma ação articulada, visando o desenvolvimento tecnológico do país, em particular no que dizia respeito à área de química fina.

A avaliação da Capes[7] referente ao biênio 96/97 se efetivou sob um novo padrão de classificação. A escala de avaliação passou a ser numérica, variando de um a sete, com o maior valor correspondendo a cursos de padrão internacional. Ademais, passou-se a avaliar os programas de pós-graduação, de tal forma que em uma mesma instituição os cursos de mestrado e doutorado são submetidos a uma avaliação conjunta, sendo que programas oferecendo apenas o mestrado podem receber no máximo o conceito 5. No caso da Química, a avaliação referente a esse período revelou a existência de um programa 7, oito programas 6, nove programas 5, onze programas 4 e oito programas 3. Esses trinta e sete programas estão disseminados por todo o país, contemplando todas as cinco regiões geográficas, dezesseis estados da federação e o Distrito Federal.

Como se pode constatar pelos dados da tabela 11.1, o crescimento da pós-graduação na área continua sendo intenso. Em comparação com o biênio anterior, o número de dissertações cresceu em quase 50% e o de teses, em mais de 1/3. A duração média do mestrado continua a cair, mas a do doutorado parece ter se estabilizado em torno de cinco anos. O total de alunos matriculados registrou também um aumento de 50%. O crescimento do número de publicações em periódicos indexados nacionais foi modesto, cerca de 25%, mas o número de publicações internacionais quase dobrou, sendo que a relação entre publicações internacionais e publicações nacionais passou a ser de quase 5:1.

Em junho de 1997, a Capes organizou em Brasília uma reunião de consultores internacionais, com o propósito de realizar uma avaliação de seu programa de avaliação da pós-graduação brasileira, prestes a completar 20 anos. Esse grupo de trabalho de alto nível, constituído por professores de seis diferentes países, apresentou um relatório de trabalho com diversas recomendações. Entre elas, encontra-se uma que nos interessa destacar: a importância de se implementar procedimentos para acompanhar as carreiras dos doutores formados em programas com financiamento da CAPES. De fato, a preocupação em acompanhar o processo de inserção profissional de graduados e pós-graduados, relacionando-o com sua formação, não é uma prática habitual em nosso país. No caso da área de Química, uma procura relativamente exaustiva no periódico *Química Nova* não revelou, em mais de 20 anos, sequer um trabalho com essa característica.

Tabela 11.1
Química: comparação de alguns indicadores referentes a três avaliações da Capes para a pós-graduação da área no país

Indicador	Período da avaliação		
	1983/84	1994/95	1996/97
Mestres titulados	226	446	664
Doutores titulados	75	279	380
Matrículas no mestrado	599	1017	-
Matrículas no doutorado	276	1042	-
Total de alunos matriculados	875	2059	2981
Tempo médio do mestrado, em meses	48	42	38
Tempo médio do doutorado, em meses	66	58	60
Publicações em periódicos nacionais indexados	119	299	399
Publicações em periódicos internacionais indexados	358	1024	1870
Doutores do corpo docente permanente	334	693	-

Fonte : Brockson & Andrade (1997) e Gama *et alli*, (1999).

O propósito da presente pesquisa foi justamente o de começar a preencher essa lacuna, investigando questões relativas à formação e ao trabalho de mestres e doutores em Química titulados nos anos 90, em alguns dos mais antigos cursos de pós-graduação dessa área.[8] Não trataremos aqui das razões para a escolha desses programas e nem mesmo faremos referência à configuração do projeto de pesquisa, uma vez que esses temas já foram apresentados e discutidos em capítulo anterior deste livro. Passaremos a seguir a apresentar os resultados encontrados.

Quem são os mestres e doutores em Química

Para melhor compreender as questões relativas à formação e ao trabalho de mestres e doutores em Química, convém considerar algumas características relevantes dos titulados, relativas à sua formação anterior, sexo, tempo até o ingresso na pós-graduação, duração do curso e idade de titulação, de forma a traçar um perfil dos entrevistados nessa pesquisa.

Origem acadêmica e sexo

Os mestres em Química[9] são, em sua maior parte, mulheres e oriundos de cursos de graduação na mesma área do conhecimento, como se pode observar na tabela 11.2. Em relação a esses aspectos, no entanto, há diferenças dignas de menção, entre as instituições formadoras. Na UFBA e na USP, a proporção de mestres que se graduou também em Química alcança a faixa de 90%; na UFRJ, a maioria dos titulados vêm de outros cursos de graduação. Na UnB, a proporção de mulheres supera a 70%; na USP, na UFBA e na UFRJ, não alcança a 60%. Entre os doutores,[10] observa-se quadro semelhante, no que concerne à área da graduação: predominância de titulados também graduados em Química, o que é mais pronunciado na USP; em contrapartida, na UFRJ, os doutores em Química graduaram-se preferencialmente em outra área.[11] Cabe mencionar que o percentual de aproximadamente 70% para a superposição de área entre a pós-graduação e a graduação é um pouco menor do que o observado por Velloso e Velho (mestrado, 77% e doutorado, 80%), para a área de Ciências Exatas no Brasil (Velloso e Velho, 2001). Quanto à composição de sexo, ela é rigorosamente equilibrada para os doutores, sendo também a USP a universidade que mais forma doutores em Química do sexo masculino.

A menor proporção de mulheres no doutorado, quando comparada ao mestrado, pode sinalizar para o fato de estar em curso um processo de mudança. Uma área que, há alguns anos, teria sido tipicamente masculina, estaria se transformando em uma área feminina e esta "onda" ainda não teria chegado ao doutorado com tanta força. Esse perfil preferencialmente feminino da área já havia sido observado em relação ao curso de graduação em Química da UFMG (Braga, 1997, 1999). Quando se confrontam os dados ora obtidos com aqueles registrados por Velloso para a grande área de Ciências Exatas no país (Velloso,1998), observa-se que, na Química, a proporção de mulheres que concluem o mestrado (60%) é expressivamente maior do que a média da grande área de Exatas (45%). Em relação ao doutorado, o comportamento observado na Química ainda reproduz a média verificada para a grande área.

Tabela 11.2
Mestres e doutores em Química: área da graduação e da
pós-graduação; sexo por universidade (%)

		Universidade do curso						
		UFBA	UFMG	UFRGS	UFRJ	UnB	USP	Total
a. Mestres								
Área na graduação e na pós	Mesma área	86,5	66,7	75,0	41,2	78,1	92,1	69,4
	Outra área	13,5	33,3	25,0	58,8	21,9	7,9	30,6
	Total	100,0	100,0	100,0	100,0	100,0	100,0	100,0
Sexo	Masculino	42,3	35,1	39,6	41,0	28,6	42,9	39,2
	Feminino	57,7	64,9	60,4	59,0	71,4	57,1	60,8
	Total	100,0	100,0	100,0	100,0	100,0	100,0	100,0
b. Doutores								
Área na graduação e na pós	Mesma área		57,4		40,7		82,1	68,9
	Outra área		42,6		59,3		17,9	31,1
	Total		100,0		100,0		100,0	100,0
Sexo	Masculino		45,9		46,3		53,0	49,8
	Feminino		54,1		53,8		47,0	50,2
	Total		100,0		100,0		100,0	100,0

Idade de conclusão da graduação, de ingresso na pós-graduação e tempo entre a conclusão da graduação e o ingresso na pós-graduação

As idades médias de graduação e de início e de conclusão da pós-graduação, por ano de titulação, são apresentadas nos gráficos 11.1a e 11.1b. Os mestres concluíram a graduação com idade média de 24,1 anos,[12] enquanto que os doutores, com 23,7 anos.[13] Como os doutores geralmente concluíram a graduação há mais tempo do que os mestres, observa-se aqui um indício de que a idade de conclusão da graduação estaria aumentando. Essa regularidade torna-se mais evidente quando se acompanham os doutores, por ano de titulação. Há uma nítida tendência de crescimento dessa idade ao longo da década, como mostrado no gráfico 11.1b. Aqueles que se doutoraram em 90, graduaram-se em média com 23,2 anos, enquanto que os titulados em 97 o fizeram com 24,4 anos. A mesma tendência, entretanto, não é verificada para os mestres. Neste caso, a idade média de conclusão da graduação varia irregularmente com o ano de titulação, o que talvez informe que a tendência de aumento da idade de conclusão da graduação foi interrompida, embora não revertida.

O interregno entre a graduação e o início da pós-graduação registrou, em todo o período pesquisado, médias de 3,3 anos,[14] para o mestrado, e de 6,6 anos,[15] para o doutorado. A evolução dessa variável, conforme o ano de titulação, apresenta tendências opostas, no mestrado e no doutorado, como pode ser observado no gráfico 11.2. No primeiro caso, o ingresso na pós-graduação tende a se aproximar do momento da graduação. O tempo médio correspondente chegou a superar 4 anos, no início da década, e, ao seu final, foi inferior a 3 anos. Essa tendência se caracterizou em razão das médias observadas para as coortes referentes à primeira metade do período estudado, uma vez que a partir de 1995 não se observaram variações expressivas nessa variável. Já no caso do doutorado, observou-se aumento do tempo médio entre a graduação e o ingresso na pós: para a coorte de 1990, essa média não alcançou a 6,5 anos, enquanto que para a coorte de 1997, foi da ordem de 7,5 anos. Nesse caso, também ao contrário do observado para o mestrado, a tendência se caracteriza no período final estudado, ou seja, a partir de 1994.

Gráfico 11.1a
Mestres em Química: idades na trajetória da graduação à titulação por ano de conclusão (médias anuais)

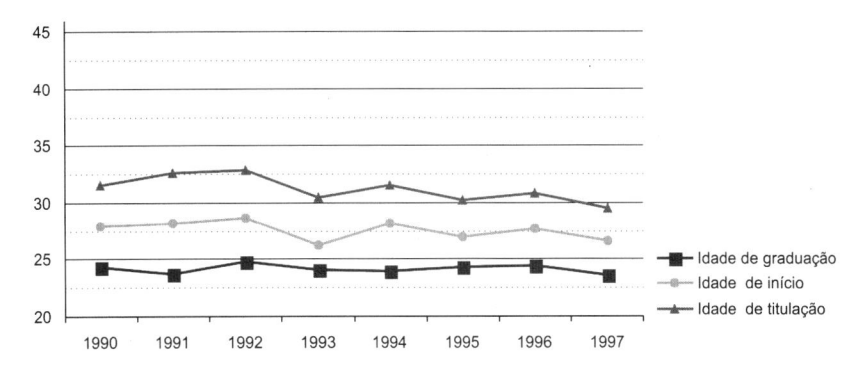

Às médias de 3,3 anos e de 6,6 anos, para o tempo entre a conclusão da graduação e o início da pós, associam-se elevadas dispersões, caracterizando trajetórias diferentes de grupos expressivos de estudantes, tanto no mestrado quanto no doutorado. Cerca de 2/3 dos mestres ingressaram na pós-graduação até dois anos[16] depois de concluírem a graduação.[17] Por outro lado, 20% dos mestres ingressaram na pós em um tempo que varia de 6 até 25 anos após a conclusão da graduação. Entre os que foram admitidos no mestrado até dois anos após se graduarem, apenas 1/4 declarou que, no momento da inscrição, tinha vínculo empregatício; no caso dos que iniciaram o mestrado mais de 5 anos após a graduação, a fração correspondente é cerca de 3/4. Ou seja, aqueles que procuram o mestrado logo em seguida à graduação provavelmente o fazem em decorrência de uma nítida opção pela carreira acadêmica, como professor e pesquisador. Aqueles que se dirigem para o mestrado muito tempo depois de se graduarem provavelmente o fazem em decorrência de novas exigências relacionadas à sua atividade profissional.

Gráfico 11.1b
Doutores em Química: idades na trajetória da graduação à titulação por ano de conclusão (médias anuais)

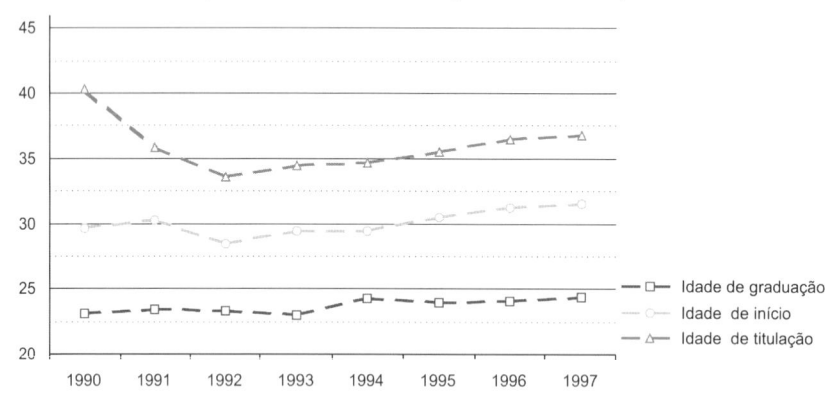

No caso dos doutores, a trajetória acadêmica parece ser mais definida e as diferenças observadas devem-se principalmente ao fato de o titulado ter ou não concluído o mestrado anteriormente. Cerca de 3/4 dos doutores titularam-se anteriormente como mestres e gastaram, em média, quase sete anos e meio para chegarem ao doutorado. Tendo em vista que o interregno médio entre a graduação e o início do mestrado é de 3,3 anos e que um tempo igual a este é gasto para a conclusão do mestrado, como será discutido mais adiante, conclui-se que esse grupo tende a procurar o doutorado logo após defender sua dissertação. O tempo médio entre a conclusão do mestrado e o ingresso no doutorado é de 2,1 anos, mas a maior parte é admitida ao doutorado antes disso.[18] Já para aqueles que foram diretamente da graduação para o doutorado, o tempo médio entre o término da graduação e o início do doutorado é de aproximadamente quatro anos e meio. Considerando que muitos deles, talvez a maioria, foram admitidos ao mestrado, para posteriormente pleitearem a passagem para o doutorado, a grande maioria desse segundo grupo foi admitida à pós-graduação logo em seguida ao término da graduação.[19] Trata-se portanto, muito provavelmente, de jovens estudantes de desempenho acadêmico destacado. Há, entretanto, nesse segundo grupo, um percentual de entrevistados, correspondendo a 25% deles e a 5% do universo dos doutores, que foram admitidos no doutorado muitos anos – entre sete e dezenove – após se graduarem. Nesses casos, talvez, o ingresso direto ao doutorado tenha sido decorrente da experiência profissional prévia do candidato e de seu interesse específico pelo doutorado e não pelo mestrado.[20]

Gráfico 11.2
Mestres e doutores em Química: tempo entre a graduação e o início do curso por ano de conclusão (médias anuais)

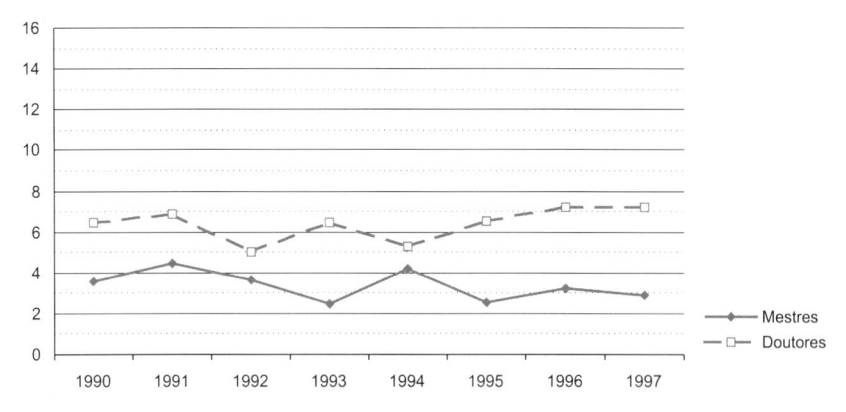

A idade média de início da pós-graduação é de 27 anos, para o mestrado, e de 30 anos, para o doutorado. A evolução dessas médias com o tempo também apresenta comportamento diferente em um e em outro caso, como pode ser observado nos gráficos 11.1a e 11.1b. No mestrado, verifica-se uma pequena tendência de diminuição da idade de ingresso, conseqüência certamente da diminuição do interregno entre a graduação e o início do mestrado. Quando se comparam as coortes de 1990 a 1994, no seu conjunto, com as coortes de 1995 a 1998, também tomadas no seu todo,[21] essa diminuição alcança a 0,8 anos. Já no doutorado, há um sensível acréscimo na idade de ingresso, que chega a cerca de dois anos, quando se comparam os mesmos conjuntos de coortes. Esse fato decorre de dois fatores: o aumento da idade média de graduação e o aumento do interregno entre o término da graduação e o início do doutorado, ambos abordados anteriormente. O primeiro deles tem peso bem menor do que o segundo.

Duração do curso e idade de titulação

A duração média do mestrado é de 3,3 anos[22] e a doutorado, de 5,1 anos.[23] No primeiro caso, há um pronunciado decréscimo dessa média ao longo do período estudado, variando de 4 anos em 1990, para menos de 3 anos, em 1997, conforme ilustra o gráfico 11.3. Provavelmente, este fato é uma conseqüência direta de políticas que vêm sendo adotadas pelas agências de fomento, especialmente a Capes, voltadas para a melhoria da produtividade dos cursos de pós-graduação *stricto sensu*, o que inclui a diminuição do prazo para titulação.

Já no caso do doutorado, a duração do curso, que é um pouco maior, 5,4 anos, para aqueles que foram diretamente da graduação para o doutorado, manteve-se praticamente estável ao longo do tempo estudado (ver gráfico 11.3), sugerindo que esse tempo alcançou um valor médio compatível com a regulamentação da pós-graduação e com as condições dos laboratórios de pesquisa das instituições estudadas.[24]

Há, entretanto, abordagens diferenciadas em relação a esse aspecto, para além das simples comparações dos tempos médios por coortes, que parecem indicar uma tendência de diminuição na duração do curso, também para o doutorado. Ocorre que os valores médios antes mencionados incluem os dados referentes a estudantes que ingressaram na pós-graduação no início dos anos 80 e que levaram muitos anos para defender a sua tese. Em contrapartida, aqueles de sua geração que foram mais eficientes não integram a pesquisa atual, porque titularam-se anteriormente a 1990. Uma alternativa para superar essa dificuldade é considerar apenas os entrevistados que ingressaram no doutorado e que se titularam no período considerado pela pesquisa.[25] Quando isso é feito, verifica-se uma nítida tendência de diminuição da duração do doutorado. É preciso reconhecer que esse raciocínio peca por deixar de considerar aqueles estudantes que ingressaram no doutorado na década de 90 e que ainda não se titularam. Entretanto, diante das políticas dos órgãos de fomento e dos critérios de avaliação da pós-graduação, parece difícil que se repitam, para os estudantes que ingressaram no doutorado a partir de 1990, casos de duração de curso de 7 ou mais anos, que representam quase 10% do universo de doutores entrevistados. Se assim o for, o raciocínio continua válido e deve-se esperar que, nos próximos anos, a duração média do doutorado, nos programas pesquisados, venha a registrar valor menor do que o apontado neste trabalho.

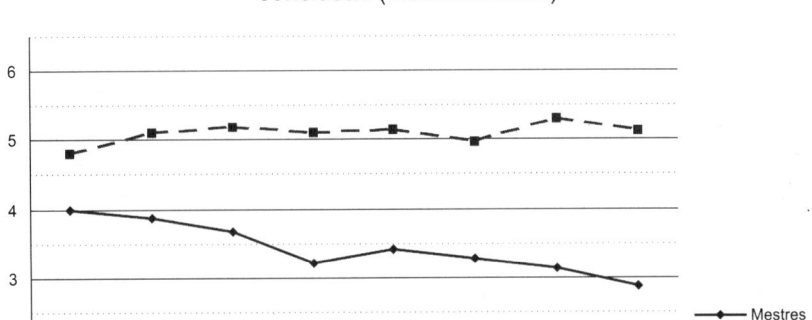

Gráfico 11.3
Mestres e doutores em Química: duração do curso por ano de conclusão (médias anuais)

A duração do curso, tanto no mestrado como no doutorado, é significativamente maior para aqueles que trabalhavam quando se inscreveram para a pós-graduação (mestrado, 3,7 anos; doutorado, 5,4 anos), quando comparados aos que não trabalhavam naquela ocasião (mestrado, 2,9 anos; doutorado, 4,8 anos). Tal fato pode sugerir que a relação de trabalho anterior ao ingresso no curso foi, ao menos parcialmente, mantida após a admissão. Poder-se-ia também imaginar que aqueles que se afastaram dos bancos escolares por um certo tempo tiveram maiores dificuldades para se readaptar à vida estudantil. Essa hipótese, entretanto, parece menos provável, ou contribuiria menos para esse fato, uma vez que não se observam diferenças expressivas na duração do curso entre aqueles que ingressaram na pós-graduação logo após concluírem a graduação e os que o fizeram em maior tempo.

A duração do doutorado é cerca de 10% maior para aqueles que cursaram a graduação também em Química, fato à primeira vista inesperado. Essa mesma regularidade é observada em relação aos mestres.[26] Embora relativamente pequena, esta diferença é verificada em todas as universidades,[27] exceto na UnB. Uma possível explicação para este fato é a que se segue. No caso da Química, embora os dados da presente pesquisa não permitam se confirmar essa assertiva, é sabido que os graduados em outras áreas que procuram a pós-graduação são geralmente oriundos de cursos de Farmácia ou de Engenharia Química. Em trabalho recente, referente aos candidatos aos cursos de graduação da UFMG na década de 90 (Braga e Peixoto, 2001), verificou-se que estes estudantes têm um perfil socioeconômico típico de classe média ou classe média alta, enquanto que no caso dos estudantes de Química, esse perfil é de classe média baixa ou de estratos sociais ainda inferiores. É possível supor que o percurso da graduação, e até mesmo do mestrado, não tenha sido suficiente para eliminar completamente as diferenças de potencialidades advindas da origem do estudante, fato que acabaria se refletindo na duração dos cursos.

A tabela 11.3 apresenta os mestres e doutores em Química por faixa etária de titulação, conforme a instituição formadora. Quase 60% dos mestres se titulam até os 30 anos, mas o que chama mais a atenção é o elevado percentual dos que se titulam acima dessa idade. Na UFMG, a fração dos que se titulam mais jovens é significativamente maior do que a média e, na UFBA, bem menor. Entre os doutores, não chega a 1/5 a fração dos que concluem o curso com até 30 anos e a maior parte o faz entre 31 e 35 anos. Ao contrário do observado para o mestrado, na UFMG encontra-se a menor proporção dos que se titulam mais jovens. Em contrapartida, na UFRJ a fração dos que se titulam na faixa mais jovem é superior a 1/4.

Tabela 11.3
Mestres e doutores em Química: idade de titulação em grupos etários por universidade (%)

	Universidade do curso						
	UFBA	UFMG	UFRGS	UFRJ	UnB	USP	Total
a. Mestres							
Até 30	46,0	70,2	60,4	57,0	62,5	61,9	59,5
De 31 a 35	28,0	14,0	24,5	28,0	15,6	22,2	23,0
De 36 a 40	18,0	5,3	5,7	11,8	12,5	11,1	10,6
De 41 a 45	6,0	8,8	5,7	1,1	6,3	3,2	4,6
46 e mais	2,0	1,8	3,8	2,2	3,1	1,6	2,3
Total	100,0	100,0	100,0	100,0	100,0	100,0	100,0
b. Doutores							
Até 30		11,5		26,8		18,0	19,0
De 31 a 35		39,3		30,5		37,1	35,8
De 36 a 40		27,9		25,6		23,4	24,8
De 41 a 45		14,8		15,9		12,6	13,9
46 e mais		6,6		1,2		9,0	6,5
Total		100,0		100,0		100,0	100,0

A idade média de titulação é de 31 anos, para o mestrado e de 36 anos, para o doutorado. Esses valores são extremamente elevados, quando comparados a padrões internacionais, que situam o doutoramento, na área de Química ou em áreas próximas, tanto nos EUA, como em países da Europa ocidental, na faixa dos 28 anos (ver Mangematin, 2000; Velloso e Velho, 2001). Novamente observam-se tendências divergentes para o mestrado e o doutorado, conforme pode ser verificado nos gráficos 11.1a e 11.1b. No caso dos mestres, a idade de titulação diminuiu em cerca de dois anos no período considerado. Essa tendência decorre de dois fatores já discutidos: a procura mais precoce pelo mestrado e a menor duração do curso, para as coortes mais recentes. Para os doutores, o que se observa, a partir de 1993, é o aumento expressivo e paulatino da idade de titulação, aumento esse que é superior a 3 anos, quando se comparam as coortes de 1992 e 1997. A idade média de doutoramento é significativamente menor para aqueles que vão diretamente da graduação para o doutorado. Para estes últimos, o valor encontrado é de 33,9 anos, em contraste com os 36,5 anos de seus colegas que passaram pela etapa do mestrado.

As informações colhidas nesta pesquisa permitem ainda estimar a idade média de doutoramento para os próximos anos. Isso pode ser feito considerando-se a idade média de titulação no mestrado, o tempo médio decorrido entre a conclusão do mestrado e o início do doutorado e a duração do doutorado. A soma dessas parcelas corresponderia à idade média daqueles que passam pelo mestrado antes de chegar ao doutorado, que representam 75% dos doutores em Química. Para os outros 25%, aqueles que vão diretamente da graduação para o doutorado, supõe-se que a idade média de titulação continuará a ser a mesma observada nesta pesquisa.[28] Quando esse exercício é feito, encontra-se uma idade média variando entre 36,2 e 37,2 anos, conforme sejam considerados todos os mestres ou apenas aqueles que já se encontram vinculados a programas de doutorado. Ou seja, na melhor das hipóteses o que se pode prever é que a idade média de doutoramento permanecerá superior a 36 anos, com uma defasagem de cerca de 8 anos em relação aos padrões internacionais.

Quais as razões para o aumento da idade média de doutoramento e da perspectiva de que esse quadro não será revertido nos próximos anos? Para tentar responder a essa questão serão comparados os dados relativos às coortes de 1990 a 1994, com aqueles referentes às coortes de 1995 a 1997. Quando isso é feito, verifica-se que todos os tempos médios referentes à trajetória acadêmica dos doutores aumentaram: a idade de graduação, o tempo entre a graduação e o início do doutorado e, até mesmo, o tempo entre a conclusão do mestrado e o início do doutorado, para os que passaram pela etapa do mestrado antes de se dirigirem para o doutorado. Isso certamente explica por que a idade média de doutoramento aumentou ao longo das coortes estudadas. Mas por que essa tendência não será alterada nos próximos anos, se, para os mestres, a idade de graduação não está aumentando, a procura pelo mestrado está se fazendo mais rapidamente e a duração do curso está diminuindo? Ocorre que, a despeito disso tudo, quando se compara o universo de mestres com o de doutores, os últimos ainda apresentam indicadores mais favoráveis, em relação a esses aspectos. Por exemplo, a idade média de graduação dos mestres, embora não esteja aumentando, ainda é maior do que a dos doutores. O mesmo vale para a idade de conclusão do mestrado: para os mestres ela é de 31 anos, para os doutores que anteriormente concluíram o mestrado, ela foi de 29 anos.

Os resultados colhidos nessa pesquisa indicam a conveniência de serem adotadas políticas com o propósito de diminuir a idade de titulação dos doutores em Química. O que foi apresentado sugere também que uma das alternativas para se alcançar esse objetivo seria estimular a trajetória direta da graduação para o doutorado, eliminando-se a etapa do mestrado. Como visto, os doutores que assim procedem concluem seus cursos quase 3 anos mais jovens do que seus colegas. Há ainda que se considerar que a maior parte dos mestres dirigiu-se para o doutorado logo em seguida à defesa da dissertação (quase dois terços dos mestres titulados nas coortes de 96 e 97 já se encontravam, no momento da entrevista, vinculados a programas de doutorado). Dadas as características da área, é razoável supor que a opção pelo doutorado já havia sido tomada no momento do ingresso no mestrado. Ademais, ao se estimular a trajetória direta da graduação para o mestrado, talvez se estimule também o remodelamento do mestrado na área, dando-lhe características de um programa destinado ao atendimento de uma demanda profissional e atraindo para a pós-graduação em Química também aquele estudante que não optou por uma carreira na área acadêmica.

Estudo e trabalho de mestres e doutores quando se inscreveram na pós-graduação

A parcela dos mestres e dos doutores com atividade profissional plena ao se inscrever na pós-graduação é semelhante: cerca de 40% em ambos os casos, como apresentado nas tabelas 11.4a e 11.4b. Observam-se, no entanto, diferenças significativas neste quesito, quando cada instituição formadora é considerada. Entre os mestres, há um grupo de instituições, UFBA, UnB e USP, cuja proporção dos que tinham atividade profissional plena supera 50%, enquanto que nas outras três universidades essa percentagem é bem menor. No caso dos doutores, as diferenças são um pouco menores, mas ainda assim expressivas, quando se compara a UFMG com a UFRJ.

A maior parte de mestres e doutores declarou se encontrar em "outra situação de trabalho", quando se inscreveu na pós-graduação. O que se pode depreender da análise dos dados colhidos é que a grande maioria desses ou ainda era estudante – de graduação ou de mestrado – ou tinha concluído recentemente sua formação anterior e aguardava a oportunidade para ingresso na pós-graduação.[29]

Conquanto a fração de mestres e doutores que desenvolviam atividade profissional plena ao se inscreverem na pós-graduação seja semelhante, as características desta atividade eram bem distintas, em um e outro caso. No caso dos mestres, a divisão entre setor público e setor privado era quase eqüitativa; 30% trabalhavam em empresas; apenas 20% era docente do ensino superior e a metade deles declarou que desenvolvia pesquisa em seu trabalho. Já entre os doutores, quase 80% eram empregados do setor público; pouco mais de 10% trabalhavam em empresas; quase 60% eram docentes do ensino superior e cerca de 3/4 declararam que desenvolviam pesquisa em seu trabalho.

Tabela 11.4a
Mestres em Química: situação de trabalho na inscrição por universidade (%)

		Universidade do curso						
		UFBA	UFMG	UFRGS	UFRJ	UnB	USP	Total
Trabalho na inscrição	Procurava trabalho				8,0	22,9	3,2	5,0
	Outra	44,2	66,7	73,1	51,0	20,0	43,5	51,4
	Plena atividade	55,8	31,6	25,0	37,0	57,1	51,6	41,6
	Parc./tot. afastado		1,8	1,9	4,0		1,6	2,0
	Total	100,0	100,0	100,0	100,0	100,0	100,0	100,0
Atividade remunerada na inscrição	Emp. setor público	51,7	57,9	21,4	61,0	65,0	45,5	52,6
	Emp. setor privado	48,3	42,1	78,6	36,6	30,0	54,5	46,2
	ONG/entidades				2,4	5,0		1,3
	Total	100,0	100,0	100,0	100,0	100,0	100,0	100,0
Tipo de trabalho na inscrição	Administração públ.	20,7			7,3	50,0		12,2
	Empresa	34,5	21,1	35,7	36,6		39,4	30,1
	IES	24,1	26,3	50,0	17,1	30,0	21,2	25,0
	Outra instit. de ensino	17,2	36,8	14,3	12,2	20,0	9,1	16,7
	Instituição pesquisa	3,4	15,8		24,4		30,3	15,4
	Inst. assessoria				2,4			0,6
	Total	100,0	100,0	100,0	100,0	100,0	100,0	100,0
Atividade envolvia pesquisa	Não	44,8	73,7	50,0	31,7	75,0	48,5	50,0
	Sim	55,2	26,3	50,0	68,3	25,0	51,5	50,0
	Total	100,0	100,0	100,0	100,0	100,0	100,0	100,0
Era docente em universidade	Não	75,9	73,7	58,3	92,7	65,0	84,8	79,2
	Sim	24,1	26,3	41,7	7,3	35,0	15,2	20,8
	Total	100,0	100,0	100,0	100,0	100,0	100,0	100,0

Tabela 11.4b
Doutores em Química: situação de trabalho na inscrição por universidade (%)

		Universidade do curso			
		UFMG	UFRJ	USP	Total
Trabalho na inscrição	Procurava trabalho	1,7	2,4	1,2	1,6
	Outra	43,3	56,1	42,9	46,5
	Plena atividade	50,0	35,4	44,6	43,2
	Parc./tot. afastado	5,0	6,1	11,3	8,7
	Total	100,0	100,0	100,0	100,0
Atividade remunerada na inscrição	Emp. setor públ.	88,2	82,4	73,1	78,3
	Emp. setor priv.	11,8	17,6	25,8	21,1
	Autônomo/consultor			1,1	0,6
	Total	100,0	100,0	100,0	100,0
Tipo de trabalho na inscrição	Administração pública		3,0	4,3	3,1
	Empresa	6,1	18,2	11,8	11,9
	IES	75,8	51,5	60,2	61,6
	Outra instit. de ensino	12,1	3,0	7,5	7,5
	Instituição de pesquisa	6,1	24,2	15,1	15,1
	Outras			1,1	0,6
	Total	100,0	100,0	100,0	100,0
Atividade envolvia pesquisa	Não	33,3	8,8	29,8	26,1
	Sim	66,7	91,2	70,2	73,9
	Total	100,0	100,0	100,0	100,0
Era docente em universidade	Não	24,2	61,8	42,6	42,9
	Sim	75,8	38,2	57,4	57,1
	Total	100,0	100,0	100,0	100,0

Essas características da atividade profissional de mestres e doutores quando da inscrição na pós-graduação tendem a se repetir, no geral, em todas as instituições formadoras, ainda que algumas diferenças devam ser mencionadas. Os mestres titulados pela UFRGS são os que mais se diferenciam de seus colegas. Entre eles predomina francamente o emprego no setor privado e a docência no ensino superior ocorre em freqüência duas vezes superior à média global. Já os mestres titulados pela UFMG e pela UnB realizavam pesquisas em proporção bem inferior aos seus colegas de outras universidades. No caso dos doutores, a atuação profissional quando da inscrição na pós era ainda mais homogênea. Talvez a peculiaridade mais expressiva seja a elevada proporção dos titulados pela UFRJ que se vinculava a atividades profissionais envolvendo a realização de pesquisas.

Esse perfil absolutamente distinto da atividade laboral de mestres e doutores, quando da inscrição na pós-graduação, pode ser conseqüência do pequeno número de oportunidades de trabalho no setor acadêmico público para profissionais detentores apenas de diplomas de graduação. Afinal, a grande maioria dos doutores cursaram anteriormente o mestrado e cerca de 60% dos mestres já estão cursando o doutorado.

A fração de mestres e doutores que declarou estar procurando trabalho quando se inscreveu na pós-graduação é bem pequena. Tal característica é observada em todas as instituições, com uma pequena exceção para os mestres da UnB, uma vez que quase 1/4 destes procuravam trabalho. Aparentemente, pode parecer de difícil compreensão o fato de tão poucos estarem procurando trabalho, se mais da metade deles não desenvolvia atividade profissional plena. Ocorre que a maior parte não procurava trabalho porque ainda era estudante. Mais de 3/4 daqueles que não tinham atividade profissional plena à época da inscrição na pós-graduação eram estudantes, tanto no caso dos mestres quanto dos doutores, o que faz supor que ainda estavam na graduação ou no mestrado. Acrescente-se a isso o fato de que mais de 80% dos mestres e de 90% dos doutores, que a essa época não tinham atividade profissional, registraram interregno máximo de um ano entre a conclusão de uma formação e o início da outra. Ou seja, aqueles que já não eram mais formalmente estudantes tinham concluído recentemente a graduação ou o mestrado e optaram por, de imediato, prosseguir seus estudos.

Motivações para a pós-graduação senso estrito

A tabela 11.5 indica as razões que levaram mestres e doutores a procurarem a pós-graduação. A necessidade de corrigir deficiências da graduação e o incentivo da bolsa tiveram pequena influência nesta opção. Entre os mestres, reparar falhas da graduação ainda teve alguma importância, visto que cerca 1/4 dos entrevistados informou que este fator pesou muito, para a sua motivação. No caso dos doutores, apenas cerca de 5% atribuíram muita importância ao fator correspondente a este. No entanto, no caso daqueles que trabalhavam em empresas, esse percentual é três vezes maior.

O incentivo representado pela bolsa parece não ter influenciado na decisão de mais da metade de mestres e doutores. Somente 10% dos doutores e 16% dos mestres apontaram este fator como muito importante para a sua escolha. No entanto, convém registrar que muitos dos entrevistados informaram espontaneamente aos estagiários que, embora a bolsa não tenha sido o fator que os levaram à pós-graduação, sem ela, eles não teriam condições de se dedicarem ao mestrado ou ao doutorado.

Tabela 11.5
Mestres e doutores em Química: motivações para o mestrado e o doutorado por principais tipos de trabalho na inscrição (%)

		Empresa	Universidade	Outra inst. ensino	Instituição de pequisa	Total (*)
a. Mestres						
Corrigir deficiências da graduação	Pouco /nada	81,1	76,5	73,9	85,7	75,8
	Muito	18,9	23,5	26,1	14,3	24,2
	Total	100,0	100,0	100,0	100,0	100,0
Seguir/ aprimorar carreira docente	Pouco /nada	62,2	20,6	26,1	81,0	45,5
	Muito	37,8	79,4	73,9	19,0	54,5
	Total	100,0	100,0	100,0	100,0	100,0
Seguir carreira de pesquisador	Pouco /nada	13,5	32,4	30,4	14,3	23,5
	Muito	86,5	67,6	69,6	85,7	76,5
	Total	100,0	100,0	100,0	100,0	100,0
Melhorar a competitividade no mercado	Pouco /nada	35,1	51,5	26,1	38,1	38,2
	Muito	64,9	48,5	73,9	61,9	61,8
	Total	100,0	100,0	100,0	100,0	100,0
Incentivo da bolsa Total	Pouco /nada	86,5	85,3	82,6	85,7	84,1
	Muito	13,5	14,7	17,4	14,3	15,9
	Total	100,0	100,0	100,0	100,0	100,0
b. Doutores						
Corrigir deficiências do mestrado	Pouco /nada		94,5		95,8	94,0
	Muito		5,5		4,2	6,0
	Total		100,0		100,0	100,0
Seguir/ aprimorar carreira docente	Pouco /nada		11,1		58,3	24,7
	Muito		88,9		41,7	75,3
	Total		100,0		100,0	100,0
Seguir carreira de pesquisador	Pouco /nada		5,5		4,3	7,3
	Muito		94,5		95,7	92,7
	Total		100,0		100,0	100,0
Melhorar a competitividade no mercado	Pouco /nada		53,8		47,8	49,3
	Muito		46,2		52,2	50,7
	Total		100,0		100,0	100,0
Incentivo da bolsa Total	Pouco /nada		91,2		79,2	90,1
	Muito		8,8		20,8	9,9
	Total		100,0		100,0	100,0

Nota (*) - Os dados da col. total incluem outros tipos de trabalho na época da inscrição.

Tanto mestres como doutores, independentemente do tipo de trabalho que realizavam, ingressaram na pós-graduação influenciados principalmente pela vontade de seguir a carreira de pesquisador. Este fator é apontado como muito importante por mais de 90%

dos doutores e por cerca de 3/4 dos mestres. A vontade de seguir ou aprimorar carreira docente vem logo a seguir, citada como muito importante por três quartos dos doutores e por mais da metade dos mestres. Entretanto, para os que trabalhavam em empresas ou em institutos de pesquisa, esse fator foi bem menos importante. Quando se comparam essas duas motivações – "seguir/aprimorar carreira docente" e "seguir carreira de pesquisador" – observa-se que a segunda tem maior impacto do que a primeira, exceto entre aqueles que já eram professores quando se inscreveram na pós-graduação. Isso ocorre a despeito do mercado de trabalho no magistério superior ser o que atrai a maior parte dos pós-graduados em Química, como se verá na próxima seção.

O desejo de melhorar a competitividade no mercado de trabalho também foi um fator identificado pelos entrevistados, sobretudo no caso dos doutores, como importante para a procura pela pós-graduação. Mas talvez surpreenda um pouco o fato de apenas a metade dos doutores e menos de dois terços dos mestres terem considerado ser esta uma motivação importante. Como se verá mais adiante, o padrão salarial dos químicos, mestres ou doutores, é modesto, quando comparado ao dos pós-graduados de outras áreas.[30] Certamente, para os apenas graduados ele é menor ainda. Seria, portanto, natural supor que a pós-graduação fosse buscada também como uma forma de ascensão social. No entanto, isso é verdade apenas para pouco mais da metade dos titulados. É de se questionar se esse tipo de quesito não provocaria constrangimentos em uma parte dos entrevistados, que considerariam pouco nobre associar motivações de cunho material à sua vontade de prosseguir estudos.

Estudo e trabalho de mestres e doutores, após a titulação

As tabelas 11.6a e 11.6b informam sobre a situação de estudo e trabalho atual de mestres e doutores. Quase 60% dos mestres já estão cursando o doutorado, situação que ocorre com mais freqüência entre os titulados pela UFMG e, sobretudo, pela USP. Em contrapartida, entre os diplomados pela UnB essa característica é pouco comum. Já no caso dos doutores, cerca de 1/3 prosseguiu os estudos, quase sempre por meio de estágios de pós-doutorado. Ressalte-se que essa prática é mais habitual entre os diplomados pela USP.

Quase dois terços dos mestres e mais de 90% dos doutores encontram-se em plena atividade profissional. Quando se comparam esses dados com a situação de trabalho anterior à pós-graduação, verifica-se que, em média, a proporção dos entrevistados em plena atividade aumentou cerca de 50% no caso dos mestres e quase 80%, entre os doutores. Ou seja, a conclusão do mestrado contribuiu moderadamente e a do doutorado, decididamente, para a inserção profissional dos entrevistados. No caso dos doutores, a proporção dos que se encontram em plena atividade é praticamente independente da instituição formadora; entre os mestres, é bastante diversificada, variando de menos de 50%, na UFMG, a mais de 80%, na UnB.

Tabela 11.6a
Mestres em Química: situação de estudo e trabalho por universidade (%)

		Universidade do curso						
		UFBA	UFMG	UFRGS	UFRJ	UnB	USP	Total
Pós-graduação após o mestrado	Faz PG *lato sensu*			5,7	3,0	2,9		1,9
	Faz dout. país	50,0	64,9	49,1	55,0	28,6	73,0	55,6
	Faz dout. sand. ou exter.			1,8	1,9	2,0		1,6	1,4
	Faz outra PG					1,0		0,3
	Não faz PG	50,0	33,3	43,4	39,0	68,6	25,4	40,8
	Total	100,0	100,0	100,0	100,0	100,0	100,0	100,0
Trabalho	Procura trabalho				6,0		1,6	2,0
	Aposentado			3,9	1,0	2,9		1,1
	Outra	26,9	47,4	31,4	26,0	14,3	23,8	28,8
	Plena atividade	71,2	47,4	54,9	64,0	82,9	73,0	64,5
	Parc./tot. afastado	1,9	5,3	9,8	3,0		1,6	3,6
	Total	100,0	100,0	100,0	100,0	100,0	100,0	100,0
Atividade remunerada	Emp. setor públ.	73,7	73,3	26,5	65,7	58,6	67,4	61,9
	Emp. setor priv.	23,7	23,3	67,6	31,3	37,9	32,6	35,2
	Autônomo/consultor	2,6		2,9	1,5			1,2
	Proprietário			2,9	1,5			0,8
	ONG/entidades		3,3			3,4		0,8
	Total	100,0	100,0	100,0	100,0	100,0	100,0	100,0
Tipo de trabalho	Admin. públ.	7,9	6,7	3,0	4,5	17,9	8,7	7,5
	Empresa	23,7	13,3	18,2	33,3	10,7	19,6	22,0
	IES	57,9	46,7	60,6	33,3	53,6	26,1	43,6
	Outra inst. ens.	5,3	13,3	15,2	12,1	10,7	2,2	9,5
	Inst. pesq.	5,3	16,7	3,0	16,7	3,6	43,5	16,6
	Inst. assessoria		3,3			3,6		0,8
	Total	100,0	100,0	100,0	100,0	100,0	100,0	100,0
Atividade envolve pesquisa	Não	21,1	46,7	52,9	31,3	58,6	28,3	37,3
	Sim	78,9	53,3	47,1	68,7	41,4	71,7	62,7
	Total	100,0	100,0	100,0	100,0	100,0	100,0	100,0
É docente em universidade	Não	47,4	53,3	40,6	77,3	50,0	78,3	61,7
	Sim	52,6	46,7	59,4	22,7	50,0	21,7	38,3
	Total	100,0	100,0	100,0	100,0	100,0	100,0	100,0

Tabela 11.6b
Doutores em Química: situação de estudo e situação de trabalho por universidade (%)

		Universidade do curso			
		UFMG	UFRJ	USP	Total
Pós-graduação após o doutorado	Não fez	90,0	76,3	54,2	67,0
	Fazendo pós-dout.	1,7	1,3	7,2	4,6
	Fez pós-dout. país	1,7	5,0	13,3	8,8
	Fez pós-dout. exterior	6,7	13,8	19,9	15,7
	Fez PG *lato sensu*		3,8	5,4	3,9
	Total	100,0	100,0	100,0	100,0
Trabalho	Procura trabalho	3,3	4,9	3,0	3,5
	Outra	1,7	2,4	5,4	3,9
	Plena atividade	95,0	91,5	91,1	91,9
	Parc./tot. afastado		1,2	0,6	0,6
	Total	100,0	100,0	100,0	100,0
Atividade remunerada	Emp. setor públ.	91,1	93,3	79,2	85,3
	Emp. setor priv.	7,1	5,3	18,8	13,0
	Autônomo/consultor		1,3		0,4
	Proprietário	1,8			0,4
	ONG/entidades			1,9	1,1
	Total	100,0	100,0	100,0	100,0
Tipo de trabalho	Admin. públ.	1,8	2,7	2,6	2,5
	Empresa	1,8	4,0	3,3	3,2
	IES	91,2	81,3	74,8	79,9
	Outra inst. ens.	1,8	2,7	2,0	2,1
	Inst. pesq.	3,5	9,3	15,2	11,3
	Inst.assess./ polít.			2,0	1,1
	Total	100,0	100,0	100,0	100,0
Atividade envolve pesquisa	Não	8,9	1,3	11,0	8,1
	Sim	91,1	98,7	89,0	91,9
	Total	100	100	100	100
É docente em universidade	Não	10,7	25,3	24,2	21,8
	Sim	89,3	74,7	75,8	78,2
	Total	100,0	100,0	100,0	100,0

Há semelhanças e diferenças entre as características da atividade profissional dos mestres e doutores que se encontram em plena atividade. Tanto mestres como doutores trabalham preferencialmente no setor público, embora estes em maior proporção do que aqueles. Da mesma forma, a atividade profissional, para a maioria deles, envolve pesquisa, ainda que essa característica seja bem mais acentuada entre os doutores (mais de 90%) do que entre os mestres (menos de 2/3). A percentagem dos que trabalham em institutos de pesquisa é, em ambos os casos, próxima de 15%. Raros são proprietários ou trabalham como autônomos. Em contrapartida, menos de 40% dos mestres são docentes em IES, enquanto quase 80% dos doutores têm esta atividade. Quase 1/4 dos mestres trabalha em empresas; já entre os doutores, o percentual correspondente é inferior a 5%.

É interessante comparar os mestres e doutores cuja atividade profissional principal é vinculada a empresas. Dos 361 mestres entrevistados, 53 encontram-se trabalhando em empresas, sendo 41 no ramo industrial. Quando da inscrição no mestrado, 46 dos entrevistados trabalhavam em empresas, sendo 36 no ramo industrial. Ou seja, a conclusão do mestrado contribuiu para aumentar o número dos que trabalhavam em empresas e indústrias. Entre os doutores, esses números são bem diferentes. Quando da inscrição, 19 dos 311 entrevistados trabalhavam em empresas, sendo 18 no ramo industrial. Agora, existem apenas 9 trabalhando em empresas, sendo 5 em indústrias. Ou seja, a conclusão do doutorado acarretou diminuição do número daqueles que trabalham em empresas e indústrias.

Um outro aspecto a considerar é a atividade de pesquisa dos mestres e doutores que trabalham em empresas. Dos 53 mestres trabalhando em empresas, 35, ou seja 56%, estão realizando pesquisas, percentual equivalente ao dos mestres vinculados a outras atividades profissionais. Se nos restringirmos àqueles do ramo industrial, essa percentagem sobe para quase 80%, correspondendo a 31 profissionais. No caso dos doutores, apenas 4 dos 9 que trabalham em empresas realizam pesquisa.

As observações feitas no parágrafo anterior sugerem um tema para discussão. A iniciativa privada, ainda que de forma incipiente, está desenvolvendo atividades de investigação científica ou tecnológica na área de Química e vem contratando mestres para realizar estas pesquisas. Entretanto, a despeito de o doutor, pelo menos em tese, ser melhor preparado para realizar pesquisas do que o mestre, o setor privado não emprega doutores e sim mestres. Uma possível explicação para essa pelo menos aparente contradição seria de ordem salarial: a remuneração que o setor privado estaria disposto a pagar a seus pesquisadores seria inferior àquela que os doutores poderiam obter na área acadêmica. Entretanto, a remuneração paga aos mestres, seja pelo setor privado como um todo, seja especificamente pelas empresas, é apenas cerca de 20% menor do que a remuneração que as IES oferecem para os doutores, como será ainda apresentado. Essa diferença não seria coberta pelas empresas/setor privado, caso considerassem o doutor um profissional mais adequado às suas necessidades?

Talvez uma hipótese mais provável para explicar este fato seria a natural inclinação dos doutores para a atividade acadêmica. Quase 80% deles foram fortemente motivados a procurar o curso pelo desejo de seguir ou aprimorar a carreira docente. Entre os mestres este percentual é pouco maior do que 50%. Uma diferença considerável, que, no entanto, precisa ser vista com um pouco de cautela, uma vez que 30% dos doutores já eram docentes em IES, quando se inscreveram no curso. No caso dos mestres, menos de 10% estavam nesta situação. De qualquer forma, permanece a mesma indagação: se as empresas estivessem convencidas de que os doutores seriam profissionais mais adequados do que os mestres para desenvolver suas atividades de pesquisa, elas não estabeleceriam vantagens que as tornariam capazes de competir com a área acadêmica por estes profissionais?[31]

Há uma terceira alternativa para explicar esse aparente paradoxo, que não pode ser descartada. As empresas, sobretudo aquelas do ramo industrial, já começaram a perceber a importância de recrutar profissionais de Química com formação pós-graduada, mas ainda não se convenceram de que o doutor atenderia melhor às suas necessidades – inclusive as de pesquisa – do que o mestre.

A trajetória: de onde vieram e onde estão os mestres e doutores em Química

Outra questão de interesse da pesquisa era identificar características da trajetória dos egressos após sua titulação: de onde vieram e para onde foram? A resposta à indagação indica que o destino predominante dos egressos é a academia, seja como atuação profissional, seja como continuidade de sua formação, conforme pode ser verificado analisando os dados da tabela 11.7.

Quando da inscrição ao mestrado, mais da metade dos entrevistados era inativa. Cerca de 3/4 destes declararam que a essa época eram estudantes. Mais de 70% dos que não declararam ser então estudantes foram admitidos ao mestrado no máximo dois anos após concluírem a graduação. Ou seja, o grupo de inativos compunha-se essencialmente de estudantes, que imediatamente após terminarem a graduação decidiram prosseguir seus estudos no mestrado. Após a titulação, metade dos anteriormente inativos declararam vínculo profissional permanente, a maioria deles, que corresponde a cerca de

17% do universo de mestres entrevistados, no meio acadêmico[32]. Entre os ex-inativos, observa-se também um contingente não desprezível que passou a ocupar postos de trabalho no mercado. Os que permanecem como inativos, quase todos eles (90%), são estudantes de doutorado. Há ainda um pequeno número de mestres que não eram inativos quando ingressaram no curso e que agora o são. Cerca de 80% deles são também estudantes de doutorado. Ou seja, a inatividade após a conclusão do mestrado não pode ser traduzida como desemprego e sim como opção de, imediatamente, prosseguir estudos no doutorado.

Tabela 11.7
Mestres e doutores em Química: mercado, Estado e academia –
trajetória da inscrição à situação de trabalho atual
(% em relação ao total e marginais)

		Situação e *locus* laboral atualmente					
		Mercado	Estado	Academia	Inativo	Desempregado	Total
a. Mestres							
Situação e *locus* laboral na inscrição	Mercado	6,1	0,3	5,5	3,2		15,2
	Estado	0,6	1,6	2,3	1,0		5,5
	Academia	1,6		15,5	2,6		19,7
	Inativo	7,1	2,6	16,8	25,8	1,6	53,9
	Desempregado	1,0	0,6	2,3	1,3	0,6	5,8
	Total	16,5	5,2	42,3	33,9	2,3	100,0
b. Doutores							
Situação e *locus* laboral na inscrição	Mercado	1,4		4,6		0,4	6,4
	Estado		1,4	0,4			1,8
	Academia			39,2	1,8	0,4	41,3
	Inativo	1,4	0,7	41,3	2,1	3,2	48,8
	Desempregado	0,4		1,1	0,4		1,8
	Total	3,2	2,1	86,6	4,2	3,9	100,0

Entre os que se encontravam empregados quando se inscreveram para o mestrado, apenas 10% passaram a ter atividade diferente após a titulação, sendo que 8% migraram para a academia. Portanto, a conclusão do mestrado não reorienta de forma significativa trajetórias profissionais, mas tende a propiciar a inserção profissional na área acadêmica, em especial no caso daqueles que eram inativos quando foram admitidos ao curso.

Quando da inscrição ao doutorado, quase a metade dos entrevistados eram inativos. Cerca de 90% destes declararam ser estudantes nessa época, ou seja, ainda se encontravam no mestrado. Os demais entrevistados, em sua quase totalidade, encontravam-se vinculados ao meio acadêmico. A proporção dos que tinham atividade no mercado ou no Estado, somados, não chegava a 10%. Após a titulação, essa situação alterou-se. A percentagem de inativos reduziu-se a menos de 5%. O mesmo percentual aplica-se à soma dos que atuam do mercado e no Estado. Mais de 90% dos doutores têm hoje vínculo profissional definido, quase todos eles no meio acadêmico. Entre a pequena parcela que permanece como inativo, há predominância absoluta dos que se titularam na USP.[33] Ou seja, a conclusão do doutorado reforça a orientação profissional daqueles que já se encontravam vinculados ao meio acadêmico e dirige para essa mesma área o exercício profissional daqueles que, quando se inscreveram no curso, estavam inativos.

Com relação ao setor de trabalho de mestres e doutores em Química, antes e depois da titulação, o que se observa é que o término da pós-graduação favorece amplamente a atuação no setor público, conclusão a que se pode chegar cotejando as tabelas 11.4a e 11.6a e as tabelas 11.4b e 11.6b. Antes de iniciarem o mestrado, 44% dos mestres encontravam-se ativos profissionalmente, sendo 23% deles na área pública e 21% na área privada. Após a conclusão do curso, 68% deles têm vínculo profissional definido, sendo 42% no setor público e 26% no privado. Ou seja, enquanto a percentagem dos que atuam no setor público cresceu quase 100%, no privado, o crescimento não chegou a 1/4 disso. Os números são da mesma magnitude, no caso do doutorado. Ao ingressarem no curso, 52% dos doutores eram ativos profissionalmente, sendo 41% na área pública e 11% na privada. Após a conclusão do doutorado, 93% passaram a ter vínculo profissional definido, sendo 79% no setor público e 14% no privado.

Quanto estão ganhando os mestres e doutores em Química?

Solicitou-se aos entrevistados que declarassem sua renda pessoal, classificando-a em uma das seis faixas de valores em reais apresentadas. A menor faixa foi de até R$ 1.500,00 e a maior, superior a R$ 5.500,00. As rendas médias foram calculadas tomando-se o ponto médio do intervalo de valores que definiam a faixa. Para o caso das duas faixas extremas – superior e inferior – adotou-se o critério de manter constante, em R$ 1.000,00, a diferença entre a renda média de duas faixas subseqüentes.

A renda média[34] declarada pelos mestres foi de aproximadamente R$ 2.100,00. Os mestres trabalhando em empresas recebem cerca de 20% acima dessa média e os que atuam em universidades,[35]

5%, conforme ilustra o gráfico 11.4. Os mestres trabalhando em institutos de pesquisas recebem cerca de 20% menos do que aqueles vinculados às universidades. Os que trabalham no setor privado – que correspondem a cerca de 1/3 dos que têm vínculo profissional – recebem aproximadamente 35% a mais do que os seus colegas do setor público. Praticamente não se observam diferenças de remuneração média, segundo a instituição formadora.[36] Apenas os que se formaram pela UFBA se destacam um pouco nesse aspecto, registrando renda 10% superior à média global.

Gráfico 11.4
Mestres e doutores em Química: médias das classes de renda por principais tipos de trabalho (em reais)

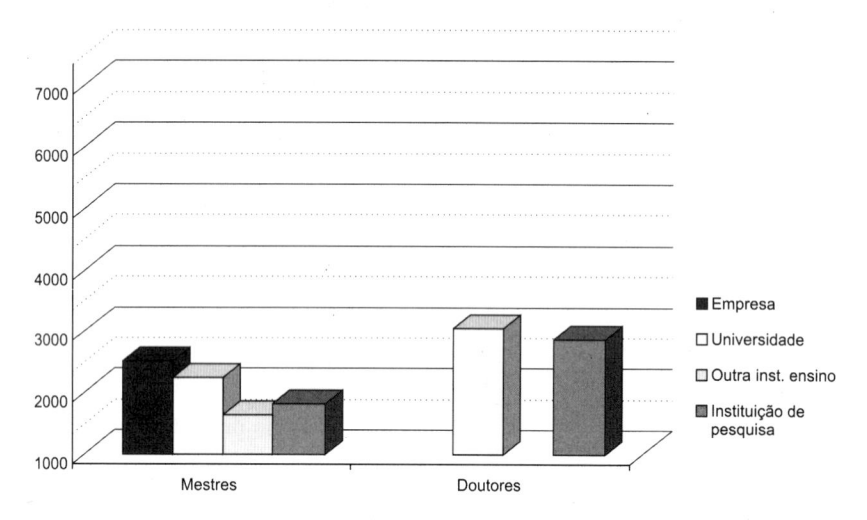

A remuneração média dos doutores, da ordem de R$ 3.000,00, é cerca de 40% superior à dos mestres. A diferença de remuneração entre aqueles que trabalham em universidades e os que trabalham em institutos de pesquisa, que, juntos, correspondem a mais de 90% dos doutores com vínculo profissional, praticamente se anula, estando na faixa de 5%, conforme ilustra o gráfico 11.4. A remuneração dos que trabalham em empresas é mais de 1/3 superior à média global, mas estes representam apenas 3% dos doutores com atividade profissional. Os que trabalham no setor privado – que correspondem a cerca de 15% dos que têm vínculo profissional – recebem aproximadamente 20% a mais do que os seus colegas do setor público. A diferença de remuneração entre doutores e mestres no setor público, 55%, é maior do que no setor privado, 45%.

No caso dos doutores, as diferenças de remuneração segundo a instituição formadora são mais pronunciadas do que o observado para os mestres. As remunerações dos titulados pela UFMG, aproximadamente R$ 2.900,00, e pela UFRJ, da ordem de R$ 2.700,00, diferem pouco entre si, menos de 10%. Já os titulados pela USP declararam renda média de R$ 3.300,00, valor que é cerca de 20% superior ao verificado na média das duas universidades federais. Uma análise mais detalhada dos dados colhidos[37] sugere que a maior remuneração dos doutores da USP está, aparentemente, associada a dois fatores. O primeiro deles, de menor importância, é a eventual diferença no padrão de remuneração das universidades estaduais paulistas e das universidades federais. O segundo, de relevância bem maior, é o número de oportunidades de atuação no ensino superior particular, cujo padrão de remuneração é cerca de 20% superior ao das universidades públicas, que parece ser bem maior em São Paulo do que no Rio de Janeiro ou em Minas Gerais.[38]

Como seria de se esperar, a remuneração cresce com a experiência profissional, tanto para mestres como para doutores. Em ambos os casos, esse aumento é aproximadamente linear,[39] crescimento este que é mais expressivo no caso dos mestres – da ordem de 5% a cada ano – do que para os doutores – cerca de 3% a cada ano. Sendo assim, os mestres titulados em 90 recebem cerca de 35% a mais do que os que concluíram o curso em 97, enquanto que, no caso dos doutores, essa diferença não chega a 25%.

Os homens têm renda cerca de 20% superior à das mulheres, tanto no caso dos mestres quanto dos doutores. Essa diferença não pode ser atribuída à experiência profissional, uma vez que tanto para os mestres, quanto para os doutores, o tempo de titulação médio de homens e mulheres é aproximadamente o mesmo. Ela existe tanto no setor público quanto no privado, embora neste último seja mais pronunciada do que no primeiro. E também está presente em praticamente todos os tipos de atividades profissionais, inclusive entre os docentes do ensino superior, ainda que, para esses, seja bem menor – inferior a 10% - entre os doutores. É também encontrada, de forma invariável, em todas as instituições formadoras, embora entre os mestres titulados pela USP seja bem pequena – inferior a 5%.

Como se sabe, essa tendência, decorrente entre outras causas de uma discriminação velada em relação às mulheres no mercado de trabalho, repete-se – não apenas ao longo dessa pesquisa – mas também, ainda que de forma matizada, na esmagadora maioria das ocupações profissionais no Brasil. No entanto, ainda que de grande centralidade, o caráter marcadamente "machista" da nossa sociedade não é suficiente para explicar adequadamente as inúmeras particularidades e especificidades das relações de gênero no âmbito laboral. É o que ocorre em relação a essa pesquisa, uma vez que boa parte dos mestres e a quase totalidade dos doutores trabalham na área acadêmica e em instituições públicas, nas quais os padrões de remuneração das carreiras são bem definidos e praticamente imunes às diferenças de sexo. Portanto, é surpreendente a constância com que se observou a maior remuneração dos homens, em praticamente todas as comparações feitas. Não foi possível encontrar um fator específico que pudesse representar uma explicação plausível para essa regularidade, com os dados colhidos na pesquisa. Certamente, pode-se imaginar diversas razões que contribuiriam para isso, mas todas elas são de natureza subjetiva e impossíveis de ser comprovadas com as informações de que dispomos.[40]

Contribuições da pós-graduação para o trabalho atual

Uma questão-chave da pesquisa referia-se às relações entre a formação recebida e o trabalho que desenvolviam na época em que foram coletados os dados. Que contribuições teve o curso para o trabalho atual, segundo a percepção dos egressos? As experiências de trabalho após o curso correspondem às expectativas da época da inscrição? Foram apresentados aos entrevistados quatro quesitos para serem avaliados, conforme a contribuição que estariam tendo para o seu exercício profissional atual: *formação teórica, experiência em pesquisa, atualização/reciclagem de conhecimentos e contatos acadêmicos e profissionais*. A súmula das respostas a essas questões encontra-se registrada nos gráficos 11.5a e 11.5b, sendo discriminadas conforme o tipo de trabalho atual do entrevistado, com registro apenas para aquelas atividades que congregam mais de 10% dos mestres ou dos doutores.

Mestres e doutores avaliam a sua formação na pós-graduação de forma extremamente positiva. A experiência em pesquisa é o fator que mais é citado como estando contribuindo muito para o exercício profissional: assim opinam mais de 80% dos mestres e mais de 90% dos doutores. Esses percentuais pouco são afetados pelo tipo de instituição a que o entrevistado está profissionalmente vinculado. Em qualquer caso, este é o fator mais citado como "está contribuindo muito". A resposta a esse quesito é compatível com a motivação para a pós-graduação. Como vimos, a procura pela pós-graduação foi motivada, sobretudo, pelo desejo de seguir carreira de pesquisador.

Gráfico 11.5a
Mestres em Química: contribuições do curso para os principais tipos de trabalho (% de "contribuiu muito")

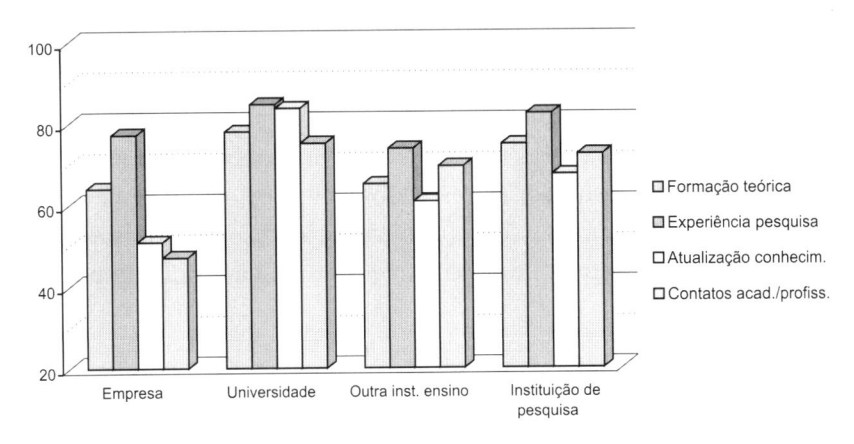

Gráfico 11.5b
Doutores em Química: contribuições do curso para os principais tipos de trabalho (% de "contribuiu muito")

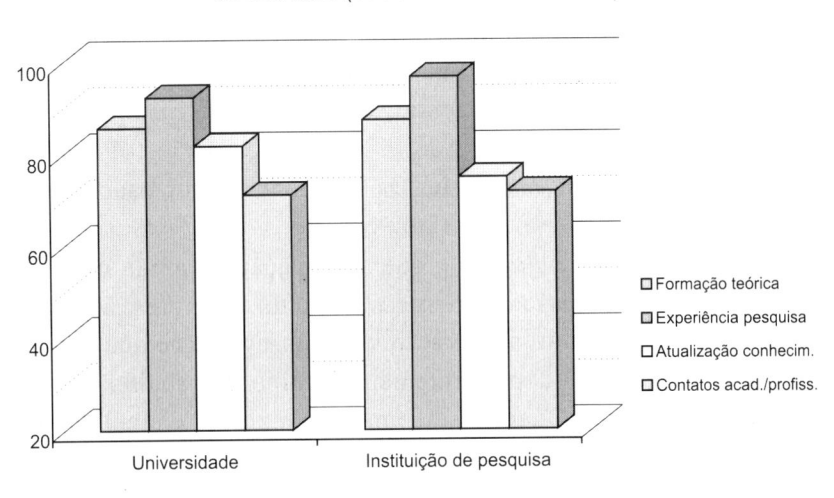

A formação teórica é também avaliada de forma muito favorável: quase 3/4 dos mestres e mais de 80% dos doutores consideram que ela está contribuindo muito para o seu exercício profissional.

Como se observa nos gráficos 11.5a e 11.5b, os que são docentes do ensino superior são os que mais valor atribuem à formação teórica. Os que trabalham em empresas ou em outras instituições de ensino são os que menos a consideraram importante. Ainda assim, mais de 60% destes classificaram-na como estando contribuindo muito para o exercício profissional.

Entre os mestres, aqueles atuando em empresas não avaliam de forma tão positiva a atualização de conhecimentos e os contatos acadêmicos e profissionais. Esses dois fatores foram, entretanto, considerados de forma muito favorável pelos mestres que são docentes do ensino superior e, em percentual um pouco menor, pelos que são docentes de outras instituições de ensino ou que trabalham em institutos de pesquisa. No caso dos doutores, as diferenças de avaliação entre os professores universitários e os pesquisadores de institutos de pesquisa é irrelevante, em relação a qualquer um dos quesitos.

O impacto da pós-graduação na vida profissional – o que muda depois?

Indagou-se também se a formação no mestrado e no doutorado trouxe mudanças em alguns aspectos relevantes do trabalho dos egressos, comparando-se sua situação antes e depois do curso, procurando-se avaliar se ocorreram alterações e, em caso positivo, em que medida estas atenderam às expectativas que tinham os egressos quando se inscreveram. Os resultados encontrados[41] estão apresentados nos gráficos 11.6a e 11.6b.

O que se pode observar é que a formação recebida na pós-graduação, tanto no caso dos mestres como dos doutores, atendeu plenamente às expectativas dos entrevistados, avaliação que é mais ou menos uniforme, independentemente do tipo de trabalho desenvolvido atualmente. Quando se soma o percentual daqueles que avaliaram a contribuição do curso como estando "dentro do esperado" com o daqueles que a julgaram "acima do esperado", encontram-se, em todos os casos, valores superiores a 80% e, na maioria deles, acima mesmo de 90%. Trata-se, portanto, de um quadro de elevada satisfação com a formação recebida.

Gráfico 11.6a
Mestres em Química: aumento da competitividade profissional/
acadêmica por principais tipos de trabalho
(% de "dentro do esperado" e de "acima do esperado")

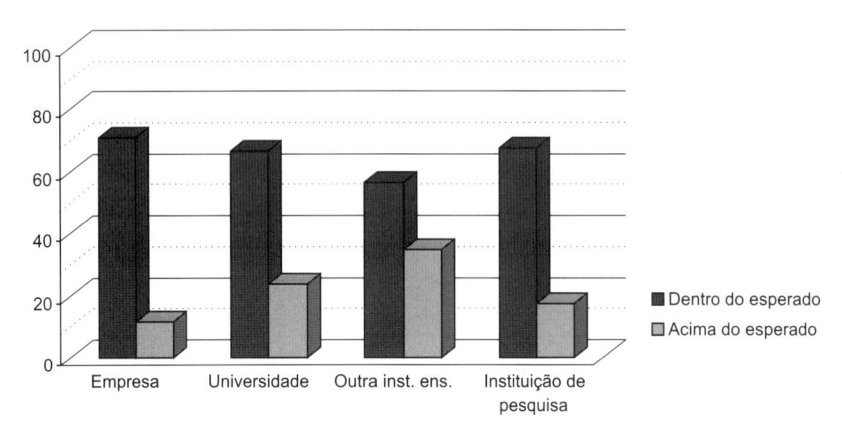

Gráfico 11.6b
Doutores em Química: aumento da competitividade profissional/
acadêmica por principais tipos de trabalho
(% de "dentro do esperado" e de "acima do esperado")

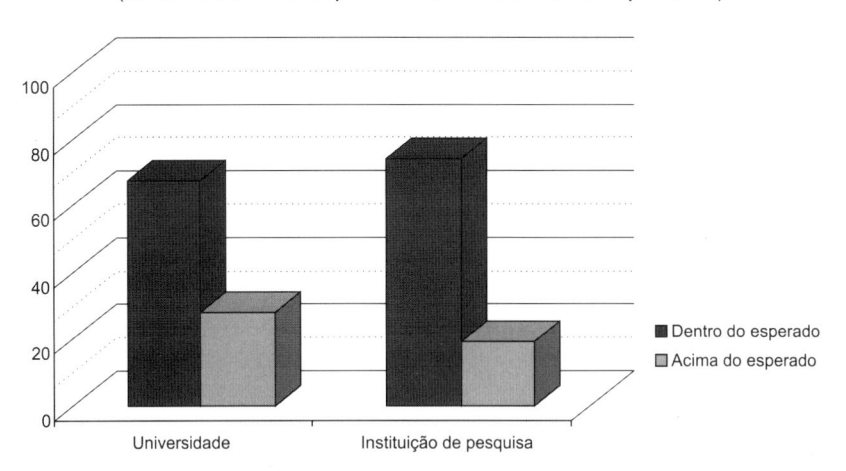

Conclusões

Os mestres e doutores em Química são egressos preferencialmente de cursos de graduação na área de Química, mas cerca de 30% deles, em ambos os níveis, advém de áreas conexas da graduação, característica que é bem mais acentuada para os titulados pela UFRJ, para os quais os percentuais correspondentes aproximam-se de 60%. Entre os mestres, há preponderância do sexo feminino; entre os doutores, homens e mulheres encontram-se em proporção eqüitativa. Tais resultados sugerem que a procura feminina pela área está aumentando.

A idade média de graduação observada foi de 24,1 anos, para os mestres, e de 23,7 anos, para os doutores. Ainda que essa diferença seja pequena, ela sinaliza para uma tendência que é confirmada por outros indicadores: a idade de graduação aumentou, no período correspondente a este estudo. Esse aumento é nítido no caso dos doutores, mas não é observado entre os mestres. Ou seja, essa idade aumentou para aqueles que se graduaram na década de 80, tendo permanecido nesse patamar mais elevado na década seguinte.

O ingresso no mestrado ocorre cerca de 3 anos após a graduação, mas esta média apresenta grande dispersão, o que caracteriza a coexistência de trajetórias diferentes. Cerca de 2/3 dos titulados foram admitidos no curso até dois anos após se graduarem. Entretanto, aproximadamente 20% deles foram admitidos ao mestrado muitos anos após se graduarem, em um período que varia de 6 a 25 anos. O ingresso no doutorado ocorre em média quase 7 anos após a graduação, observando-se dois grupos bem diferenciados em relação a esse aspecto. Aqueles que fizeram anteriormente o mestrado – que correspondem a 3/4 dos entrevistados – ingressam no doutorado praticamente em seguida à conclusão do mestrado, salvo poucas exceções. Os que foram diretamente para o doutorado o fazem geralmente logo após concluírem a graduação.

A duração média do mestrado é de 3,3 anos, valor que decresceu expressivamente ao longo da década, variando de mais de 4 anos, em 1990, para menos de 3 anos, em 1997, fato que certamente decorre das políticas acadêmicas induzidas pelas agências de fomento, notadamente Capes e CNPq. No caso do doutorado, a duração do curso é de cerca de 5 anos, valor que permaneceu mais ou menos o mesmo, ao longo das coortes estudadas. À primeira vista, essa constatação sugere que a duração do doutorado teria alcançado um valor compatível com as condições para o desenvolvimento da pesquisa científica, nessa área, nas instituições pesquisadas. No entanto, um olhar mais acurado dos dados colhidos, descartando-se os casos de duração excessiva do doutorado e considerando que eles não se repetirão para as próximas coortes, indica uma possível redução do tempo médio de doutoramento nas universidades consideradas neste estudo.

A idade média de titulação é de 31 anos, para o mestrado, e de 36 anos, para o doutorado. Esses valores são muito elevados, quando comparados aos parâmetros internacionais, que indicam idade média de doutoramento de 28 anos, tanto nos EUA, como na Europa ocidental. Entre os doutores, aqueles que vão direto da graduação para o doutorado titulam-se bem mais jovens (33,9 anos) do que os seus demais colegas

(36,5 anos). A idade de titulação dos mestres apresentou tendência de decréscimo no período estudado e a dos doutores, de acréscimo. Os dados colhidos permitem ainda projetar que, para as próximas coortes, a idade média de doutoramento, na melhor das hipóteses, se estabilizará em um valor próximo de 37 anos.

A maior parte de mestres e doutores era estudante, de graduação ou de mestrado, quando se inscreveu na pós-graduação. Tanto no caso dos mestres como dos doutores, a fração dos que tinham vínculo profissional à essa época era de 40%. Entre os mestres, esse vínculo profissional ocorria, em proporções mais ou menos eqüitativas, nos setores público e privado, e a fração dos que exercem o magistério superior não superava 1/5. Entre os doutores, quase todos estavam vinculados ao setor público e a grande maioria era docente do ensino superior. A atividade de pesquisa se associava ao trabalho da maioria dos mestres e doutores que, a essa época, exerciam atividades profissionais, sendo em freqüência maior para os últimos do que para os primeiros.

A motivação para a pós-graduação decorre basicamente do desejo de seguir ou aprimorar carreiras de pesquisador ou de docente. A maioria – e às vezes a grande maioria – dos entrevistados considerou que esses fatores foram muito importantes para a sua opção. Os percentuais correspondentes são maiores no caso dos doutores. A vontade de seguir carreira de pesquisador contribuiu mais do que a de seguir carreira docente, especialmente entre os doutores. Exerce também forte influência o desejo de ampliar as oportunidades profissionais e o de obter um melhor trabalho em termos acadêmicos e profissionais. Curiosamente, considerando as motivações associadas a maiores e melhores oportunidades de trabalho, são poucos os entrevistados que identificaram a possibilidade de obter melhor nível de renda e o incentivo da bolsa de estudos como fatores que pesaram muito para sua opção. É possível que muitos dos entrevistados tenham considerado pouco nobre associar motivações de cunho financeiro para a sua decisão de prosseguir estudos.

Após a titulação, os mestres tendem a imediatamente se inscrever no doutorado. Quase 60% dos entrevistados já estavam, quando da entrevista, vinculados a programas de doutoramento, percentual que se aplica mesmo para as coortes mais recentes. Cerca de 2/3 dos mestres relataram atividade profissional plena após a titulação, o que revela que a conclusão do mestrado contribui medianamente para a inserção profissional na área. Essa atividade profissional está sendo realizada preferencialmente no setor público e geralmente envolve atividades de pesquisa. Cerca de 40% são docentes do ensino superior e quase 1/4 trabalha em empresas, a maioria deles em atividades industriais.

No caso dos doutores, a titulação contribui decididamente para a inserção profissional. Mais de 90% deles declararam estar em plena atividade profissional, quase toda ela exercida no setor público, na área acadêmica e, com raras exceções, envolvendo a realização de pesquisas. São poucos os que trabalham em empresas e raríssimos os que atuam no ramo industrial. A fração de doutores que já realizou, ou está realizando, estágios de pós-doutoramento é da ordem de 1/3.

Os mestres em Química recebem em média cerca de R$ 2,1 mil mensais. Os que atuam em empresas e em universidades têm rendimentos um pouco maior do que esse valor, com acréscimos de, respectivamente, 20% e 5%. Os que trabalham em institutos de pesquisa recebem cerca de 20% menos dos que os docentes do ensino superior. O setor privado remunera cerca de 35% melhor do que o público.

A remuneração média dos doutores é de R$ 3,0 mil mensais e é praticamente a mesma para os que trabalham em universidade e em instituto de pesquisa. Os raros doutores trabalhando em empresas recebem cerca de 30% acima da média global. O setor privado remunera cerca de 20% melhor do que o público.

Tanto no caso dos mestres como no dos doutores, a remuneração tende a crescer com a experiência profissional, de forma aproximadamente linear. O aumento médio por ano de experiência é de cerca de R$ 120,00, no caso dos mestres e de cerca de R$ 85,00, no caso dos doutores. Também nos dois níveis, verifica-se que a remuneração dos homens é superior à das mulheres, em cerca de 20%, regularidade observada, tanto no setor público, quanto no privado, em quase todo tipo de atividade profissional e qualquer que seja a instituição formadora.

Foram apresentadas aos entrevistados diversas características da formação acadêmica, solicitando-lhes que indicassem aquelas que estão contribuindo para a sua atividade profissional, a saber: formação teórica, experiência em pesquisa, reciclagem de conhecimentos e possibilidade de contatos acadêmicos e profissionais. Tanto mestres como doutores fazem uma avaliação muito positiva de todos os quesitos, especialmente da experiência em pesquisa e da formação teórica, a primeira com melhores índices do que a segunda. As diferenças observadas nessa avaliação, conforme o tipo de trabalho atual, são pouco expressivas, seja no caso dos mestres e, principalmente, no dos doutores.

No que se refere ao aumento da competitividade profissional com a titulação, mestres e doutores manifestarammm elevado grau de satisfação. No primeiro caso, a soma dos que consideraram que o curso atendeu às expectativas com os que julgaram que as expectativas foram superadas alcança mais de 80%, independentemente do tipo de trabalho atual. Os doutores são ainda mais otimistas em relação a esse aspecto e o percentual correspondente ultrapassa 90%.

Notas

1. Para maiores detalhes, ver Mathias (1979) e Schwartzman (1979).
2. Nesse período, diversos líderes estudantis foram arbitrariamente expulsos das universidades e/ou presos, sendo que muitos deles foram obrigados a buscar asilo político em outros países. Do mesmo modo, inúmeros professores, além das aludidas violências, foram aposentados compulsoriamente e tiveram seus direitos políticos suspensos. Ainda que em menor grau, ocorreram também casos de assassinatos, pelos órgãos da repressão política, de estudantes e professores. Entre os "desaparecidos" políticos desse período encontra-se a professora Ana Rosa Kucinsci, do Instituto de Química da USP (Miranda, e Tibúrcio, 1999). Entre 1964 e 1973, 257 professores e intelectuais foram expurgados da burocracia estatal brasileira (Morel,1979: 62).
3. Ver Brasil (1997a) e Brasil (1997b).
4. Como se vê, após o período inicial, a expansão se concentrou no mestrado.
5. Dez anos depois, a ênfase passou a ser a expansão do número de cursos de doutorado.
6. Ver, entre outros, Yoshida, M. *et alli*, (1991), Andrade *et alli*, (1994) e Gama *et alli*, (1999).
7. Ver nota 3.
8. Esta pesquisa considerou, em seu conjunto, treze programas de pós-graduação em Química, tendo em vista que na UFRJ e na USP os programas são organizados por sub-áreas da Química. Desses, três foram classificados como 6, sete, como 5, e dois, como 4, na avaliação da Capes referente ao biênio 96/97. Apenas dois desses treze programas começaram a funcionar após 1980.
9. Dos 361 mestres entrevistados, 28% foram titulados pela UFRJ; 18% pela USP; 16% pela UFMG; 15% pela UFRGS; 14% pela UFBA e 10% pela UnB.
10. Foram entrevistados nesta pesquisa 311 doutores, sendo 54% titulados pela USP, 26%, pela UFRJ e 20%, pela UFMG.
11. Essa diferença de comportamento observada entre a UFRJ e as demais universidades, em especial quando comparada à USP, sugere que este fator possa ser objeto de análises mais detalhadas no futuro, visando compreender as razões que o motivam.
12. Não se observam diferenças expressivas nesta média entre as instituições consideradas; ela varia entre 23,7 anos para os titulados pela UnB e 24,6 anos, no caso da UFBA.
13. Este valor é praticamente o mesmo na UFMG, UFRJ e USP.
14. Para quase todas as instituições pesquisadas, o tempo médio decorrido entre a conclusão da graduação e o ingresso no mestrado é de cerca de 3,0 anos, exceto na UFBA, onde se aproxima de 4,0 anos e na UnB, onde supera esta marca.
15. As diferenças observadas em relação a essa média entre UFMG, USP e UFRJ não são significativas.
16. Deve ser mencionado que a metodologia empregada nesta pesquisa, para calcular diferenças de tempos, maximiza o resultado. Solicitou-se, por exemplo, aos entrevistados que declarassem o ano em que concluíram a graduação e o de início da pós-graduação, calculando-se o interregno por diferença. Dessa forma, para aquele que graduou-se em dezembro de 1992 e iniciou a pós em março de 1993, associou-se o tempo de um ano para o interregno entre esses dois eventos.
17. Muitas das informações colhidas nesta pesquisa não estão sendo apresentadas aqui em gráficos ou tabelas, evitando-se, dessa forma, tornar este texto longo e sua leitura enfadonha. No entanto, muitas vezes será necessário recorrer a essas informações não descritas em tabelas ou gráficos, para suportar análises e hipóteses feitas. É o que ocorre nesse parágrafo e se repetirá diversas outras vezes.
18. Mais de 60% dos doutores que cursaram anteriormente o mestrado registram um tempo máximo de um ano entre a conclusão do mestrado e o ingresso no doutorado.
19. Metade deles relata ter sido admitida no doutorado até 2 anos após concluir a graduação.
20. Quase 3/4 deles eram docentes do ensino superior, quando se inscreveram para o doutorado.
21. Esses dois conjuntos de coortes têm praticamente a mesma população.

[22] A duração do mestrado não varia muito entre as instituições formadoras, exceto no caso da UnB, com um valor bem abaixo da média geral, 2,5 anos, e da UFBA, que é um pouco acima desta, 3,7 anos.

[23] Essa média varia muito entre as três instituições que titularam grande número dos doutores: UFRJ, 4,7 anos; USP, 5,1 anos e UFMG, 5,6 anos.

[24] Como a política da Capes induzindo uma maior eficiência na formação foi desenvolvida tanto para o mestrado como para o doutorado, o fato de que resultados foram obtidos em relação ao mestrado, mas não para o doutorado, apontaria para essa conclusão.

[25] Ou seja, todos aqueles admitidos no doutorado a partir de 1988, inclusive, considerando uma duração mínima de 3 anos para o doutorado.

[26] Para os doutores também graduados em Química, a duração média do curso é de 5,3 anos, enquanto que, para os graduados em outras áreas, é de 4,7 anos. Para os mestres, essas mesmas médias são de respectivamente 3,4 anos e 3,1 anos.

[27] As diferenças mais expressivas neste caso são observadas para os titulados pela USP.

[28] Na realidade, mesmo para estes, a idade média de titulação vem aumentando, tendo passado de 33 anos, para o conjunto das coortes de 90 a 94, que incluem 40 desses doutores, para 35 anos, para o conjunto das coortes de 95 a 97, que incluem 31 desses doutores, o que agrava a situação descrita.

[29] Mais de 75% dos mestres e quase 90% dos doutores que declararam estar em outra situação de trabalho informaram também que eram estudantes. Entre os que informaram não ser estudantes a essa época, grande parte declarou um tempo máximo de um ano entre a conclusão da formação anterior e o ingresso no novo curso.

[30] No contexto desta pesquisa, os piores rendimentos estão sendo auferidos pelos pós-graduados em Química, cuja renda média é a menor no caso dos doutores e, ao lado dos físicos, também a menor, no caso dos mestres. Em ambos os casos, ela é cerca de 50% menor do que a média salarial dos titulados em Administração e Clínica Médica e 30% inferior à dos titulados em Engenharia ou Sociologia.

[31] Os poucos doutores trabalhando em empresas têm um padrão salarial cerca de 30% superior ao dos vinculados às IES.

[32] Neste trabalho foram classificados como pertencentes à academia os profissionais vinculados ao ensino superior e aos institutos de pesquisa.

[33] A composição dos atualmente inativos é a seguinte, conforme a instituição formadora: UFMG, 8%, UFRJ, 17% e USP, 75%.

[34] Para o cálculo das médias salariais, foram excluídos os mestres e doutores que não desenvolvem atividade profissional atualmente, inclusive aqueles mestres que recebem bolsa de doutorado.

[35] Foram incluídos nessa categoria todos aqueles que são docentes no ensino superior.

[36] Os valores observados foram os seguintes, em números aproximados: UFBA, R$ 2.300,00, UnB, R$ 2.200,00, UFMG, UFRGS e USP, R$ 2.100,00 e UFRJ, R$ 2.050,00.

[37] Essa análise teve em conta que os doutores em Química, em sua maioria, residem na mesma cidade em que se titularam, que cerca de 90 % deles atuam na área acadêmica e considerou, ainda, a variação da renda segundo a dependência administrativa – federal, estadual ou particular – da atividade profissional atual do entrevistado.

[38] Quase 20% dos doutores titulados pela USP que são docentes do ensino superior atuam na rede privada. Esse percentual não chega a 5%, no caso dos titulados pela UFMG e pela UFRJ, em seu conjunto.

[39] Os coeficientes de correlação linear correspondentes foram de 0,9, para o caso dos mestres, e de 0,8, para os doutores.

[40] Por exemplo, embora tendo tempo de titulação comparável ao dos homens, as mulheres podem ter menor tempo de serviço do que os homens. Ou ocupar, em menor proporção, cargos de chefia. Ou, as mulheres têm ganho menor na prestação de serviços das instituições públicas de ensino superior. Ou, ainda, as mulheres tendem a subestimar sua renda e os homens, a superestimá-la.

[41] Deve-se ressaltar que estão computadas apenas as respostas dos que declararam vínculo profissional atual, quer estejam em plena atividade ou afastados. O que, como visto, corresponde a cerca de 2/3 dos mestres e a mais de 90% dos doutores.

Mestres e doutores em Sociologia

Carlos Benedito Martins
Glaucia Villas Bôas
Maria Ligia de Oliveira Barbosa
Yvonne Maggie

Introdução

A constituição do campo disciplinar das ciências sociais na sociedade brasileira tem merecido a atenção de vários estudiosos inseridos nesse espaço acadêmico-profissional. De modo geral, pode-se afirmar que existe um acervo de trabalhos desenvolvidos, a partir de variadas orientações teórico-metodológicas, que permitem traçar a trajetória e a institucionalização das ciências sociais no país.[1] Em termos de produção mais recente sobre a constituição das ciências sociais no país, cumpre destacar a obra *História das Ciências Sociais no Brasil,* coordenada por Sergio Miceli (1989; 1995), que compôs uma equipe de pesquisadores integrada por sociólogos, antropólogos e cientistas políticos visando retraçar a formação desse campo disciplinar. Dessa forma, não faz muito sentido nessa pequena introdução esboçar um escorço histórico do surgimento e desenvolvimento das ciências sociais na sociedade brasileira.

No entanto, seria oportuno registrar que um número considerável desses trabalhos concentrou sua atenção entre as décadas de 40, 50 e início dos anos 60, deixando, portanto, de enfocar a formação e expansão dos cursos de nível de pós-graduação na área das ciências sociais que, sem dúvida, constitui outro capítulo fundamental no seu processo de institucionalização.

Inicialmente, valeria a pena assinalar que a pós-graduação na área de Sociologia iniciou-se no final dos anos 60, com a criação do curso de mestrado na Universidade Federal de Pernambuco (UFPE). Em 1980, já existiam 15 cursos na área, dos quais 13 eram de nível de mestrado e apenas dois programas, o da USP e o do IUPERJ, ofereciam formação em nível de doutorado. Na década de 90 ocorre forte expansão dos cursos de pós-graduação nessa área do conhecimento. São criados 12 novos mestrados em diversas regiões do país. Nesse mesmo período, registra-se também o crescimento dos cursos de doutorado, tendo sido criados 16 novos cursos, muito dos quais constituem um desdobramento do mestrado, como é o caso, por exemplo, dos doutorados da UNB, UFRJ, UFMG, UFPe e UFC. No ano 2000, ocorre a criação de dois novos cursos, um de mestrado (UEL) e um de doutorado (UFSCAR). Atualmente, a área conta com 27 mestrados e 19 doutorados, sendo que, na maioria dos casos, os mestrados e doutorados estão agrupados em um só Programa. Dessa forma, a área conta atualmente com 31 Programas. Os dados apresentados na tabela 12.1 permitem visualizar esta expansão.

Essa expansão dos cursos de mestrado e de doutorado na área de Sociologia, que também pode ser constatada nas informações sobre o surgimento dos cursos contidas no tabela 12.2, a seguir, tem merecido a atenção de vários cientistas sociais. Entre os estudos existentes, deve-se destacar, por exemplo, o realizado por Baeta Neves (1991), no qual são analisadas as etapas da evolução da pós-graduação na área de sociologia desde sua implantação até o final dos anos 80. A análise desse referido trabalho concentra-se na composição do corpo docente, a estrutura curricular, as linhas de pesquisa, exigências de crédito, processo de seleção, etc. Assinala-se também que, de modo geral, os primeiros cursos de pós-graduação em Sociologia possuíam uma estrutura curricular muito ampla e abrangente, contando com um corpo docente não adequadamente titulado. Nesses primeiros tempos, as exigências para o mestrado eram demasiadamente elevadas e o tempo médio para titulação era bastante alto.

De acordo com o estudo em foco, essa etapa inicial foi sucedida por um período de transição marcado pelo esforço de qualificação dos docentes, que levou os cursos a estimularem o afastamento de um número considerável de seus quadros para a realização de doutorado. A persistência da estrutura curricular ampla e abrangente, o afastamento dos docentes, problemas de infra-estrutura e de escasso apoio institucional comprometeram o desempenho adequado dos Programas. As iniciativas de melhoria dos cursos ocorreram simultaneamente com o processo de implantação da avaliação da Capes, que apontava a necessidade de reverem-se os problemas da primeira fase. No entanto, a maioria dos programas não se encontrava em condições de atender satisfatoriamente as recomendações advindas da avaliação realizada pela Capes, uma vez que o afastamento de docentes com vistas à titulação provocava uma sobrecarga de trabalho para os professores em atividade, que também não encontravam condições muito satisfatórias de trabalho.

Tabela 12.1
Programas de pós-graduação em Sociologia por ano de início e instituição

Cursos	Inicio	Instituição	Nivel [*]
Sociologia	1967	UFPE	M
Sociologia	1970	UNB	M
Sociologia	1971	USP	D
Sociologia	1971	USP	M
Sociologia	1973	IUPERJ/UCAM	M
Ciências sociais	1973	PUC-SP	M
Sociologia	1973	UFRGS	M
Sociologia	1974	UNICAMP	M
Sociologia	1976	UFC	M
Desenvolvimento, Agricultura e Sociedade	1976	UFRRJ	M
Sociologia rural	1977	UFPB/C.Grande.	M
Ciências sociais (Desenvolvimento Regional)	1979	UFRN	M
Sociologia	1979	UFPB/J.Pessoa.	M
Sociologia e Antropologia	1980	UFRJ	M
Sociologia	1980	IUPERJ	D
Sociologia	1981	UFMG	M
Sociologia	1981	UNESP/Araraq.	M
Ciências sociais	1982	PUC-SP	D
Sociologia	1984	UnB	D
Ciências sociais	1985	UNICAMP	D
Sociologia Política	1985	UFSC	M
Ciências sociais	1988	UFSCAR	M
Integração da América Latina	1988	USP	M
Estudos comparativos da América Latina e Caribe	1988	UnB	D
Ciências sociais	1990	UFBA	M
Sociologia e Antropologia	1993	UFRJ	D
Sociologia	1993	UNESP/Araraq.	D
Sociologia	1994	UFC	D
Ciências sociais	1994	UERJ	M
Sociologia e Política	1994	UFMG	D
Sociologia	1994	UFRGS	D
Sociologia	1995	UFPE	D
Desenvolvimento, Agricultura e Sociedade	1995	UFRRJ	D
Sociologia	1997	UFPR	M
Sociologia geral	1999	UFPA	M
Sociologia	1999	UFPB/J.Pessoa.	D
Ciências sociais	1999	UFBA	D
Ciências sociais	1999	UERJ	D
Ciências sociais	1999	PUC-MG	M
Integração da América Latina	1999	USP	D
Ciências sociais	1999	UNESP/Marília	M
Sociologia Política	1999	UFSC	D
Ciências sociais	1999	PUC-RS	MP
Sociologia	1999	UFG	M
Ciências sociais	2000	UFSCAR	D
Ciências sociais	2000	UEL	M

Fonte: Capes
Notas:(*) M = mestres; D = doutores; MP = mestrado profissionalizante.

Essa segunda etapa foi paulatinamente superada, segundo Baeta Neves, devido, em grande medida, a um conjunto de fatores, tais como: (i) melhoria na qualificação dos docentes; (ii) intensificação das visitas dos consultores da Capes aos programas existentes a partir dos anos 80; (iii) e recomendações expressas no processo de avaliação conduzida pela Capes. A partir de meados da década de 80, os programas iniciaram uma série de modificações em termos de duração do curso, estrutura curricular, inserção de novas disciplinas, definição das linhas de pesquisa e revisão no processo de seleção. Em função dessas mudanças, os programas, de modo geral, passaram a contar com uma estrutura curricular mais bem definida e com uma maior compatibilização entre as disciplinas ofertadas e as linhas de pesquisa bem como com um corpo docente mais qualificado academicamente.

No limiar dos anos 90, segundo o trabalho em tela, a pós-graduação em sociologia apresentava um quadro acadêmico indicativo de sua estabilização e consolidação. Apesar das inúmeras dificuldades enfrentadas no seu processo de institucionalização, o estudo salientava que a área de Sociologia havia expandido e ao mesmo tempo apresentava sensíveis melhorias em seu desempenho global. Em sua visão, as modificações efetuadas nos cursos então existentes, empreendidas durante o período analisado, apontava que os programas ingressavam na década de 90 com novas potencialidades, capazes de conduzir a área a um patamar de excelência acadêmica.

Tabela 12.2
Evolução da pós-graduação em Sociologia segundo algumas características, 1987-1997[*]

Ano	Número de cursos		Alunos novos		Alunos matriculados (em dezembro)		Alunos titulados		Docentes permanentes		Artigos em revistas, capítulos em livros e trab. compl. em anais	
	M	D	M	D	M	D	M	D	Total	D	País	Exterior
1987	20	5	177	61	862	177	60	18	350	227	170	32
1988	23	6	289	39	896	225	99	9	438	308	270	65
1989	23	6	223	22	918	142	97	16	495	381	421	82
1990	23	6	276	66	1048	282	119	13	471	377	465	93
1991	23	6	213	97	957	293	121	47	475	398	454	145
1992	20	6	277	90	941	312	177	35	404	350	460	139
1993	21	7	239	110	939	301	165	58	435	397	571	141
1994	20	12	357	142	1018	403	175	35	443	412	686	120
1995	20	12	313	155	969	523	199	46	452	424	652	100
1996	20	12	287	164	994	666	248	58	396	379	1990	301
1997	21	12	259	163	922	709	255	74	284	277	1606	178

Fonte: Capes
Notas:(*) M = mestrado; D = doutorado.

Alguns trabalhos têm destacado que o processo de expansão dos cursos de pós-graduação em Sociologia contribuiu para a formação de um sistema nacional de ensino e de pesquisa nessa área do conhecimento. O trabalho desenvolvido por Werneck Vianna e colaboradores (1995) procura destacar que a formação desse sistema nacional na área tem- se caracterizado pela precedência do ensino em relação à pesquisa, invertendo o processo de institucionalização da Sociologia que predominou na Europa e na América do Norte. De acordo com esse trabalho, o atendimento ao mercado universitário foi o responsável pela expansão dos cursos de mestrado e de doutorado na área, ou seja, em larga medida, foram as políticas públicas voltadas para a formação de docentes para atuar no ensino superior, principalmente nas universidades públicas, que favoreceram a implantação desses cursos em várias regiões do país.

A reforma universitária de 1968, expressa na Lei nº 5540/68, que institucionalizou os cursos de pós-graduação e normatizou as condições de acesso e ascensão na carreira acadêmica, associava fortemente a progressão na hierarquia docente das universidades federais à obtenção de um título de mestre e de doutor. Esse impulso à titulação acadêmica somou-se a uma política sistemática – conduzida pelas principais agências de fomento nacionais – de concessão de bolsas de estudos para a realização dos cursos de mestrado e de doutorado no país e no exterior. A Capes, criou em 1976, um programa especial de capacitação docente – o PIDCDT – para os professores das universidades federais, visando incentivar a sua titulação acadêmica. O fato de que a titulação fosse condição de progressão na profissão acadêmica, combinada com uma política de concessão de bolsas de estudos, incentivou de forma significativa a chegada de novos contingentes de profissionais – boa parte deles docentes de instituições públicas – nos cursos de mestrado e doutorado, que se multiplicaram na área de Sociologia.

Se essa foi a lógica que comandou a criação e o crescimento dos cursos de pós-graduação em Sociologia, comprometendo intimamente esse sistema com as atividades de ensino e vinculando-o a uma estratégia de crescimento limitada ao espaço universitário, o estudo em foco questiona as possibilidades da continuidade da expansão desse sistema, caso persista a sua forte vinculação apenas com o mundo acadêmico. O incremento da formação de novos doutores verificada nos últimos anos, segundo os autores, poderá provocar uma expansão da Sociologia não mais motivada apenas pela necessidade de qualificação acadêmica, mas voltada também para a produção de respostas aos problemas colocados pelos mais diversos contextos sociais, capaz de criar um processo de interação dinâmica entre os diferentes atores sociais, rompendo, assim, o confinamento dos sociólogos às atividades de docente-pesquisador.

Certamente, as transformações socioeconômicas que têm perpassado a sociedade brasileira nas últimas décadas têm demandado de forma crescente a participação de cientistas sociais em atividades extra-acadêmicas, levando-os a disputar o mercado de trabalho com outros profissionais tais como economistas, administradores, jornalistas, especialistas em pesquisas eleitorais e pesquisa de mercado, reativando e renovando a competição profissional com titulados que guardam certa proximidade com as áreas das ciências sociais.

Os dados coletados para a presente pesquisa tendem a mostrar que essa mutação vem ocorrendo empiricamente. A esse propósito, deve-se destacar, por exemplo, que, até 1994, 63% dos mestres atuavam no mercado acadêmico. A partir de 1995, essa taxa diminui para 55%. Os dados referentes aos doutores indicam um diminuição ainda maior com relação a atividade docente, uma vez que, em 1994, 71% deles estavam vinculados à atividade docente, sendo que, a partir de 1995, ocorre um decréscimo para 44%. No entanto, deve-se destacar que tanto no caso dos mestres como no dos doutores, apesar da diminuição da proporção dos titulados em Sociologia envolvidos em atividade docente, ocorreu, no período em foco, um aumento significativo da absorção dos mesmos pelas IES particulares: no doutorado, passa-se de 8%, em 1994, para 44% a partir de 1995. Nesse sentido, deve-se assinalar que a Lei de Diretrizes e Bases da Educação Nacional estabelece, em seu artigo 52, que as universidades devem possuir pelo menos um terço do corpo docente com a titulação acadêmica de mestrado ou doutorado, o que certamente contribui para o incremento das taxas de absorção mencionadas.

Idade, sexo e percurso acadêmico dos mestres e doutores

Os mestres em Sociologia são em grande parte provenientes da mesma área de formação acadêmica (66%). Em algumas instituições, tais como no IUPERJ, USP, UFBA, constata-se uma maior incidência de titulados que tiveram a sua formação inicial na área da Sociologia, quando comparado com o número total encontrado pela presente investigação (tabela 12.3).No entanto, deve-se registrar que 34% dos mestres são originários de outras áreas do conhecimento. Embora não se disponha de dados sistemáticos sobre o recrutamento do mestrado em Sociologia na sociedade brasileira em décadas passadas, o percentual encontrado pela presente pesquisa, sugere que essa área do conhecimento vem sendo demandada por um público portador de uma carreira profissional heterogênea. Essa heterogeneidade pode significar, por um lado, uma ampliação do reconhecimento da área, mas, ao mesmo tempo, esta pode, por outro lado, criar problemas do ponto de vista da composição curricular da pós-graduação em Sociologia, tais como: como se poderia lecionar as disciplinas teóricas para estudantes com profundas diferenças de conhecimento na área? No limite, essa heterogeneidade coloca uma questão a ser investigada posteriormente quanto à dificuldade de uma possível definição da identidade profissional desse grupo.

Assim como os mestres, os doutores em Sociologia são em sua grande maioria oriundos da mesma área (71% do total); no entanto, este resultado é bastante diferenciado segundo as instituições: de acordo com a tabela 12.3, na USP, essa tendência é mais acentuada (77%) enquanto que, na UnB, há um equilíbrio entre aqueles profissionais originários da Sociologia e os de outras áreas.

Quanto à diferenciação dos titulados por sexo, os dados da tabela 12.3 permitem também constatar uma ligeira predominância do sexo masculino (53%). Dos Programas analisados, a USP possui o número mais elevado de alunos do sexo masculino (63%). Por outro lado, a maior concentração de mulheres é encontrada no IUPERJ (56%).

Entre os doutores, ao contrário dos mestres, o equilíbrio entre os sexos se inverte, assumindo as mulheres uma pequena dianteira em relação aos homens. Neste caso, só a UnB se diferencia, tendo uma expressiva maioria masculina.

Tabela 12.3
Mestres e doutores em Sociologia: área da graduação e da pós-graduação; sexo por universidade (%)

		Universidade do curso							
		IUPERJ/UCAM	UFBA	UFMG	UFPE	UFRGS	UnB	USP	Total
a. Mestres									
Área na graduação	Mesma área	83,3	75,0	63,9	55,9	50,7	60,5	79,0	65,7
e na pós	Outra área	16,7	25,0	36,1	44,1	49,3	39,5	21,0	34,3
	Total	100,0	100,0	100,0	100,0	100,0	100,0	100,0	100,0
Sexo	Masculino	44,4	50,0	47,5	52,9	59,2	47,4	62,9	53,4
	Feminino	55,6	50,0	52,5	47,1	40,8	52,6	37,1	46,6
	Total	100,0	100,0	100,0	100,0	100,0	100,0	100,0	100,0
b. Doutores									
Área na graduação	Mesma área	68,0					50,0	76,7	71,3
e na pós	Outra área	32,0					50,0	23,3	28,7
	Total	100,0					100,0	100,0	100,0
Sexo	Masculino	32,0					60,7	45,6	45,7
	Feminino	68,0					39,3	54,4	54,3
	Total	100,0					100,0	100,0	100,0

Os mestres em Sociologia tinham, em média, 35 anos ao concluírem o curso (ver gráfico 12.1a), tendo iniciado por volta dos 30 anos. A duração média do curso foi de aproximadamente 4 anos (ver gráfico 12.2). Os dados apresentados no gráfico 12.1a indicam uma tendência à diminuição da idade dos mestres ao concluir o curso, bem como uma gradativa redução da duração do curso ao longo da década de 90 mas também mostram um retorno ao patamar inicial em 1998. De certa forma, esses dados, indicam uma resposta positiva da área de Sociologia às políticas colocadas em prática pelas agências de fomento nacionais visando diminuir o prazo de titulação de mestres e de doutores e de incentivar a entrada de jovens pesquisadores altamente qualificados na carreira acadêmico-profissional. Contudo, se os dados relativos à duração permitem certa dose de otimismo, o mesmo não acontece com as informações sobre a idade dos egressos. Para se avaliar quão alta é esta idade média de titulação – entre os nossos doutores, 63% obtiveram o título com mais de 40 anos, conforme a tabela 12.4 – podemos ver o exemplo da França, onde 75% dos estudantes obtêm seu título de doutorado antes de completar 33 anos (Paul e Perret, 1999).

Gráfico 12.1a
Mestres em Sociologia: idades na trajetória da graduação à titulação por ano de conclusão (médias anuais)

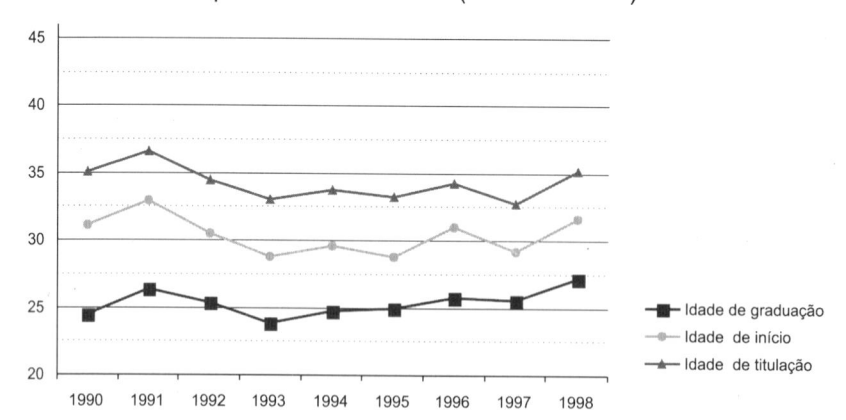

Tabela 12.4
Mestres e doutores em Sociologia: idade de titulação em grupos etários por universidade (%)

	Universidade do curso							
	IUPERJ/ UCAM	UFBA	UFMG	UFPE	UFRGS	UnB	USP	Total
a. Mestres								
Até 30	62,1	14,6	30,5	32,4	36,1	40,0	22,6	32,5
De 31 a 35	20,7	39,0	39,0	38,2	31,9	31,1	46,8	36,3
De 36 a 40	13,8	17,1	13,6	8,8	18,1	22,2	16,1	16,1
De 41 a 45	3,4	14,6	10,2	11,8	6,9	4,4	11,3	9,1
46 e mais		14,6	6,8	8,8	6,9	2,2	3,2	6,1
Total	100,0	100,0	100,0	100,0	100,0	100,0	100,0	100,0
b. Doutores								
Até 30	4,2					4,3		1,3
De 31 a 35	20,8					26,1	8,5	13,1
De 36 a 40	20,8					8,7	25,5	22,2
De 41 a 45	33,3					30,4	24,5	26,8
46 e mais	20,8					30,4	41,5	36,6
Total	100,0					100,0	100,0	100,0

Podemos constatar, no gráfico 12.1b, que nossos doutores ingressam e completam o curso com uma idade média elevada (38 anos para começar e 43 para terminar). Podemos ter várias explicações para isso, desde o ingresso tardio na graduação (com a idade de conclusão em torno dos 25 anos, podemos supor um ingresso em torno dos 20 ou 21 anos de idade) até a excessiva duração do mestrado (constatada nos dados sobre os mestres). Outra hipótese pode ser aventada: a expansão nos últimos anos da pós-graduação no Brasil só mais recentemente abriu possibilidades de doutoramento em Sociologia no país. Nesse sentido, a idade avançada pode ser resultado da expansão recente combinada com os cálculos de custo/ benefício da entrada para o doutorado fora do país.

A duração média do curso tem-se estabilizado em torno dos 5 anos, para os doutores, e já atingiu uma média de 3,5 anos para o caso dos mestres (gráfico 12.2). Estes são prazos maiores que aqueles que formalmente exigidos pelas agências e universidades, mas representam uma tendência de baixa, já que, em 1992, a duração média atingiu um pico de mais de 6 anos para os doutores. A tendência de queda, entre os mestres, já começa no início da década. O tempo médio de duração do curso é o mesmo, independentemente do acesso às bolsas de estudo.

Gráfico 12.1b
Doutores em Sociologia: idades na trajetória da graduação à titulação, por ano de conclusão (médias anuais)

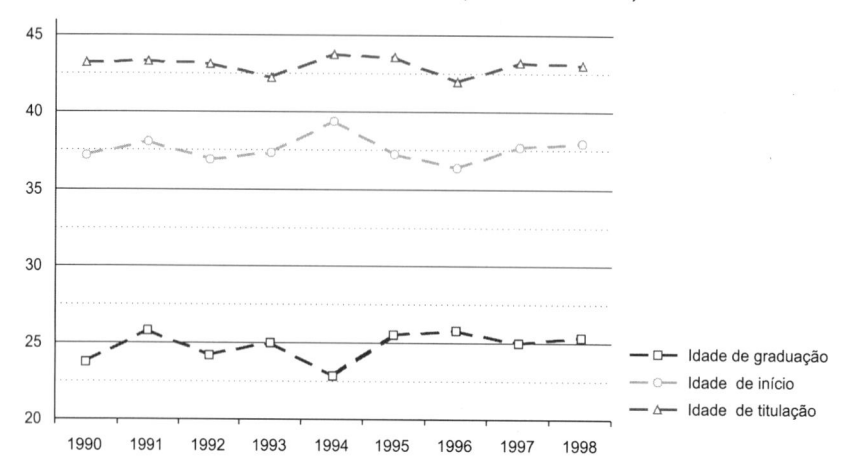

Gráfico 12.2
Mestres e doutores em Sociologia: duração do curso por ano de conclusão (médias anuais)

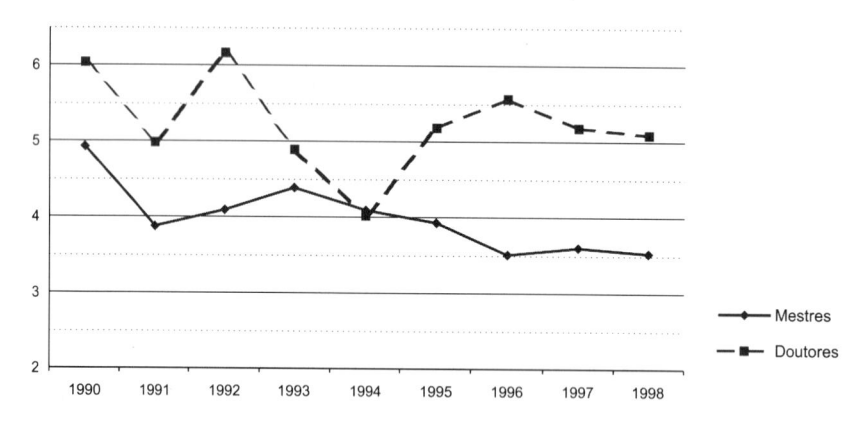

É pequena a variação do tempo de duração do curso pela escolaridade do pai, o que pode ser constatado no gráfico 12.2.1. Isto acontece tanto no caso dos mestres, que apenas para o caso de pais com segundo grau têm um tempo médio de aproximadamente um semestre a mais que os outros, como no caso dos doutores, entre os quais a homogeneidade é maior. Trata-se, portanto, de uma variável com pouquíssimo poder explicativo.

Gráfico 12.2.1
Mestres e doutores em Sociologia: duração do curso por escolaridade do pai (médias em anos)

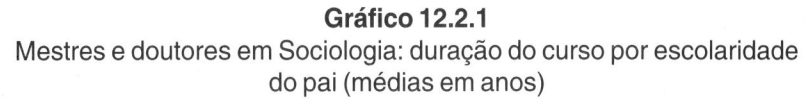

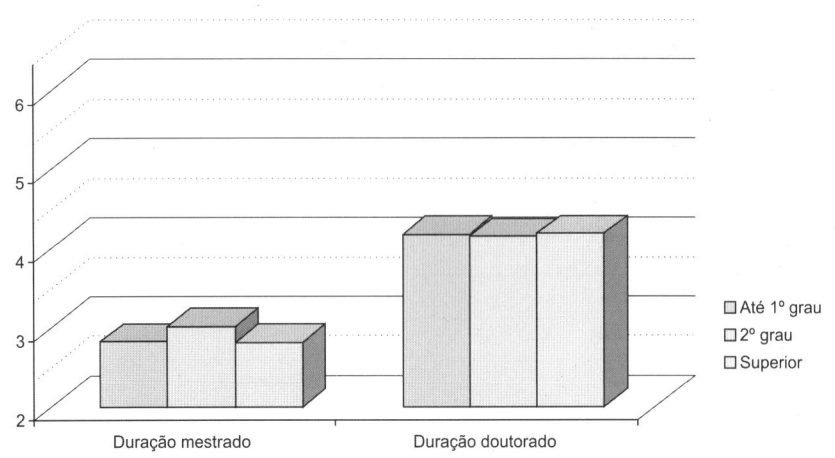

Um aspecto complementar ao tempo de titulação diz respeito ao intervalo em anos entre o término da graduação e o ingresso no mestrado e no doutorado. No gráfico 12.3, podemos notar uma tendência, apesar das oscilações entre 94 e 96, à manutenção de um tempo médio de aproximadamente 13 anos entre a conclusão da graduação e o início do doutorado. Para os mestres, observamos uma queda neste intervalo, que passa de quase 7 anos para os que se titularam em 1990, e atinge 4 anos entre os mestres que concluíram seu curso em 1998.

Gráfico 12.3
Mestres e doutores em Sociologia: tempo entre graduação e início do curso por ano de conclusão (médias anuais)

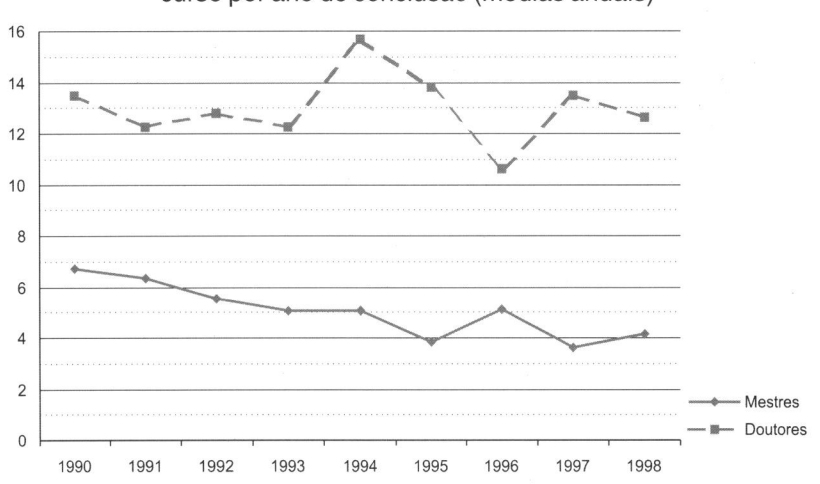

A variável escolaridade do pai também não apresentou efeitos significativos na definição do tempo gasto entre a graduação e o início do mestrado. Apenas no caso do doutorado, a maior escolaridade produz uma redução de quase dois anos no tempo médio entre a conclusão da graduação e o início do curso. É o que se constata no gráfico 12.3.1.

Gráfico 12.3.1
Mestres e doutores em Sociologia: tempo entre graduação e início do curso, por escolaridade do pai (médias em anos)

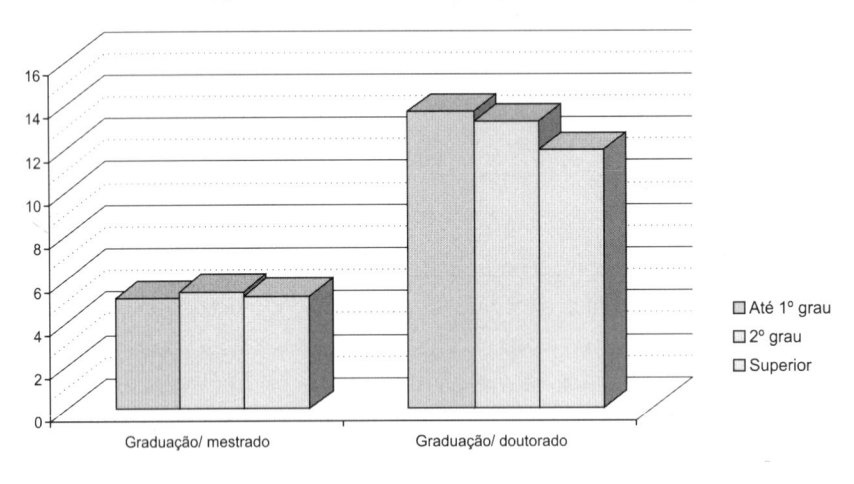

Trajetória: de onde vieram e onde estão os mestres e doutores

A tabela 12.5a mostra a situação de estudo e trabalho dos mestres ao inscreverem-se no curso. Alguns ainda faziam a graduação, notando-se uma maior proporção na UnB (47%). A maioria estava em plena atividade, o que torna quase insignificante o percentual dos que procuravam trabalho: desses, 3% estudavam na USP e na UFRGS. Das instituições pesquisadas somente a UFRGS apresentou 2% de alunos que estavam aposentados ao inscreverem-se no curso. Podemos notar que a USP apresenta um percentual considerável (26%) de alunos que estavam parcialmente ou totalmente afastados do trabalho, enquanto que, na UFBA e UFMG, esse fato não ocorre.

Quanto à atividade remunerada ao inscrever-se no curso, notamos que grande parte destes profissionais trabalhava no setor público, destacando-se a UnB (74%). O maior índice de alunos que trabalhavam no setor privado constitui o contingente que estudava na UFMG (50%). A UFBA e a UnB apresentam o mesmo índice (8%)

para os mestres que trabalhavam como autônomos ou consultores. Somente na UFPE encontramos (5%) dos mestres que exerciam atividades como proprietários, e é também nesta instituição que encontramos a maioria dos mestres (14%) que trabalhavam em ONGs ou entidades semelhantes.

Tabela 12.5a
Mestres em Sociologia: situação de estudo e trabalho na inscrição por universidade (%)

		Universidade do curso							
		IUPERJ/UCAM	UFBA	UFMG	UFPE	UFRGS	UnB	USP	Total
Estudo	Não estudava na grad.	72,2	95,0	83,6	82,4	82,4	52,6	72,6	77,5
na inscrição	Fazia graduação	27,8	5,0	16,4	17,6	17,6	47,4	27,4	22,5
	Total	100,0	100,0	100,0	100,0	100,0	100,0	100,0	100,0
Trabalho	Procurava trabalho			1,6	2,9	3,1	2,6	3,2	2,1
na inscrição	Aposentado					1,6			0,3
	Outra	47,2	40,0	39,3	35,3	25,0	36,8	24,2	33,7
	Plena atividade	50,0	60,0	59,0	52,9	68,8	44,7	46,8	55,5
	Parc./tot. afastado	2,8			8,8	1,6	15,8	25,8	8,4
	Total	100,0	100,0	100,0	100,0	100,0	100,0	100,0	100,0
Atividade	Emp. setor público	52,6	66,7	36,1	52,4	57,8	73,9	53,3	55,6
remunerada	Emp. setor privado	36,8	16,7	50,0	23,8	35,6	17,4	33,3	31,8
na inscrição	Autônomo/consultor	5,3	8,3	5,6	4,8		8,7	6,7	5,2
	Proprietário				4,8				0,5
	ONG/entidades	5,3	8,3	8,3	14,3	6,7		6,7	6,9
	Total	100,0	100,0	100,0	100,0	100,0	100,0	100,0	100,0
Tipo de trabalho	Administração pública	25,0	62,5	16,7	33,3	33,3	40,9	24,4	32,7
	Empresa	25,0	4,2	11,1	14,3	4,4		15,6	9,5
	IES	31,3	12,5	36,1	14,3	33,3	22,7	22,2	25,6
	Outra instit. de ensino		8,3	8,3	4,8	17,8	13,6	17,8	12,3
	Instituição de pesquisa	18,8	4,2	5,6	4,8	2,2	9,1	13,3	7,5
	Outros		8,3	22,2	28,6	8,9	13,6	6,7	12,5
	Total	100,0	100,0	100,0	100,0	100,0	100,0	100,0	100,0
Atividade	Não	26,3	37,5	44,4	61,9	68,2	69,6	57,8	55,1
envolvia	Sim	73,7	62,5	55,6	38,1	31,8	30,4	42,2	44,9
pesquisa	Total	100,0	100,0	100,0	100,0	100,0	100,0	100,0	100,0
Era docente em	Não	78,9	87,5	72,2	85,7	68,2	78,3	80,0	77,4
universidade	Sim	21,1	12,5	27,8	14,3	31,8	21,7	20,0	22,6
	Total	100,0	100,0	100,0	100,0	100,0	100,0	100,0	100,0

Em relação à instituição de trabalho, a tabela 12.5a também indica que a maior concentração de alunos que trabalhavam na administração pública estava alocada na UFBA (62%), ao passo que o IUPERJ concentrava o maior número de alunos que atuavam em empresas (25%) e a UFMG concentrava os que trabalhavam em IES (36%). Não foram encontrados, no IUPERJ, profissionais que trabalhavam em outra instituição de ensino, enquanto que, na UFRGS e USP, estes representavam 18%. Poucos alunos, ao inscreverem-se, trabalhavam em organismos políticos e institutos de assessorias. Deve-se também assinalar que, nas instituições pesquisadas, em relação à situação de trabalho antes de inscrever-se no curso, 70%, na UnB, e

68%, na UFRGS, não exerciam atividades de pesquisa, e dos que as exerciam, salientavam-se 74% dos mestres do IUPERJ, 63% da UFBA e 56% da UFMG. São poucos os mestres que trabalhavam como docentes em IES ao inscreverem-se, destacando-se 32% na UFRGS.

A tabela 12.5b nos permite traçar um quadro de quem eram os doutores em Sociologia à época de sua inscrição no curso. A maioria deles estava trabalhando (em plena atividade) e alguns deles estavam ainda fazendo mestrado (proporção esta que é bem maior entre os doutores do IUPERJ, o que pode ser explicado pelo formato da seleção nesta instituição, que permite e incentiva a passagem direta do mestrado para o doutorado). Apenas na UnB encontramos profissionais que buscavam trabalho (4% dos egressos desta universidade) quando se inscreveram no curso.

Nas três instituições, a maioria dos profissionais trabalhava no setor público (64% no IUPERJ, 80% na UnB; e 73% na USP). Entre os doutores da USP, encontramos 3% que trabalhavam como autônomos ou consultores, enquanto 4% dos doutores da UnB tinham atividades como proprietários. No IUPERJ encontramos o maior índice entre essas atividades diferenciadas: 9% dos doutores formados nesta instituição trabalhavam em ONGs ou entidades semelhantes no momento de sua entrada no curso.

É interessante notar que profissionais da administração pública não se interessavam pelo curso do IUPERJ, mas eles representavam quase a metade dos inscritos em São Paulo e Brasília. Na instituição carioca predominam profissionais de Instituições de Ensino Superior (IES), que são apenas 24%, na UnB, e 42% na USP. O trabalho em institutos de pesquisa é mais comum entre os profissionais cariocas e brasilienses, sendo de apenas 7% entre os paulistas.

Exceto em Brasília, onde este número é um pouco menor (só 60%), mais de ¾ dos profissionais que se inscreveram nos cursos de doutorado tinham um trabalho que envolvia pesquisa. Também em Brasília somente 28% dos doutorandos eram docentes em IES, contra 59% no IUPERJ e 42% na USP.

Todos esses dados são indicadores interessantes sobre o mercado profissional dos sociólogos e suas diferenças regionais. As características da organização e funcionamento do mercado de trabalho nas diferentes capitais são também fatores importantes na configuração do público de cada um desses cursos.

Tabela 12.5b
Doutores em Sociologia: situação de estudo e trabalho na inscrição por universidade (%)

		Univresidade do curso			
		IUPERJ/UCAM	UnB	USP	Total
Estudo na inscrição	Não estudava na grad./mest.	68,0	78,6	81,4	78,8
	Fazia mestrado	32,0	21,4	18,6	21,2
	Total	100,0	100,0	100,0	100,0
Trabalho na inscrição	Procurava trabalho		3,6		0,5
	Outra	12,0	7,1	13,6	12,4
	Plena atividade	88,0	71,4	82,5	81,7
	Parc./tot. afastado		17,9	3,9	5,4
	Total	100,0	100,0	100,0	100,0
Atividade remunerada na inscrição	Emp. setor públ.	63,6	80,0	72,7	72,4
	Emp. setor priv.	27,3	16,0	21,6	21,7
	Autônomo/consultor			3,4	2,3
	Proprietário		4,0		0,6
	ONG/entidades	9,1		2,3	3,0
	Total	100,0	100,0	100,0	100,0
Tipo de trabalho na inscrição	Administração pública		48,0	41,6	35,8
	Empresa		4,0	4,5	3,7
	IES	59,1	24,0	41,6	41,7
	Outra inst. de ensino	4,5		1,1	1,5
	Instituição de pesquisa	22,7	24,0	6,7	12,0
	Outros	13,6		4,5	5,3
	Total	100,0	100,0	100,0	100,0
Atividade envolvia pesquisa	Não	22,7	40,0	19,1	22,9
	Sim	77,3	60,0	80,9	77,1
	Total	100,0	100,0	100,0	100,0
Era docente em universidade	Não	40,9	72,0	58,0	57,4
	Sim	59,1	28,0	42,0	42,6
	Total	100,0	100,0	100,0	100,0

Quanto ganham os mestres e doutores?

Quando se observa o rendimento auferido pelos titulados por tipo de trabalho (gráfico 12.4), constata-se que o sociólogo tem obtido os maiores salários na administração pública, para os mestres, e, para os doutores, nos institutos de pesquisa.

Motivações para cursar a pós-graduação e o doutorado

Os dados da tabela 12.6 fornecem informações sobre as motivações que conduziram os futuros sociólogos para realizar os estudos de mestrado e de doutorado, por instituição de trabalho. Quando indagados sobre os fatores motivadores para a realização do mestrado, 78% responderam que o objetivo de corrigir deficiências da graduação pesou pouco/nada, principalmente para os que exerciam atividades em universidade (81%). Um número significativo de informantes (61%) afirmou que pesou muito sobre a sua decisão de realizar o mestrado o fato de seguir e/ou aprimorar a carreira acadêmica, principalmente para aqueles que trabalhavam em IES (85%). A decisão de seguir a carreira de pesquisador pesou de forma considerável para os informantes (75%), sobretudo para aqueles que trabalhavam em universidade (79%). Uma porcentagem considerável dos informantes (62%) considerou que a expectativa de ampliação de oportunidades no mercado de trabalho pesou muito em sua decisão de se titular na área; por outro lado, grande parcela dos informantes assinalou que o incentivo da bolsa não foi uma motivação decisiva para realização do mestrado.

Gráfico 12.4
Mestres e doutores em Sociologia: médias das classes de renda por principais tipos de trabalho (em reais)

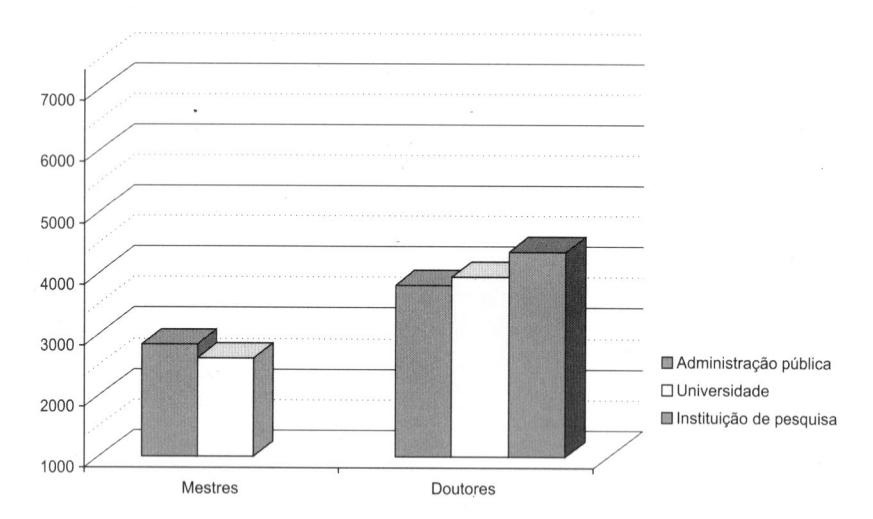

A análise da motivação para fazer o doutorado pode ser feita a partir das informações contidas na tabela 12.6. Entre elas, se destaca o fato de que o doutorado é visto principalmente como base de preparação para a carreira de pesquisador. No interior de cada tipo de instituição de trabalho repete-se a centralidade do incentivo a esta carreira. Este é considerado, com apenas uma exceção, o fator que tem

Tabela 12.6
Mestres e doutores em Sociologia: motivações para o mestrado e o doutorado por principais tipos de trabalho na inscrição (%)

		Admin. Pública	Universidade	Instituição de pesquisa	Total (*)
a. Mestres					
Corrigir deficiências da graduação	Pouco /nada	71,2	81,0		78,1
	Muito	28,8	19,0		21,9
	Total	100,0	100,0		100,0
Seguir/ aprimorar carreira docente	Pouco /nada	54,7	15,4		38,9
	Muito	45,3	84,6		61,1
	Total	100,0	100,0		100,0
Seguir carreira de pesquisador	Pouco /nada	28,6	20,6		24,8
	Muito	71,4	79,4		75,2
	Total	100,0	100,0		100,0
Ampliar oportunidades de trabalho	Pouco /nada	37,6	40,8		37,7
	Muito	62,4	59,2		62,3
	Total	100,0	100,0		100,0
Melhor trabalho em termos acadêmicos ou profissionais	Pouco /nada	28,8	27,6		29,6
	Muito	71,2	72,4		70,4
	Total	100,0	100,0		100,0
Melhor nível de renda	Pouco /nada	54,2	49,6		58,1
	Muito	45,8	50,4		41,9
	Total	100,0	100,0		100,0
Incentivo da bolsa	Pouco /nada	82,5	77,9		79,8
	Muito	17,5	22,1		20,2
Total	Total	100,0	100,0		100,0
b. Doutores					
Corrigir deficiências do mestrado	Pouco /nada	89,5	89,5	94,9	90,5
	Muito	10,5	10,5	5,1	9,5
	Total	100,0	100,0	100,0	100,0
Seguir/ aprimorar carreira docente	Pouco /nada	33,9	9,1	53,7	26,8
	Muito	66,1	90,9	46,3	73,2
	Total	100,0	100,0	100,0	100,0
Seguir carreira de pesquisador	Pouco /nada	14,2	10,6	0,0	11,0
	Muito	85,8	89,4	100,0	89,0
	Total	100,0	100,0	100,0	100,0
Ampliar oportunidades de trabalho	Pouco /nada	33,5	46,8	42,5	42,7
	Muito	66,5	53,2	57,5	57,3
	Total	100,0	100,0	100,0	100,0
Melhor trabalho em termos acadêmicos ou profissionais	Pouco /nada	24,9	33,1	29,2	30,0
	Muito	75,1	66,9	70,8	70,0
	Total	100,0	100,0	100,0	100,0
Melhor nível de renda	Pouco /nada	60,9	62,4	53,4	62,5
	Muito	39,1	37,6	46,6	37,5
	Total	100,0	100,0	100,0	100,0
Incentivo da bolsa	Pouco /nada	75,1	75,3	82,0	77,1
	Muito	24,9	24,7	18,0	22,9
	Total	100,0	100,0	100,0	100,0

Nota (*) - A coluna total inclui outros tipos de trabalho na inscrição.

maior peso na decisão de fazer-se o curso. Uma exceção se encontra entre os profissionais que trabalham em IES, para os quais o aprimoramento da carreira docente pesou muito, numa proporção quase idêntica à do investimento na carreira de pesquisador. O aprimoramento docente é a segunda forte razão para a realização do doutorado. A melhoria do trabalho em termos acadêmicos e profissionais foi um incentivo que se mostrou bastante importante para o conjunto dos doutores, aparecendo em terceiro lugar entre os fatores de decisão.

O caráter mais acadêmico do trabalho do sociólogo pode ser a razão da desconsideração do peso do incentivo da bolsa e da possibilidade de obter maior rendimento. Este último só aparece como incentivo bastante relevante entre os profissionais ligados aos institutos de pesquisa; para 47% deles a melhoria de renda pesou muito na decisão de fazer doutorado.

A possibilidade de ampliar as oportunidades de trabalho mostrou-se como incentivo importante para pouco mais da metade dos sociólogos, devendo-se destacar que esta tendência é mais forte entre os profissionais da administração pública, seguidos de perto por aqueles associados aos institutos de pesquisa e, a uma distância maior, pelos doutores das IES.

Continuidade nos estudos e trabalho atual

Entre os mestres que atualmente estudam, 45% fazem doutorado no país (ver tabela 12.7a). Esse dado tende a indicar a consolidação dos Programas de pós-graduação de Sociologia, bem como a diversificação de suas linhas de pesquisa, de modo a contemplar a quase totalidade da demanda existente no país. Quanto à situação de trabalho, os dados contidos na mesma tabela indicam que 73% encontram-se atualmente em plena atividade, destacando-se os que obtiveram os seus títulos na UFMG (87%), na UFRGS (78%) e na UFBA (78%). É praticamente desprezível a proporção dos que procuram trabalho. Os dados dessa tabela indicam também que 59% dos mestres trabalham no setor público, destacando-se os titulados da UFPE (69%), da UnB e do IUPERJ (64%). Deve-se salientar que 32% dos titulados encontram-se inseridos em empresas privadas. Quando se analisa a instituição de trabalho, constata-se que quase 60% dos mestres em Sociologia desenvolvem as suas atividades em IES, o que tende a confirmar o predomínio do perfil acadêmico da área em foco. As instituições que integram a administração pública absorvem 23% dos titulados e apenas 6% estão inseridos em empresas privadas. A importância da dimensão acadêmica da área é também confirmada pelo fato que, além de 59% dos titulados exercerem a função de docente, 73% dos mestres realizam uma atividade que envolve a prática da pesquisa.

Tabela 12.7a
Mestres em Sociologia: situação de estudo e trabalho por universidade (%)

		Universidade do curso							
		IUPERJ/ UCAM	UFBA	UFMG	UFPE	UFRGS	UnB	USP	Total
Pós-graduação após o mestrado	Faz doutorado no país	80,6	20,0	41,0	35,3	29,6	50,0	66,1	44,5
	Faz dout. sand./ ou exter.	5,6		1,6	11,8	5,6	5,3	3,2	4,4
	Não faz PG	13,9	80,0	57,4	52,9	64,8	44,7	30,6	51,1
	Total	100,0	100,0	100,0	100,0	100,0	100,0	100,0	100,0
Trabalho	Procura trabalho				2,9	1,5	2,6		0,9
	Aposentado						5,3		0,7
	Outra	38,9	15,0	8,2	11,8	3,0	21,1	25,8	15,9
	Plena atividade	58,3	77,5	86,9	64,7	77,6	65,8	66,1	72,6
	Parc./tot. afastado	2,8	7,5	4,9	20,6	17,9	5,3	8,1	9,9
	Total	100,0	100,0	100,0	100,0	100,0	100,0	100,0	100,0
Atividade remunerada	Emp. setor públ.	63,6	60,6	56,6	69,0	59,7	63,0	50,0	59,2
	Emp. setor priv.	22,7	33,3	35,8	17,2	37,3	25,9	39,1	32,6
	Autônomo/cons.	9,1	3,0	5,7	3,4	1,5	7,4	6,5	4,6
	Proprietário			1,9					0,3
	ONG/entidades	4,5	3,0		10,3	1,5	3,7	4,3	3,2
	Total	100,0	100,0	100,0	100,0	100,0	100,0	100,0	100,0
Tipo de trabalho	Administração pública	14,3	15,2	11,3	37,9	28,4	29,6	23,9	23,1
	Empresa	4,8	6,1	3,8	3,4	3,0	3,7	15,2	5,8
	IES	71,4	75,8	69,8	41,4	65,7	33,3	47,8	58,8
	Outra inst. de ensino						7,4	2,2	1,2
	Instituição de pesquisa			13,2	3,4	1,5	11,1	6,5	5,5
	Outros	9,5	3,0	1,9	13,8	1,5	14,8	4,3	5,5
	Total	100,0	100,0	100,0	100,0	100,0	100,0	100,0	100,0
Atividade envolve pesquisa	Não	27,3	27,3	30,8	31,0	17,9	29,6	32,6	27,1
	Sim	72,7	72,7	69,2	69,0	82,1	70,4	67,4	72,9
	Total	100,0	100,0	100,0	100,0	100,0	100,0	100,0	100,0
É docente em universidade	Não	40,9	27,3	20,8	58,6	34,8	70,4	54,3	41,6
	Sim	59,1	72,7	79,2	41,4	65,2	29,6	45,7	58,4
	Total	100,0	100,0	100,0	100,0	100,0	100,0	100,0	100,0

Os mesmos dados, relativos aos doutores em Sociologia, são apresentados na tabela 12.7b. Nesta tabela, temos o quadro das atividades atuais dos doutores em Sociologia. São pouquíssimos os que fazem pós-doutorado atualmente. Encontramos apenas na USP alguns casos (12%) dos egressos daquela instituição e 8% do nosso total de doutores que participaram deste tipo de programa no exterior. Uma característica que pode ser surpreendente: em todas as instituições, mas de forma mais intensa no IUPERJ, os doutores fizeram, depois do doutorado, algum curso de pós-graduação *lato sensu*. A situação de trabalho dos doutores é bastante positiva, sendo que apenas 2% dos doutores formados na

USP (correspondente a 1,4% do total) está a procura de trabalho. Também são poucos os aposentados e afastados (concentrando-se estes em Brasília) e 89% dos doutores em Sociologia estão em plena atividade.

Tabela 12.7b
Doutores em Sociologia: situação de estudo e trabalho por universidade (%)

		Universidade do curso			
		IUPERJ/UCAM	UnB	USP	Total
Pós-graduação após o doutorado	Não fez	92,0	92,9	78,6	82,9
	Fazendo pós-dout.			1,0	0,7
	Fazendo PG *lato sensu*		3,6		0,5
	Fez pós-dout. país			5,8	4,0
	Fez pós-dout. exterior			11,7	8,0
	Fez PG *lato sensu*	8,0	3,6	2,9	3,8
	Total	100,0	100,0	100,0	100,0
Trabalho	Procura trabalho			2,0	1,4
	Aposentado		3,7	3,9	3,3
	Outra		3,7	3,9	3,3
	Plena atividade	100,0	77,8	89,2	89,3
	Parc./tot. afastado		14,8	1,0	2,8
		100,0	100,0	100,0	100,0
Atividade remunerada	Emp. setor públ.	64,0	76,9	75,3	73,6
	Emp. setor priv.	32,0	11,5	16,1	18,2
	Autônomo/cons.		3,8	5,4	4,2
	Proprietário		3,8	1,1	1,3
	ONG/entidades	4,0	3,8	2,2	2,7
		100,0	100,0	100,0	100,0
Tipo de trabalho	Administração pública		15,4	37,6	27,8
	Empresa		7,7	4,3	4,1
	IES	80,0	61,5	46,2	54,4
	Outra inst. de ensino		3,8		0,6
	Instituição de pesquisa	20,0	7,7	6,5	9,0
	Outros		3,8	5,4	4,2
		100,0	100,0	100,0	100,0
Atividade envolve pesquisa	Não	4,0	19,2	11,8	11,6
	Sim	96,0	80,8	88,2	88,4
		100,0	100,0	100,0	100,0
É docente em universidade	Não	20,0	38,5	53,8	45,6
	Sim	80,0	61,5	46,2	54,4
		100,0	100,0	100,0	100,0

O predomínio do setor público como empregador permanece intocado. Entretanto, houve uma intensificação do trabalho em IES, que cresceu nas três instituições, sendo que, nos casos da USP e UnB, esse crescimento se deu pela redução (muito significativa no caso de Brasília) do emprego na administração pública e nos institutos de pesquisa.

A trajetória de mestres e doutores

Na tabela 12.8, encontramos os dados que nos permitem analisar a trajetória dos nossos profissionais em termos de sua associação com a academia, com o Estado ou com o mercado.

Aqui encontramos informações relevantes sobre a trajetória do titulado a partir do momento da inscrição no curso à sua situação atual de trabalho, tomando como ponto de referência os ambientes acadêmico, governamental e empresarial. Inicialmente, chama a atenção o fato que 40% dos atuais mestres encontrava-se na situação de inativo. Esta proporção diminuiu sensivelmente após a titulação (19%), o que tende a indicar que a realização do curso teve um efeito positivo na obtenção de postos de trabalho. Por outro lado, quando se compara a situação laboral ao inscrever-se e a situação atual, constata-se um discreto movimento decrescente dos que estavam no mercado (que passa de 8% para 5%) e no Estado (que passa de 24% para 22%) e um movimento ascendente dos que se encontravam no pólo acadêmico (que passa de 25% para 54%). Também entre os doutores há um grande crescimento do percentual de profissionais que se estabelecem na academia (que passa de 50% para 59%) e decresce o percentual de empregados do Estado. Encontramos ainda, entre os doutores, uma estabilidade de sua participação no mercado, que permaneceu ao redor 4% no início do curso e depois da titulação. Outra informação relevante é que, para esses titulados, o desemprego também variou pouco, em torno de 1%, ao contrário do que ocorreu com os mestres, para os quais o desemprego diminuiu de 3% para menos de 1%. Os dados contidos na tabela evidenciam que a academia e o Estado constituem os locais privilegiados de exercício profissional dos sociólogos, realçando assim, uma característica já apontada em outros relatórios sobre a pós graduação no Brasil, mas que também se confirma como modelo nos países europeus (Kiniven, Ahola e Kaipainen, 1999)

Alguns dados complementares permitem captar certas tendências no perfil profissional dos pós-graduados em sociologia. Uma tendência seria o aumento do interesse pelo curso em outras áreas de trabalho, além da academia. Pode-se verificar nos dados apresentados no gráfico A-12.1 do anexo que, entre os profissionais que se titularam a partir de 1995, 56% dos doutores e 45% dos mestres não eram docentes em instituições de ensino superior, diferentemente do que ocorria anteriormente. A partir do gráfico A-12.2 podemos verificar uma outra tendência que, provavelmente, está associada às novas exigências feitas às instituições de ensino superior com o aprimoramento da avaliação institucional dos cursos universitários. Trata-se do crescimento significativo da proporção de profissionais provenientes de instituições privadas de ensino: entre os mestres eles passam de 42% para 61%. Entre os doutores, o crescimento é ainda maior, passando de 14% para 46% – um possível indicador dos efeitos benéficos, para o mercado de trabalho profissional, da nova legislação para o setor.

Tabela 12.8
Mestres e doutores em Sociologia: mercado, Estado e academia – trajetória da inscrição à situação atual
(% em relação ao total e marginais)

		Situação e *locus* laboral atualmente					
		Mercado	Estado	Academia	Inativo	Desempregado	Total
a. Mestres							
Situação e *locus*	Mercado	1,5	2,7	2,3	1,2		7,7
laboral na inscrição	Estado	0,8	12,0	10,0	1,5		24,3
	Academia	0,8	1,9	18,9	3,5		25,1
	Inativo	1,9	4,6	22,0	11,2	0,4	40,2
	Desempregado		0,4	1,2	1,2		2,7
	Total	5,0	21,6	54,4	18,5	0,4	100,0
b. Doutores							
Situação e *locus*	Mercado	1,4	1,4	0,7			3,6
laboral na inscrição	Estado	0,7	23,7	5,0	3,6		33,1
	Academia		0,7	46,8	1,4	0,7	49,6
	Inativo	2,2	2,9	5,8	1,4	0,7	12,9
	Desempregado			0,7			0,7
	Total	4,3	28,8	59,0	6,5	1,4	100,0

Contribuições do mestrado e doutorado para o trabalho atual

Os dados produzidos pela presente investigação tendem a indicar que existe uma avaliação altamente positiva pelo mestre em Sociologia em relação às contribuições do curso para as suas atuais atividades profissionais (gráfico 12.5a). Quando indagados sobre a contribuição da formação teórica para as suas atuais atividades 80% dos informantes assinalaram que esta teve contribuição decisiva, principalmente para os que trabalham em IES (88%). O contato com a atividade de pesquisa, proporcionado pelo curso, também foi avaliado positivamente (68%) para o desempenho das atuais atividades profissionais, destacadamente para os que trabalham em IES (74%). Também a reciclagem de conhecimentos foi avaliada positivamente pelos informantes (68%), principalmente pelos que exercem suas atividades profissionais nas IES (71%). Deve-se registrar que mais da metade dos informantes assinalou que os contatos acadêmico-profissionais contribuíram fortemente para as suas atividades profissionais.

No gráfico 12.5a, encontramos as respostas dadas pelos mestres, cujas proporções são bastante semelhantes àquelas dadas pelos doutores e que podemos encontrar no gráfico 12.5b. Uma diferença entre os dois níveis é que todos esses fatores crescem em importância diante dos olhos dos profissionais, quando tratamos dos titulados em cursos de doutorado.

Gráfico 12.5a
Mestres em Sociologia: contribuições do curso para os principais tipos de trabalho (% de "contribuiu muito")

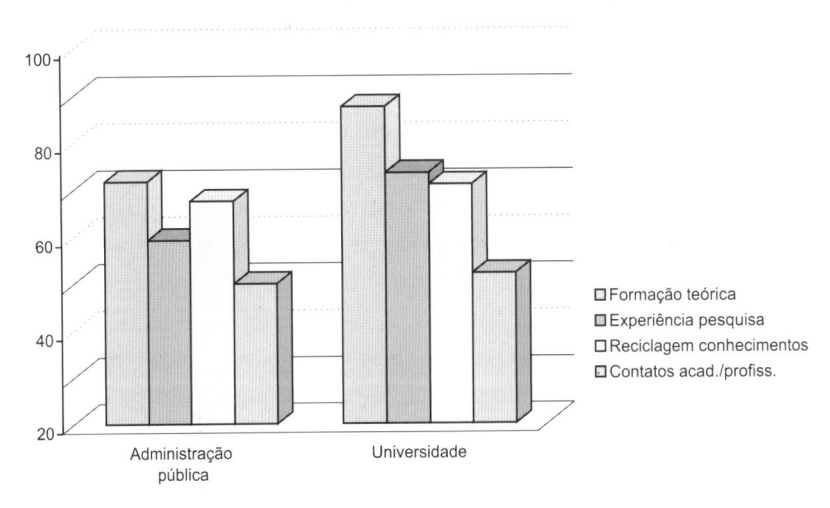

Gráfico 12.5b
Doutores em Sociologia: contribuições do curso para os principais tipos de trabalho (% de "contribuiu muito")

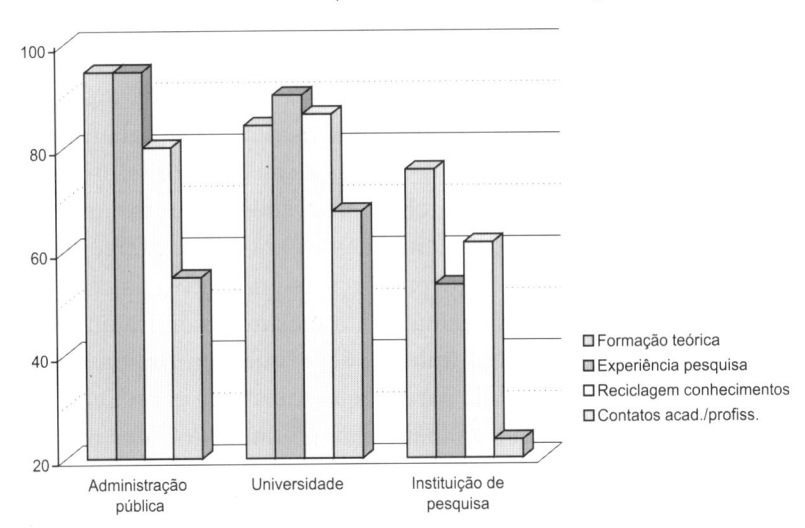

Podemos notar que o tipo de instituição de trabalho produz alguma variação na avaliação dos profissionais, o que, novamente, evidencia características interessantes do mercado de trabalho para sociólogos e suas relações com a academia. Há certa concordância na avaliação de três dos itens propostos (formação teórica, experiência em pesquisa e reciclagem de conhecimentos) como sendo de grande contribuição para o trabalho atual. Apenas na questão dos contatos há diferenças significativas.

A formação teórica é o ponto alto do doutorado, segundo esses profissionais: qualquer que seja a instituição de trabalho eles avaliam como tendo impacto positivo e forte sobre as atividades atuais. É interessante que as respostas à indagação sobre a importância da formação teórica se repetem, em proporções quase idênticas, para a questão sobre reciclagem de conhecimentos. Isso parece indicar que o conhecimento é visto pelos sociólogos como teoria. Esse dado poderia parecer contraditório com a informação sobre a importância da experiência em pesquisa, que proporcionaria um outro tipo de conhecimento. Provavelmente, mais que contradição, devêssemos ver "soma", isto é, devemos considerar que o doutorado é visto como local de boa formação teórica e que proporciona possibilidades adequadas de participação em pesquisas. Pode-se dizer que, do ponto de vista de seus egressos, o doutorado tem cumprido de forma satisfatória suas finalidades acadêmicas.

O impacto na vida profissional – o que muda depois do mestrado e do doutorado

Os dados do gráfico 12.6a tendem a confirmar a avaliação positiva entre a realização do curso e a experiência de trabalho realizada pelos mestres em Sociologia. Mais da metade dos informantes assinalou que o fato de realizarem o mestrado lhes trouxe maiores oportunidades de trabalho, principalmente para os que exercem suas atividades em IES (66%). Uma proporção significativa do conjunto dos informantes (85%) assinalou que o mestrado contribuiu fortemente para obter um melhor trabalho acadêmico-profissional. Esta proporção é bastante elevada para os que trabalham em universidade (88%). Um pouco mais da metade do conjunto dos dos mestres em Sociologia indicou que o curso lhes possibilitou um incremento em seus rendimentos após a titulação. Novamente, as maiores proporções são encontradas entre os que trabalham em universidades (59%). Quando comparado com as proporções antes mencionadas, constata-se que os mestres avaliaram discretamente o efeito da realização do curso em uma maior participação em associações científico-profissionais.

Gráfico 12.6a
Mestres em Sociologia: experiência profissional após a titulação por principais tipos de trabalho (% de "melhorou/aumentou muito")

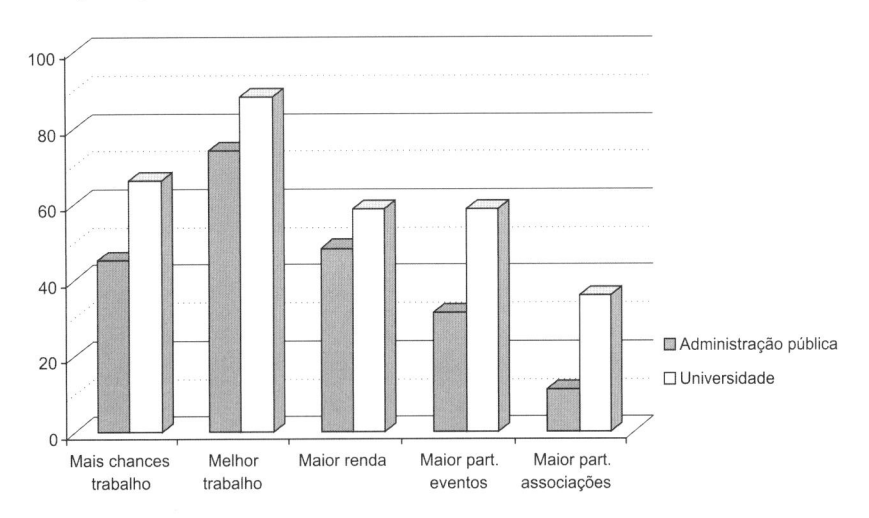

Finalmente, encontramos, no gráfico 12.6b, uma avaliação das mudanças de perfil profissional resultantes da passagem pelo doutorado. Em primeiro lugar, há uma avaliação - generalizada - de que o doutorado amplia as oportunidades de trabalho. Há também uma percepção de que houve melhoria, em termos acadêmicos, do próprio trabalho. Quanto aos rendimentos, encontramos uma significativa parcela de profissionais para os quais o doutorado não representou grande incremento de renda, como no caso dos institutos de pesquisa, sugerindo um baixo reconhecimento do título acadêmico nesse ambiente de trabalho. Por outro lado, os efeitos do doutorado sobre a renda, maiores na administração pública do que na universidade, merecem ser explicados por estudos ulteriores.

O doutorado contribui em todos os tipos de instituição de trabalho para aumentar muito a participação em eventos, porém com efeitos bem maiores, como esperado, para os que atuam em universidades. Também aumenta o índice de participação em associações científicas e profissionais e, nesse caso, os efeitos são semelhantes para os que trabalham na administração pública e na universidade. Apesar do caráter acadêmico do doutorado, na maioria das variáveis analisadas os efeitos do curso diferem variam bastante entre os tipos de trabalho dos doutores em Sociologia. Mas as variações freqüentemente seguem padrão diverso do esperado, sugerindo a necessidade de estudos adicionais que permitam adequadamente tratar dessas diferenças.

Gráfico 12.6b
Doutores em Sociologia: experiência profissional após a titulação por principais tipos de trabalho (% de "melhorou/aumentou muito")

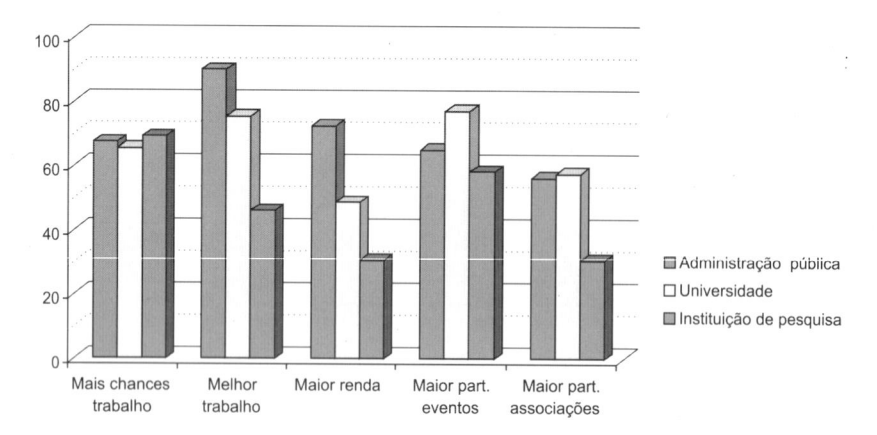

Conclusões

Os mestres em Sociologia são em sua maioria provenientes da mesma área de formação acadêmica. Há uma ligeira predominância do sexo masculino, sendo que das instituições pesquisadas, a USP possui o número mais elevado de alunos do sexo masculino, e, no IUPERJ, é encontrada uma maior concentração de mulheres. Os doutores também são majoritariamente provenientes da mesma área, sendo que 71% deles graduaram-se em Ciências Sociais. As mulheres predominam, mas numa proporção pouco expressiva.

Ao ingressarem no curso, os mestres tinham, em média, 30 anos, e terminaram por volta dos 35 anos. Os doutores em Sociologia iniciam o curso, em média, aos 37 anos, terminando com 43. Para estes, o tempo médio entre a graduação e o início do doutorado manteve-se em torno dos 13 anos no período analisado. A duração média do curso de doutorado é de cinco anos, com tendência de baixa.

Ao ingressar no curso, a maioria dos mestres encontrava-se em plena atividade, e concentrava suas atividades em empresas do setor público. A maior parte deles não exercia a função de docente em IES na época da inscrição. Porém, essa situação tende a se inverter após o término do curso. Em todas as instituições analisadas, o número de mestres que hoje exercem a função de docentes no ensino superior aumentou consideravelmente em relação à época da inscrição no curso. No início do curso, a maioria dos doutores estava em plena atividade e parte deles ainda cursava o mestrado. Esta atividade era exercida majoritariamente no setor público e, em ¾ dos casos, envolvia pesquisa. Contudo, a docência era bem menos freqüente, só ultrapassando a metade dos profissionais no caso de uma instituição.

Quanto às atividades atuais, os dados indicam que a maioria dos mestres encontra-se fazendo doutorado no país. Eles indicam também que, atualmente, a maioria dos mestres entrevistados está em plena atividade e o percentual dos que estão à procura de trabalho é insignificante. O setor público continua sendo o maior empregador e também aumentou o número de mestres que estão trabalhando em IES, quando comparado à época da inscrição no curso, conforme já foi assinalado. Na análise das atividades atuais dos doutores encontramos um baixo índice de realização de pós-doutorado, que pode ser contraposto a uma boa parcela que fez outros cursos de pós-graduação *lato sensu*. Os doutores que estão em plena atividade atualmente completam 89% e apenas 1% deles procura trabalho. O predomínio do setor público como empregador permanece intocado, mas aumentou a proporção dos profissionais em atividades docentes e de pesquisa.

É no ambiente empresarial que os mestres em Sociologia têm obtido os maiores salários. No entanto, percebe-se também que os setores de administração pública, IES e institutos de pesquisa oferecem uma remuneração bastante próxima do proporcionado pelo ambiente empresarial. O mais alto rendimento dos doutores é encontrado entre aqueles que são empregados no setor privado, em empresas. Os salários do setor público e das Instituições de Ensino Superior são bastante semelhantes.

Com relação às motivações que levaram os sociólogos a entrarem para o mestrado, 75% afirmaram que pesou bastante a decisão de seguir a carreira de pesquisador, principalmente para aqueles que trabalhavam em institutos de pesquisa. Para uma boa parte dos mestres também pesou muito o fato de seguir e/ou aprimorar a carreira acadêmica. A principal motivação para a entrada no doutorado é o desejo de preparar-se para a carreira de pesquisador.

A avaliação dos mestres quanto às contribuições do curso para as suas atuais atividades profissionais tende a ser altamente positiva. A formação teórica teve uma contribuição decisiva para 4/5 dos informantes, e o contato com a atividade de pesquisa, proporcionado pelo curso, também foi avaliado de modo muito positivo para o desempenho das atuais atividades profissionais, por 2/3 dos mestres. A avaliação que os doutores fazem da contribuição do curso para suas atividades atuais varia segundo o tipo de instituição em que trabalham, mas o ponto alto do curso, segundo eles, seria a experiência em pesquisa. Outra avaliação comum entre eles é que a passagem pelo doutorado amplia as oportunidades de trabalho. Entretanto, no plano dos rendimentos, essa passagem nem sempre é percebida como propiciadora de melhorias.

Nota

[1] Ver, por exemplo, os trabalhos de Costa Pinto (1955), Florestan Fernandes (1980), Melatti (1984) e Sorj (1986).

Anexo

Gráfico A-12.1
Profissionais docentes em IES (%)

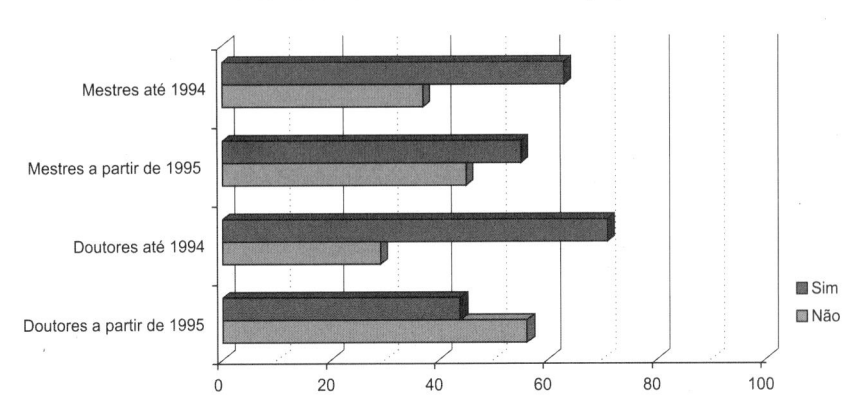

[Gráfico de barras horizontais com as categorias: Mestres até 1994, Mestres a partir de 1995, Doutores até 1994, Doutores a partir de 1995; legenda: Sim, Não]

Gráfico A-12.2
Dependência administrativa da IES dos docentes (%)

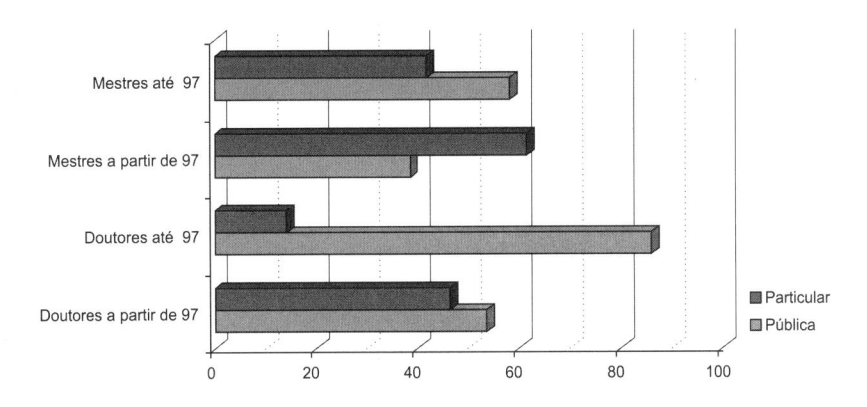

[Gráfico de barras horizontais com as categorias: Mestres até 97, Mestres a partir de 97, Doutores até 97, Doutores a partir de 97; legenda: Particular, Pública]

Mestres e doutores formados no país em nove áreas: características dos titulados e aspectos da trajetória acadêmica[1]

MAURO MENDES BRAGA

Neste capítulo, pretende-se comparar aspectos referentes às características pessoais e à trajetória acadêmica dos titulados, tais como o sexo, a origem dos mestres e doutores em termos de área do conhecimento, quando comparada à área de graduação, o tempo decorrido entre a conclusão da graduação ou do mestrado e o ingresso em programas de pós-graduação, a duração do curso e as idades de ingresso e de titulação referentes às nove áreas do conhecimento estudadas.

Área da graduação e sexo

A tabela 13.1 apresenta uma comparação das diferentes áreas estudadas no mestrado e no doutorado, no que se refere à área de origem na graduação e ao sexo dos entrevistados. Como esperado, setores cujo exercício profissional têm regulação mais estrita tendem a apresentar uma superposição muito forte entre a área de formação na graduação e na pós. A surpresa maior parece ocorrer na Física, área básica, sem regulamentação profissional, em que se observa uma superposição quase total entre as áreas de graduação e pós. Nas áreas básicas ou fortemente aplicadas, a tendência é que os cursos sejam mais permeáveis a profissionais com graduação em outros campos do conhecimento. Em particular, no caso dos mestres em Administração, observa-se que a maior parte deles não é graduada nessa área.

Tabela 13.1
Mestres e doutores: área da graduação e da pós-graduação; sexo (%)

Curso	Área de graduação				Sexo			
	Mestres		Doutores		Mestres		Doutores	
	Mesma área	Área diferente	Mesma área	Área diferente	Feminino	Masculino	Feminino	Masculino
Administração	39,6	60,4	47,6	52,4	34,0	66,0	27,0	73,0
Agronomia	68,0	32,0	87,6	12,4	37,6	62,4	22,5	77,5
Bioquímica	50,2	49,8	44,7	45,3	71,6	28,4	57,3	42,7
Clínica Médica	100,0	0,0	100,0	0,0	58,2	41,8	40,4	59,6
Eng. Civil	87,6	12,4	88,6	11,4	33,6	66,4	22,4	77,6
Eng. Elétrica	90,6	9,4	77,6	22,4	11,6	88,4	9,5	90,5
Física	95,2	4,8	97,2	2,8	30,3	69,7	20,2	79,8
Química	69,4	30,6	68,9	31,1	60,8	39,2	50,2	49,8
Sociologia	65,7	34,3	70,5	29,5	46,9	53,1	54,5	45,5

Esse quadro tende a se repetir entre os doutores, geralmente acentuando-se a presença relativa de titulados advindos da mesma área na graduação. Essas diferenças, entretanto, são inferiores a dez pontos percentuais, sendo portanto de pouca expressão, conforme os critérios de análise definidos neste estudo. Fogem a esse padrão de comportamento as áreas de Agronomia e Engenharia Elétrica, para as quais o comportamento no doutorado, em relação ao aspecto considerado, é significativamente diferente do observado no mestrado. No primeiro caso, a concentração de Agrônomos entre os doutores é cerca de 20 pontos percentuais maior do que entre os mestres. Aqui, talvez o que esteja ocorrendo é uma relativa "falta de fôlego" dos profissionais de outras áreas da graduação para prosseguirem seus estudos na área. Outra alternativa, que não exclui a primeira e pode estar a ela associada, seria uma descoberta recente da área de Agronomia por profissionais de áreas contíguas. No caso da Engenharia Elétrica, área em que se observa o inverso do que ocorre na Agronomia, é possível especular que o mestrado na engenharia já contempla uma gama expressiva de sub-áreas, o mesmo não ocorrendo no doutorado.[2] Assim, enquanto o doutorado é procurado por um número significativo de profissionais de outros ramos da engenharia, o mesmo não se verifica no mestrado, em razão da maior gama de opções hoje à disposição dos engenheiros.

A variável sexo segue no mestrado, em linhas gerais, a mesma tendência observada por Braga *et alli* (2001) ao pesquisarem a procura por cursos de graduação na UFMG: cursos que se orientam a partir da matéria Biologia ou que se referem a profissões que podem ter com ela grande interface, como a Química, são geralmente "cursos femininos"; cursos que se orientam a partir da disciplina Matemática são geralmente "cursos masculinos" e cursos da área de humanidades tendem a apresentar demanda equilibrada de homens e de mulheres. A Agronomia, coerente com sua vinculação ao CREA, segue o padrão verificado nas ciências exatas. A Administração apresenta uma composição de sexo próxima da maioria dos cursos da área de exatas.

Comparando-se o quadro descrito no parágrafo anterior com a situação correspondente observada entre os doutores verifica-se que, em praticamente todas as áreas, a presença feminina vem aumentando e em proporção geralmente superior a dez pontos percentuais. Apenas na Sociologia, os percentuais de mulheres entre seus mestres foi menor do que entre seus doutores, mas registrando diferenças inferiores a dez pontos percentuais. Há, portanto, uma nítida tendência de aumento da população feminina entre os titulados da pós-graduação nos cursos estudados. Essa tendência não parece ser restrita aos programas analisados. Ao contrário, os registros constantes do Diretório dos Grupos de Pesquisas do CNPq confirmam essa regularidade.[3]

Idade de conclusão da graduação, de ingresso na pós-graduação e tempo entre a conclusão da graduação e o ingresso na pós-graduação

Mestres e doutores concluíram seus cursos de graduação com idade média variando entre 23 e 25 anos.[4] Os que se graduam mais jovens são os titulados em Engenharia e em Bioquímica; no outro extremo, encontram-se os titulados em Clínica Médica e em Sociologia. Para seis das nove áreas estudadas – Agronomia, Bioquímica, Engenharia Civil, Engenharia Elétrica, Física e Química – a idade de graduação dos mestres é superior à dos doutores, geralmente em cerca de 0,5 anos. Essa constatação sugere que, nessas áreas, a idade de graduação teria aumentado, quando se compara a geração dos mestres com a dos doutores. Para as outras três áreas – Administração, Clínica Médica e Sociologia – ocorre o inverso. A idade de graduação dos mestres é inferior à dos doutores, também em cerca de 0,5 anos.

A tendência de aumento da idade média de graduação, para a maioria das áreas, é confirmada, quando se agregam os dados referentes aos mestres e doutores e a análise tem como referência o ano de conclusão da graduação. Nesse caso, verifica-se que, à exceção das áreas de Clínica Médica – para a qual a idade de graduação é praticamente constante – e Agronomia, essa idade apresentou nítida tendência de crescimento, na segunda metade da década de 80, ainda que, na Física e na Química tenha ocorrido reversão parcial dessa regularidade, após 1992.

O gráfico 13.1 apresenta o tempo médio[5] decorrido entre a graduação e o início do mestrado, para as diferentes áreas, cotejando os mestres titulados entre 1990 e 1994 com aqueles formados entre 1995 e 1998. Considerando todo o período estudado, observa-se que esse tempo varia expressivamente de área para área. Ele é inferior a dois anos, no caso da Física, e superior a sete anos, para a Clínica Médica. Esses resultados são, em linhas gerais, compatíveis com aqueles encontrados por Velloso e Velho (2001) para as diversas áreas do conhecimento no Brasil. A diferença mais significativa reside no caso da Bioquímica, área para o qual o resultado encontrado no presente trabalho foi de cerca de três anos, enquanto que segundo aqueles autores é de aproximadamente cinco anos.

Gráfico 13.1
Mestres: tempo médio entre a conclusão da graduação e o ingresso no mestrado, por grupos de coortes e área

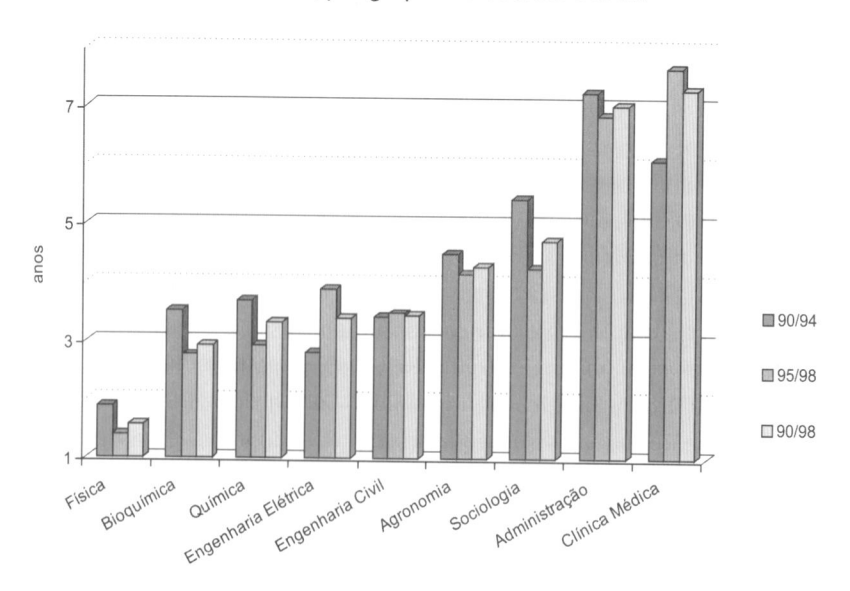

No que diz respeito ao tempo decorrido entre o fim da graduação e o início do mestrado, os cursos estudados podem ser separados em três grupos. O primeiro deles, composto por Clínica Médica e Administração, apresenta um tempo médio da ordem de sete anos, com desvio padrão relativamente elevado, mas inferior a esse valor médio. Para essas áreas, a trajetória da graduação para o mestrado envolve, na grande maioria dos casos, uma experiência profissional prévia de duração não desprezível. Menos de 40% dos mestres em Administração e somente 5% dos mestres em Clínica Médica ingressaram na pós nos dois anos subseqüentes a sua graduação. Em contrapartida, cerca da metade deles, em ambas as áreas, só procurou o mestrado cinco ou mais anos após se graduarem.

O segundo grupo é formado por Sociologia e Agronomia, cujo tempo médio está entre 4,5 e 5,0 anos, com desvio padrão da mesma ordem da média. Nesses cursos, metade dos mestres ingressou na pós-graduação até dois anos após a conclusão da graduação e a outra metade se distribui, de maneira relativamente homogênea, em um período de tempo que vai de três a vinte ou mais anos. Ou seja, há um grupo que se dirige para o mestrado logo após concluir a graduação e outro que só o faz após um período de experiência profissional muito variável.

O último e maior dos três conjuntos é formado por Engenharia Civil, Engenharia Elétrica, Química, Bioquímica e Física, com tempo médio variando de 1,5 a 3,6 anos e desvio padrão superior à própria média. Para esses cursos, pelo menos 2/3 dos mestres neles ingressaram até dois anos após se graduarem e cerca de 1/5 fizeram-no após cinco anos de graduados. Na Física, a diferença entre esses dois grupos é ainda mais pronunciada e os percentuais correspondentes são, respectivamente, 90% e 8%. Ou seja, nessas áreas, a grande maioria dos mestres procurou a PG logo após se graduar, sendo raro que o façam muito depois disso. Portanto, para este último conjunto de cursos, o desvio padrão relativamente elevado, associado a esse tempo médio, decorre de alguns poucos casos isolados, em que o titulado ingressou no mestrado muitos anos após ter-se graduado.

Excetuando-se a Engenharia Elétrica e a Clínica Médica, verifica-se, nos últimos anos, que o tempo decorrido entre a conclusão da graduação e o ingresso no mestrado está diminuindo. Essa diminuição é mais acentuada em algumas áreas, como Bioquímica, Sociologia e Química. Em contrapartida, nos casos da Engenharia Elétrica e da Clínica

Médica, observou-se substancial acréscimo desse tempo médio. Essa tendência, entretanto, refere-se apenas ao período recente, uma vez que um cenário diverso pode ser inferido, quando se agregam informações relativas a anos anteriores. Isso pode ser feito comparando-se o universo dos mestres dessa pesquisa com as informações correspondentes relativas aos doutores também entrevistados neste projeto. Como a maioria dos doutores cursou anteriormente o mestrado, é possível cotejar essas duas gerações, com referência ao tempo decorrido entre a conclusão da graduação e o ingresso no mestrado. Verifica-se que, em todas as áreas estudadas, excetuados os cursos de engenharia, esse tempo foi bem menor para o grupo dos doutores, ou seja, para aqueles que concluíram o mestrado há mais tempo.[6] De maneira geral, aqueles que se graduaram até 1985 procuraram a pós-graduação bem mais cedo do que os que se graduaram após 1985.

A trajetória da graduação para o doutorado é na realidade a superposição de duas trajetórias: a da graduação para o mestrado, já descrita nos parágrafos anteriores, e a do mestrado para o doutorado. Isso decorre do fato de ser muito pequena a proporção de doutores que não concluíram anteriormente o mestrado. Na Bioquímica, na Clínica Médica e na Química, essa proporção é da ordem de 25% e nas demais áreas não ultrapassa 5%, sendo mesmo bem inferior a esse percentual, na maioria dos casos.

O que se verifica é que a trajetória do mestrado para o doutorado é bem mais homogênea do que a da graduação para o mestrado, diminuindo as diferenças observadas entre as áreas de ciências básicas e de ciências aplicadas. Enquanto o tempo médio que vai da conclusão da graduação ao início do mestrado varia de cerca de 1,5 anos, na Física, a mais de 7,0 anos, na Clínica Médica, ou seja quase 5 vezes mais nesta do que naquela, o tempo médio decorrido entre a conclusão do mestrado e o ingresso no doutorado varia apenas de 2,3 anos, na Bioquímica, a 4,1 anos, na Agronomia e na Sociologia, ou seja, um fator inferior a 2 entre os valores mínimo e máximo. Em geral, o ingresso no doutorado se dá logo após a conclusão do mestrado. Na Bioquímica, na Clínica Médica, na Física e na Química, mais de 70% o fazem no máximo dois anos[7] após a conclusão do mestrado. Nas Engenharias, esse percentual está em torno de 60% e nas demais áreas é da ordem de 50%.

Excetuada a área de Física, a trajetória do mestrado para o doutorado é mais rápida, e às vezes muito mais rápida, do que a da graduação para o mestrado, conforme ilustrado no gráfico 13.2, em que se comparam os tempos médios das diversas áreas. Os casos mais expressivos são o da Clínica Médica e o da Administração. Em ambas, o ingresso no mestrado ocorre em média mais de sete anos após a graduação; enquanto a admissão no doutorado se dá, em média, 2,8 anos, no primeiro caso, e 4,0 anos, no segundo, depois da conclusão do mestrado.

Gráfico 13.2
Mestres e doutores: comparando as trajetórias graduação/mestrado e mestrado/doutorado

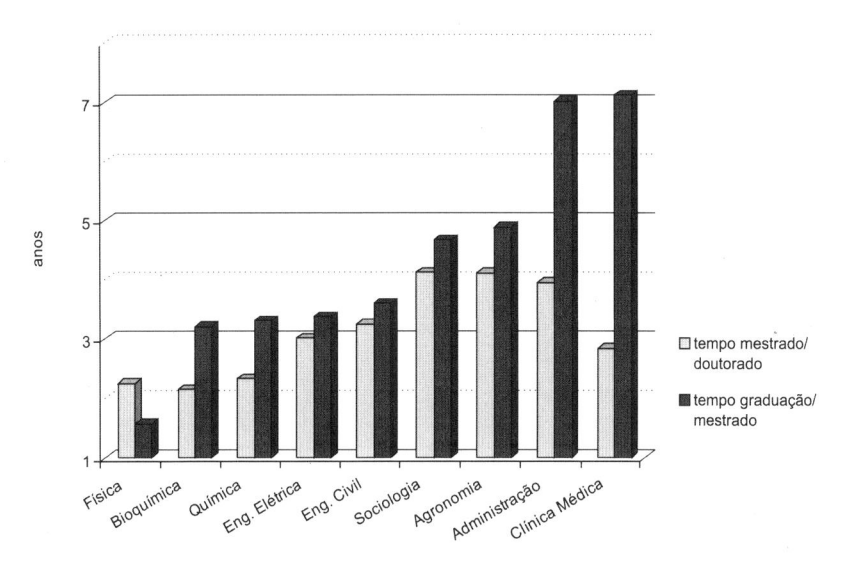

Os gráficos 13.3a e 13.3b apresentam as idades médias de ingresso na pós-graduação. No mestrado, de maneira geral, essa idade segue tendência similar à verificada para o tempo decorrido entre a graduação e o ingresso no curso. Os extremos da escala continuam sendo os físicos, que o iniciam antes de completarem 26 anos, e os médicos, que só o fazem quase aos 32 anos. Também em relação a essa variável, as áreas estudadas podem ser subdivididas nos mesmos grupos considerados no caso da variável "tempo decorrido entre a graduação e o ingresso no mestrado". O primeiro deles, Clínica Médica e Administração, só inicia o mestrado quase aos 32 anos; o segundo, Sociologia e Agronomia, o faz próximo dos 30 anos e o terceiro, constituído das demais áreas, em torno dos 27 anos, à exceção dos físicos que o fazem ainda antes. As médias encontradas neste trabalho são geralmente menores do que aquelas relatadas por Velloso e Velho (2001) para as áreas de Exatas, cerca de 27 anos, Biológicas, entre 28 e 29 anos, e demais áreas, maior de 30 anos.

Gráfico 13.3a
Mestres: idades de ingresso, por grupos de coortes e área

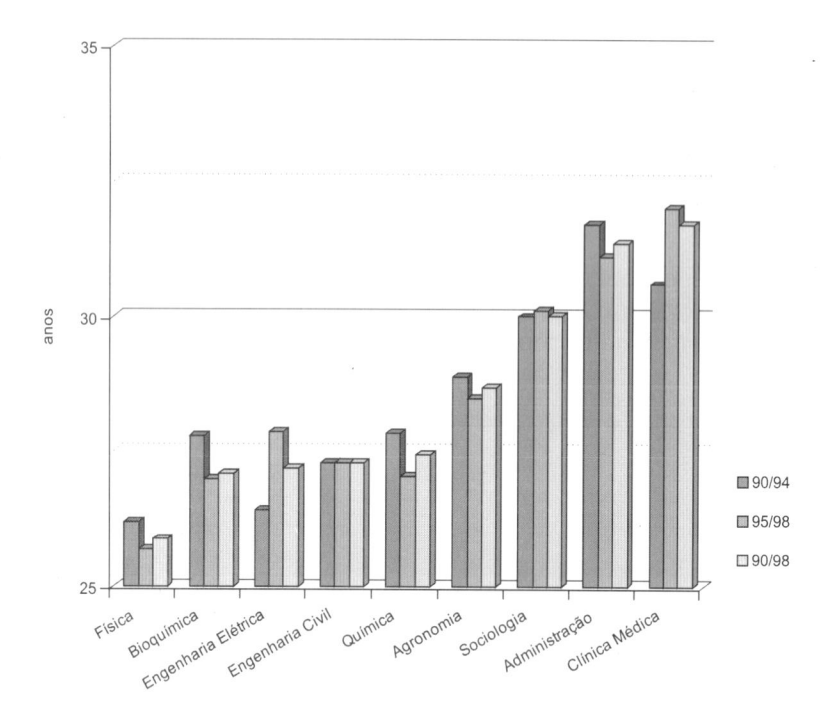

■ 90/94
■ 95/98
□ 90/98

Gráfico 13.3b
Doutores: idades de ingresso, por grupos de coortes e área

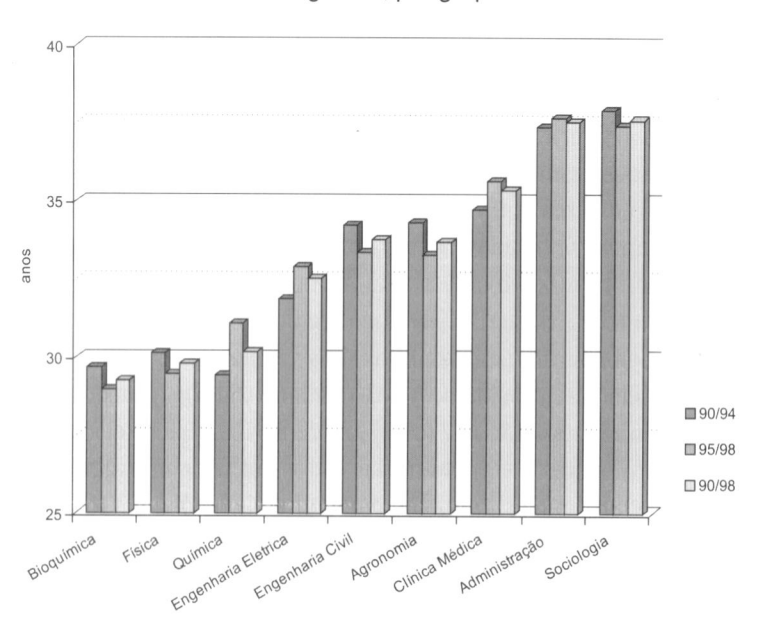

■ 90/94
■ 95/98
□ 90/98

Em cinco das nove áreas estudadas, Administração, Agronomia, Bioquímica, Física e Química, observou-se diminuição da idade de ingresso no mestrado, nos anos mais recentes. Essa diminuição variou de 0,4 anos, na Agronomia, até 0,8 anos, na Bioquímica e na Química, e reflete o fato de a procura pela pós-graduação estar sendo mais precoce. Na Sociologia e na Engenharia Civil, a idade de ingresso praticamente não se alterou recentemente e em outras duas áreas, Clínica Médica e Engenharia Elétrica, aumentou cerca de 1,5 anos, o que também se explica basicamente porque, nessas áreas, a procura pelo mestrado passou a ser mais tardia. De maneira geral, essa idade média diminuiu, para as áreas de ciências duras, e aumentou, nas áreas mais tipicamente profissionais. O caso da Administração talvez se explique pelo fato de a idade média de ingresso já ser muito elevada no início da década.

A idade média de ingresso no doutorado é geralmente superior a trinta anos e segue o padrão observado, no caso da admissão no mestrado: para a Bioquímica, a Física e a Química, está em torno de 30 anos, para as Engenharias e a Agronomia, entre 33 e 34 anos e para Clínica Médica, Administração e Sociologia, supera os 35 anos. Quando se comparam as coortes de 90-94 e de 95-98, em relação a esse aspecto, as diferenças mais expressivas foram: a diminuição dessa idade média em cerca de um ano, no caso da Agronomia e da Engenharia Civil, e o aumento em um ano, para a Engenharia Elétrica, e em mais de dois anos, para a Química.

Duração do curso e idade de titulação

Os gráficos 13.4a e 13.4b apresentam a duração média da pós-graduação, comparando o grupo de coortes de 90-94 com o de 95-98. A duração do mestrado varia de 2,8 anos, na Bioquímica, a 3,9 anos, na Sociologia. Para três das áreas estudadas, Bioquímica, Física e Agronomia, a duração do mestrado é inferior a três anos. Em outras quatro, Engenharias, Civil e Elétrica, Química e Clínica Médica, esse tempo médio varia entre três anos e três anos e meio, enquanto que, na Administração e na Sociologia, aproxima-se de quatro anos.

Em todas as áreas estudadas, verifica-se uma tendência de diminuição da duração do mestrado, quando se compara o conjunto das coortes de 90 a 94 com o de 95 a 98, que varia entre 7%, no caso da Física, a quase 30% na Bioquímica. Para a maioria das áreas, essa redução situa-se entre dez e vinte por cento, valores certamente expressivos, que chegam a representar uma redução de cerca de 0,5 anos ou mais, para a maioria das área estudadas.[8] Esses resultados são ainda mais expressivos porque foram verificados em um período inferior a uma década. Essa tendência certamente resulta de instrumentos de política de pós-graduação adotados pelas agências de fomento, em especial pela Capes e pelo CNPq.[9]

Gráfico 13.4a
Mestres: duração do curso, por grupos de coortes e área

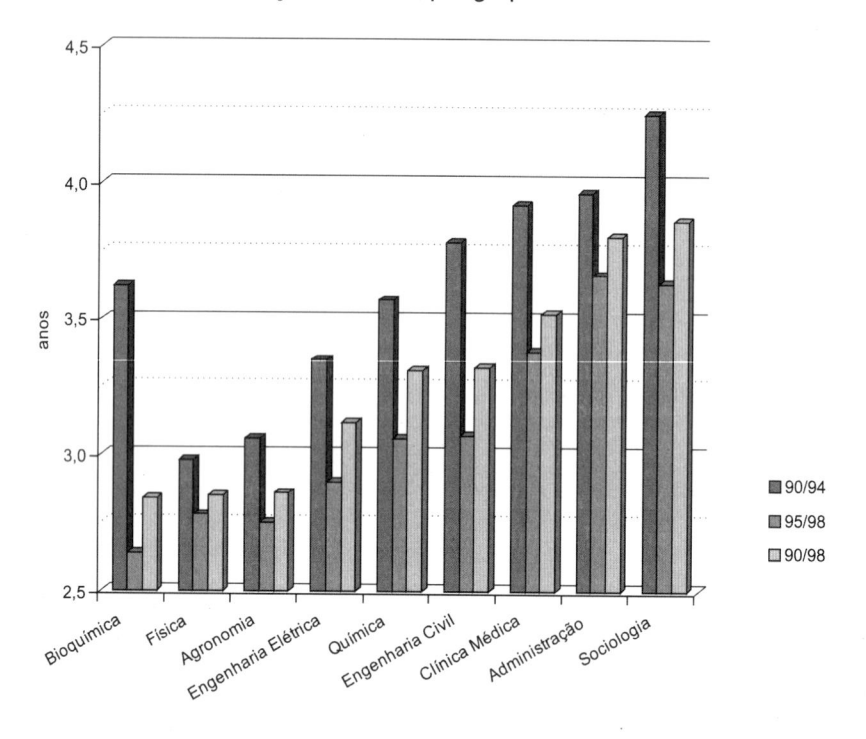

As diferenças observadas para a duração média do mestrado entre as áreas não podem ser atribuídas às diferenças que existem, de área para área, em relação ao tempo entre a conclusão da graduação e o início do mestrado ou à idade média de ingresso no mestrado. Quando se comparam essas variáveis, observa-se que um aumento da idade média de ingresso no mestrado, ou do tempo entre a conclusão da graduação e o início do mestrado, pode se associar tanto a um aumento ou a um decréscimo na duração do curso.

Dentro de uma mesma área também não se observa essa correlação. Ou seja, aqueles que demoram mais a procurar o mestrado, em relação à época em que se graduaram, e aqueles que ingressam no mestrado mais velhos não gastam necessariamente mais ou menos tempo do que seus colegas, para se titularem.

Gráfico 13.4b
Doutores: duração do curso, por grupos de coortes e área

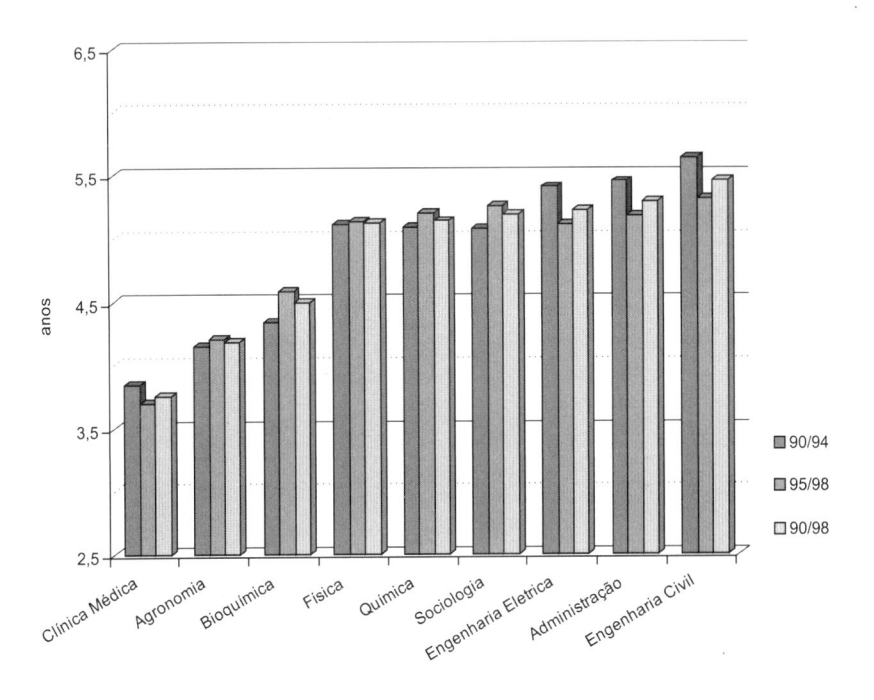

Poder-se-ia supor que a duração do mestrado tivesse relação com o fato de o estudante ter tido, ou não, bolsa durante seu curso, informação essa que só foi incluída na segunda etapa dessa pesquisa, quando foram considerados os cursos de Agronomia, Bioquímica, Clínica Médica, Engenharia Civil e Sociologia. De fato, para todas essas áreas, observou-se que os bolsistas titularam-se em menor tempo do que os não-bolsistas. Entretanto, como o número de não-bolsistas é quase sempre proporcionalmente muito pequeno,[10] pode-se descartar que as diferenças na duração de curso entre as diversas áreas estejam primordialmente associadas ao fator *bolsa de estudos*. Sendo assim, parece razoável considerar que as diferenças de duração do mestrado entre as diversas áreas estejam associadas a características intrínsecas das áreas, ainda que tais características estejam associadas à nossa realidade socioeconômica. Essas considerações talvez sugiram a pouca eficácia de se buscar instituir mecanismos com o propósito de superar essas diferenças.

A duração média do doutorado apresenta uma situação bem diversa da observada para o mestrado, conforme pode ser verificado no gráfico 13.4b. Para a maioria dos cursos estudados, independentemente de se relacionarem às ciências básicas ou às ciências aplicadas, a duração do doutorado situa-se um pouco acima de cinco anos. Apenas três áreas fogem a esse padrão: Bioquímica, Agronomia e Clínica Médica. Nos dois primeiros casos, a duração do doutorado situa-se próxima de quatro anos e meio e, no terceiro, é inferior a quatro anos. Os desvios padrões associados a essas médias são, em termos relativos, bem menores do que os verificados no mestrado, caracterizando uma dispersão pequena, em relação aos valores médios calculados. Apenas na Engenharia Elétrica, a proporção de doutores titulados em mais de seis anos supera 25%. Em várias áreas esse percentual não atinge 10%. A duração bem menor do doutorado em Clínica Médica, quando comparada à verificada para as áreas de Física e Química, por exemplo, não deixa de ser uma surpresa. Afinal, quase 3/4 dos doutores médicos declararam que se encontravam em plena atividade profissional, quando ingressaram no doutorado, enquanto que a fração correspondente não chega a 1/2, no caso dos físicos e dos químicos.

A duração do doutorado, em geral, é de 40% a 60% maior do que a duração do mestrado. Na Engenharia Elétrica e na Física esses percentuais são maiores ainda, respectivamente 70% e 80%; na Sociologia, é de pouco mais de 30% e na Clínica Médica, não alcança 10%. Ou seja, nessa última área a formação de mestres e doutores está ocorrendo aproximadamente no mesmo tempo médio. Ao contrário do verificado para o mestrado, o tempo médio associado a conclusão do doutorado praticamente não sofreu alterações ao longo da década estudada. As oscilações observadas nesse tempo, para mais ou para menos, foram no máximo de 5% e não têm significado estatístico. Comparando esse resultado com o observado no caso do mestrado e tendo em mente a política desenvolvida pelas agências de fomento no intuito de diminuir a duração dos cursos de pós-graduação, talvez se possa sugerir que, dadas as condições da pós-graduação no país, a duração do doutorado já atingiu um valor médio próximo do ideal, ao menos para as áreas consideradas no presente estudo. Alterar esse tempo provavelmente só será possível caso melhorem substancialmente as condições de infraestrutura dos cursos.

É interessante comparar a duração dos doutorado daqueles que cursaram anteriormente o mestrado com os que vieram diretamente da graduação. Essa comparação deve, entretanto, se limitar às três áreas – Bioquímica, Clínica Médica e Química – em que existe uma proporção expressiva de doutores que não passaram pela etapa do mestrado, uma vez que nas demais estes correspondem a menos de 5% dos doutores entrevistados. Quando isso é feito, verifica-se que, na Bioquímica e na Clínica Médica, os que vêm direto da graduação terminam o curso cerca de sete meses antes de seus demais colegas. Já na Química, ocorre o inverso. Os que vieram direto da graduação levam, em comparação com seus colegas, mais tempo para concluir o doutorado: cerca de cinco meses. Ou seja, a trajetória da graduação para o doutorado, sem passar pelo mestrado, não implica necessariamente maior tempo para a duração do curso. Ao contrário, em apenas uma área esse fato é observado, enquanto que em duas outras ocorre o inverso.

Os gráficos 13.5a e 13.5b apresentam os resultados relativos à idade média de titulação. Observam-se diferenças expressivas entre as áreas. Coerentemente com a idade média de ingresso e com a duração média do curso, os que concluem o mestrado mais jovens são os físicos, cerca de 29 anos, e os que o fazem com mais idade são os administradores, quase 36 anos. Essas idades são muito elevadas, se considerarmos um estudante que conclua os diversos níveis de ensino na faixa etária esperada e que se inscreva no mestrado logo após concluir a graduação. Essa percepção se reforça quando se comparam essas idades médias com padrões internacionais. Segundo Velloso e Velho (2001) e Mangematin (2000), a idade média de conclusão do doutorado, nos EUA, na Itália e na França, em diversas áreas do conhecimento, é cerca de 28 anos. Apenas no caso da Sociologia, esse valor é bem mais elevado, estando por volta de 33 anos. Ou seja, em todas as áreas estudadas, a idade média de conclusão do mestrado supera os padrões internacionais para a idade média de término do doutorado.[11]

Gráfico 13.5a
Mestres: idade de titulação, por grupos de coortes e área

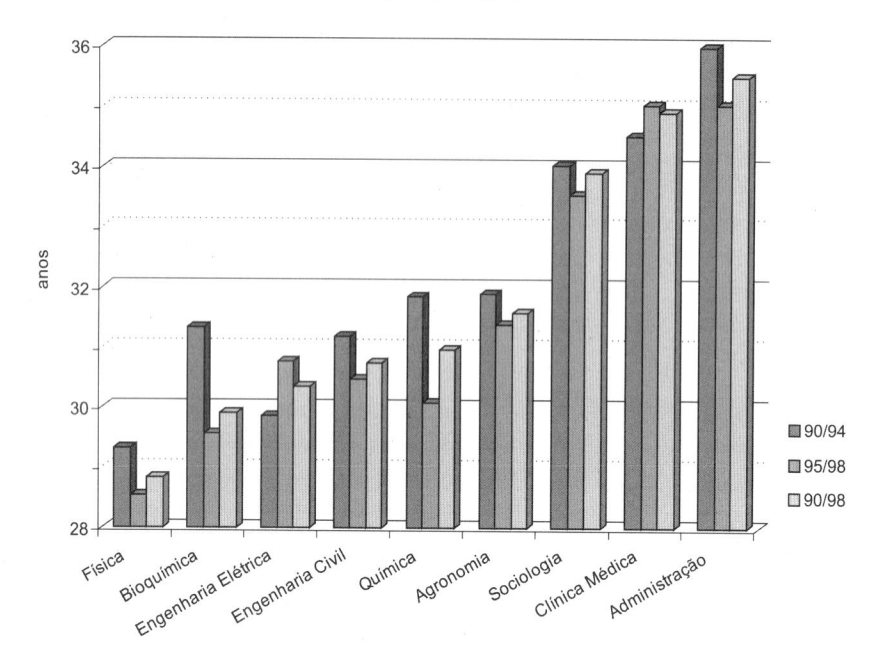

■ 90/94
■ 95/98
□ 90/98

Gráfico 13.5b
Doutores: idade de titulação, por grupos de coortes e área

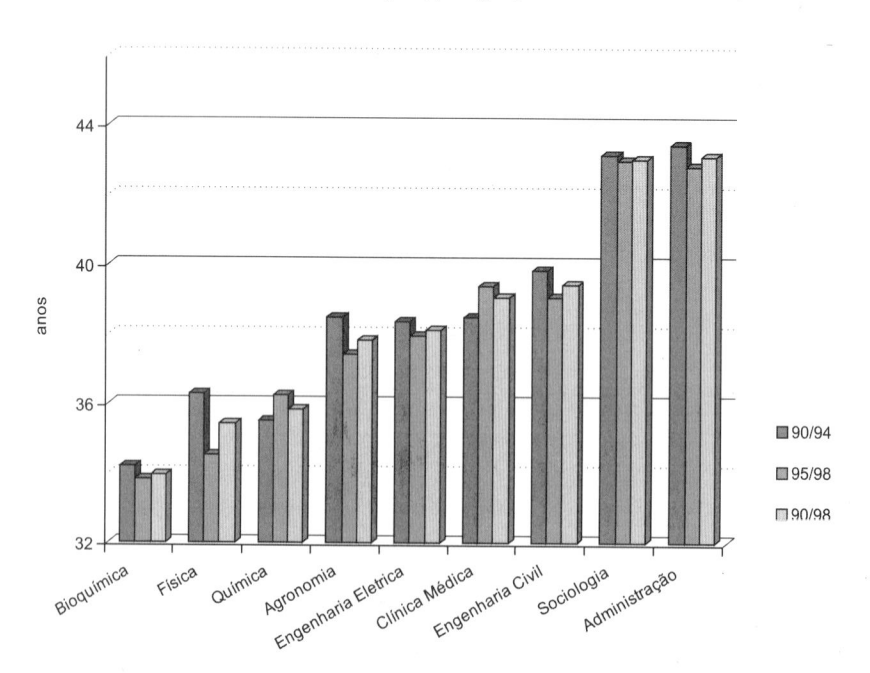

■ 90/94
■ 95/98
□ 90/98

A idade de doutoramento varia entre 34 anos, na Bioquímica, e 43 anos, na Administração e na Sociologia. Ou seja, entre seis e dez anos a mais do que os padrões internacionais. Nas três áreas em que se observa um contingente significativo de doutores que não cursaram o mestrado – Bioquímica, Química e Clínica Médica – verifica-se que os que foram diretamente da graduação para o doutorado titularam-se mais jovens do que os seus demais colegas. A diferença observada está entre três e quatro anos, nas duas primeiras áreas, e é de cerca de um ano, para a Clínica Médica.

Quando se comparam as coortes de 90 a 94, tomadas em seu conjunto, com as de 95 a 98, também no seu todo, observa-se, para a maioria das áreas, uma tendência de diminuição da idade média de titulação, tanto no caso do mestrado, quanto para o doutorado, conforme pode ser verificado nos gráficos 13.5a e 13.5b. Essa observação sugere, à primeira vista, que existe uma tendência de titulação mais jovem na pós-graduação, o que faria com que os indicadores de idade de titulação no Brasil se aproximassem um pouco dos padrões internacionais. Quando se observam os dados mais de perto, verifica-se que essa conclusão possivelmente seja verdadeira, para o caso do mestrado. Excetuadas as áreas de Clínica Médica e Engenharia Elétrica, para as quais observa-se o contrário, nas demais áreas verifica-se um progressivo e consolidado decréscimo da idade de titulação com o ano de conclusão do curso.[12] Não há qualquer evidência de que essa tendência seria alterada nos próximos anos.

No caso dos doutores, entretanto, há como se verificar se a diminuição da idade de doutoramento, observada quando se comparam os dois conjuntos de coortes considerados, tende a permanecer nos anos vindouros. Ocorre que, como visto, a grande maioria dos doutores cursou anteriormente o mestrado e é muito grande a superposição entre a área do mestrado e a área do doutorado.[13] Sendo assim, verificando-se a idade de titulação dos mestres e acrescendo-se os tempos referentes ao interregno entre o mestrado e o doutorado e à duração do doutorado, é possível estimar a idade de doutoramento, para as coortes futuras. Nos casos das áreas de Bioquímica, Clínica Médica e Química é necessário ainda considerar que 1/4 dos doutores vão direto da graduação para o doutorado e que estes titulam-se mais jovens. Faz-se, portanto, uma média ponderada entre a idade de doutoramento projetada para os atuais mestres e a idade média encontrada para a titulação dos doutores que foram diretamente da graduação para o doutorado, supondo-se que essa média não será alterada.

O exercício descrito no parágrafo anterior pode ser realizado para dois casos. O primeiro deles, considerando todos os mestres entrevistados e o segundo, restringindo-se àqueles que, no momento da entrevista, já se encontravam vinculados a programas de doutorado. Considerando que estes últimos são provavelmente aqueles de melhor desempenho acadêmico, porque mais rapidamente foram admitidos ao doutorado, e tendo em vista que nem todos os mestres conseguirão vaga no doutorado – em geral os de pior desempenho acadêmico – é razoável supor que o valor para a idade média real de doutoramento das coortes futuras estará entre os extremos encontrados nos dois casos considerados. Os resultados obtidos são mostrados na tabela 13.2, na qual estes são também comparados com o observado nessa pesquisa. O que se verifica é uma tendência, em quase todas as áreas, de aumento da idade média de doutoramento para os próximos anos, afastando-nos ainda mais dos padrões internacionais.

Tabela 13.2
Doutores: comparando idades de titulação verificadas com aquelas projetadas para os próximos anos; valores em anos

	Determinadas nessa pesquisa			Projetadas	
	Coortes 90/94	Coortes 95/98	Coortes 90/98	Primeiro caso[*]	Segundo caso[**]
Administração	43,4	42,8	43,1	44,7	44,2
Agronomia	38,5	37,4	37,8	40,3	38,0
Bioquímica	34,2	33,8	34,0	35,2	34,2
Clínica Médica	38,5	39,4	39,1	40,5	40,5
Engenharia Civil	39,8	39,1	39,4	39,4	39,4
Engenharia Elétrica	38,4	38,0	38,1	38,6	39,6
Física	36,3	34,5	35,4	36,2	36,2
Química	35,5	36,2	35,8	37,1	36,2
Sociologia	43,1	43,0	43,0	41,8	40,2

Notas: (*) Considerando todos os mestres.
(**) Considerando só os mestres que já são doutorandos.

Como se explica esse aparente paradoxo de os doutores cursarem anteriormente o mestrado, a idade de titulação no mestrado estar diminuindo, o ingresso no doutorado ocorrer logo em seguida ao término do mestrado, a duração do doutorado permanecer constante e, ainda assim, se projetar um aumento na idade de doutoramento para os próximos anos, na grande maioria das áreas estudadas? Ocorre que, embora a idade de titulação no mestrado esteja diminuindo, ela ainda é bem maior do que a idade com que os atuais doutores concluíram o mestrado, conforme apresentado no gráfico 13.6. Poder-se-ia, é verdade, argumentar que os mestres que posteriormente se doutoraram representam um subconjunto diferenciado, de melhor desempenho acadêmico, e que, provavelmente, concluem seus mestrados mais jovens do que os demais. No entanto, essa tendência permanece, mesmo quando a comparação é feita entre os doutores e os mestres que são atualmente alunos de doutorado, como ilustrado no mesmo gráfico. A única exceção ocorre na área de Engenharia Civil e em muitas áreas as diferenças são bem grandes, chegando mesmo, em alguns casos, a ser superiores a dois anos.

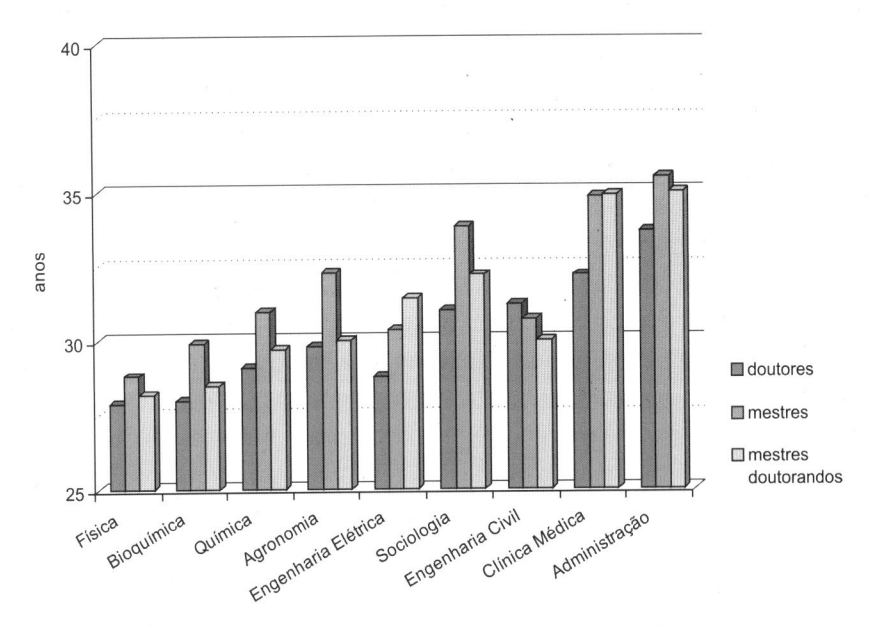

Gráfico 13.6
Mestres e doutores: idade de conclusão do mestrado

Há dois fatores responsáveis por esse aumento da idade média de conclusão do mestrado, quando se compara o universo de mestres e o de doutores. O primeiro deles, já mencionado, é o fato de os mestres terem se inscrito na pós-graduação, em comparação com a época em que concluíram a graduação, mais tardiamente do que os doutores. O segundo é o aumento da idade média de graduação, quando se comparam os doutores com os mestres. Esse aumento verificou-se em todas as áreas estudadas, exceto Administração e Clínica Médica, e variou de 0,3 anos na Engenharia Civil até 0,9 anos na Bioquímica.

O aumento da idade média de titulação no doutorado está sendo observado também em outras fontes. Essa conclusão pode ser obtida da análise dos dados constantes do Diretório dos Grupos de

Pesquisa do CNPq e é válida tanto para os que se titulam no país, quanto para os que o fazem no exterior.[14] Por outro lado, apurações especiais referentes a estudo que foi elaborado sob a coordenação do Professor Jacques Velloso,[15] comparando a inserção profissional na área acadêmica de doutores titulados no Brasil e no exterior, mostra que isso também está ocorrendo em todas as quatro áreas estudadas – Bioquímica, Engenharia Elétrica, Física e Química – se aplicando também de forma indistinta aos que se diplomam no país ou no exterior (ver Velloso e colaboradores, 2000c). Considerando a enorme defasagem que se observa na idade de doutoramento no Brasil, quando comparada com padrões internacionais, esse fato deveria merecer a preocupação das autoridades.

Um dos mecanismos que poderiam ser utilizados para reverter essa tendência seria o incentivo da trajetória direta da graduação para o doutorado, suprimindo-se a etapa do mestrado, nos casos em que a vocação acadêmica estivesse claramente estabelecida à época do ingresso na pós-graduação, ou que fosse verificada logo a seguir. Os dados colhidos nessa pesquisa confirmam que os egressos do doutorado destinam-se essencialmente ao meio acadêmico – ensino superior e institutos de pesquisa. À exceção da Sociologia, área que apresenta um expressivo contingente de doutores trabalhando em órgãos da administração pública, 3/4 ou mais dos doutores de todas as demais áreas atuam no meio acadêmico. Nessa atividade, o mestrado já não é mais suficiente. Cada vez mais o requisito do doutorado é condição de ingresso, em especial nas áreas de ciências básicas, como Bioquímica, Física e Química. Sendo assim, pode estar se perdendo um precioso tempo ao estabelecer, como procedimento padrão, o pré-requisito do mestrado, para o ingresso no doutorado.

Incentivar o caminho alternativo da graduação para o doutorado poderia ainda contribuir para uma redefinição do mestrado, que seria configurado como uma formação preferencialmente destinada a uma atuação profissional fora da academia. Não se teria a expectativa de que uma fração considerável dos mestres se dirigisse em seguida para o doutorado. Dessa forma, o mestrado poderia atrair também jovens com vocações não direcionadas para a área acadêmica. Como visto nos capítulos referentes à Bioquímica e à Química, as empresas parecem ter mais interesse em contar com o concurso profissional de mestres do que com o de doutores.

Recentemente, o CNPq instituiu programa na direção da proposição aqui formulada.[16] No entanto, o programa ainda requer o mestrado como etapa prévia do doutorado. Ele inova e é positivo, por possibilitar uma passagem automática do mestrado para o doutorado, com garantia de bolsa. Suprime-se assim o interregno entre as duas formações. Mas, talvez fosse conveniente estimular um processo de formação que prescindisse da redação de dois trabalhos finais diferentes: a dissertação e a tese. Os ganhos que a redação de uma dissertação de mestrado trazem à formação do estudante poderiam ser alcançados de formas alternativas, com exigências no exame de qualificação e com o requisito da publicação de artigos científicos antes da apresentação da tese, como já é hábito em muitos programas de doutorado.

Notas

[1] O autor agradece às valiosas sugestões apresentadas por Helena Sampaio, Jacques Velloso e Sérgio de Azevedo, que leram e criticaram versões anteriores desse texto.

[2] Consultando os boletins informativos da Capes (Capes, 1999) verificam-se 13 sub-áreas da pós-graduação em Engenharia. Três dessas sub-áreas – Elétrica, Materiais/Metalurgia e Mecânica – concentravam, em 1998, 52% dos programas de doutorado de Engenharia no país. No mestrado, essa concentração era menor, 45%. Além disso, essas três sub-áreas concentravam também os programas de melhor qualidade na área: quatorze dos vinte e dois programas de pós-graduação em Engenharia que obtiveram conceito 6 na avaliação de 1998, ou seja, cerca de 2/3 dos programas de melhor conceito, a elas pertenciam. Nenhum dos programas da área obteve conceito 7.

[3] Memorando pessoal de Reinaldo Guimarães para Jacques Velloso, junho de 2001.

[4] Essa pesquisa coletou uma enorme quantidade de informações, muitas das quais, evidentemente, não podem ser apresentadas em gráficos ou tabelas, sob pena de tornar o texto muito extenso e, em conseqüência, sua leitura enfadonha. Em diversos momentos, entretanto, será necessário referir-se a dados que não estão sendo apresentados, quer em gráficos, quer em tabelas, sendo tão somente descritos no texto. É o que ocorre nesse parágrafo e se repetirá em outros.

[5] Convém esclarecer que neste trabalho solicitou-se aos entrevistados que informassem apenas os anos de início e término de sua formação acadêmica, calculando-se os interregnos por subtração. Sendo assim, se um estudante concluiu a graduação em dezembro de um ano e ingressou no mestrado em março do ano subseqüente, atribuiu-se a ele o tempo de um ano entre a conclusão da graduação e o início do mestrado. Por essa razão, avalia-se que os tempos médios calculados, quaisquer que sejam eles, estejam superestimados em cerca de meio ano.

[6] Cerca de 2/3 dos mestres concluíram a graduação após 1985; igual fração de doutores graduou-se anteriormente a 1985.

[7] Lembrar que, de acordo com o exposto na nota número 5, esse prazo é, na realidade, inferior a dois anos.

[8] Isso é verdade para as áreas de Bioquímica, Clínica Médica, Engenharia Elétrica, Engenharia Civil, Química e Sociologia

[9] Os dados coletados, infelizmente, não permitem determinar a duração média do mestrado, no caso do universo dos doutores. Entretanto, é bastante conhecida essa tendência de diminuição da duração dos cursos de pós-graduação, a partir de meados da década de 80, sendo razoável supor-se que tal conclusão permaneceria válida, se pudéssemos comparar mestres e doutores, em relação a esse aspecto. Ver, por exemplo, Brockson e Andrade (1997).

[10] Os percentuais de não-bolsistas são: Clínica Médica, 28%, Engenharia Civil, 18%, Sociologia, 8%, Agronomia e Bioquímica, 6%.

[11] Convém aqui observar a organização peculiar dos estudos de pós-graduação na Itália, que pode ser verificada em Eco (1999).

[12] Para maiores detalhes, verificar os capítulos relativos a cada uma das áreas estudadas.

[13] Na primeira fase desta pesquisa esse fato foi verificado, observando-se os seguintes percentuais para a superposição de áreas do mestrado e do doutorado: Administração, 81%, Engenharia Elétrica, 77%, Física, 98% e Química, 87%.

[14] Ver nota 3.

[15] Projeto financiado no âmbito do convênio Capes-Unesco.

[16] Refere-se aqui ao programa Pós-Graduação Integrada, PGI, lançado pelo CNPq em abril de 2001.

Motivações para a realização do mestrado

INAIÁ MARIA MOREIRA DE CARVALHO

No decorrer desta pesquisa foram analisadas as condições de formação e trabalho de mestres de áreas bem diferenciadas, como Administração, Sociologia, Agronomia, Bioquímica, Clínica Médica, Engenharia Civil, Engenharia Elétrica, Química e Física. Constatou-se, na oportunidade, que a maioria desses mestres já trabalhava quando se escreveu no curso, tanto em instituições de ensino superior e institutos de pesquisa como na administração pública, empresas e outras instituições.

Levando em conta essa multiplicidade de profissões e situações, as motivações básicas para a realização do mestrado poderiam se revelar bastante diferenciadas. Contudo, não foi isto o que ocorreu. Indagados sobre os fatores que pesaram nessa decisão os entrevistados centraram suas respostas na busca de uma diferenciação e uma melhor inserção no mercado de trabalho (através da melhoria da sua competitividade ou do seu desempenho acadêmico/profissional assim como, de uma ampliação das oportunidades), na aspiração de ingressar ou avançar na carreira acadêmica ou de se capacitar como pesquisador. A perspectiva de um aumento de renda, a correção de deficiências do ensino de graduação e o incentivo de bolsa mostram-se bem menos relevantes.

Analisando o peso atribuído às diversas alternativas apresentadas no questionário,[1] a melhoria da competitividade e a diferenciação profissional pela capacitação e melhoria da qualidade do trabalho foram destacadas como a primeira, a segunda ou as duas motivações mais importantes para o ingresso no curso entre os mestres de Administração, Agronomia, Bioquímica, Química, Engenharia Civil, Engenharia Elétrica e Sociologia. Além disso, considerando as três alternativas apontadas como mais relevantes, em nenhuma das áreas estudadas registrou-se a ausência desse tipo de preocupação.

Por outro lado, como o sistema nacional de pós-graduação ainda mantém uma relação seqüencial entre o mestrado e o doutorado, o curso em apreço também foi bastante procurado em função da pesquisa e da docência. O desejo de ingressar ou de se aprimorar na carreira universitária destacou-se como a principal motivação dos mestres, em Clínica Médica e como a segunda mais importante em Física e Administração. A capacitação para uma carreira de pesquisador constituiu o fator de maior peso para a realização do curso entre os entrevistados da Física, Química e Sociologia, aparecendo em segundo lugar no caso dos mestres em Agronomia, Clínica Médica e Engenharia Elétrica e em terceiro entre os titulados da Bioquímica e da Engenharia Civil (gráfico 14.1).

Gráfico 14.1
Motivações para o mestrado, por área – mercado de trabalho
(% de "pesou muito")

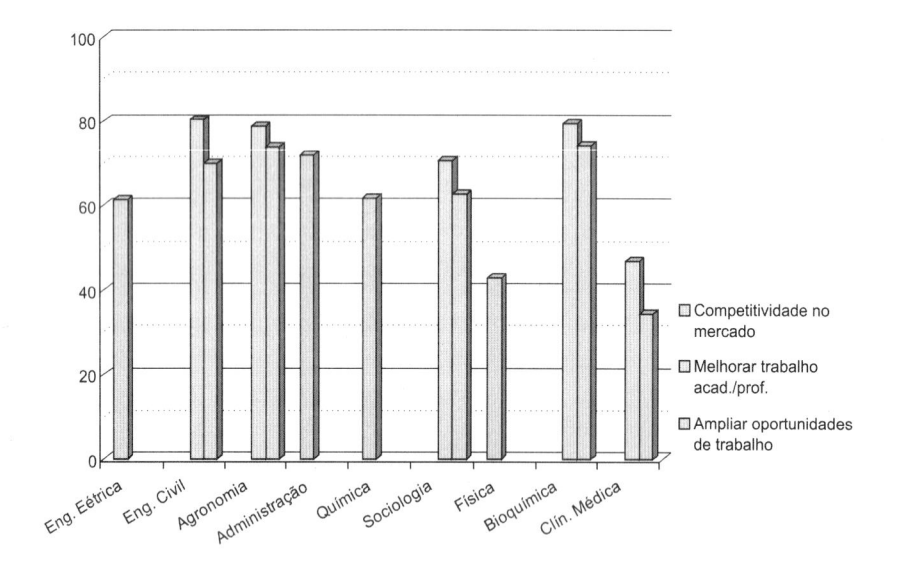

Conforme mencionado, na segunda etapa da pesquisa foram acrescentadas outras alternativas ao aumento da competitividade no mercado de trabalho, inviabilizando uma comparação mais estrita entre as diversas áreas e a sua apresentação gráfica. No caso da docência e da qualificação para a pesquisa, porém, essa comparação pode ser observada no gráfico 14.2.

Gráfico 14.2
Motivações para o mestrado, por área – docência e pesquisa
(% de "pesou muito")

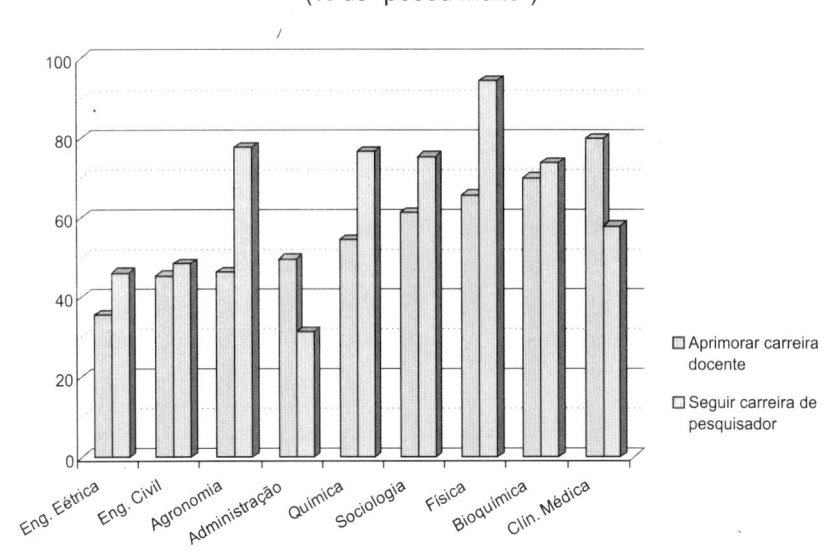

[Gráfico de barras com categorias: Eng. Elétrica, Eng. Civil, Agronomia, Administração, Química, Sociologia, Física, Bioquímica, Clín. Médica. Barras representam "Aprimorar carreira docente" e "Seguir carreira de pesquisador".]

O peso das demais alternativas foi bem mais reduzido. Entre as sete opções apresentadas no questionário, a expectativa de uma melhoria de renda ficou situada em quarto lugar entre os mestres em Agronomia (sendo apontada como tendo um peso muito importante por 52% deles, sem variações significativas entre as diferentes situações ocupacionais) e em quinto entre os titulados das áreas de Bioquímica, Clínica Médica, Engenharia Civil e Sociologia. A correção das deficiências de graduação ficou em penúltimo lugar e o incentivo da bolsa foi o fator de menor peso em todas as áreas pesquisadas (gráfico 14.3).[2]

Como seria de esperar, as razões fundamentais para o ingresso no curso variam de acordo com a inserção profissional dos entrevistados. O investimento na carreira docente (inclusive através da qualificação para as atividades da pesquisa) foi absolutamente dominante entre os que já estavam vinculados a instituições de ensino superior, tendo o seu peso ressaltado, por exemplo, por 83% desses entrevistados em Administração e em Agronomia, 85% em Sociologia, 88% em Bioquímica e 92% em Clínica Médica. Essa ênfase também foi registrada entre os professores de outras instituições de ensino, principalmente nos casos da Química e da Física. Entre os que trabalhavam em institutos de pesquisa a capacitação para a carreira de pesquisador foi ressaltada como a motivação preponderante, especialmente pelos titulados da Física (83%) e da Sociologia (94%), ao lado da expectativa de ingresso na carreira docente.

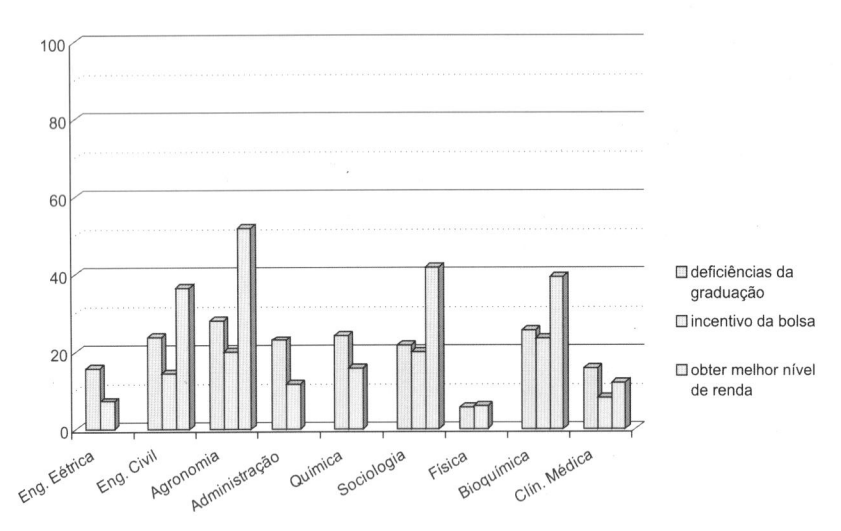

Gráfico 14.3
Motivações para mestrado, por área – outros (% "pesou muito")

□ deficiências da graduação
□ incentivo da bolsa
□ obter melhor nível de renda

Já os empregados na administração pública destacaram um leque mais variado de opções. O aumento da competitividade no mercado de trabalho teve um maior peso entre os mestres em Administração e Engenharia Elétrica. A diferenciação pela melhoria da qualidade do trabalho foi enfatizada sobretudo nas áreas de Agronomia, Bioquímica, Engenharia Civil e Sociologia. A capacitação para a carreira de pesquisador foi destacada pelos titulados em Física (100%) e em Química (75%) e a realização de uma carreira docente na área da Clínica Médica (80% desse grupo de entrevistados), aparecendo igualmente com uma certa expressão nas áreas de Administração (43%), Engenharia Civil (43%), Física (50%) e Química (62%).

Entre os ocupados na área empresarial houve uma outra hierarquia de motivações. A ampliação da competitividade no mercado de trabalho, a diferenciação através de uma melhoria da qualidade profissional e o aumento das oportunidades de trabalho foram as razões preponderantes para o ingresso no curso dos profissionais das áreas de Administração, Agronomia, Bioquímica, Engenharia Civil,

Engenharia Elétrica e Sociologia. No caso da Física e da Química, porém, mesmo os que trabalhavam em empresas destacaram a qualificação para a carreira de pesquisador, enquanto que na área da Clínica Médica a perspectiva de uma carreira universitária e a capacitação para a pesquisa foram mais uma vez enfatizadas como os determinantes básicos da realização do mestrado.

Para concluir, vale ressaltar como os dados e análises apresentados convidam a uma reflexão mais ampla sobre o valor e o sentido da pós-graduação na presente conjuntura, onde as políticas de ajuste tem levado a crescentes restrições e cortes orçamentários no âmbito do setor público, atingindo a área de Ciência e Tecnologia e os mecanismos e instituições orientadas a formação dos seus quadros.

Como foi visto no decorrer desta pesquisa, os programas de doutorado são buscados e estão primordialmente direcionados para a formação de quadros para a carreira acadêmica, cujas oportunidades vem se expandindo com o crescimento e a diversificação do ensino universitário no Brasil, ainda que uma pequena parcela dos seus titulados seja absorvida em outras atividades, como os doutores em Engenharia Elétrica encontrados em empresas privadas ou na área de consultoria. No caso do mestrado, porém, a realidade é bem mais complexa. Com o crescimento da oferta de profissionais de nível superior, o diploma de graduação já não assegura uma inserção, estabilidade ou mobilidade no mercado de trabalho, afetado pelo baixo crescimento da economia brasileira nas duas últimas décadas e por uma reestruturação produtiva mais recente, associada à ampliação do desemprego e à precarização dos vínculos ocupacionais. Por outro lado, apesar desse quadro, há um crescimento das possibilidades de emprego em alguns setores, como no já mencionado ensino de terceiro grau, notadamente em decorrência da expansão de faculdades ou universidades privadas, ao tempo em que se ampliam os requisitos e as exigências para o ingresso e avanço na carreira universitária.

Isto contribui para que o mestrado (concebido inicialmente como instrumento de formação de professores para o ensino superior, responsabilidade atual do doutorado) assuma novas funções e relevância, recebendo uma clientela mais diversificada em termos de perfil e aspirações. Professores não titulados buscam através do curso uma condição minimamente necessária para a sua permanência e progressão na carreira universitária. Jovens recém – graduados ou à procura de emprego tendem a encará-lo como o primeiro degrau de um projeto acadêmico ou como uma estratégia de qualificação e diferenciação que amplia a sua competitividade, reduzindo os riscos de uma não inserção no mercado de trabalho, agora mais exigente e muitas vezes demandando um novo perfil de profissionais. Para aqueles já inseridos e experientes, vinculados à administração pública ou à área empresarial, o mestrado passou a representar uma oportunidade de atualização e de ajuste a esse novo perfil, reduzindo a vulnerabilidade e os riscos de uma exclusão profissional, viabilizando uma melhoria de renda ou uma mobilidade ocupacional em um contexto de grandes mudanças. É ilustrativo, por exemplo, o número de empregados na administração pública ou até na área empresarial que enfatizou a perspectiva de um ingresso/avanço na carreira universitária ou da sua capacitação como pesquisador. Até que ponto a estrutura e as características desses cursos permitem acolher toda essa clientela e responder às suas diversas expectativas e demandas constitui, certamente, uma questão das mais relevantes para as presentes discussões.

Notas

[1] Na primeira etapa da pesquisa sobre Formação e Trabalho dos Titulados em Mestrados e Doutorados no País, que abrangeu as áreas de Administração, Engenharia Elétrica, Física e Química, entre as cinco opções apresentadas aos entrevistados sobre as razões para a decisão de fazer o curso foi colocada a de melhoria da competitividade no mercado de trabalho. Na segunda etapa, quando foram estudados os mestres em Sociologia, Agronomia, Bioquímica, Clínica Médica e Engenharia Civil, foram acrescentadas as alternativas de ampliar as oportunidades de trabalho, realizar um melhor trabalho em termos acadêmicos e profissionais e obter um melhor nível de renda. Por isso mesmo, para compatibilizar os dados obtidos nas duas etapas, este texto considerou conjuntamente as respostas associadas a uma melhor inserção profissional.

[2] Sem alterar essa constatação, as duas últimas motivações foram um pouco mais significativas entre os profissionais vinculados a outras instituições de ensino e a correção das deficiências da graduação buscada sobretudo pelos titulados em Agronomia e Bioquímica, sendo considerada como fator de muito peso por respectivamente 28 e 26% desses entrevistados. A presente análise não levou em conta os recém-graduados ou em busca de emprego quando se inscreveram no mestrado, para os quais a disponibilidade de bolsa constitui normalmente uma condição necessária à realização do curso, mesmo que não seja colocada entre as suas motivações fundamentais.

Mestres titulados no período 1990-1998: estudo e situação de trabalho

SILKE WEBER

A questão da relação entre formação em nível superior ou em nível de pós-graduação e o mundo do trabalho constitui temática que apenas recentemente volta a ser retomada na literatura acadêmica internacional. Com efeito, como assinala Teichler (1999), a partir do início da década de 90, organismos internacionais como a UNESCO, o Banco Mundial e a OCDE produziram diversos documentos sobre a relevância social do ensino superior, inclusive, no que concerne às suas relações com o mundo do trabalho, com o objetivo de discutir as inovações que se imporiam para o ensino superior em um novo contexto marcado por amplas mudanças de natureza econômica e social.

No rápido retrospecto que faz, Teichler menciona, entre outros aspectos, que tal temática esteve ausente do debate nas últimas décadas tendo em vista a crítica à crença que investimentos no ensino superior produziriam riqueza econômica, considerando as questões concernentes a desemprego que caracterizaram esse período. Interrogando-se sobre o sentido do retorno da preocupação com o ensino superior na atualidade, salienta o contexto do processo de globalização, que traz novos desafios para este nível de ensino, sendo necessário obter mais informações sobre o emprego e trabalho de pós-graduados, bem como sobre o impacto da realização deste nível de formação nas condições de emprego e de trabalho dos seus egressos, além de indicações sobre mudanças tecnológicas, econômicas e sociais de longo prazo.

Nesse contexto ganha sentido a questão do que se deve aprender na pós-graduação, tratada por Ulriksen (1998) na perspectiva da aprendizagem de adultos, considerando os desafios que a contemporaneidade tem trazido para a universidade. Concebendo a universidade como espaço educacional, o autor propõe que a seus objetivos tradicionais de ensino e pesquisa de alto nível e disseminação do conhecimento seja também dada ênfase aos interesses sociais, à qualificação, à socialização acadêmica e à auto-realização de sua clientela.

Outros estudos que vêm sendo realizados privilegiam aspectos específicos que relacionam as características de formação em determinadas áreas, como os economistas, com as escolhas profissionais de doutores e a sua produtividade (Buchmueller et alii, 1998), estudam a influência das trajetórias acadêmicas de engenheiros na sua inserção profissional (Mangematin, 2000) ou discutem políticas nacionais européias relativas ao papel econômico da educação (Gornizkza e Maassen, 2000)

Neste texto, é examinada a situação atual de egressos da pós-graduação no Brasil, especialmente dos mestres, em termos de estudos – busca de aprofundamento na especialidade escolhida e de trabalho atual – inserção profissional, principais indicadores do impacto da realização de um curso de pós-graduação, na perspectiva de contribuir para o entendimento dos atuais marcos da relação entre formação de nível superior e mundo do trabalho.

Além disso, essa parece ser uma discussão pertinente para o momento, por remeter à avaliação das políticas públicas desenvolvidas, no país, na área do ensino superior, preocupação que começou a ganhar especial relevo a partir do início dos anos noventa.

Estudos após a titulação de mestre

Uma primeira questão a tratar é se a realização de um outro curso de pós-graduação, após a conclusão do mestrado, constitui uma perspectiva que os egressos das áreas específicas em estudo – Administração, Agronomia, Bioquímica, Clínica Médica, Engenharia Civil, Engenharia Elétrica, Física, Química e Sociologia – se colocam.

Examinando, nessas áreas, se os egressos dos cursos de mestrado deram continuidade a seus estudos, após terem obtido esta titulação pós-graduada, no período 1990 a 1998, verifica-se que a situação se mostra bastante diferenciada.

De fato, praticamente duas situações opostas foram encontradas, conforme se observa na tabela 15.1: metade ou bem mais do que a metade dos egressos de Física (77%), Bioquímica (62%), Química (59%) e Sociologia (50%) deram seqüência a estudos pós-graduados, enquanto esta não foi a trajetória seguida por aqueles que realizaram o mestrado em Administração (70%), Engenharia Elétrica (66%), e Clínica Médica (57%). Por outro lado, quando houve busca de aprofundamento na especialidade, esta foi feita principalmente via doutoramento no País, sobretudo pelos egressos de curso de mestrado em Física (76%), Química (55%) e Bioquímica ((50%), mas também por aqueles provindos de cursos de Engenharia Civil e Sociologia.

No que se refere aos mestres das demais áreas, embora apenas cerca de metade deles tenha realizado estudos em nível de pós-graduação após o mestrado, também foi o doutorado no país que eles buscaram.

Com efeito, entre os egressos que deram continuidade a estudos pós-graduados, realizaram doutoramento no país 45% dos mestres em Clínica Médica e aqueles titulados em Agronomia, e menos de ¼ dos ex-mestres em Administração

Tabela 15.1
Mestres: tipo de pós-graduação que estão seguindo por área (%)

		Faz PG *lato sensu*	Faz doutorado no país	Faz dout. sand./ ou exter.	Faz outra PG	Não faz PG	Total
Área do mestrado	Administração	3,7	22,3	1,4	2,2	70,4	100,0
	Agronomia	0,2	36,1	0,6		63,0	100,0
	Bioquímica	0,8	50,2	0,4		48,6	100,0
	Clínica Médica		37,5	3,3		59,2	100,0
	Engenharia Civil	1,0	45,0	1,3		52,7	100,0
	Engenharia Elétrica	4,2	27,1	1,7	1,2	65,8	100,0
	Física	1,0	76,1	1,0		22,0	100,0
	Química	1,9	55,4	1,4	0,3	41,0	100,0
	Sociologia		44,4	4,4		51,2	100,0

A realização de doutorado "sanduíche" ou no exterior parece não ter sido um caminho trilhado pelos mestres: em seu conjunto, não ultrapassa de 5% (caso dos mestres em Sociologia e Clínica Médica). Embora a pesquisa não tenha tido como objeto explícito identificar quem faz doutorado no exterior (sanduíche ou pleno), importa ressaltar que esta parece ser opção ainda direcionada a um grupo muito restrito, dado que as oportunidades se limitam, em princípio, à oferta anual apresentada pelas agências de fomento, tanto via demanda social como induzida. Além disso, não se pode deixar de considerar que a multiplicação de programas de pós-graduação que ocorreu no País, a partir dos anos 90, ampliou as chances internas de doutoramento. Um outro aspecto a se levar em conta são as características pessoais e sociais dos egressos de mestrado, sobretudo a idade, fatores limitantes para uma opção de estudo fora do país.

Visto sob o ângulo dos egressos das ciências básicas *versus* ciências aplicadas, assinala-se que há uma preponderante busca de prosseguimento de estudos entre as primeiras, possivelmente em razão de motivações de natureza acadêmica (pesquisa e ensino). Este é o caso dos mestres oriundos dos cursos de Bioquímica, Física, Química e Sociologia. Entre os egressos das ciências aplicadas, o doutoramento é caminho seguido por quase 40% dos mestres em Clínica Médica e Agronomia e em menores proporções pelos egressos em Administração e Engenharia Elétrica (gráfico 15.1).

A pós-graduação *lato sensu* ou outro tipo de pós-graduação é pouco demandada após a conclusão do mestrado, com exceção da área de Bioquímica, onde 11% buscaram este tipo de formação, o que pode estar indicando uma preocupação mais diretamente relacionada ao exercício profissional.

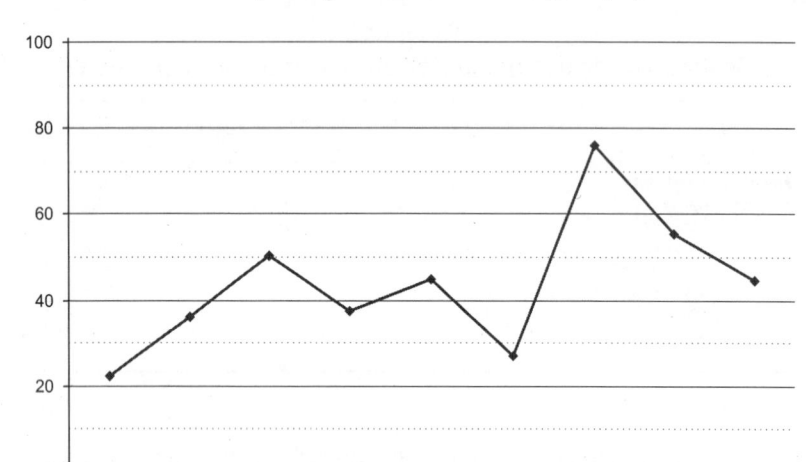

Gráfico 15.1
Mestres que seguem doutorado no país (%)

Em resumo, o doutoramento vem sendo o principal caminho de formação dos mestres oriundos dos cursos da área das ciências básicas. Por outro lado, os estudos em nível de mestrado parecem ser suficientes para dar terminalidade à formação pós-graduada nas áreas de Administração, Agronomia, Clínica Médica, Engenharia Civil e Engenharia Elétrica.

Situação de trabalho

O exame da situação de trabalho dos egressos dos cursos de mestrado aqui considerados revela tanto algumas características comuns a todos os mestres entrevistados, quanto outras bastante diferenciadoras. Isso sinaliza haver uma grande complexidade no relacionamento entre a formação pós-graduada e o mundo do trabalho, a qual precisa ser considerada na formulação de uma política nacional de pós-graduação.

É bem verdade que os aspectos a seguir abordados se vinculam tanto a mudanças mais amplas que se realizam no país desde o início dos anos 90, no cenário econômico e educacional, quanto a modificações vivenciadas pelas instituições de ensino superior, particularmente as universidades (multiplicação de oportunidades de iniciação científica e generalização da apresentação de monografias ao final dos cursos de graduação), as reformulações introduzidas pelas agências nacionais de fomento, que redefiniram o caráter terminal do curso de mestrado e, sobretudo, as repercussões diretas e indiretas advindas da sanção de nova legislação educacional (LDB) e de sua regulamentação correspondente, que deu ênfase à avaliação da qualidade da formação em nível superior.

Anote-se que essas ações mediadas por instâncias governamentais, certamente, promoveram alterações não apenas na dinâmica das instituições formadoras e no próprio alunado, como também induziram o estabelecimento de novos requisitos no recrutamento de profissionais para o mercado de trabalho. Não obstante tais observações, não há a pretensão de proceder a comparações com períodos anteriores como, por exemplo, com os anos 80, objeto de estudo de Spagnolo e Gunther (1986) em texto sobre "O que fazem os nossos mestres e doutores". Tampouco se busca comparar os achados que serão aqui apresentados com estudos realizados em outros países até porque eles tendem a privilegiar aspectos específicos, como por exemplo, faz Mangematin (2000) que, ao pesquisar a trajetória profissional de doutores em engenharia, mostra a tensão existente entre visibilidade científica e obtenção de trabalho no setor privado.

A situação de trabalho dos egressos dos cursos de mestrado das áreas em estudo, que concluíram o curso no período 1990-1998, será tematizada a partir de quatro ângulos considerados relevantes para subsidiar o debate sobre um possível redirecionamento das prioridades de formatos de preparação pós-graduada no Brasil: (a) se o egresso trabalhava no momento em que a entrevista foi realizada (em 1998, com os mestres em Administração, Engenharia Elétrica, Física e Química, e em 1999, com os titulados em Agronomia, Bioquímica, Engenharia Civil, Clínica Médica e Sociologia); (b) principal atividade remunerada que tinham; (c) tipo de instituição onde trabalhavam e (d) desenvolvimento de pesquisa.

Os dados relativos a cada um dos quatro ângulos assinalados serão apresentados por curso, destacando-se entretanto, quando parecer relevante, especificidades de cursos determinados.

Inserção no mundo do trabalho

Embora não se possa afirmar que a obtenção do grau de mestre potencialize a inserção no mercado de trabalho, o percentual de mestres que procurava trabalho era mínimo, abaixo de 2%, com inflexão nas áreas de Agronomia,e Física, cujo percentual se aproxima de 5% (tabela 15.2).

Desse modo, a maioria dos egressos encontrava-se em plena atividade em proporções bastante elevadas: na sua quase totalidade, os mestres em Clínica Médica e Administração (95% e 92% respectivamente) ; em torno de 3/4, os de Engenharia Civil e de Sociologia (73%); acima desta proporção, os de Engenharia Elétrica (85%) e, abaixo, os de Química (65%) e Agronomia (64%).

Os mestres classificados na tabela 15.2 em "outra situação", estavam dando continuidade à sua formação pós-graduada: caso dos egressos dos cursos de Física como daqueles oriundos de cursos de Bioquímica, áreas para as quais a obtenção do grau de doutor parece ser requerimento imprescindível para a atuação profissional. Desse modo, a obtenção da titulação de mestre assegura oportunidade de exercício profissional para mais de 3/4 dos egressos dos diferentes cursos.

Principal atividade remunerada

Que instância absorve mais os mestres? De um modo geral, o setor público é o grande recrutador dos mestres. Nele trabalhavam mais de 70% dos mestres em Agronomia, perto de 60% ou quase isso dos mestres em Química, Bioquímica e Sociologia. E embora também cerca de metade dos oriundos dos cursos de mestrado em Física, Engenharia Elétrica e Civil trabalhasse no setor público, parcela substancial dele era absorvida pelo setor privado (em torno de 40%). Situação diferente é encontrada apenas em Administração, cujos egressos são absorvidos de modo prevalente no setor privado. Os mestres em Clínica Médica se dividem quase igualmente entre o setor público e a atividade autônoma (tabela 15.3).

Em seu conjunto, o setor público continua sendo o grande empregador de pessoal de alto nível no país.

Tabela 15.2
Mestres: situação de trabalho por área (%)

		Procura trabalho	Aposentado	Outra situação	Plena atividade	Parcial./total. afastado	Total
Área do mestrado	Administração	0,3	0,6	3,7	92,0	3,5	100,0
	Agronomia	4,0	0,6	26,3	63,6	5,5	100,0
	Bioquímica	1,6	0,4	49,6	43,6	4,8	100,0
	Clínica Médica			4,4	94,5	1,1	100,0
	Engenharia Civil	2,3		19,7	73,1	4,9	100,0
	Engenharia Elétrica	0,8	0,2	9,8	85,0	4,2	100,0
	Física	4,5		54,3	35,8	5,4	100,0
	Química	1,9	1,1	29,0	64,3	3,6	100,0
	Sociologia	0,9	0,6	16,0	72,7	9,8	100,0

Tipos de instituições onde o egresso trabalhava

Os mestres das áreas sob exame que estavam desenvolvendo atividade remunerada trabalhavam principalmente em dois tipos de instituição: de ensino superior e empresas (tabela 15.4).

Entretanto, conforme dados trabalhados por Velloso,[1] entre os mestres que atuavam em IES, havia um predomínio de universidades públicas, principalmente federais. Os administradores majoritariamente estavam atuando em instituições de ensino particulares e os físicos em partes iguais em instituições públicas e privadas. Em grandes linhas, os egressos de: Administração (60%); Física (50%); Química e Sociologia (cerca de 45%); Bioquímica, Eng. Civil e Eng. Elétrica (em torno de 1/3); Agronomia com 12% e Clínica Médica, com 5% apenas, atuavam nas particulares, em sentido restrito, e nas comunitárias.

Tabela 15.3
Mestres: principal atividade remunerada por área (%)

		Empregado setor público	Empregado setor privado	Autônomo/ consultor	Proprietário	ONG/entidades	Total
Área do mestrado	Administração	40,0	44,5	6,1	7,8	1,6	100,0
	Agronomia	72,9	21,2	4,3	1,5		100,0
	Bioquímica	60,9	28,9	7,0	3,1		100,0
	Clínica Médica	44,3	9,1	44,3	2,3		100,0
	Engenharia Civil	47,5	36,4	9,1	6,6	0,4	100,0
	Engenharia Elétrica	51,2	39,9	4,1	4,1	0,6	100,0
	Física	55,9	40,9	2,4	0,8		100,0
	Química	61,9	35,2	1,2	0,8	0,8	100,0
	Sociologia	59,2	32,5	4,7	0,4	3,2	100,0

Perguntando-se se, ao longo da década, aumentou a proporção dos mestres que vão para as IES, Velloso agregou os egressos em dois grandes grupos quanto ao ano de titulação: 1990-94 e 1995 e mais, tendo obtido os seguintes resultados: em mais da metade das áreas houve **queda** na proporção dos que atuavam em IES e, nestas, geralmente expressivas **diminuições**: 47% dos químicos das coortes mais antigas atuavam em IES, contra 26% dos que se titularam a partir de 1995 (inclusive). As percentagens dos físicos e engenheiros civis diminuíram de 58% para 40%, e de 40% para 24%, respectivamente. Nas demais áreas – Administração, Agronomia, Bioquímica e Engenharia Elétrica – não houve alteração.

Comparando os grupos que se formaram em 1997-1998 e os que obtiveram seu título antes disso, Velloso[2] conclui que entre os mestres em Engenharia Civil, a proporção dos que trabalhavam em IES cai pronunciadamente das coortes mais antigas para as duas mais jovens

(36% para 20%); em Bioquímica, há sinais de provável queda (37% para 29%, quase 10 pontos percentuais), enquanto que nas outras três áreas as variações são menores.

Tabela 15.4
Mestres: tipo de trabalho por área (%)

		Administração pública	Empresa	Universidade	Outra instit. de ensino	Instituição de pesquisa	Outras	Total
Área do mestrado	Administração	19,8	41,1	34,3	0,9	2,5	1,3	100,0
	Agronomia	17,4	20,8	33,9	8,6	17,4	1,8	100,0
	Bioquímica	14,8	21,1	39,1	12,5	6,3	6,3	100,0
	Clínica Médica	17,9	51,4	22,0	1,7		6,9	100,0
	Engenharia Civil	16,9	37,2	36,0	1,7	3,3	5,0	100,0
	Engenharia Elétrica	14,7	41,7	29,8	9,1	4,1	0,6	100,0
	Física	4,9	11,4	55,3	17,1	11,4		100,0
	Química	7,5	22,0	43,6	9,5	16,6	0,8	100,0
	Sociologia	23,2	5,8	59,1	1,1	5,4	5,4	100,0

Uma possível explicação que Velloso apresenta é que a crescente demanda por mestres, por parte faculdades particulares, ainda não tinha se manifestado com pleno vigor até 1998. De outra parte, essa demanda se dirigia sobretudo para os egressos de mestrados da área das Ciências Humanas e, entre os que se titularam em 1998 e 1999, apenas os sociólogos nela se enquadram.

Quanto às empresas, elas constituem o espaço de trabalho predominante dos egressos de cursos de mestrado em Clínica Médica (52%), de Engenharia Elétrica (42%), Administração (41%) e Engenharia Civil (37%). Já as instituições de pesquisa têm alguma expressividade como local de trabalho para os mestres em Agronomia (17%), Química (17%) e Física (11%) (tabela 15.4).

Das observações feitas fica claro que a atividade acadêmica, no seu sentido estrito, caracteriza as áreas de ciências básicas – Sociologia, Física e Química – enquanto que as atividades em empresas são desenvolvidas especialmente por mestres oriundos das ciências aplicadas – Administração, Clínica Médica e Engenharia Elétrica e Civil.

Isso, entretanto, não recobre nuances importantes como, por exemplo, o fato de todos os mestres egressos das áreas das ciências aplicadas também terem espaço importante nas instituições de ensino superior, o que indica que tanto os mestres das ciências básicas, como os das ciências aplicadas, têm, nas instituições de ensino, um lugar de trabalho privilegiado. Esse fato, não obstante os resultados encontrados por Velloso, aqui mencionados, podem minimizar os argumentos favoráveis a uma certa especificidade de formação pós-graduada, que justificaria uma divisão entre cursos de natureza acadêmica e cursos de caráter profissional, presente hoje no debate acerca dos formatos da pós-graduação no país.

A interdependência existente entre atividade acadêmica, no sentido estrito, e atividade profissional fica mais evidente ao se abordar a questão do desenvolvimento da pesquisa entre os mestres entrevistados, como será visto adiante.

Desenvolvimento de pesquisa

Observou-se, de modo geral, que em todos os cursos das áreas consideradas há correspondência entre a obtenção de mestrado e realização de pesquisa, com exceção dos mestres em Administração, entre os quais 64% não desenvolviam pesquisa. De fato, mais de 45% dos mestres em Clínica Médica, Engenharia Elétrica, Engenharia Civil e Física desenvolviam pesquisa e mais ainda os mestres em Sociologia, Agronomia e Química, cuja proporção chega a superar os 64%, sobretudo na subárea de Sociologia, onde quase 3/4 dos mestres têm a pesquisa incluída no seu trabalho (gráfico 15.2 e tabela 15.5).

Gráfico 15.2
Mestres que atuam no ensino superior e mestres cuja atividade envolve pesquisa (%)

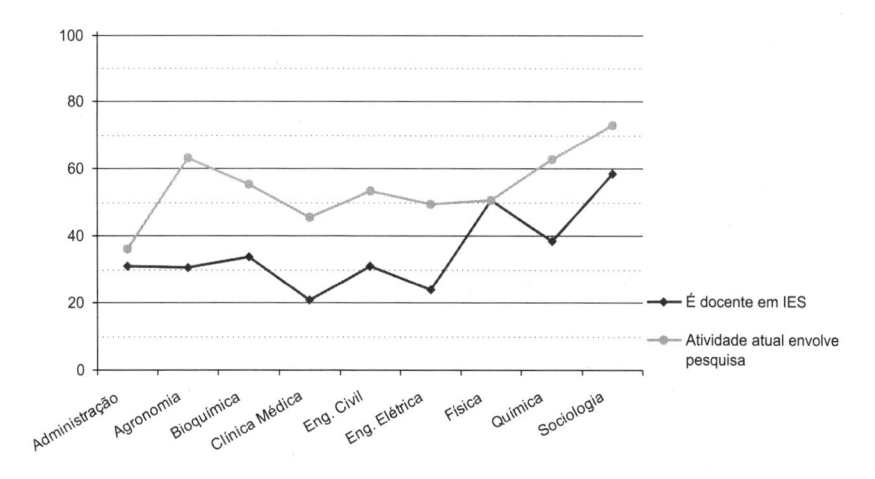

Como visto, reitera-se que a atividade de pesquisa integra a atividade profissional da maioria dos egressos de mestrado aqui examinados, sejam eles pertencentes às ciências básicas, sejam às ciências aplicadas. Cabe, então, perguntar: constitui a pesquisa elemento imprescindível ao exercício profissional? Ela deveria ser um componente a ser preservado em qualquer redefinição de formatos de pós-graduação?

Tabela 15.5
Mestres: envolvimento com pesquisa na principal atividade por área (%)

		Sim	Não	Total
Área do mestrado	Administração	36,3	63,7	100,0
	Agronomia	63,2	36,8	100,0
	Bioquímica	55,5	44,5	100,0
	Clínica Médica	45,7	54,3	100,0
	Engenharia Civil	53,3	46,7	100,0
	Engenharia Elétrica	49,3	50,7	100,0
	Física	50,8	49,2	100,0
	Química	62,7	37,3	100,0
	Sociologia	72,9	27,1	100,0

Resumindo as questões aqui abordadas, é possível afirmar-se que: (a) a obtenção do primeiro nível de pós-graduação *stricto sensu* suscita a busca de aprofundamento de estudos, sobretudo entre os egressos da área das ciências básicas; (b) a titulação de mestre parece permitir a inserção no mercado de trabalho, particularmente, nas instituições de ensino superior; (c) os mestres atuam sobretudo no setor público e (d) o desenvolvimento da pesquisa integra a atividade profissional da maioria dos egressos das áreas estudadas.

Desse modo, os dados aqui apresentados parecem dar substrato à visão de formação pós-graduada como desenvolvimento e aprofundamento da perspectiva acadêmica, sobretudo de atividades de pesquisas, sua principal marca no Brasil, mas eles mostram, também, que ela tem sido permeável a interesses de natureza social, como demandas do mundo do trabalho, nas suas diferentes variantes.

Notas

[1] Memorando de Jacques Velloso para a autora.
[2] Ver nota anterior.

A pós-graduação, a academia e as trajetórias profissionais

GLAUCIA VILLAS BÔAS
MARIA LIGIA DE OLIVEIRA BARBOSA
YVONNE MAGGIE

Neste capítulo, pretendemos analisar uma questão que se insere no debate sobre as finalidades e perspectivas dos cursos de pós-graduação: a forte tendência a que se concentrem na academia os profissionais que se titulam nesse nível de ensino. Como foi definido anteriormente, considerou-se "trabalho na academia"[1] o conjunto de atividades exercidas pelos profissionais egressos dos cursos de pós-graduação, em instituições de ensino superior e institutos de pesquisa. Tomando-se o total dos nossos entrevistados, teríamos proporções muito significativas deles inseridos em instituições acadêmicas. Se isso pode indicar, sob uma certa perspectiva, um resultado positivo das políticas de pós-graduação desenvolvidas nas últimas décadas, não deixa de ser importante analisar algumas variações em torno deste padrão, de tal forma que se possa compreender mais profundamente o seu significado.

Há muitos anos, a pós-graduação é uma parte constitutiva essencial dos sistemas universitários, e, mais recentemente, vem sendo objeto de discussões mais aprofundadas no que diz respeito à sua relação com o mercado de trabalho, às suas finalidades, à sua qualidade, e mesmo à sua duração.[2] Um relatório sobre o treinamento para pesquisa apresenta documentação importante sobre a emergência de políticas especificamente européias de desenvolvimento da pós-graduação, nas quais se destaca uma questão que também vai se desenhar no caso brasileiro: *Instead of the traditional preparation for an academic career in research and training, the PhD should prepare postgraduates for a wider variety of social functions, especially for careers in industry* (Kiniven, Ahola e Kaipainen, 1999: 3). Não apenas neste caso, o problema das finalidades deste nível de educação e da direção que tomam seus egressos vai crescendo em importância no debate sobre a pós-graduação na Europa. Mas esta também é uma questão relevante para o Brasil. Segundo Velloso e Velho (2001: 99), *O horizonte profissional dos mestrandos e doutorandos é a academia. ... Embora os mestrandos também tenham pretensões acadêmicas, semelhantes às dos doutorandos... parcelas ponderáveis dos alunos de diversas áreas, vêem sua formação como um estágio terminal, que os capacitaria a exercer atividades no mercado de trabalho extramuros.*

Neste trabalho, procuraremos analisar, usando os dados do conjunto das carreiras que compõem o universo da nossa pesquisa, a trajetória dos pós-graduados brasileiros na década de 90, enfatizando especialmente a sua relação com a academia. Ou seja, em que medidas esses profissionais se aproximam ou se distanciam da academia quando da sua passagem pelos cursos de pós-graduação, nas diversas áreas. Iniciaremos pela apresentação dos dados relativos aos mestres.

No gráfico 16.1 encontramos as distribuições percentuais dos mestres segundo sua relação com a academia, em cada uma das áreas de conhecimento ou categorias profissionais de nosso estudo.

Gráfico 16.1
Mestres: trabalho na época da entrevista e trabalho futuro na academia (%)

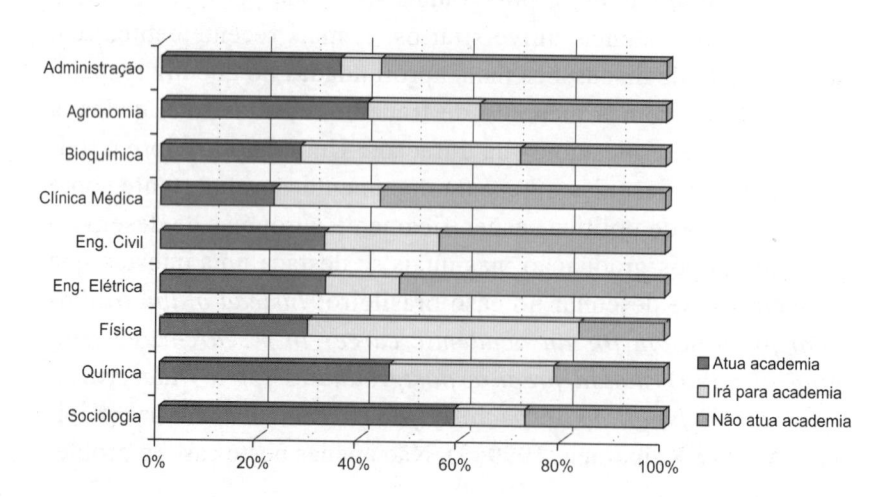

As categorias incluídas nesse gráfico foram construídas a partir das respostas dadas nas entrevistas às questões sobre a situação de estudo e de trabalho do profissional no momento em que elas foram realizadas. Assim, "atua na academia" inclui todos os profissionais que, tendo terminado o mestrado, trabalham como professores ou pesquisadores em instituições de ensino superior ou institutos de pesquisa. Na categoria "irá para academia" encontra-se a parcela daqueles mestres que estava fazendo doutorado na época da entrevista, e que provavelmente irá para a academia ao final do curso. Finalmente, estão incluídos na categoria "não atua na academia" os profissionais inseridos no mercado ou no Estado e também aqueles que, estando ainda fazendo doutorado, deverão permanecer fora da Academia ao final do curso.

Não é difícil ver as diferenças entre os grupos no que diz respeito à sua inserção profissional. Nos extremos, encontramos a Física, com o menor percentual de mestres para os quais a academia não se constitui no ponto de chegada, opondo-se à Administração, Clínica Médica e Engenharia Elétrica, todas elas com mais da metade dos seus mestres atuando fora da academia. A estas duas áreas podemos agregar à Engenharia Civil, que também apresenta uma taxa elevada de profissionais que se dirigem ao mercado ou ao Estado.

Nas demais áreas analisadas, encontramos uma taxa intermediária, como no caso da Agronomia e, em seguida, podemos notar que a opção "academia" vai se tornando majoritária em um crescendo que começa com a Bioquímica, passa pela Sociologia e pela Química, para atingir o ponto máximo na Física.

Não é difícil criar hipóteses explicativas para essas diferenças associadas à configuração específica do mercado de trabalho de cada um dos grupos profissionais. Estas, no entanto, não são passíveis de análise com os dados dessa pesquisa. Ao mesmo tempo, esses dados nos permitem compreender os fatores associados à pós-graduação que contribuiriam para a importância da Academia como destino do conjunto dos profissionais. Um primeiro passo é a análise da situação dos mestres que atuam na academia e/ou se dirigem ao doutorado, no momento da sua inscrição no curso de pós-graduação.

No gráfico 16.2, o ponto a ser analisado com mais vagar diz respeito à última categoria: o percentual dos que tinham atividades fora da academia. É por meio dessa categoria que poderíamos avaliar o nível de atração que a academia exerceria entre os profissionais pós-graduados.

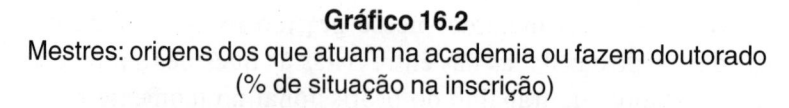

Gráfico 16.2
Mestres: origens dos que atuam na academia ou fazem doutorado
(% de situação na inscrição)

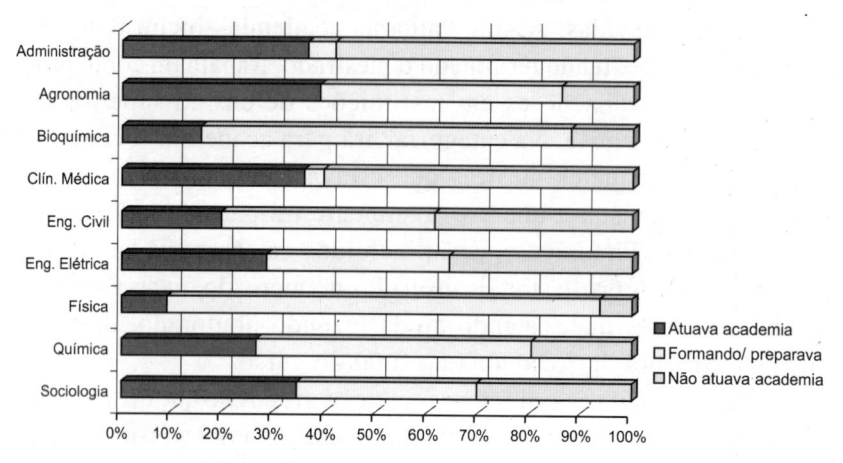

[Gráfico de barras horizontais mostrando as áreas: Administração, Agronomia, Bioquímica, Clín. Médica, Eng. Civil, Eng. Elétrica, Física, Química, Sociologia — com as categorias: Atuava academia, Formando/preparava, Não atuava academia]

Novamente, destacam-se a Clínica Médica e a Administração que "puxaram" do mercado e do Estado aproximadamente 60% dos seus profissionais acadêmicos. Também aqui, as Engenharias apresentam tendência semelhante. Mas a Agronomia e a Bioquímica, que tinham uma posição mais forte nas instâncias mercado e Estado como destino de seus mestres, demonstram possuir pequeno poder de atração, para a academia, dos profissionais externos a ela, sendo os percentuais inferiores mesmo à Química e à Sociologia, e superiores apenas à Física. Nesta última área, deve-se destacar a expressiva proporção de mestres que estava numa situação de transição rápida para o mestrado (percentual dos que estavam terminando a graduação ou que tiveram um período inferior a um ano entre o fim da graduação e início do mestrado).

Apesar das diferenças no caso da Agronomia e da Bioquímica, pode-se notar a persistência de um mesmo fator, atuando na mesma direção. O poder de atração da academia é quase que um espelho do destino profissional em cada área de conhecimento: quanto menos a academia é capaz de atrair profissionais de outras instâncias – o mercado e o Estado – mais enfraquecida ela se mostra como destino provável dos mestres.

Isso fica mais claro ainda quando investigamos o outro lado, ou seja, os mestres que não escolheram o caminho da academia. O gráfico 16.3 apresenta dados que mostram aquilo que estamos chamando de "origem" dos profissionais, ou seja, sua situação no momento em que se inscreveram no curso.

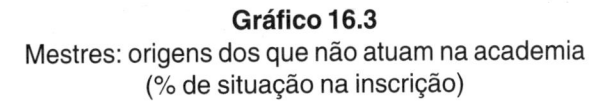

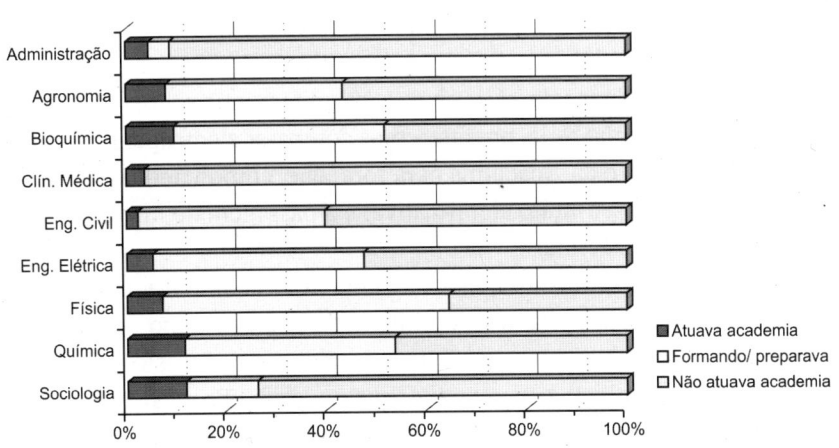

Gráfico 16.3
Mestres: origens dos que não atuam na academia
(% de situação na inscrição)

- Administração
- Agronomia
- Bioquímica
- Clín. Médica
- Eng. Civil
- Eng. Elétrica
- Física
- Química
- Sociologia

■ Atuava academia
□ Formando/ preparava
□ Não atuava academia

Como é bem fácil de se ver, boa parte desses mestres estavam fora da academia quando procuraram a pós-graduação, trabalhando no mercado e no Estado. Neste caso, o destaque absoluto fica para a Clínica Médica, com quase a totalidade dos seus mestres não acadêmicos vindo de fora da academia. Mas é notório também que o mercado e o Estado têm fraco poder de atração daqueles mestres que, na inscrição, estavam na academia. Entre os sociólogos encontramos a maior proporção dos que saíram da academia, seguidos de perto pelos químicos. Seria interessante verificar esta tendência, vendo os pesos das mudanças para cada opção de destino. Trata-se de uma questão semelhante a que foi analisada por Mangematin[3] para engenheiros pós-graduados em Grenoble, França. Nesse estudo, o autor chama a atenção para os custos das transições entre duas instâncias de trabalho que possuem critérios de avaliação diferenciados. No caso dos nossos mestres, talvez possamos formular a hipótese de que, pelo menos para os que estão fora da academia, a estabilidade de trajetória encontrada possa estar associada às diferenças de critérios, uma vez que a passagem pela pós-graduação parece não produzir qualquer inflexão nas suas carreiras, no sentido de retirá-los do lugar inicial. É importante notar uma diferença em relação ao estudo de Mangematin: os postos de trabalho dos engenheiros analisados foram obtidos *após* a titulação, o que não é o caso dos mestres aqui analisados.

A pergunta que fica é sobre o peso que a passagem pela pós-graduação teve como fator de atração para a academia em cada área de conhecimento. Se o primeiro gráfico parece indicar que sim, que esse processo é muito forte em quase todas as áreas, fica a dúvida sobre o peso da pós-graduação na definição dessa transição.

Os dados da tabela 16.1, abaixo, permitem uma primeira aproximação do problema. Nela, procuraremos comparar a passagem nos dois sentidos: de dentro da Academia para fora, que, como vimos no gráfico 16.3, parece não ser muito significativa, e a passagem do mercado e do Estado para a academia.

Apesar de ser extensa, esta tabela merece atenção, pois nos permite observações importantes. A primeira delas diz respeito aos percentuais de mestres que vão para o Estado e o mercado, isto é, não se dirigem à academia. Este percentual, que pode ser observado na terceira coluna das linhas que representam o total em cada área, é variável segundo o grupo ou área, conforme já havíamos evidenciado. A novidade fica em outra linha desta mesma coluna, relativa ao destino dos mestres que atuavam na academia no momento da sua inscrição no curso, e depois deixaram-na. Aqui temos uma grande homogeneidade, pois os percentuais de mestres que efetuaram essa trajetória de saída da academia são extremamente pequenos. Os mais elevados seriam aqueles da Engenharia Elétrica e da Administração, ligeiramente superiores a 2%.

Por outro lado, o movimento na direção contrária (profissionais que foram atraídos do mercado e do Estado para a academia) é bem mais intenso. Os percentuais indicativos desse tipo de trajetória são encontrados na primeira coluna, nas linhas que apresentam os números relativos aos mestres que "não atuavam na academia" em cada área. Aqui, encontramos taxas relativamente elevadas como 17% entre Administradores e 13% entre os Sociólogos.

Essas diferenças entre os dois processos parecem indicar que a pós-graduação pode funcionar como fator de atração para a academia mas tem pouco efeito no sentido de direcionar profissionais para o mercado ou para o Estado. O pequeno poder de inflexão que a pós-graduação teria no caso de trajetórias exteriores à academia mereceria maior atenção do que é possível nestas páginas. Se isso parece natural, sob um certo ângulo também poderia ser considerado problemático, pois poderia demonstrar certo distanciamento desses cursos em relação à dinâmica do trabalho e do mercado de cada grupo profissional. Pelo menos em parte, essa questão é analisada no capítulo sobre as contribuições da pós-graduação para o trabalho dos mestres e doutores.

Tabela 16.1
Mestres: trajetória da inscrição à situação na entrevista por área
(% do total e marginais)

Área			Situação na entrevista					
			Atua academia	Doutorando	Não atua academia	Inativo	Desempregado	Total
Administração	Situação	Atuava academia	14,4	0,6	2,3	0,2		17,4
	na inscrição	Formando/ preparava	1,1	1,1	2,2			4,3
		Não atuava academia	16,5	7,4	45,8	0,9	0,2	70,8
		Inativo	2,3	0,8	3,1	0,3		6,5
		Desempregado	0,2	0,2	0,6			0,9
		Total	34,4	10,0	54,0	1,4	0,2	100,0
Agronomia	Situação	Atuava academia	20,3	0,6	2,2	0,1		23,2
	na inscrição	Formando/ preparava	8,5	16,8	9,1	1,7	2,0	38,2
		Não atuava academia	4,4	3,1	14,5	1,1	0,5	23,6
		Inativo	2,1	5,6	3,6	1,1	1,3	13,7
		Desempregado	0,1	0,5	0,2		0,6	1,4
		Total	35,5	26,5	29,6	4,0	4,4	100,0
Bioquímica	Situação	Atuava academia	8,0	0,5	1,2	1,1		10,8
	na inscrição	Formando/ preparava	8,7	31,0	6,4	4,3	0,8	51,1
		Não atuava academia	1,4	5,4	7,1	1,1		15,0
		Inativo	4,7	9,5	3,5	3,6	0,8	22,1
		Desempregado	0,9					0,9
		Total	23,8	46,3	18,1	10,2	1,6	100,0
Clínica Médica	Situação	Atuava academia	13,1		1,1			14,2
	na inscrição	Formando/ preparava	0,6	0,7				1,3
		Não atuava academia	3,9	18,1	36,3			58,2
		Inativo	5,9	4,7	15,7			26,3
		Total	23,5	23,4	53,0			100,0
Eng. Civil	Situação	Atuava academia	9,0	2,4	0,7		0,5	12,6
	na inscrição	Formando/ preparava	10,9	12,6	12,2	0,3	0,8	36,9
		Não atuava academia	10,7	11,4	19,8	1,6	0,3	43,9
		Inativo	0,3	1,6	1,3	0,9		4,0
		Desempregado		1,5	1,2			2,7
		Total	30,9	29,5	35,2	2,8	1,6	100,0
Eng. Elétrica	Situação	Atuava academia	10,8	1,8	2,4	0,2		15,3
	na inscrição	Formando/ preparava	10,6	5,0	19,5	0,6	0,4	36,1
		Não atuava academia	8,6	7,2	24,3	0,4		40,6
		Inativo	1,6	1,8	4,0			7,4
		Desempregado	0,4	0,2				0,6
		Total	32,1	16,1	50,2	1,2	0,4	100,0
Física	Situação	Atuava academia	6,6	1,2	0,4	0,4		8,6
	na inscrição	Formando/ preparava	19,5	53,5	3,1	2,7	1,2	80,1
		Não atuava academia	1,2	4,3	2,0			7,4
		Inativo	1,2	2,3			0,4	3,9
		Total	28,5	61,3	5,5	3,1	1,6	100,0
Química	Situação	Atuava academia	15,7	2,0	1,6	0,7		20,0
	na inscrição	Formando/ preparava	13,8	22,0	5,9	1,6	0,3	43,6
		Não atuava academia	7,9	5,2	6,6	1,3		21,0
		Inativo	4,6	6,6	1,3	1,0		13,4
		Desempregado	0,7	1,0	0,3			2,0
		Total	42,6	36,7	15,7	4,6	0,3	100,0
Sociologia	Situação	Atuava academia	19,4	3,6	2,0	0,9		25,8
	na inscrição	Formando/ preparava	14,9	8,4	2,4	0,9		26,6
		Não atuava academia	12,8	7,3	12,3	0,4		32,8
		Inativo	6,2	3,7	2,8	1,3		14,0
		Desempregado	0,8					0,8
		Total	53,9	23,0	19,6	3,5		100,0

Tratando agora especificamente dos doutores da nossa amostra, encontramos uma situação que nos permite afirmar que o doutorado é um tipo de treinamento que atrai principalmente os profissionais acadêmicos. Apenas três das nove áreas têm taxas iguais ou superiores a 30% de doutores que, à época da matrícula, não se encontravam na academia: a de Sociologia, com o maior percentual, a de Administração e a de Clinica Médica. Esses números são bem mais modestos que aqueles que encontramos entre os mestres.

A partir dos dados contidos na tabela 16.2 podemos medir a proporção de doutores que atuavam, no momento da entrevista, na academia. Trata-se dos números apresentados na primeira coluna na linha referente ao total de cada área. Aqui, apenas os sociólogos, dos quais 58% vão para a Academia, têm um percentual inferior aos 73% da Clínica Médica. Em todas as outras áreas as taxas são bem mais elevadas, chegando a 86% de doutores Químicos que atualmente são professores ou pesquisadores na academia.

Podemos também constatar que o movimento de saída da academia, em direção ao mercado ou ao Estado, é um pouco mais forte que no caso dos mestres, mas ainda se mantém em níveis muito baixos. O percentual mais elevado pode ser encontrado entre os Engenheiros Civis e é de apenas 5%. Por outro lado, analisando o movimento na direção inversa, como fizemos com os mestres, podemos verificar que, também aqui, a academia tem maior força de atração, com percentuais de passagens do exterior para o seu interior ligeiramente mais elevados.

A comparação entre mestres e doutores, mesmo sendo feita sem maiores pretensões ou cuidados estatísticos, mostra uma tendência de redução, entre os doutores, da diversidade de destinos. Mesmo naquelas áreas em que a academia é menos expressiva como opção profissional, podemos encontrar uma importante redução nas proporções de profissionais que não se dirigem à academia quando passamos do mestrado para o doutorado. A redução mais forte ocorre na Engenharia Elétrica: nesta área, 50% dos mestres dirigem-se ao mercado ou ao Estado, mas apenas 15% dos doutores percorrem a mesma trajetória. Deve-se observar a exceção notável dos Sociólogos, entre os quais apenas 20% dos mestres estão fora da academia, enquanto 34% dos doutores estão nessa situação.

É claro que essa tendência está associada ao fato já mencionado de que o doutorado é mais atraente para os profissionais originários da academia, enquanto o mestrado apresenta uma diversidade maior de origens. Ainda assim, esta tendência parece ser uma característica relevante para a definição da natureza de cada um dos níveis de treinamento pós-graduado.

Em síntese, podemos dizer que a passagem pela pós-graduação funciona como um fator importante de atração de quadros para a academia e também para a estabilização desses quadros nessa instância. As

Tabela 16.2
Doutores: trajetória da inscrição à situação na entrevista por área
(% do total e marginais)

			Situação na entrevista				
			Atua academia	Não atua academia	Inativo	Desempregado	Total
Administração	Situação na inscrição	Atuava academia	50,4	4,4	2,7	0,9	58,4
		Mestrando/preparava	3,5				3,5
		Não atuava academia	19,5	16,8			36,3
		Inativo	1,8				1,8
		Total	75,2	21,2	2,7	0,9	100,0
Agronomia	Situação na inscrição	Atuava academia	51,7	1,8	0,9	0,8	55,2
		Mestrando/preparava	17,4	5,7	1,5	0,5	25,1
		Não atuava academia	2,4	10,5	1,5		14,5
		Inativo	2,2	0,8	0,5		3,4
		Desempregado	1,9				1,9
		Total	75,5	18,8	4,5	1,2	100,0
Bioquímica	Situação na inscrição	Atuava academia	24,9	1,2	1,7		27,7
		Mestrando/preparava	50,5	2,3	6,6	0,5	59,9
		Não atuava academia	2,8	2,1			4,9
		Inativo	4,6	1,2	0,5	0,4	6,7
		Desempregado	0,4		0,4		0,8
		Total	83,2	6,8	9,2	0,9	100,0
Clínica Médica	Situação na inscrição	Atuava academia	43,6	2,9			46,5
		Mestrando/preparava	10,8	10,7		0,9	22,4
		Não atuava academia	18,1	11,7			29,9
		Inativo			1,3		1,3
		Total	72,6	26,5		0,9	100,0
Eng. Civil	Situação na inscrição	Atuava academia	49,8	5,2	0,8		55,9
		Mestrando/preparava	8,9	2,9	0,8		12,6
		Não atuava academia	11,1	15,5			26,6
		Inativo	3,7			0,4	4,1
		Desempregado	0,7				0,7
		Total	74,3	23,6	1,7	0,4	100,0
Eng. Elétrica	Situação na inscrição	Atuava academia	64,7	2,7			67,3
		Mestrando/preparava	8,0			0,7	8,7
		Não atuava academia	9,3	12,0			21,3
		Inativo	2,0				2,0
		Desempregado	0,7				0,7
		Total	84,7	14,7		0,7	100,0
Física	Situação na inscrição	Atuava academia	39,8	1,9	0,9		42,7
		Mestrando/preparava	36,0	2,4	6,6	3,8	48,8
		Não atuava academia	2,8	0,9	0,5		4,3
		Inativo	3,3				3,3
		Desempregado	0,9				0,9
		Total	82,9	5,2	8,1	3,8	100,0
Química	Situação na inscrição	Atuava academia	41,5		1,8	0,4	43,7
		Mestrando/preparava	32,4	1,8	1,8	1,8	37,7
		Não atuava academia	5,3	3,5		0,4	9,2
		Inativo	5,6	0,4	0,4	1,4	7,7
		Desempregado	1,1	0,4	0,4		1,8
		Total	85,9	6,0	4,2	3,9	100,0
Sociologia	Situação na inscrição	Atuava academia	48,1	0,6	1,6	0,8	51,1
		Mestrando/preparava	2,9	5,4	0,8	0,8	9,9
		Não atuava academia	6,2	27,9	3,6		37,6
		Inativo			0,8		0,8
		Desempregado	0,6				0,6
		Total	57,9	33,9	6,7	1,6	100,0

taxas de entrada para a academia são sempre maiores que as de saída. E, apesar da intervenção de fatores específicos aos diferentes grupos profissionais na definição das trajetórias dos mestres e doutores, também é inegável a importância desse fator comum a todos eles que é o peso da pós-graduação como um elemento que faz uma inflexão, direcionando essas trajetórias para a Academia. Isso não constitui propriamente uma novidade, na medida em que o treinamento de quadros acadêmicos é uma finalidade importante da pós-graduação.

Notas

[1] Sobre a questão do destino dos formandos do ensino superior ver Clark (1983).
[2] *Introduction, In* Kiniven, Ahola e Kaipainen (1999).
[3] *The analysis shows that trajectories are not flexible and that PhDs have to choose a trajectory when their level of information is at its lowest. When they choose their first job after completing their PhD, the cost of switching from academia to the private sector or vice versa depends on whether or not they collaborated with the private sector during their PhD and on the intensity of publication. The existence of two sectors of recruitment with two sets of criteria to evaluate applicants' abilities can affect the implicit contract between PhDs and PhD supervisors and the dynamics of scientific production* (Mangematin, 2000).

Formação de mestres e doutores: contribuições para as atividades profissionais

HELENA SAMPAIO
JACQUES VELLOSO

Nos anos recentes, o debate acerca de modelos de formação pós-graduada tornou-se praticamente central nas discussões e encontros que envolvem esse nível de ensino, talvez até como corolário de sua expansão e consolidação. Nesse debate, o tema dificilmente logra consenso: primeiro, pela própria diversidade das áreas de conhecimento, com premissas e objetivos diversos e, depois, em razão de diferenças pessoais, ideológicas, de experiências acadêmicas e profissionais dos participantes das discussões.[1]

Nesse cenário, e com vistas a levantar informações que pudessem subsidiar o debate, uma questão-chave da pesquisa dizia respeito às opiniões de mestres e doutores acerca da formação que receberam nos cursos de pós-graduação. Desejava-se saber se a experiência em pesquisa e a formação teórica adquiridas durante o curso têm relevância para o trabalho que atualmente desenvolvem, isto é, o trabalho que realizavam na época em que foram feitas as entrevistas. Interessava também conhecer os efeitos da formação pós-graduada na vida profissional.

Neste capítulo, tratamos desses assuntos, com foco em duas questões. A primeira compara as nove áreas estudadas, analisando as possíveis relações entre situação de trabalho dos mestres e formação obtida na pós-graduação. Em outros termos, o interesse é conhecer o grau de contribuição, segundo a percepção dos egressos, que a formação teórica e a experiência em pesquisa dos cursos de mestrado aportam para o trabalho que desenvolvem.

A segunda questão refere-se aos impactos do curso em termos de competitividade no mercado de trabalho e em aspectos específicos da natureza do trabalho realizado. Nesses itens, as respostas não são comparáveis para as nove áreas, pois a formulação das categorias utilizadas evoluiu no decorrer da investigação. Na primeira etapa da pesquisa, perguntou-se aos entrevistados se houve, ou não, aumento de competitividade após o curso, e com que intensidade, consideradas as expectativas iniciais. Na segunda etapa, em um desdobramento da questão anterior, indagou-se sobre melhorias no trabalho após a titulação: aumentaram as oportunidades de emprego? Melhorou a qualidade do trabalho? Essas e outras questões são discutidas para os mestres e serão feitas algumas comparações com os doutores das mesmas áreas e setores de trabalho.

Antes de iniciar a análise dos resultados, vamos indicar os principais destinos profissionais dos egressos, com especial atenção para os mestres, pois essas informações são úteis para a discussão que segue.[2] Em quatro das nove áreas analisadas, os mestres economicamente ativos têm seu trabalho mais freqüente na universidade: na Física e na Sociologia, eles são maioria, com 55% e mais; na Química e na Bioquímica, correspondem a 40%. Em três outras áreas – Administração, Engenharia Elétrica e Clínica Médica –, o principal trabalho dos mestres está em empresas, que absorvem 40% dos administradores e engenheiros elétricos e mais da metade dos médicos entrevistados. Já os mestres em Engenharia Civil distribuem-se em parcelas aproximadamente iguais (de quase 40%) entre empresas e instituições de ensino superior. Como se vê, à medida que se passa de áreas de caráter mais acadêmico, ou de ciências básicas, para áreas de formação mais profissional, ou de ciências aplicadas e tecnológicas, as proporções de titulados que se dirigem para o ensino superior diminuem sensivelmente. Agronomia é um caso a parte: apenas 1/3 de seus mestres atua no ensino superior; porém, somando-se estes aos colegas empregados em institutos de pesquisa, chega a 50% o percentual dos que desempenham atividades ligadas ao ensino e/ou à pesquisa.

De fato, o mestrado, em várias das áreas estudadas, continua tendo a originária função de aperfeiçoar docentes para o ensino superior; em outras, vem cumprindo predominantemente o papel – também previsto na origem dos estudos pós-graduados no país[3] – de preparar quadros para outros setores da vida social, como para a administração pública e para empresas públicas e privadas.

Diferentemente dos mestres, constata-se, entre os doutores das áreas e programas estudados, forte predomínio das atividades acadêmicas. Cerca de metade dos doutores em Agronomia e Sociologia e em torno de 70% dos egressos de Administração, Clínica Médica e Engenharia Civil estão empregados no ensino superior. Entre os titulados em Bioquímica, Engenharia Elétrica, Física e Química, os que atuam no ensino superior correspondem a 80% e mais. Os programas de doutorado no país, com efeito, parecem estar cumprindo seu papel, precípuo e esperado, formando recursos humanos para a produção e a difusão do conhecimento na universidade.

Embora essa seja a tendência central, esperada e desejável, observam-se, em algumas áreas, proporções não desprezíveis de doutores exercendo outros tipos de trabalho. Em áreas tidas como eminentemente profissionais em sua origem, cerca de 15% dos doutores em Administração, Clínica Médica e Engenharia Civil, e 10% dos doutores em Engenharia Elétrica atuam em empresas. Já na administração pública estão empregados mais de 1/10 dos titulados doutores em Agronomia e em Clínica Médica. Nas áreas em que a formação graduada tem ênfase mais profissional, coerentemente são maiores as proporções de doutores em empresas e no serviço público do que nas áreas em que a formação graduada tem habitualmente ênfase acadêmica; nestas, seus titulados concentram-se fortemente na universidade.

Contribuições na percepção dos mestres (e doutores): pesquisa e teoria

Diante da diversidade de inserções profissionais dos mestres e de variações não desprezíveis na situação de trabalho dos doutores, nas várias áreas, indaga-se: qual o nível de satisfação que os egressos têm em relação ao curso que fizeram? Em outros termos, em que medida a pós-graduação, na percepção dos mestres (e dos doutores), está efetivamente contribuindo para a melhoria da vida acadêmica e profissional, nas distintas áreas de formação e nas diversas situações de trabalho? Que importância os mestres (e doutores) atribuem à experiência em pesquisa e à formação teórica que obtiveram em seus cursos, considerando-se as atividades profissionais que desenvolvem?

Respostas para essas questões encontram-se nos quatro gráficos que se seguem, construídos no intuito de melhor identificar semelhanças e diferenças nas percepções dos mestres de diferentes áreas e situações de trabalho. Nos gráficos, tal como nos capítulos anteriores que trataram separadamente de cada área do conhecimento, consideramos os tipos de trabalho nos quais se encontram pelo menos 10% de mestres;[4] para cada caso apresentamos as porcentagens das respostas dos que informaram que a experiência em pesquisa e a formação teórica contribuíram *muito* para o trabalho que desenvolviam. Os gráficos contemplam as nove áreas, agrupadas em dois conjuntos distintos com base nas semelhanças de respostas em relação à experiência em pesquisa. No primeiro conjunto estão os mestres em Administração, Agronomia, Clínica Médica,

Engenharia Civil e Engenharia Elétrica; no segundo, os titulados em Bioquímica, Física, Química e Sociologia. O critério adotado para proceder ao agrupamento conduziu a resultados interessantes, mas que não surpreendem: um grupo (grupo 1) é integrado pelas Engenharias e por áreas que, por vezes, são classificadas no campo das ciências ditas aplicadas; o outro (grupo 2) inclui áreas das Ciências Naturais e uma das Ciências Humanas.

Experiência em pesquisa

Nos debates sobre os modelos de pós-graduação, a formação em pesquisa vem sendo um dos principais – senão o principal – objeto de controvérsia. Resultados deste estudo mostram que os mestres de áreas incluídas no grupo 1 atribuem elevado valor ao aprendizado em pesquisa durante o curso, pois em quase todas as atividades consideradas, cerca de metade deles, ou mais, entendem que esse aspecto da formação tem contribuído muito para o trabalho desenvolvido. Como os mestrados no país têm habitualmente orientação acadêmica, os egressos que atuam na universidade têm as percepções mais positivas, variando de cerca de 60% a mais de 80% nas cinco áreas consideradas. Entretanto, constatam-se notáveis diferenças conforme os setores de trabalho dos mestres (gráfico 17.1).

Gráfico 17.1
Mestres: experiência em pesquisa contribuiu muito para o trabalho (%)

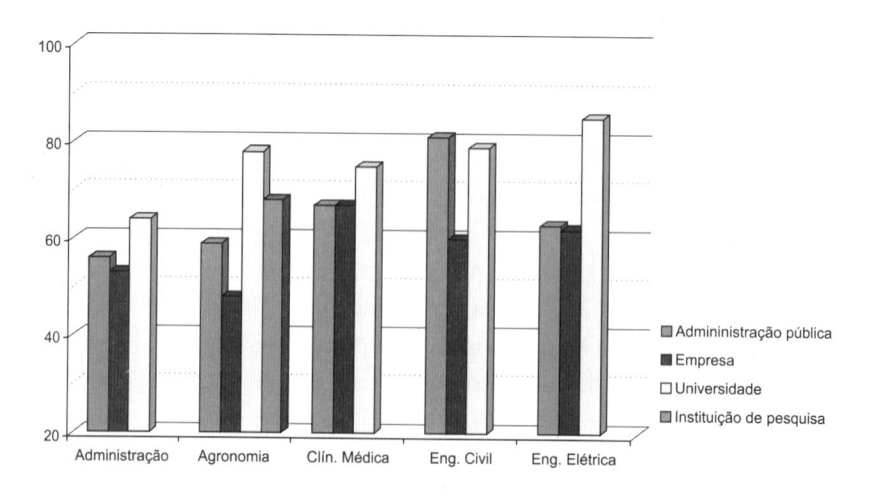

Ao compararmos as percepções dos mestres que atuam em universidade com as dos que desenvolvem outros tipos de trabalho, constatamos que as maiores diferenças, de mais de 20 a quase 30 pontos percentuais, encontram-se entre os agrônomos, os engenheiros civis e os engenheiros elétricos que trabalham em empresas. Entre os mestres em Agronomia que atuam no ensino superior, por exemplo, mais de 75% consideram que a experiência em pesquisa foi muito relevante para o trabalho que desenvolvem; no entanto, entre os próprios agrônomos que estão em empresas, nem a metade pensa da mesma forma.

No grupo 2, que reúne mestres em Bioquímica, Física, Química e Sociologia, o cenário é mais homogêneo e, entre os profissionais universitários, é ainda maior a valorização da experiência em pesquisa (gráfico 17.1 – continuação). Mas, sob esse aspecto, existem também algumas diferenças, das quais uma se destaca. Trata-se do caso dos físicos que atuam em empresas. A disparidade entre suas percepções e as de seus colegas na universidade alcança 30 pontos percentuais.

Gráfico 17.1 (cont.)
Mestres: experiência em pesquisa contribuiu muito para o trabalho (%)

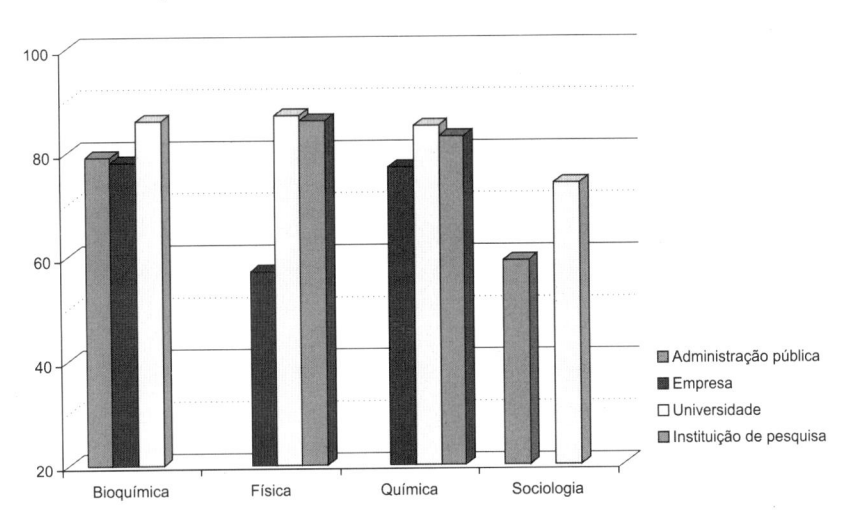

Confrontemos agora, no conjunto das nove áreas, as opiniões dos egressos em relação às contribuições do aprendizado em pesquisa em seus mestrados. Considerando-se as maiores distâncias nas percepções por tipos de trabalho, situadas entre empresas e universidade, vê-se que elas atingem 20 pontos percentuais na Engenharia Civil e na Engenharia

Elétrica, subindo para 30 pontos percentuais na Agronomia e na Física. Esses resultados emitem claros sinais que devem ser observados pela política de pós-graduação e por todos os atores dessas áreas envolvidos na formação de mestres no país.

Embora os mestres, em geral, avaliem de forma favorável o treinamento em pesquisa recebido, em algumas áreas, os que trabalham em empresas – que, às vezes, correspondem à ponderável parcela deles – entendem que o treinamento em pesquisa lhes auxilia muito menos em suas atividades profissionais do que os titulados das mesmas áreas que estão na universidade. Isso posto, há uma equação a ser resolvida em termos de formação e do que vem sendo oferecido nos programas de pós-graduação dessas áreas.

Formação teórica

Dados relativos à importância da formação teórica apontam para conclusões similares Em geral, tal como ocorre com a experiência em pesquisa, o grau de satisfação dos mestres com a formação teórica que obtiveram no curso é bastante elevado. Os profissionais na universidade são novamente os que mais valorizam esse aspecto da formação e, assim, com eles, mais uma vez, fizemos as comparações de interesse.

No primeiro grupo, as maiores discrepâncias foram observadas entre titulados em Agronomia e Engenharia Elétrica que trabalham em empresas e os que atuam em universidades, tal como fora também constatado no tópico referente à experiência em pesquisa (gráfico 17.2). Nesses casos, as diferenças de percepções entre mestres da mesma área, mas com inserções profissionais diversas, chegam a 25 pontos percentuais, uma grande distância. Situação semelhante verifica-se com os mestres dessas mesmas áreas que atuam na administração pública; entre eles, os que atribuem muita importância à formação teórica estão 20 pontos percentuais, ou mais, atrás da parcela que igualmente confere muita importância a esse aspecto e trabalha na universidade.

No segundo grupo, no qual estão os mestres titulados nas áreas de Ciências Naturais e em uma área das Humanas, as diferenças de percepções por situação de trabalho em geral são menos freqüentes do que no grupo 1 (gráfico 17.2 – continuação). Essa maior homogeneidade entre os mestres do grupo 2, comparados aos dos grupo 1, já havia sido constatada no caso da experiência em pesquisa. Destacam-se os titulados em Bioquímica e Física que trabalham em empresas; entre eles, a proporção dos que percebem a formação teórica como muito relevante é da ordem de 20 pontos percentuais a menos que a proporção de seus colegas na universidade. Além, disso, entre os bioquímicos empregados na administração pública, a diferença é ainda maior, de 30 pontos percentuais.

Gráfico 17.2
Mestres: formação teórica contribuiu muito para o trabalho (%)

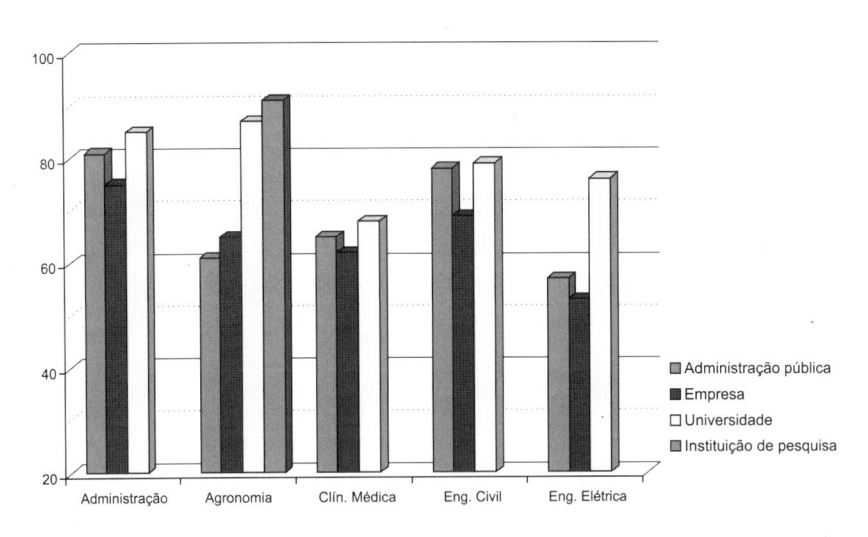

Gráfico 17.2 (cont.)
Mestres: formação teórica contribuiu muito para o trabalho (%)

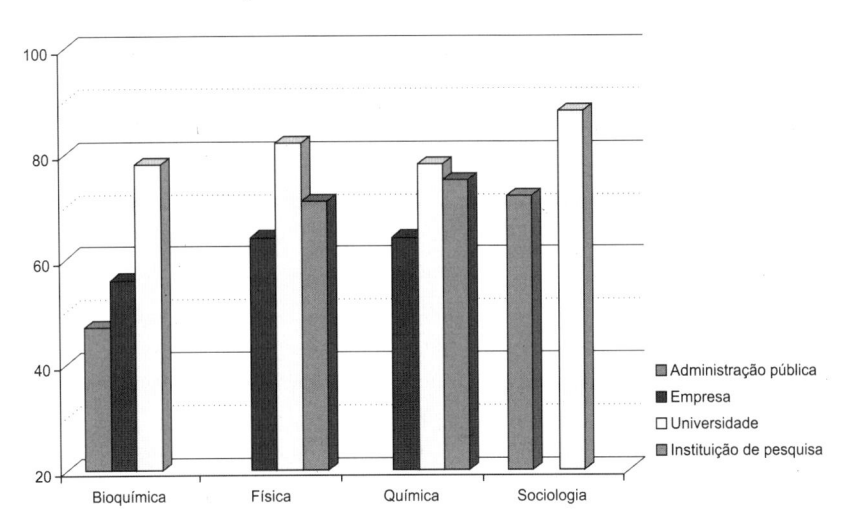

Com base nesses resultados, procurou-se identificar padrões de percepção dos mestres acerca das contribuições da pós-graduação para suas atividades acadêmicas e profissionais. Esses padrões sugerem, ainda que de forma exploratória e preliminar, diferenças nas demandas de aspectos da formação pós-graduada por parte das empresas, da administração pública e da universidade.

De acordo com a análise, as percepções dos mestres quanto à relevância da formação teórica e da experiência em pesquisa indicam, pelo menos, dois padrões distintos. O primeiro, já mencionado, é que as discrepâncias são mais freqüentes na Agronomia e nas Engenharias do que nas áreas das ciências ditas básicas. Esse padrão é, de certa forma, coerente com a natureza dessas áreas e também com o destino profissional predominante dos titulados, pois, no segundo grupo de áreas, é bem maior a parcela de mestres que cursam o doutorado, entre os quais a grande maioria provavelmente seguirá carreira acadêmica.[5] Um segundo padrão que se delineia é que as maiores distâncias de percepções registradas situam-se entre mestres que trabalham em empresas e os que estão na universidade; a exceção é a dos bioquímicos empregados na administração pública.[6]

Até o momento foram consideradas apenas diferenças de, no mínimo, 20 pontos percentuais a fim de simplificar-se a exposição. Contudo, parece adequado tomar em conta distâncias também a partir de 10 pontos percentuais, as quais estão indicadas nos gráficos. Nessa comparação constata-se que, em todas as áreas, com exceção da Clínica Médica, existem distâncias dignas de nota no que se refere à experiência em pesquisa, ou em relação à formação teórica, ou quanto a ambos os aspectos.

Como interpretar as percepções dos mestres acerca da experiência em pesquisa e da formação teórica? De saída, note-se que elas são predominantemente positivas; isto é, em quaisquer situações de trabalho consideradas, quase metade ou mais dos mestres entende que o aprendizado em pesquisa contribuiu muito ou que a formação teórica teve idêntica relevância. Por outro lado, sabe-se também da orientação acadêmica dos mestrados no Brasil, sobretudo porque consistem – e porque assim foram organizados em seus primórdios – em um estágio anterior ao doutorado. Nesse contexto, as discrepâncias de percepção reiteradamente observadas entre mestres no ensino superior e egressos que atuam em empresas e na administração pública sugerem que, para esses dois últimos, o tipo de formação que obtiveram, especialmente em relação à experiência em pesquisa, merece ser repensado.

A heterogeneidade que caracteriza o conjunto das áreas estudadas pode ser constatada, entre outros aspectos, nas expressivas proporções de mestres que trabalham em empresas, públicas ou privadas, assim como na administração pública. Pode, ainda, ser observada nas percepções menos entusiasmadas acerca das contribuições da formação teórica e da experiência em pesquisa de ponderáveis parcelas de egressos de que não atuam na academia. Além disso, com base nos dados disponíveis, vê-se que o mestrado tem caráter terminal para boa parte dos egressos. É bem verdade que esse caráter terminal não se aplica aos mestrados em Física e em Química: bem mais da metade de seus mestres fazem doutorado. Entretanto, em três outras áreas – Bioquímica, Engenharia Civil e Sociologia –, metade ou mais dos mestres *não* seguem doutorado. Nas outras quatro áreas configurava-se panorama semelhante, porém com cores mais fortes: na Administração, Agronomia, Clínica Médica e Engenharia Elétrica, entre 60% e mais de 70% dos mestres entrevistados também *não* fazem doutorado. Embora seja difícil assegurar que a perspectiva de seguir carreira acadêmica não consta dos horizontes profissionais da maioria dos entrevistados dessas sete áreas, os dados sugerem a necessidade de se refletir sobre o caráter terminal do mestrado, que para boa parte dos titulados parece estar se impondo em algumas áreas e, de certo modo, revendo, na prática, o modelo de pós-graduação no Brasil concebido originalmente em dois ciclos seqüenciais – o mestrado e o doutorado.

Efeitos da pós-graduação: competitividade e trabalho – o que pensam os mestres (e doutores)?

A formulação do tema da competitividade evoluiu ao longo do desenvolvimento da pesquisa. Na primeira etapa do projeto, indagou-se ao entrevistado se após a obtenção do título havia, ou não, aumentado sua competitividade no mercado de trabalho; em caso positivo, pediu-se para indicar se esse aumento havia sido abaixo, dentro ou acima das expectativas que tinha na época em que iniciou o curso. Na segunda etapa, com egressos de outras áreas, a questão foi mais bem formulada; foram apresentados aos entrevistados alguns aspectos de melhoria de trabalho em termos de (maiores) oportunidades, (melhores) condições, (maior) nível de renda, entre outros, como um desdobramento do conceito de competitividade. Assim, as comparações que tratam da competitividade *tout court* dizem respeito às áreas de Administração, Engenharia

Elétrica, Física e Química; as outras comparações, com base no desdobramento do tema, referem-se à Agronomia, Bioquímica, Clínica Médica, Engenharia Civil e Sociologia.

Competitividade

No intuito de facilitar a comparação entre áreas, os dados sobre o aumento de competitividade são apresentados somente para a categoria "acima do esperado".[7] Na percepção da maioria dos mestres em Administração, Engenharia Elétrica, Física e Química, o curso de pós-graduação não aumentou, acima do que esperavam, a competitividade deles no mercado de trabalho. Certamente, as proporções dos mestres que tiveram mais ou menos surpresas, além de suas expectativas, variam um pouco, considerando-se os setores em que estão empregados.

Nessas quatro áreas, os mestres de Administração mostram-se, no geral, os mais satisfeitos em termos da superação de suas expectativas de competitividade; os mestres de Química, por sua vez, mostram-se os menos. São os mestres empregados no ensino superior que exibem proporções ligeiramente maiores dos que consideram que a competitividade de trabalho aumentou acima do esperado depois do curso, exceto na Física (gráfico 17.3). Na Física, diferentemente, tanto os que atuam em empresas como em universidades percebem o aumento de competitividade de modo semelhante (perto de 30%). Na Química, embora o maior percentual dos que consideram ter aumentado muito a competitividade depois do curso seja encontrado entre os mestres que atuam na universidade (24%), tal proporção ainda é menor que as encontradas entre os mestres de Física, de Engenharia Elétrica e de Administração que também trabalham no ensino superior. Considerando-se os mestres físicos e químicos que atuam em institutos de pesquisa, apenas 14% e 18%, respectivamente, percebem ter aumentado muito sua competitividade depois da titulação.

Como se comparam esses resultados com os dos doutores nessas mesmas áreas e setores? Os doutores, como se viu anteriormente, concentram-se na universidade, sendo diminutas as parcelas dos empregados na administração pública e, no caso dos físicos e químicos, também dos que atuam em empresas. Assim, cabem comparações entre os que estão na universidade e, no caso dos administradores e engenheiros elétricos, também para os que estão em empresas.[8]

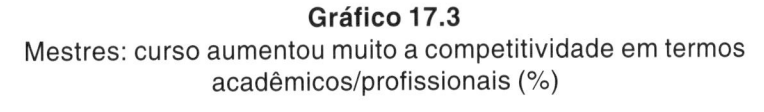

Gráfico 17.3
Mestres: curso aumentou muito a competitividade em termos acadêmicos/profissionais (%)

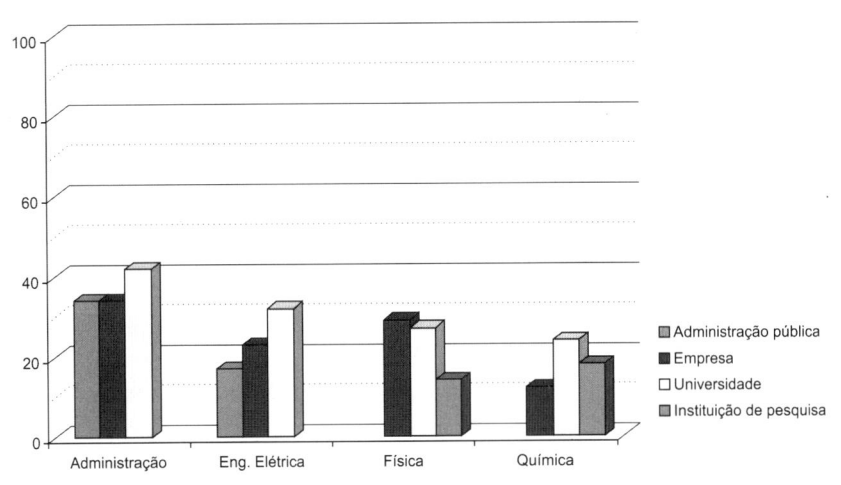

[Gráfico de barras com categorias: Administração, Eng. Elétrica, Física, Química; séries: Administração pública, Empresa, Universidade, Instituição de pesquisa]

Entre os doutores que estão na universidade, a percepção do aumento de competitividade acima do que esperavam é semelhante à dos mestres; somente os físicos doutores fogem um pouco à regra, com opiniões pouco menos favoráveis que os mestres da área, mas mesmo assim a diferença não alcança 10 pontos percentuais. Entre os que atuam em empresas, os doutores em Engenharia Elétrica têm opinião semelhante à dos mestres. Entretanto, as expectativas dos doutores em Administração que trabalham em empresas aparentemente eram mais elevadas que as dos mestres, quando iniciaram seus cursos: enquanto 34% dos mestres nesse setor consideram que a competitividade, depois do curso, aumentou acima do esperado, apenas 24% dos doutores, no setor, pensa do mesmo modo.

Trabalho melhor

Interessava conhecer as percepções dos mestres em Agronomia, Clínica Médica, Engenharia Civil, Bioquímica e Sociologia, acerca de eventuais melhorias *de* e *no* trabalho depois da titulação. Tais melhorias foram especificadas, para os entrevistados, em termos de aumento das oportunidades de trabalho, melhor trabalho, maior nível de renda, maior participação em eventos e em associações; solicitou-se que os entrevistados classificassem esses aspectos de melhoria em termos *"não, pouco e muito"*. Nos resultados adiante discutidos, optou-se por considerar apenas dois desses aspectos e também apenas as proporções relativas ao grau máximo na avaliação: se o trabalho atual, ou seja, o realizado pelo entrevistado na época da entrevista, era *muito* melhor em termos acadêmicos e profissionais do que o de antes da titulação; se, após o curso, aumentaram *muito* as oportunidades de trabalho.[9]

A percepção de que o trabalho melhorou muito depois do mestrado é geral entre os mestres das cinco áreas, independentemente de eles estarem atuando no ensino superior, em empresas ou na administração pública. Entre os empregados no ensino superior, as proporções de muito satisfeitos vão de 75% (Agronomia) a 88% (Sociologia). Há, contudo, duas exceções. A primeira ocorre entre os agrônomos: são os que atuam em institutos de pesquisas, e não em universidades, os mais satisfeitos: 84% deles consideram o trabalho atual muito melhor que o exercido antes do mestrado. A segunda exceção é, mais uma vez, Clínica Médica: os mestres que atuam na administração pública, em maiores proporções que seus colegas da academia, percebem que o trabalho melhorou muito depois do mestrado (gráfico 17.4).

Gráfico 17.4
Mestres: trabalho após titulação é muito melhor em termos acadêmicos/profissionais (%)

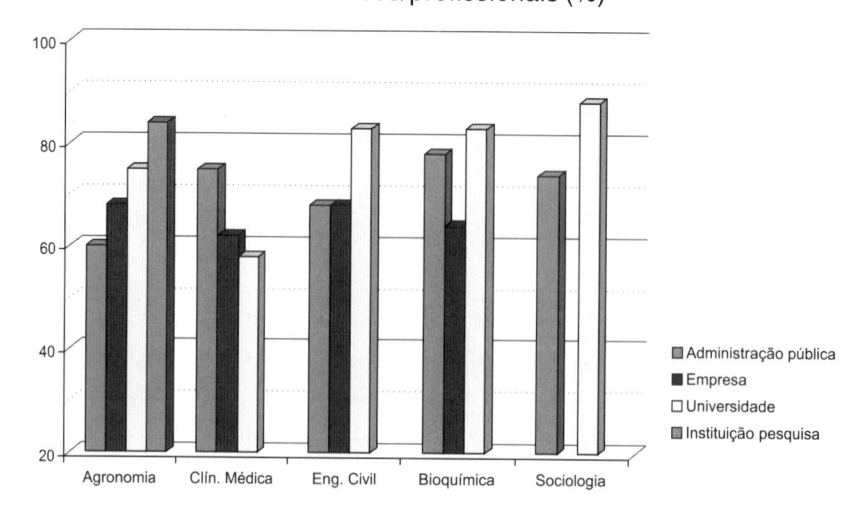

Maiores oportunidades

A maior parte dos mestres considerou que as oportunidades de trabalho aumentaram *muito* depois do curso, exceto na Clínica Médica. Esse resultado geral varia bastante, considerando-se as cinco áreas estudadas e os setores onde estão empregados (gráfico 17.5).

Gráfico 17.5
Mestres: curso contribuiu muito para maiores oportunidades de trabalho (%)

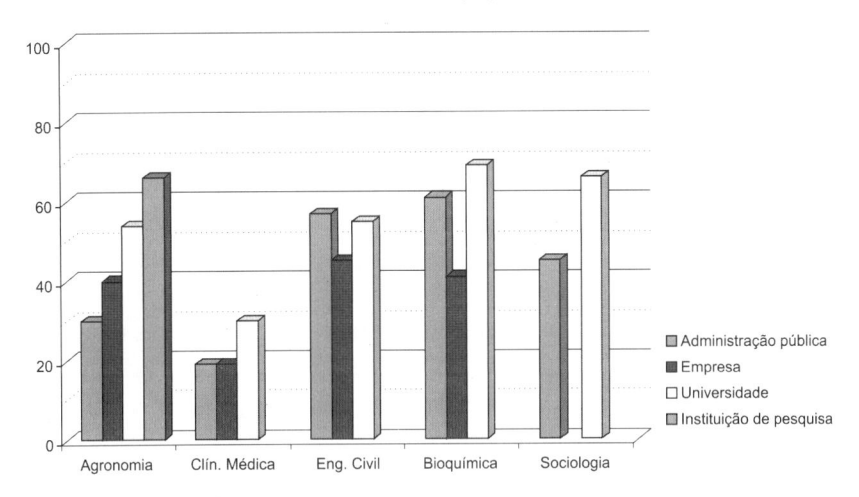

[Gráfico de barras mostrando percentuais por área (Agronomia, Clín. Médica, Eng. Civil, Bioquímica, Sociologia) e setor (Administração pública, Empresa, Universidade, Instituição de pesquisa)]

Os resultados para aumento de oportunidades de trabalho depois do curso não mostram regularidades nas respostas dos mestres. Na Bioquímica e na Sociologia, áreas de caráter mais acadêmico, constata-se que são os mestres que atuam no ensino superior os mais satisfeitos em relação ao crescimento dessas oportunidades depois da titulação. Assim, para cerca de dois terços e mais de egressos dos mestrados dessas duas áreas, empregados em universidades, depois do curso suas chances de emprego aumentaram muito. Na Agronomia, a maior proporção de satisfeitos (66%) em relação a esse aspecto encontra-se entre os mestres que atuam em institutos de pesquisa. Na Engenharia Civil, são os empregados nos serviços públicos que, em proporção ligeiramente maior (57%) que a de seus colegas em empresas, percebem grande crescimento nas oportunidades de trabalho após a titulação. Na Clínica Médica encontram-se os menos satisfeitos com o mestrado em termos de ampliação dessas oportunidades, inclusive entre os que atuam no ensino superior. Os dados sugerem, para a maioria desses mestres, estabilidade na situação ocupacional antes e depois do curso. De fato, conforme indicaram apurações complementares, entre os que eram economicamente ativos antes do curso, são muito elevadas as proporções dos que permaneceram no mesmo tipo de trabalho após a titulação.[10]

Antes de terminar esta seção cabem dois breves comentários sobre uma outra variável, com dados adicionais aos aqui apresentados: trata-se do aumento da renda depois do curso, tal como percebido pelos mestres. Os dados mostram que em todas as cinco áreas quase metade ou mais dos mestres informaram que o nível de renda aumentou muito depois do curso. Se considerarmos o conjunto dos titulados em cada área do conhecimento, constata-se que os maiores percentuais de crescimento da renda são encontrados entre os mestres em Bioquímica e em Sociologia (57%) e o menor, entre os titulados de Clínica Médica (38%). Examinando novamente os dados, agora sob a ótica dos setores onde os mestres atuam em cada uma dessas cinco áreas, observam-se outras diferenças, igualmente expressivas. Na administração pública, o maior impacto do curso sobre os rendimentos ocorreu entre os mestres da Bioquímica: para 56% deles o nível de renda subiu muito. Já entre os que atuam em empresa, os maiores efeitos foram informados pelos mestres em Agronomia, com 55%. O cenário altera-se ainda uma vez quando são considerados os que atuam na universidade: entre esses, a titulação beneficiou mais os bioquímicos, pois 70% disseram que sua renda cresceu muito. Os dados não permitem divisar qualquer padrão que caracterize um setor de atividade nessas três áreas; uma melhor compreensão das diferenças observadas demanda estudos ulteriores.

Por fim, comparam-se os resultados quanto à ampliação das oportunidades de trabalho, para os mestres, com os dados obtidos para os doutores, nessa mesma questão. Constata-se que os doutores, nas cinco áreas estudadas, em geral estão mais satisfeitos que os mestres. Considerem-se, em cada área, os setores em que trabalham pelo menos 10% de mestres e igual fração de doutores. Constata-se então que na Agronomia e na Sociologia, para os que atuam na administração pública, as diferenças entre mestres e doutores são superiores a 20 pontos percentuais. Mas na Clínica Médica e Engenharia Civil, para os que trabalham em empresas, não se verificam diferenças expressivas entre mestres e doutores. Já para docentes universitários, as diferenças entre mestres e doutores variam de área para área. Na Agronomia, Clínica Médica e Engenharia Civil, as proporções de doutores que consideram que as oportunidades de trabalho se ampliaram muito depois da titulação são maiores que as apontadas por mestres. Por fim, entre bioquímicos e sociólogos a situação se inverte: as parcelas de doutores que julgam terem aumentado muito as oportunidades de trabalho são ligeiramente menores que as de mestres.

No que se refere à melhoria qualitativa do trabalho, antes e depois da titulação, as diferenças de percepções dos mestres e dos doutores são menos expressivas do que as verificadas a propósito do item "aumento das oportunidades de trabalho". Nem sempre, neste caso, os doutores são os mais satisfeitos. E tal como se constatou em relação ao tópico anterior, as percepções variam conforme os setores em que mestres e doutores de cada área atuam. Na Agronomia e na Sociologia, as diferenças entre os mestres e doutores empregados na administração pública são superiores a 20 pontos percentuais; nas outras áreas, são os mestres da administração pública que, em maiores proporções que os doutores também desse setor, consideram que melhorou muito o trabalho depois da titulação. Entre os que trabalham em empresas, as diferenças entre mestres e doutores, como também constatado para o tópico anterior, não são de forma alguma expressivas. Considerando-se apenas os docentes universitários, as distâncias nas percepções de mestres e de doutores variam conforme a área. Na Agronomia e na Clínica Médica, os doutores, com diferenças positivas de cerca de dez pontos percentuais em relação aos mestres, percebem que o trabalho melhorou muito depois da titulação. Diferentemente, entre bioquímicos e sociólogos, são ligeiramente maiores as proporções de mestres que afirmaram ter melhorado muito o trabalho depois do curso.

Em conclusão

Qual é o balanço dos resultados sobre as contribuições da pós-graduação na percepção dos mestres e dos doutores entrevistados? Nas seções anteriores, privilegiamos as respostas dos mestres, estabelecendo eventualmente comparações com as respostas dos doutores. Parece, contudo, conveniente, antes de quaisquer ilações, rever brevemente alguns dados para doutores, os quais já foram apresentados em capítulos anteriores.

De saída, constatamos uma nítida predominância da docência universitária entre os doutores das áreas e programas e estudados. Nesse panorama, para cada área, as diferenças em relação às contribuições do curso para o trabalho que desenvolvem, conforme o setor de atividade, são, em geral, menos intensas ou menos freqüentes que as registradas para os mestres. Contudo, há também algumas semelhanças entre mestres e doutores.

No geral, o nível de satisfação entre os doutores é elevado, tal como ocorre com os mestres: entre quase 2/3 e mais de 90% indicam que a experiência de pesquisa no doutoramento tem tido grande importância para o trabalho desenvolvido. Entre 50% e quase 90% informaram que a formação teórica obtida no curso tem contribuído muito para as atividades profissionais, naturalmente com variações conforme suas áreas do conhecimento e suas situações de trabalho.[11] Note-se ainda que o caráter (e a intensidade) dessas variações (por exemplo, mais presentes na experiência em pesquisa e menos freqüentes na formação teórica) contrasta, muitas vezes, com as dos mestres das mesmas áreas. Com efeito, nossos programas de doutorado parecem estar mais e melhor sintonizados com o futuro destino profissional de seus estudantes.

Todavia, existem algumas nuances que devem ser registradas. Doutores em Administração, Engenharia Civil e Engenharia Elétrica que trabalham em empresas avaliam pior as contribuições da experiência em pesquisa que seus colegas docentes no ensino superior, com diferenças de 20 a 25 pontos percentuais. Esses dados, portanto, sugerem que para os doutores atuando em empresas, a experiência em pesquisa obtida no curso tem menos importância que para seus colegas professores universitários.

Entre os doutores em Agronomia e Sociologia que trabalham em institutos de pesquisa e na universidade, também há variações expressivas em suas percepções acerca da relevância da experiência em pesquisa. Tais diferenças vão de quase 20 até mais de 35 pontos percentuais, indicando impacto diferenciado desse aspecto da formação de um e outro grupo de titulados.

Já as diferenças de percepção acerca da contribuição da formação teórica são, em geral, menores entre os doutores das diferentes áreas. Titulados em Clínica Médica e em Sociologia, empregados na administração pública, avaliam *melhor* a contribuição da formação teórica que seus colegas docentes na universidade. As distâncias são de aproximadamente 20 a 10 pontos percentuais. Mas os doutores em Clínica Médica e em Engenharia Elétrica que trabalham em empresas avaliam *pior* a relevância da formação teórica para suas atividades profissionais que seus colegas na universidade, com diferenças de aproximadamente 20 a 15 pontos percentuais.

Com efeito, esses resultados mostram que a pertinência ou a contribuição desses dois aspectos (experiência em pesquisa e formação teórica) para a atividade profissional, considerando-se os setores nos quais mestres e doutores atuam, é bastante desigual em várias áreas. Que implicações podem ter esses dados?

A orientação central dos doutorados no país, certamente, deve ser a qualificação para a pesquisa científica independente, como de fato vem sendo feito. Conforme vimos, entretanto, as percepções dos titulados sobre a pertinência da experiência em pesquisa e da formação teórica recebidas no doutorado, em algumas áreas, apresentam visíveis diferenças conforme suas situações de trabalho. Admitindo-se que os doutores entrevistados não sejam atípicos em relação ao conjunto dos que se titularam no país na década de noventa, as diferenças encontradas parecem sugerir, para boa parte das áreas estudadas, a conveniência de reflexões sobre o desenho da formação que hoje é oferecida. Essas reflexões, específicas de cada área, devem reconhecer a relativa diversificação dos destinos profissionais dos doutores e, prospectivamente, vislumbrar os futuros campos de atuação de seus estudantes.

Os resultados para as percepções dos mestres, acerca da contribuição da pós-graduação para a vida profissional, estariam sinalizando na mesma direção que os resultados para os doutores? Parece que não. Os dados sugerem que a formação nos mestrados nem sempre apresenta o mesmo grau de sintonia com a realidade profissional ou com o que essa realidade demanda.

O curso de mestrado, considerando-se as nove áreas, tem impactos diferenciados sobre o trabalho dos titulados, conforme seus setores de atividade. O aprendizado em pesquisa costuma ser muito relevante para mestres que estão na universidade, mas sua importância, em geral, é menor se o titulado atua em empresas; a importância também varia caso o titulado esteja empregado no serviço público. As contribuições da formação teórica também tendem a ser menores se o mestre está fora da universidade, embora as diferenças sejam menos freqüentes. Do mesmo modo, se o mestre não está na academia, em cinco áreas estudadas os impactos da formação pós-graduada na ampliação das oportunidades de emprego, ou na qualidade do trabalho, tendem a ser menores. Essas diferenças, apesar de simplificadas na tentativa de uma síntese, são muito marcantes em algumas áreas, o que, de fato, não traz grandes surpresas tendo em vista o caráter e formato dos mestrados no país. Sem dúvida, da perspectiva da própria natureza acadêmica dos mestrados, os dados constituem uma ótima medida do êxito deles.

Entanto, o trabalho na academia – em universidades e institutos de pesquisa – não é o destino profissional de *todos* os mestres. Não são poucos, em várias áreas, os que trabalham em empresas ou em serviços de governo e que provavelmente irão permanecer nesses setores de atividade. Mesmo entre os mestres que são doutorandos, nem todos irão para a academia, sendo, futuramente, recrutados por empresas ou pela administração pública, aliás carentes, quase tanto como a universidade, de quadros profissionais qualificados.

Com efeito, a distribuição ocupacional dos mestres, de expressiva heterogeneidade na maioria das áreas, bem maior do que a apresentada pela distribuição dos doutores, já tem reflexos nas percepções dos titulados acerca das contribuições do curso. Considerando-se as duas mais relevantes – experiência em pesquisa e formação teórica – e os destinos profissionais dos mestres, as implicações, ainda que não sejam imediatas nem remetam a todas as áreas estudadas, certamente contribuem para encaminhar a discussão acerca da concepção dos mestrados em novas bases.

A discussão compreende basicamente duas questões correlatas: o caráter terminal que o mestrado efetivamente tem para amplas parcelas dos titulados e o requisito do título de mestre habitualmente exigido para o ingresso no doutorado. Nesse quadro, ganha relevo o questionamento de Beiguelman (*cit.*: 37), quando indaga: se *os cursos de mestrados se destinarem à formação de investigadores, qual o sentido, então, de os mestres serem obrigados a cumprir uma segunda maratona acadêmica, para obter o doutorado?* A pergunta parece apontar para um dos paradoxos da formação pós-graduada hoje no país, especialmente em áreas nas quais os programas de doutorado estão, em sua maioria, consolidados.

Além disso, os destinos profissionais dos mestres em várias áreas e as diferenças nas contribuições do curso, conforme o setor de trabalho profissional, parecem sugerir a conveniência de tratar do escopo da formação, tendo em vista uma eventual ampliação ou revisão do leque de opções que o integram. A idéia de ampliar o escopo não tem caráter quantitativo. Antes, sugere-se que nessas áreas a formação seja mais diversificada, atenta às novas possibilidades de mestrado que já se apresentam em países cientificamente centrais, desde a década de noventa.[12] Nessas novas concepções, o treinamento para pesquisa vem sendo reorientado, tornando-o relevante para uma variedade de ocupações, acolhendo demandas de setores da sociedade que até recentemente contavam apenas com mestres cuja formação estava orientada para a atividade acadêmica.

Notas

[1] Ver, entre outros, Beiguelman (1998); Cavalheiro e Souza Neves (1998); Leta, Lannes e deMeis, (1998) Cruz (2000) e Guimarães e Caruso (1996).

[2] A questão do destino profissional dos mestres foi tratada sob outros prismas no capítulo 15, por Silke Weber, e 16, por Glaucia Villas Bôas, Maria Ligia Oliveira Barbosa e Yvonne Maggie. Dados mais específicos sobre tipos de trabalho dos mestres encontram-se no texto de Weber.

[3] A propósito da origem dos estudos pós-graduados no país, ver Caldas (1998) e Gazolla (1996), entre outros.

[4] São exceções os mestres em Química e Física que atuavam em outras instituições de ensino que não as de nível superior, isto é, na época das entrevistas provavelmente eram docentes no ensino médio. No intuito de simplificar a apresentação dos dados, esses mestres, abrangendo em torno de 10% dos economicamente ativos na Química e alcançando 17% entre os físicos, foram substituídos pelos que estavam na administração pública, categoria mais recorrente e/ou de maior abrangência entre os titulados das outras áreas.

[5] Veja o textos de Weber e o de Villas Bôas, Oliveira e Maggie, já referidos.

[6] 15% dos titulados.

[7] O conjunto das outras três categorias – "dentro do esperado", "abaixo do esperado" e "não aumentou a competitividade" – respondem pelo complemento das proporções apresentadas no gráfico 17.3.

[8] Consideram-se os setores de trabalho em que atuam pelo menos 10% de doutores.

[9] Tal como no caso da competitividade, o conjunto das outras duas categorias, "não aumentou/melhorou" e "aumentou/melhorou um pouco", responde pelo complemento das proporções apresentadas no gráfico 17.4.

[10] Na administração pública permaneceram 60% dos que nela trabalhavam; na universidade, permaneceram 75% e, nas empresas, alcança 85% a proporção dos que se mantiveram no mesmo tipo de trabalho.

[11] Comparações mais detalhadas de diferenças nas percepções quanto à formação teórica e em pesquisa são encontradas em Velloso (2000).

[12] Ver Teichler (1991).

Referências bibliográficas

ANDRADE, J. B. et alii. Análise da pós-graduação em Química no país. *Química Nova*, v. 18, n.1, p.97-98, 1995.

ANDRADE, R. O. *História e perspectivas dos cursos de Administração no Brasil*. Brasília: Conselho Federal de Administração, 2001. Mimeografado.

ARAGÃO, C. et alii. *Relatório para o plano de ciência e tecnologia do Ministério de Ciência e Tecnologia*: livro verde. Brasília: Ministério de Ciência e Tecnologia, 2001. Mimeografado.

BAETA NEVES, C. E., A pós-graduação em Sociologia no Brasil. In: SEMINÁRIO O SISTEMA DE PÓS-GRADUAÇÃO EM CIÊNCIAS SOCIAIS: avanços e perspectivas. Lavras, RJ, p. 21-23, ago., 1991.

BALDAUF, B. The PhD and the labour market in the UK in the 1990's. In: KINIVEN, O., Ahola, S.; KAIPAINEN, P. (Orgs.). *Towards the European model of postgraduate Training*. Turku, Finlândia: Universidade de Turku. 1999.

BEIGUELMAN, B. Reflexões sobre a pós-graduação brasileira. In: PALATNIK, M. et alii. (Orgs.). *A pós-graduação no Brasil*. Rio de Janeiro: Editora da UFRJ, 1998.

BOURDIEU, P. Classificação, desclassificação, reclassificação. In: NOGUEIRA, M. A.; CATANI, A. (Orgs). *Escritos de Educação*. Petrópolis, RJ: Vozes, 1978. p. 145-183.

_____. *Contrafogos*. Rio de Janeiro: Jorge Zahar Editor, 1998.

BRAGA, M. M.; MIRANDA, C. O. B.; CARDEAL, Z. L. Perfil sócio-econômico dos alunos, repetência e evasão no curso de Química da UFMG. *Química Nova*, v. 20, n. 4, p. 438-444, 1997.

_____ ; PEIXOTO, M. C. L.; BOGUTCHI, T. F. Mudanças no perfil da demanda ao ensino superior na década de 90: o caso da UFMG. *Cadernos de Pesquisa da Fundação Carlos Chagas*. São Paulo, n. 113, julho, 2001.

_____ ; _____ ; CARVALHO, M. G. M. Perfil dos formandos do curso de Química da UFMG na década de 90. *Revista da Rede de Avaliação Institucional da Educação Superior*, v. 4, n. 2, p. 67-80, 2001.

BRASIL. *Avaliação da pós-graduação: síntese dos resultados, 1981-1993*. Brasília: Fundação Coordenação de Aperfeiçoamento de Pessoal de Nível Superior, Ministério da Educação, 1996a.

_____. _____, *1996*. Brasília: Fundação Coordenação de Aperfeiçoamento de Pessoal de Nível Superior, Ministério da Educação, 1996b.

_____. _____, *1998*. Brasília: Fundação Coordenação de Aperfeiçoamento de Pessoal de Nível Superior, Ministério da Educação, 1999.

_____. *Avaliação internacional da Capes:* relatório do Grupo de Consultores Internacionais, 1997b. 7p. Disponível em: <http://www.capes.gov.br/> Acesso em: 2001.

_____. *Uma década de pós-graduação, 1987-1996*. Brasília: Fundação Coordenação de Aperfeiçoamento de Pessoal de Nível Superior, Ministério da Educação, 1997a.

_____. *Exame nacional de cursos, 2000*. Brasília: Inep, Ministério da Educação, 2000.

_____. Lei nº 4.024, de 20 de dezembro de 1961. Dispõe sobre o currículo mínimo dos cursos de graduação em Administração.

_____. Lei nº 4.769, de 09 de setembro de 1965. Dispõe sobre o exercício da profissão de Administrador.

_____. *Situação da pós-graduação, 1995*. Brasília: Fundação Coordenação de Aperfeiçoamento de Pessoal de Nível Superior, Ministério da Educação, 1996.

_____. _____, *1997*. Brasília: Fundação Coordenação de Aperfeiçoamento de Pessoal de Nível Superior, Ministério da Educação, 1997c.

BROCKSON, T. J.; ANDRADE, J. B. A evolução da pós-graduação em Química no Brasil. *Química Nova*, v.20 n. especial, p.29-39, 1997.

BUCHMUELLER, T. et alii. Graduate training and the early career productivity of Ph.D. economists. *Economics of Education Review*, v. 18, n. 1, p. 65-77, 1999.

CAGNIN, M. A. H. Química: ciência, tecnologia & sociedade. *Química Nova*, v. 11, n. 4, p. 478-486, 1988.

CALDAS, I. Propostas para a pós-graduação. In: PALATNIK, M. et alii. (Orgs.). *A pós-graduação no Brasil*. Rio de Janeiro: Universidade Federal do Rio de Janeiro, 1998.

CAVALHEIRO, E.; SOUZA NEVES, M. Entre a memória e o projeto: o momento atual da pós-graduação no Brasil. In: PALATNIK, M. et alii (Orgs). *A pós-graduação no Brasil*. Rio de Janeiro: Universidade Federal do Rio de Janeiro, 1998.

CLARK, B. *El sistema de educacion superior*. México: Editorial Patria, 1991.

_____. *El sistema de educacion superior*: una visión comparativa de la organizatión académica. México: Universidad Autónoma Metropolitana, Editorial Nueva Imagen, 1983.

COSTA PINTO, L. A.; CARNEIRO, E. *As Ciências Sociais no Brasil*. Rio de Janeiro: Campanha de Aperfeiçoamento do Pessoal de Nível Superior, Ministério da Educação e Cultura, 1955.

COSTA RIBEIRO, J. A Física no Brasil. In: AZEVEDO, F. (Org.). *As ciências no Brasil*. Rio de Janeiro: Editora UFRJ, 1994.

CRUZ, C. H. B. Como o Brasil pode se manter competitivo. *Fapesp Pesquisa*. São Paulo: Fundação de Amparo à Pesquisa no Estado de São Paulo. n.4, maio, 2000.

DE MEIS, L; LETA, J.; LANNES, D. A formação de recursos humanos e produção científica no Brasil. In: PALATNIK, M. et alii. (Orgs). *A pós-graduação no Brasil*. Rio de Janeiro: Universidade Federal do Rio de Janeiro, 1998.

DIAS, C. Pós-graduação médica da UFRJ: evolução e perspectivas. In: PALATNIK, M. et alii. (Orgs.). *A pós-graduação no Brasil*. Rio de Janeiro: Universidade Federal do Rio de Janeiro, 1998.

DURHAM, E. R.; GUSSO, D. A. *Pós-graduação no Brasil:* problemas e perspectivas. Brasília: Fundação Coordenação de Aperfeiçoamento de Pessoal de Nível Superior, Ministério da Educação, 1991.

ECO, H. *Como se faz uma tese*. São Paulo: Editora Perspectiva, 1999.

ENTWISLE, D.; ALEXANDER K.; OLSON, L. The gender gap in Math. *American Sociological Review,* n. 59, p. 822-838, 1994.

FERNANDES, F. *A Sociologia no Brasil*. Petrópolis, RJ: Vozes, 1980.

FERRAZ, H. M. C.; PARDINI, V. L. Duas décadas de Química nova. *Química Nova*, v.20, n. especial, p. 75-80, 1997.

FILGUEIRAS, C. A. L. A Química de José Bonifácio. *Química Nova*, v.9, n. 4, p. 263-268, 1986.

_____. D. Pedro II e a Química. *Química Nova*, v. 11, n. 2, p. 210-214, 1988.

FOLHA DE SÃO PAULO, 20.06.1999, p. 6-12.

GAMA, A. A. S. et alii. Avaliação dos programas de pós-graduação em Química no Brasil. *Química Nova*, v. 22, n. 3, p. 443-447, 1999.

GAZOLLA, A. L. Evolução das formas de organização da pós-graduação brasileira. In: FUNDAÇÃO COORDENAÇÃO DE APERFEIÇOAMENTO DE PESSOAL DE NÍVEL SUPERIOR (Org.). *Discussão da pós-graduação brasileira*. Brasília: Capes, Ministério da Educação, 1996.

GIESBRECHT, E. A obra científica do professor Heinrich Rheinboldt. *Selecta Chimica*, n. 16, p. 5-26, 1957.

GORNITZKA, A.; MAASSEN, P. National policies concerning the economic role of higher education. *Higher Education Policy*, v. 13, n. 3, p. 225-230, 2000.

GOUVÊA, M. A.; ZWICKER, R. O mestrado profissionalizante e o perfil dos alunos de um mestrado acadêmico: resultados de uma pesquisa empírica. *Cadernos de Pesquisas em Administração*, v. 7, n. 3, p. 99-110, jul./set. 2000.

GUERREIRO RAMOS, A. *Administração e contexto brasileiro:* esboço de uma teoria geral da Administração. Rio de Janeiro: Fundação Getúlio Vargas, 1983.

GUIMARÃES, R.; CARUSO, N. Capacitação docente: o lado escuro da pós-graduação. In: FUNDAÇÃO COORDENAÇÃO DE APERFEIÇOAMENTO DE PESSOAL DE NÍVEL SUPERIOR (Org.). *Discussão da pós-graduação brasileira*, Brasília: Capes, Ministério da Educação, 1996. p. 117-126.

IVO, A B. L.; CARVALHO, I. M. M. Mestres e doutores em Engenharia Elétrica. In: VELLOSO, J. et alii. *Formação e trabalho de titulados em mestrados e doutorados no país*: Administração,

Engenharia Elétrica, Física e Química. São Paulo: Nesub/Ceam/ Universidade de Brasília, Nupes/Universidade de São Paulo, 2000a. (Série Documentos de Trabalho; 02).

KINIVEN, O.; AHOLA, S.; KAIPAINEN, P. Introduction. In: KINIVEN, O.; AHOLA, S.; KAIPAINEN, P. (Orgs.) *Towards the European model of postgraduate training.* Turku, Finlândia: Universidade de Turku, 1999.

KIRBY, K.; CZUJKO, R.; MULVEY, P. The Physics Job Market: From Bear to Bull in a Decade. *Physics Today*, p. 36-41, abr. 2001.

LEITE LOPES, J. *Ciência e liberdade.* Rio de Janeiro: Editora UFRJ, 1998.

MAGALHÃES CASTRO, M. H. A pós-graduação em zoom: três estudos de casos revisitados. In: SEMINÁRIO SOBRE OS SISTEMAS DE PÓS-GRADUAÇÃO EM CIÊNCIAS SOCIAIS. Lavras, Rio de Janeiro, Anpocs, Nupes/USP, 1991.

MAGGIE, Y. Os novos bacharéis: a experiência do pré-vestibular para negros e carentes. *Novos Estudos Cebrap*, n. 59, p. 193-202, mar. 2001.

MANGEMATIN, V. Job market: professional trajectories and incentives during the Ph.D. *Research Policy,* v. 29, n. 6, p. 741-756, 2000.

MARTINS, C. B. Surgimento e expansão dos cursos de Administração no Brasil, 1952-1983. *Ciência e Cultura*, São Paulo, v. 41, n. 7, p. 663-676, jul., 1989.

_____. Notas sobre o sistema de ensino superior brasileiro contemporâneo. *Revista da USP,* São Paulo, n. 39, fev. 1999.

MARTINS, T. A biologia no Brasil. In: AZEVEDO, F. (Org.). *As ciências no Brasil.* Rio de Janeiro: Editora UFRJ, v. 2, p. 233-300, 1994.

MATHIAS, S. Evolução da Química no Brasil. In: FERRI, M.G.; MOTOYAMA, S. (Orgs). *A história das ciências no Brasil, v.1.* São Paulo: Editora da Universidade de São Paulo, 1979.

MATTA, R. *Carnavais, malandros e heróis.* 4.ed. Rio de Janeiro: Zahar Editores, 1983.

MICELLI, S. et alii. *História das Ciências Sociais no Brasil, v. I:* condicionantes do desenvolvimento das Ciências Sociais. São Paulo: Edições Vértice, 1989.

_____ . _____ , *v. II:* o cenário institucional das Ciências Sociais no Brasil. São Paulo: Editora Sumaré e Fapesp , 1995.

MIRANDA, N.; TIBÚRCIO, C. *Dos filhos deste solo.* São Paulo: Editora Fundação Perseu Ábramo, Boitempo Editorial, 1999.

MOREL, R. L. M. *Ciência e Estado:* a política científica no Brasil. São Paulo, T. A. Queiroz, 1979.

MOURA CAMPOS, M. A obra científica do professor Heinrich Hauptmann. *Selecta Chimica,* n. 19, p. 15-31, 1960.

NATIONAL SCIENCE FOUNDATION. *Science and Engineering indicators, 2000.* Washington, D.C.: National Science Foundation, 2000.

NOBLE, K. A. *Changing doctoral degrees*: an international perspective. Bristol: Open University Press, 1994.

PAUL, J. J.; PERRET, C. Post-graduates in France: training, careers and policy issues. In: KINIVEN: AHOLA: KAIPAINEN (Orgs.) *Towards the European model of postgraduate training.* Turku, Finlândia: Universidade de Turku, 1999.

PRADO, J. L. A Bioquímica no Brasil. In: FERRI, M. G.; MOTOYAMA, S. (Orgs.), *A história das ciências no Brasil,* v. I. São Paulo: Editora da Universidade de São Paulo, 1979.

PRADO, J. L. Esboço sobre a evolução da Bioquímica no Brasil, 1875-1974. *Ciência e Cultura,* v. 30, n. 5, p. 549-586, 1978.

REHEINBOLD, H. A Química no Brasil. In: AZEVEDO F. (Org.). *As ciências no Brasil, v. II.* Rio de Janeiro: Editora UFRJ, 1994.

REVISTA SELECTA CHIMICA: ex-alunos de Química da Faculdade de Filosofia, Ciências e Letras da Universidade de São Paulo. *Selecta Chimica,* n. 24, p. 61-68, 1965.

REZENDE, S. *A Física no Brasil.* São Paulo: Sociedade Brasileira de Física, 1987.

_____. *Avaliação da área e proposições para a Física no Brasil.* São Paulo: Escola de Administração de Empresas de São Paulo,.FGV, 1993. (Série Ciência e Tecnologia no Brasil).

SALZANO, F. M. Estudo sobre a evolução biológica no Brasil. In: FERRI, M.G., Motoyama, S. (Orgs.), *A história das ciências no Brasil,* v. I. São Paulo: Editora da Universidade de São Paulo, 1979.

SAMPAIO, H. Ensino superior: pós-graduação *stricto sensu*. In: FUNDAÇÃO DE AMPARO À PESQUISA DO ESTADO DE SÃO PAULO (Org.). *Indicadores de Ciência e Tecnologia*. São Paulo: Fapesp, 2001.

SAMPAIO, H.; LIMONGI, F.; TORRES, H. *Equidade e heterogeneidade no ensino superior brasileiro*. Brasília: Inep, Ministério da Educação, 2000.

SAMPAIO, H. *Ensino superior no Brasi:* o setor privado. São Paulo: Ed. Hucitec/Fapesp, 2000.

SCHWARTZMAN, S. *Formação da comunidade científica no Brasil*. São Paulo: Editora Nacional, 1979.

_____. *Tradição e modernidade da universidade brasileira*. São Paulo, 1990. Mimeografado.

SENISE, P. Sessão solene da Congregação da Faculdade de Filosofia, Ciências e Letras da Universidade de São Paulo, 5 jun. 1956. Discurso. *Selecta Chimica*, n. 15, p. 31-37, 1956.

SIMONSEN, R. *Ensaios sociais, políticos e econômicos*. São Paulo: Federação das Indústrias do Estado de São Paulo, 1943.

SIMPÓSIO NACIONAL DA PÓS-GRADUAÇÃO NAS ÁREAS BIOMÉDICAS, 3. Faculdade de Medicina de Ribeirão Preto, Universidade de São Paulo, 1975. 76p.

SORJ, B. *As Ciências Sociais no Rio de Janeiro nos anos sessenta*: o Instituto de Ciências da Universidade do Brasil. Rio de Janeiro, IFCS/UFRJ, 1986. Mimeografado.

SPAGNOLO, F.; GUNTHER, H. Vinte anos de pós-graduação: o que fazem nossos mestres e doutores? *Ciência e Cultura*, v. 38, n. 10, p. 1643-1662, 1986.

STIRATI, A.; CESARATTO, S. The Italian Ph.D. ten years on: educational scientific and occupational outcomes. *Higher Education*, n. 30, p. 37-61, 1995.

SUTHERLAND, M. Women in higher education: effects of crisis and change, *Higher Education*, n. 17, p. 479-490, 1988.

TEICHLER, U. Changes in graduate education in selected European countries. In: SEMINAR ON GRADUATE EDUCATION. Nupes, Universidade de São Paulo, ago., 1991.

_____. Higher Education policy and the world of work: changing conditions and challenges, *Higher Education Policy*, v. 12, n. 4, p. 285-312, 1999.

ULRIKSEN, L. What should one learn at university? In: ILLERIS, K. (Org.) *Adult Education in a transforming society*. Frederikseberg: Roskilde University Press, 1998. p. 155-184.

VELHO, L. Políticas governamentais e motivações para aproximar pesquisa acadêmica e setor produtivo. In: VELLOSO, J. (Org.). *O ensino superior e o Mercosul*. Brasília: Unesco, Garamond, 1998. p. 113-155.

VELHO, S. *Universidade e empresa*: desvelando mitos. São Paulo: Autores Associados, 1996.

VELLOSO, J. Aspectos da formação de cientistas no país: evidências, êxitos e desafios. In: SCHMIDT, B.; OLIVEIRA, R.; ARAGÓN, V. (Orgs.). *Entre escombros e alternativas:* ensino superior na América Latina. Brasília: Editora UnB, 2000. p. 77-98.

_____ et alii. *Formação e trabalho de titulados em mestrados e doutorados no país*: Administração, Engenharia Elétrica, Física e Química. Brasília e São Paulo: Nesub/Ceam/Universidade de Brasília, Nupes/Universidade de São Paulo, 2000a (Série Documentos de Trabalho; 02).

_____ et alii *Formação e trabalho de egressos de mestrados e doutorados no* país: Agronomia, Bioquímica, Engenharia Civil, Clínica Médica e Sociologia. Brasília: Nesub/Ceam, Universidade de Brasília, out., 2000b. Mimeografado.

_____ et alii. *Inserção acadêmica de doutores formados no país e no exterior:* Bioquímica, Engenharia Elétrica, Física e Química. Brasília: Nesub/Ceam/UnB, out., 2000c. Mimeografado.

_____; VELHO, L. Quanto valem as bolsas?: mestrandos e doutorandos no país. *INFOCapes*, v. 5, n. 2, p. 7-23, 1997.

_____; _____. *Mestrandos e doutorandos no país:* trajetórias de formação. Brasília: Fundação Coordenação de Aperfeiçoamento de Pessoal de Nível Superior, Ministério da Educação, 2001.

WAHRLICH, B. S. *Reforma administrativa na era de Vargas*. Rio de Janeiro: Fundação Getúlio Vargas, 1983.

WERNECK VIANNA, L. et alii. As Ciências Sociais no Brasil: a formação de um sistema nacional de ensino e pesquisa. *Boletim de Informações Bibliográficas em Ciências Sociais,* Rio de Janeiro, n. 40, 1995.

WEISS, J. H. Bridges and barriers: narrowing access and changing structure in the French engineering profession, 1800-1850. In: GEISON, G. (Org.). *Professions and the French state, 1700-1900.* Philadelphia: University of Pennsylvania Press, 1984.

WOORTMANN, K. Repensando a pós-graduação em antropologia. In: SEMINÁRIO SOBRE OS SISTEMAS DE PÓS-GRADUAÇÃO EM CIÊNCIAS SOCIAIS. Lavras, Rio de Janeiro: Anpocs, 1991.

YOSHIDA, M. et alii. Pós-graduação em Química e Farmácia: sumário da avaliação da Capes – 1991. *Química Nova,* v. 14, n. 4, p. 306-311, 1991.